上海社会科学院法学研究所学术精品文库

浦东新区
法规研究

主　编　姚建龙

上海三联书店

序　言

　　新时代改革开放进入了一个新的阶段。2020 年 11 月,习近平总书记在浦东开发开放 30 周年庆祝大会上的讲话中指出,"新征程上,我们要把浦东新的历史方位和使命,放在中华民族伟大复兴战略全局、世界百年未有之大变局这两个大局中加以谋划,放在构建以国内大循环为主体、国内国际双循环相互促进的新发展格局中予以考量和谋划,准确识变、科学应变、主动求变,在危机中育先机、于变局中开新局。"2021 年 4 月,中共中央、国务院作出《关于支持浦东新区高水平改革开放　打造社会主义现代化建设引领区的意见》(全书简称《引领区意见》),明确支持浦东勇于挑最重的担子、啃最硬的骨头,努力成为更高水平改革开放的开路先锋、全面建设社会主义现代化国家的排头兵,并且指出要比照经济特区法规,授权上海市人大及其常委会制定浦东新区法规。同年 6 月 10 日,根据重大改革于法有据的法治思想,第十三届全国人大常委会第二十九次会议通过《关于授权上海市人民代表大会及其常务委员会制定浦东新区法规的决定》(全书简称:《授权决定》),以决定的形式对浦东引领区建设的法治保障工作加以明确。至此,上海市人大及其常委会获得了对法律、行政法规和部门规章的"变通权","浦东新区法规"作为一种新的法规形式正式诞生。2023 年 3 月,《立法法》第二次修改,不仅明确了立法决策与改革决策相衔接相统一的原则,更是以基本法律的形式对"浦东新区法规"作出规定,凸显了其象征意义和权威性。

　　然而,浦东新区法规作为一种新型法规,与"法规家族"的其他成员相比既有共性又有个性,要准确认知殊为不易。在授权决定的合法性、浦东新区法规的性质、位阶、是否一定要变通、变通的内涵、变通与法制统一的关系、变通的权限、备案说明程度、浦东新区法规在引领区法治保障体系中的位置等许多方面都没有达成理论共识。进一步说,新《立法法》明确"浦东新区法规"这一新的法规形式是否已足？为全面深化改革、迎接浦东新区法规等新法规形式，整个立法制度体系该作何调整？仍有待讨论。而且，自《授权决定》作出一年多来，上海市人大常委会已制定15部浦东新区法规，浦东新区法规的实践样态有待梳理，经验得失亟需总结，未来何去何从仍要集思广益。

《授权决定》作出后，在上海市人大的大力支持下，上海社科院法学所积极筹备成立"浦东新区法规研究中心"，并于2021年9月17日成功举行了"浦东新区法规研究中心成立仪式暨首届浦东新区法规研讨会"。浦东新区法规研究中心成立以来，积极发挥法治智库功能，参与浦东新区法规立法、执法与评估等工作，也形成了较为丰富的研究成果。在决策咨询成果方面，中心多份专报获得市委、市人大主要领导等的批示肯定，受市人大常委会委托完成了对15部浦东新区法规的评估。在理论研究方面，中心着重对浦东新区法规的基础理论进行了探索性研究，在法学核心期刊发表了多篇有影响力的研究论文。

本书是上海社科院法学所浦东新区法规研究中心阶段性研究成果的集中展示。全书共分"理论篇""评估篇"和"附录篇"。"理论篇"包括对授权制定的浦东新区法规的意义的证成，从应然和实然的角度考察浦东新区法规是什么，以及对浦东新区法规、立法变通、授权立法制度发展完善的未来展望。"评估篇"包括浦东新区法规的宏观、中观、微观评估报告，对已制定了的浦东新区法规的立法文本和实施成效进行了评估，此系上海社科院受上海市人大常委会办公厅委托、在市人大常委会法工委指导和帮助下完成的立法评估项目的最终成果，评估报告获得了市委和市人大主要领导的肯定批示。"附录篇"则收集了已制定了的15部浦东新区法规的立法文本和党中央、人大系统、政府系统、法院系统的相关政策文件，以及首届浦东新区法规研讨会会议综述。

"理论篇"的写作具体分工情况如下：第一章，王春业；第二章，俞海涛；第三章，姚魏；第四章，姚建龙、俞海涛；第五章，丁伟；第六章，姚建龙、俞海涛；第七章，陈宇超；第八章，孙祁、陈宇超、俞海涛。第一章、第三章、第五章已在上海社科院法学所主办的《政治与法律》2022年第9期的"浦东新区法规的授权性与变通性研究"主题研讨栏目发表，本书收录时作了微调。第四章的主要内容已在《华东政法大学学报》2023年第3期发表。参与"评估篇"撰写的研究中心成员有姚建龙、李建伟、彭辉、姚魏、俞海涛、陈宇超、朱玥、孙祁。市人大常委会法工委阎锐主任和立法三处林圻处长参与指导了本书编写，特此致谢。全书的统稿由姚建龙、俞海涛完成。

　　需要强调的是,浦东作为社会主义现代化建设引领区不只是上海的引领区,而是国家的引领区;浦东新区法规不只是浦东新区的法规,而是国家授权上海制定的法规;浦东新区法规研究更不只是法学所一个研究中心就能完成的课题,而是需要整个法学界认真对待的课题。浦东新区法规属于新生事物,浦东新区法规的实践仍在摸索中,浦东新区法规的研究更是刚刚起步,书中难免有错漏不当之处,欢迎读者批评指正。

姚建龙

上海社会科学院法学所所长、研究员

浦东新区法规研究中心主任

2023 年 5 月 11 日

目　　录

序　言 001

上　理论篇

第一章　我国立法被授权主体的扩容 003

一、狭窄的立法被授权主体范围难以适应改革需求 003

二、从全面深化改革看立法被授权主体扩容的必要性 006

三、从授权立法制度发展历程看立法被授权主体扩容的必然

　　趋势 011

四、扩大立法被授权主体范围并对相关授权问题予以明确 015

结语 021

第二章　授权制定浦东新区法规的时代意义 022

一、引领区建设成为渐进式改革开放的"突破点" 023

二、新的历史条件下特区立法重心向变通性立法转移 027

三、浦东新区法规的变通为"3.0版"改革提供法治保障 032

四、新时代改革型地方立法变通的法理证成 037

结语 042

第三章　浦东新区法规的性质、位阶与权限 043

一、浦东新区法规的性质 044

二、浦东新区法规的位阶 051

三、浦东新区法规的权限 062

结语 070

第四章 浦东新区法规的变通权本质 072

一、浦东新区法规的本质与生命在于变通 073

二、浦东新区法规变通限度的释义学分析 081

三、变通可能面临的风险、挑战及其应对 088

结语 095

第五章 变通适用国际私法规范的思考 097

一、新形势下我国国际私法面临的机遇与挑战 098

二、特定经济区域变通适用国际私法规范的动因 100

三、特定经济区域变通适用国际私法规范的实现路径 109

第六章 浦东新区法规的实践考察 115

一、用足用好变通立法权和先行立法权 115

二、贯彻立法全过程人民民主的理念 122

三、凸显"小快灵"立法模式的优势 124

四、发挥系统集成、凝聚共识和引领推动的作用 126

结语 128

第七章 浦东新区法规的科学体系化 130

一、科学体系化理论的引入与运用 131

二、浦东新区法规科学体系化的多重现实意义 135

三、浦东新区法规科学体系化的内容 142

结语 148

第八章 浦东新区法规的发展建议 152

一、以浦东新区法规推动十项制度型开放突破 152

二、目前浦东新区法规面临的问题和对策建议 157

三、"大胆试、大胆闯、自主改"的立法保障体系构建　　161

下　评估篇

第九章　浦东新区法规的宏观评估报告　　169

一、评估工作开展情况　　169

二、评估的总体结论　　173

三、关于浦东新区法规的制度文本评估　　180

四、关于浦东新区法规的实施成效评估　　189

五、进一步完善浦东新区法规的建议　　198

第十章　浦东新区法规的中观评估报告　　203

一、降低市场交易成本，推进法治化市场建设　　203

二、发挥法治的引领保障作用，推动世界级产业集群和国际
　　消费中心建设　　206

三、推进高水平制度型开放，加快科技成果向现实生产力转化　　208

四、提高城市治理现代化水平，打造宜居宜业的城市治理样板　　210

第十一章　浦东新区法规的微观评估报告　　213

一、《上海市浦东新区深化"一业一证"改革规定》评估报告　　213

二、《上海市浦东新区市场主体退出若干规定》评估报告　　220

三、《上海市浦东新区建立高水平知识产权保护制度若干
　　规定》评估报告　　226

四、《上海市浦东新区城市管理领域非现场执法规定》评估
　　报告　　234

五、《上海市浦东新区完善市场化法治化企业破产制度若干
　　规定》评估报告　　243

六、《上海市浦东新区促进张江生物医药产业创新高地建设
　　规定》评估报告　　256

七、《上海市浦东新区市场主体登记确认制若干规定》评估
报告 　269

八、《上海市浦东新区绿色金融发展若干规定》评估报告 　277

九、《上海市浦东新区推进市场准营承诺即入制改革若干
规定》评估报告 　285

十、《上海市浦东新区化妆品产业创新发展若干规定》评估
报告 　292

附录一

首届浦东新区法规研讨会会议综述 　303

一、浦东新区法规的时代价值和意义 　303

二、浦东新区法规的立法思路和模式 　305

三、浦东新区法规的立法需求和建议 　306

四、浦东新区法规的争议焦点和对策 　308

附录二

上海市浦东新区深化"一业一证"改革规定 　313

上海市浦东新区市场主体退出若干规定 　316

上海市浦东新区建立高水平知识产权保护制度若干规定 　320

上海市浦东新区城市管理领域非现场执法规定 　324

上海市浦东新区完善市场化法治化企业破产制度若干规定 　328

上海市浦东新区促进张江生物医药产业创新高地建设规定 　333

上海市浦东新区市场主体登记确认制若干规定 　340

上海市浦东新区绿色金融发展若干规定 　344

上海市浦东新区推进市场准营承诺即入制改革若干规定 　352

上海市浦东新区化妆品产业创新发展若干规定 　356

上海市浦东新区文物艺术品交易若干规定 　　　　　　　　360

上海市浦东新区推进住宅小区治理创新若干规定 　　　　365

上海市浦东新区优化揭榜挂帅机制促进新型研发机构发展若干规定 　372

上海市浦东新区促进无驾驶人智能网联汽车创新应用规定 　376

上海市浦东新区固体废物资源化再利用若干规定 　　　　385

附录三

深刻总结经济特区建设的宝贵经验(2018 年 4 月 13 日) 　　393

习近平在上海考察时强调坚定改革开放再出发信心和决心加快提升
　　城市能级和核心竞争力(2018 年 11 月 8 日) 　　　　　397

在庆祝改革开放 40 周年大会上的讲话(2018 年 12 月 18 日) 　402

在浦东开发开放 30 周年庆祝大会上的讲话(2020 年 11 月 12 日) 　417

牢记习近平总书记对上海浦东的谆谆嘱托奋力打造社会主义现代
　　化建设引领区(2020 年 12 月) 　　　　　　　　　422

中共中央、国务院关于支持浦东新区高水平改革开放打造社会主义
　　现代化建设引领区的意见(2021 年 4 月 23 日) 　　　428

全国人民代表大会常务委员会关于授权上海市人民代表大会及其常
　　务委员会制定浦东新区法规的决定(2021 年 6 月 10 日) 　438

上海市人民代表大会常务委员会关于加强浦东新区高水平改革开放
　　法治保障制定浦东新区法规的决定(2021 年 6 月 23 日) 　439

上海市人民代表大会常务委员会关于促进和保障浦东新区改革开放
　　再出发实现新时代高质量发展的决定(2019 年 7 月 25 日) 　441

上海市人民代表大会常务委员会关于促进和保障浦东新区综合配套
　　改革试点工作的决定(2007 年 4 月 26 日) 　　　　443

上海市人民政府关于加强浦东新区高水平改革开放法治保障的决定
　　(2021 年 7 月 30 日) 　　　　　　　　　　　444

上海市浦东新区人民代表大会常务委员会关于打造社会主义现代化
　　建设引领区加强浦东新区高水平改革开放法治保障的决定

　（2021 年 7 月 29 日）　　　　　　　　　　　　　　　　　446

最高人民法院关于人民法院支持和保障浦东新区高水平改革开放打
　造社会主义现代化建设引领区的意见(2022 年 1 月 10 日)　　　449

上海市高级人民法院关于支持和保障浦东新区高水平改革开放打造
　社会主义现代化建设引领区的实施方案(2022 年 3 月 9 日)　　　456

上海市高级人民法院关于支持和保障浦东新区高水平改革开放打造
　社会主义现代化建设引领区的实施细则(2023 年 4 月 3 日)　　　466

上海市浦东新区人民法院关于服务保障浦东新区高水平改革开放打
　造社会主义现代化建设引领区的实施办法(2022 年 3 月 9 日)　　471

主要参考文献　　　　　　　　　　　　　　　　　　　　　　480

上
理 论 篇

第一章　我国立法被授权主体的扩容

2021年6月,全国人大常委会作出一项立法授权决定,授权上海市人大及其常委会制定浦东新区法规,[①]这是全国人大常委会首次对非经济特区的地方人大进行立法授权,使得浦东迎来新一轮发展机遇,也由此引发了对授权立法相关问题的讨论,尤其是对立法被授权主体的关注。相关问题包括:全国人大常委会立法授权决定的法律依据何在;地方立法被授权主体的范围及其发展趋势是什么;此种授权立法有何意义;如何进一步完善授权立法制度等。这些问题都迫切需要从法理上获得解答。

一、狭窄的立法被授权主体范围难以适应改革需求

授权立法是具有立法权的机关在一定条件下将自己的某些立法权授予没有立法权限的机关行使的一种制度。在我国,对立法授权主体、被授权主体、授权范围等,都有法律上的明确规定。一般而言,只有立法授权主体才能进行立法授权,而只有成为立法被授权主体,才可能获得立法授权,这是授权立法制度的基本要求。

在我国,立法制度主要由《中华人民共和国宪法》(以下简称:《宪法》)以及《中华人民共和国立法法》(以下简称:《立法法》)《中华人民共和国地方各级人民

---

① 2021年6月10日,第十三届全国人民代表大会常务委员会第二十九次会议通过《全国人民代表大会常务委员会关于授权上海市人民代表大会及其常务委员会制定浦东新区法规的决定》"授权上海市人民代表大会及其常务委员会根据浦东改革创新实践需要,遵循宪法规定以及法律和行政法规基本原则,制定浦东新区法规,在浦东新区实施"。

代表大会和地方各级人民政府组织法》等宪法性法律所确定,但授权立法制度只出现于《立法法》中。根据上述宪法性法律的规定,全国人大及其常委会具有完整的立法权,是立法授权主体,且应当是唯一的授权主体。① 它可以将法律相对保留的事项②按照一定程序授予特定的立法主体行使。就立法被授权主体而言,根据《立法法》的规定,③主要有两类:一是国务院。对法律相对保留的事项,根据《立法法》(2015)第 9 条,"尚未制定法律的,全国人民代表大会及其常务委员会有权作出决定,授权国务院可以根据实际需要,对其中的部分事项先制定行政法规"。二是经济特区所在地的省、市人大及其常委会。根据《立法法》(2015)第 74 条,"经济特区所在地的省、市的人民代表大会及其常务委员会根据全国人民代表大会的授权决定,制定法规,在经济特区范围内实施"。关于经济特区,在我国是有所特指的,目前包括海南、深圳、珠海、汕头、厦门,以及后来批准的新疆喀什、霍尔果斯。④ 对照法律的规定,审视对上海市人大的立法授权,最大的问题是,浦东新区不是经济特区,上海市也不是经济特区所在地的市,因此,从《立法法》的规定上讲,上海市人大及其常委会并不是立法被授权主体,通常不能获得立法授权,这也正是需要从法律上进一步完善的地方。以下有两个问题必须作出探讨并加以澄清。

第一个问题是,在《立法法》没有明确依据的情况下,全国人大及其常委会是否有权作出立法授权决定? 也许有人认为,全国人大常委会的授权决定具有与法律同等的效力,可以在法律规定不完善的情况下,通过决定形式进行补充。对制定浦东新区法规的立法授权就是在浦东发展迫切需要而《立法法》没有将浦东新区所在地上海市作为立法被授权主体的情况下,全国人大常委会通过作出授

---

① 有人认为国务院也可以作为授权主体,甚至认为各省级人大及其常委会亦是立法授权主体。这种理解是不正确的,在一定程度上混淆了授权立法与职权立法的关系。按照《立法法》的规定,只有全国人大及其常委会是立法授权主体,而国务院等其他立法主体并不是立法授权主体。笔者于本章中仅研究国家权力机关作为立法授权主体的相关问题。

② 根据《立法法》(2015)第 8 条和第 9 条的规定,能进行授权立法的事项具有两个特点:一是属于只能制定法律的事项,即如果不是法律保留的事项,就不需要立法授权;二是排除了有关犯罪和刑罚、对公民政治权利的剥夺和限制人身自由的强制措施和处罚、司法制度等事项,因为这些是法律绝对保留的事项,立法权只能由全国人大及其常委会行使。

③ 本章是针对《授权决定》作出时、根据当时《立法法》进行的评析,因而文中所指《立法法》均为 2015 年修正的《立法法》。

④ 2010 年 5 月,中央正式批准在新疆喀什和霍尔果斯设立经济特区。然而,全国人大并未根据《立法法》(2015)第 74 条,授权它们行使经济特区立法权。

权决定的形式,弥补《立法法》的不足,与《立法法》的规定具有相同的效力和效果。这种看法是缺乏法理依据的。众所周知,对于立法事项,应当由宪法和宪法性法律作出规定,宪法中规定了授权主体与被授权主体,而《立法法》属于宪法性法律,对宪法的规定作了进一步细化,且《立法法》是由全国人民代表大会审议通过的,不仅是宪法性法律,而且是基本法律,是人民意志的体现。作为全国人大的常设机关,全国人大常委会必须执行全国人大所制定的《宪法》和《立法法》的规定,在《宪法》与《立法法》没有明确规定的情况下,全国人大常委会作出授权决定,实际上存在法律依据不足的问题。尽管对浦东发展而言,加大立法授权是一种必然趋势,但不能忽略此种行为本身的法理问题。至少,该授权决定还需要通过《立法法》的修改使之进一步法治化。[1]

　　第二个问题是,对上海市人大及其常委会制定浦东新区法规的立法授权,能否从《立法法》的其他条文中解释出相关依据?值得注意的是,《立法法》(2015)第73条规定了地方性法规可以进行先行立法。[2] 这是否属于立法授权呢?相关主体是否属于立法被授权主体?该条能否作为全国人大常委会对上海市人大及其常委会立法授权的依据?笔者认为,这并不是通常所说的授权立法,而相关主体也不是立法被授权主体。首先,就先行制定地方性法规而言,仍然属于职权立法的事项。先行制定地方性法规是"除本法第八条规定的事项外,其他事项国家尚未制定法律或者行政法规的事项",这些事项是地方性法规可以规定、法律也可以规定的事项,并不是法律保留的事项,"只能由法律规定的事项与只能对某些事项制定法律,是不同的概念……由法律规定的事项是列举不尽的,凡是需要制定规范的事项,都可以制定法律"。[3] 这实际上是地方性法规须遵循"不抵触"原则的进一步发展,是对地方性法规正常情况下立法的基本要求,仍然属于地方人大职权立法的范畴。其次,针对这些事项立法都不需要全国人大常委会作出专门的立法授权。换言之,如果浦东新区遇到上述情况需要立法保障,即使

---

① 2023年3月《立法法》修改,追认了全国人大常委会的《授权决定》,解决了这一问题。
② 《立法法》(2015)第73条第2款和第3款规定:"除本法第八条规定的事项外,其他事项国家尚未制定法律或者行政法规的,省、自治区、直辖市和设区的市、自治州根据本地方的具体情况和实际需要,可以先行制定地方性法规。在国家制定的法律或者行政法规生效后,地方性法规同法律或者行政法规相抵触的规定无效,制定机关应当及时予以修改或者废止。设区的市、自治州根据本条第一款、第二款制定地方性法规,限于本法第七十二条第二款规定的事项。"
③ 张春生主编:《中华人民共和国立法法释义》,法律出版社2000年版,第62页。

没有全国人大常委会的授权,上海市人大及其常委会也有权制定相关规范。显然,《立法法》关于地方性法规可以先行立法的规定也不是全国人大常委会授权制定浦东新区法规的法律依据。

由此可见,《立法法》对立法被授权主体的范围作出了明确规定,从严格的法治主义出发,《立法法》并没有将上海市人大及其常委会列为立法被授权主体,全国人大常委会的授权立法决定本身也有待法律上的进一步确认。换言之,当下,法律对立法被授权主体过于狭窄范围的规定,已难以适应现实的迫切需要,特别是随着浦东新区的进一步发展,获得授权立法的要求越来越迫切,由此出现了法律规定与现实需要之间的张力。对此,必须从适应现实发展要求的角度,对授权立法制度特别是对立法被授权主体问题进行完善,以便释放出法律规范适应现实发展的更大潜力。需要说明的是,笔者于本章中虽然以浦东新区法规为例,但由于立法被授权主体问题还涉及其他相关地方、相关领域的问题,因此,在讨论立法被授权主体时,并不限于浦东新区所在地的上海市,还将在全面深化改革背景下探讨其他相关地方的立法被授权主体问题。

二、从全面深化改革看立法被授权主体扩容的必要性

扩大立法被授权主体范围,这是由改革开放、市场经济发展等客观现实决定的。可以说,改革开放的程度越高,市场经济越发达,授权立法的力度就越大,而立法被授权主体也将呈现出多元化特点。尤其是党的十八大之后,我国进入了全面深化改革的新时代,立法被授权主体的扩容更呈现出一种必然趋势。

(一)发达区域对授权立法的迫切需要

随着改革开放的深入,我国出现了许多新的较为发达的区域,对法治的要求也更为迫切。比如上海市浦东新区、全国各类自由贸易试验区、浙江共同富裕示范区、粤港澳大湾区等,这些区域的设立,是国家促进经济发展的一种策略和举措,希望将具备较好发展潜力和条件的区域作为改革开放的新高地先行先试,并对其他地方的发展起到牵引和带动作用。以浦东新区为例,浦东开发开放具有四个典型特点,即以建立"自由港"为目的的自由贸易工业区;以引进外资银行、搞活金融为先导,开放和发展各种配套的服务型行业;在土地使用权转让和发展

房地产市场方面作出新探索;改进吸收外商直接投资办法,允许所有企业出让他们的股权,或发行股票来吸引外商参加企业改造和发展等。① 在当下,浦东新区的试验任务越来越重,国家对浦东新区的要求也越来越高,特别是中共中央、国务院的《引领区意见》对浦东新区发展作出了战略定位,即"更高水平改革开放的开路先锋""自主创新发展的时代标杆""全球资源配置的功能高地""扩大国内需求的典范引领""现代城市治理的示范样板"。② 为此,国家对浦东新区赋予了许多先行先试、率先发展、示范引领的政策,由此其对法治的需求也比其他地方更为迫切。这些都要求浦东新区所在的上海市成为立法被授权主体,随时承接来自国家权力机关的立法授权,及时为浦东新区战略定位的实现提供法治动力和支撑。

然而,《立法法》有关授权立法制度特别是立法被授权主体范围的规定,难以解决这些现实问题,发达区域所在地的立法机关立法权限的狭窄,已成为这些地方法治建设的瓶颈。这些区域对授权立法的需求尤为迫切,希望能成为立法被授权主体、获得更多立法权力的呼声越来越高。"在我国的改革实践中,很多改革起步于地方试验,而在法治方面,地方的先行先试也同样在法律变动中承担着重要角色。"③目前,全国人大常委会虽然授权上海市人大及其常委会制定浦东新区法规的权力,但在法律上,上海市人大及其常委会仍然不是法律上的立法被授权主体,迫切需要将其纳入立法被授权主体范围,以获得法律上的认可。

实际上,如今真正需要被授权的不是国务院和经济特区,而是那些经济发达区域,特别是随着地方性事务和专业领域事务的增多,仍然采取直接授权国务院的方式已难以满足现实需求,这就需要将部分立法权授予发达地区的地方立法机关,以减少中间"隔层"的问题。就国务院而言,它依据授权所制定的行政法规往往具有全局性、宏观性特点,要在全国范围内施行,难以直接针对某个特定地方进行特别规定,即使其试图制定专门针对某地的行政法规,也会存在对地方情况不够了解的问题,而国务院又不能进行二次授权,无法将所授的立法权再次授

---

① 参见沈国明:《"法制先行"与浦东开发开放》,载《上海交通大学学报(哲学社会科学版)》2020年第3期。
② 详见《中共中央国务院关于支持浦东新区高水平改革开放　打造社会主义现代化建设引领区的意见》(2021年4月23日),http://www.gov.cn/zhengce/2021-07/15/content_5625279.htm,2022年6月1日访问。
③ 林珊珊:《改革背景下立法的安定性问题研究》,载《行政管理改革》2021年第1期。

予特定地方,由此产生了国务院虽然获得了立法授权,却不能制定出相关地方所需要的规范的问题。就经济特区而言,目前我国经济特区的数量已经不多,而且它们本身的发展也达到了较高的水平甚至极限,无需再进行立法授权,因此,经济特区的立法机关作为立法被授权主体,已不再具有普遍意义。当下出现的许多新型开发开放区域并不是经济特区,不具备经济特区那样的授权立法资格,不能享有经济特区的立法权限,因此有必要改革授权立法制度。当然,我们并不是要废除经济特区制度,而是要赋予更多地方以同样发展的机遇,尤其是国家重点支持的区域,使得这些区域获得更多和更公平的法治供给保障。

(二) 立法活动逐步专业化、精细化的必然要求

立法是一门需要专门知识的技艺,它经历了由立法大众化到立法专业化的过程。尤其是随着社会的发展,对立法专业化程度的要求越来越高,需要更多的专业人员利用专业知识对相关专业问题进行规范。专业化不仅包括立法技术的专业化,而且包括立法内容所涉领域的专业化。由于我国立法机关工作人员结构不合理等原因,在面对专业性较强的立法领域尤其是处于改革试点中的问题时,立法工作者虽然在立法技术方面较为专业,但对所涉领域的专业性知识则相对欠缺,难以为解决改革试点中的问题提供所需要的法律规范。以浦东新区为例,为了降低行业准入成本和优化营商环境,浦东新区多年来不断探索"一业一证"改革,在这个过程中积累了丰富经验,改革的总体方案也得到国务院的原则同意,然而,如何将试点经验固化以及将试点总体方案上升为立法规范,则是一个专业性非常强的工作,不是单纯掌握立法技术的人员就可以办到的事情。不过,上海市人大及其相关部门是试点工作的亲历者,对于此立法事项就非常专业,更适合制定此类的立法规范。正因如此,在全国人大常委会对上海作出立法授权后,上海就立即制定了浦东新区法规,实施情况良好,并受到市场主体的广泛好评和认可。

随着立法体制机制的发展和完善,特定时期所奉行的立法"宜粗不宜细"的观念已经不适应新时代的发展要求,相反,立法精细化成为一种趋势。立法精细化强调立法有特色、可操作、可执行、高质量、管用好用等。正如习近平总书记所讲:"人民群众对立法的期盼,已经不是有没有,而是好不好、管不管用、能不能解决实际问题;不是什么法都能治国,不是什么法都能治好国;越是强调法治,越是

要提高立法质量。"①在经济较为发达的地区,当地有着较为丰富的人才资源,在对特定领域进行立法时,他们非常了解该领域的运行情况,清楚该领域需要什么样的规范,更能够制定出符合需要的立法规范。以浦东新区为例,它已经生成不少先试先行的制度经验,从市级经济管理权限、人口管理机制到国际综合交通枢纽等,从率先探索制度型开放到持续扩大开放领域,都需要运用法治的方式进行固化和推进,也需要精细化的立法加以体现。授权上海市人大及其常委会制定浦东新区法规,可以对法律、行政法规、部门规章作出变通性规定,是实现地方立法精细化的重要举措。实际上,对于先行先试的地区而言,立法所涉事项都是一些新生事物,没有先例可以参照依循,需要拿出一套切实可行且更为具体化的规范,即"调整对象和范围清晰、明确,没有模糊或者产生歧义,相关法律主体的权力与责任、权利与义务清楚、具体,没有交叉或者重复……让法规真正'有牙齿',能成为解决实际问题的'真刀真枪'"。② 对此,国家权力机关往往难以应对,即使制定出相关法律规范,也往往是一些宣示性、原则性的规定。对相关地方而言,抽象笼统的条款缺乏必要的可操作性和可执行性。事实上,相关地方的立法机关对当地的发展情况最为了解,更加知道自己需要什么,更能从本地实际需求出发,制定出精准和实用的法规条款。

由上可见,立法活动的专业化、精细化的趋势,成为直接授权从事相关工作的"一线地方"进行立法的重要原因。"法律作为一种强制性的社会规范,明确性和精准性是其应然的内在机理,是其贯彻实施、切实有效的基本前提"。③ 当前,科学立法已经被作为立法的基本要求提出。科学立法"是立法过程中必须以符合法律所调整事项的客观规律作为价值判断,并使法律规范严格地与其规制的事项保持最大限度的和谐,法律的制定过程尽可能满足法律赖以存在的内外在条件"。④ 科学立法的关键就是对立法调整对象规律性的把握,"在于人们能够这样来因事制宜,以至于自然关系与法律在每一点上总是协调一致,并且可以这样说,法律只不过是在保障着、伴随着和矫正着自然关系而已"。⑤ "在现代国家中,

---

① 习近平:《在十八届中央政治局第四次集体学习时的讲话》,载中共中央文献研究室编:《习近平关于全面依法治国论述摘编》,中央文献出版社 2015 年版,第 43 页。
② 田成有:《地方立法必须向"精细化"转型》,载《人大研究》2020 年第 11 期。
③ 梁超:《宜粗不宜细的立法原则应修改》,载《学习时报》2012 年 1 月 9 日,第 5 版。
④ 关保英:《科学立法科学性之解读》,载《社会科学》2007 年第 3 期。
⑤ [法]卢梭:《社会契约论》,何兆武译,商务印书馆 1982 年版,第 71—72 页。

法不仅必须适应于总的经济状况,不仅必须是它的表现,而且还必须是不因内在矛盾而自相抵触的一种内部和谐一致的表现。"①将更多的立法权限授予处于改革开放最前沿的立法主体,是有效应对立法专业化、精细化趋势的一种最佳选择。

(三) 解决立法规范供给效率的需要

现代立法,不仅讲究质量,而且讲究效率。这里的"效率"不仅是指经济学所面向的成本收益的效率,即成本小而收益大谓之高效率,而且还要求立法的速度快,能及时满足改革开放和发展的现实迫切需要。尤其是对于我国先行先试地区而言,面对稍纵即逝的发展机遇,时间就是效率,速度就是金钱,他们都希望能尽快出台改革所需要的法律法规并立刻实施。国家权力机关出于立法时机的成熟性和立法内容的完整性要求、立法程序的复杂性特点、精力有限性的局限,加上对相关立法事项熟悉程度不够等原因,很难在短时间内出台相关地方所需要的立法规范,这也是国家的许多重要立法往往历经几年甚至十几年才出台的重要原因。但是改革发展不能等,立法时机不成熟也不能不立法,更不能留有法治的空档期,于是,立法授权就成为最好的解决方案。不过,相关地方的立法在程序方面要简单得多,他们比较注重实际效果,能尽快找准要解决的问题,立法时本着有几条就写几条的原则,立法内容精炼,立法体例不追求大而全,完全可以在短时间内出台改革发展所需要的规范,能较好地解决无法可依的问题,极大地缓解法治滞后问题。当年我国经济特区尤其是深圳经济特区立法数量之多、速度之快、内容之创新,是其立法的重要特点,在短时间内解决了深圳特区改革创新的法律依据问题,"深圳市已制定法规两百余项,其中超过三分之一是在国家和地方立法空白情况下开展的开创性立法"②,为经济特区的发展提供了法治支撑,是立法授权质量与效率俱佳的典型事例。同样,国家权力机关对上海立法授权后,上海市人大常委会在授权的当月即迅速作出反应,出台了《上海市人民代表大会常务委员会关于加强浦东新区高水平改革开放法治保障制定浦东新区法规的决定》,紧接着,一年内又高效制定了九部浦东新区法规,充分展现了地方立法高效性的一面,可以解决改革试点中立法规范不足的问题。并且,由于相关地

---

① 中共中央马克思恩格斯列宁斯大林著作编译局编译:《马克思恩格斯选集》(第 4 册),人民出版社 2012 年版,第 610 页。
② 周尚君:《中国立法体制的组织生成与制度逻辑》,载《学术月刊》2020 年第 11 期。

区立法本身也是试验性的,立法中即使存在不足,社会对其也有较高的容忍度,不会因为立法的不足而影响法治的权威。

三、从授权立法制度发展历程看立法被授权主体扩容的必然趋势

授权立法是一件非常严肃的事情,立法被授权主体一般也不可随意扩大。然而,授权立法制度不是一成不变的,而是根据现实的需要而不断完善,这从我国授权立法制度的发展历程可以看出。我国授权立法制度基本上是在党的十一届三中全会之后尤其是改革开放之后进入深入时期的,[①]授权立法制度不断发展和完善,立法被授权主体也是一个不断扩大的过程,而贯穿此过程的,是经济社会发展的现实需要。这也给进一步扩大包括上海市人大及其常委会作为立法被授权主体提供了理论和实践支撑,为不断扩大立法被授权主体提供了论证依据。回顾我国授权立法制度的发展历程,作为立法被授权主体或曾经作为被授权主体的大致情况如下。

第一,全国人大常委会曾经被当作立法被授权主体。新中国成立初期,当时只有全国人大拥有立法权,而全国人大常委会没有立法权。于是,全国人大曾对其常委会作出过三次立法授权:1955 年,授权全国人大常委会制定单项法规;1959 年,授权全国人大常委会对部分基本法律进行修改;1981 年,授权全国人大常委会通过和公布《民事诉讼法(试行)》。这是在当时法治不完善以及对立法机关功能认识不足的情况下产生的现象。实际上,随着国家立法体制的完善,全国人大及其常委会逐渐被当作一个整体来对待:在全国人大召开会议期间,由全国人大行使权力;在全国人大闭会期间,则由全国人大常委会行使全国人大的相关权力。现在,学界都将全国人大及其常委会作为授权主体来看待,而很少再探讨全国人大常委会作为被授权主体身份问题。因此,这种授权立法现象已经成为历史。

---

① 当年,在我国进入全面经济体制改革和对外开放的形势下,遇到有些重大问题涉及面广,情况复杂,又缺乏实践经验,立法条件还不成熟。这就产生一个问题:经验不成熟的不能立法,实际工作又不能等待。彭真同志经过反复思考,与其他领导人研究了几个方案,最后提出了一个办法,就是采取授权立法方式。参见彭真:《论新时期的社会主义民主与法制建设》,中央文献出版社 1989 年版,第 245—246 页。

第二,国务院作为立法被授权主体。国务院作为立法被授权主体是从实践中先开始的。[1] 在《立法法》制定之前,全国人大常委会曾对国务院进行过三次特别授权,授权范围也非常广泛,特别是税收方面的立法授权较多。[2] 之后,2000年《立法法》以宪法性法律的形式明确了国务院作为被授权主体,规定在尚未制定法律的情况下,国务院可以被授权就部分法律保留的事项先行制定行政法规。2015年修正后的《立法法》对此加以确认并作了进一步完善。可以说,国务院一直被当作最主要的立法被授权主体,行使着对许多法律保留事项进行立法的权力。

第三,地方立法机关作为立法被授权主体。全国人大及其常委会对地方立法机关进行立法授权有以下两种情形。一是授权经济特区所在地的省级人大及其常委会进行立法。对经济特区所在地的省级人大及其常委会的立法授权有两次,[3]即分别授权广东、福建、海南三省的人大及其常委会制定经济特区的各项单行经济法规。二是授权经济特区所在地的市的人大及其常委会和人民政府进行立法,包括对深圳、厦门、汕头、珠海等经济特区的直接授权:1992年,授予深圳市人大及其常委会制定经济特区法规和深圳市政府制定特区规章的权力;[4]1994年,授予厦门市人大及其常委会制定经济特区法规和厦门市政府制定

---

[1] 有人认为,国务院的授权立法是从制定1982年《中华人民共和国宪法》开始的,即以宪法的形式明确国务院作为被授权主体。其依据是1982年《中华人民共和国宪法》第89条第1项规定国务院有权"根据宪法和法律,规定行政措施,制定行政法规"。这种认识是不正确的。以立法形式对相关主体的立法权进行规定,实际上属于职权立法的范畴,而非授权立法。

[2] 1983年9月2日,全国人大常委会授权国务院对1978年5月24日第五届全国人大常委会第二次会议批准的《国务院关于安置老弱病残干部的暂行办法》和《国务院关于工人退休、退职的暂行办法》的有关规定作必要修改和补充;1984年9月18日,六届全国人大常委会第七次会议决定授权国务院在实施国营企业利改税和改革工商税制过程中拟定有关税收条例;1985年4月10日,六届全国人大三次会议决定授权国务院制定有关经济体制改革的暂行规定或条例。

[3] 1981年11月26日,五届全国人大常委会第二十一次会议作出决定:"授权广东省、福建省人民代表大会及其常务委员会,根据有关的法律、法令、政策规定的原则,按照各该省经济特区的具体情况和实际需要,制定经济特区的各项单行经济法规,并报全国人民代表大会常务委员会备案。"1988年4月13日,七届全国人大一次会议在《关于建立海南经济特区的决议》中规定:"授权海南省人民代表大会及其常务委员会,根据海南经济特区的具体情况和实际需要,遵循国家有关法律、全国人民代表大会及其常务委员会有关决定和国务院有关行政法规的原则制定法规,在海南经济特区实施,并报全国人民代表大会常务委员会和国务院备案。"

[4] 1992年7月1日,七届全国人大常委会第二十六次会议依据七届全国人大二次会议的授权作出决定:"授权深圳市人民代表大会及其常务委员会根据具体情况和实际需要,遵循宪法的规定以及法律和行政法规的基本原则,制定法规,在深圳经济特区实施,并报全国人民代表大会常务委员会、国务院和广东省人民代表大会常务委员会备案;授权深圳市人民政府制定规章并在深圳经济特区组织实施。"

特区规章的权力；①1996 年，授予汕头市和珠海市人大及其常委会和两市的政府制定特区规章的权力。② 其后，2000 年《立法法》明确规定了经济特区所在地的省、市人大及其常委会可以作为被授权主体，③即以法律的形式确认了经济特区可以作为被授权主体的资格，但并没有针对实践中已发生的经济特区所在地人民政府的立法授权作出规定。2015 年修正后的《立法法》基本沿袭了上述做法。

第四，其他国家机关作为准立法被授权主体。在我国授权立法实践中，还出现过一些国家机关被授权从事该领域试点工作的情形，并对试点期间的工作制定规范依据，包括以下两种情况。一是授权最高人民法院、最高人民检察院（以下简称："两高"）。"两高"具有司法解释权，但在相关法律尚未修改或出台之前，由全国人大及其常委会授权其对某些事项进行试点，实际上是一种类似于立法权的权力。全国人大常委会对"两高"曾作出以下若干授权决定：《关于授权最高人民法院、检察院在部分地区开展刑事案件速裁程序试点工作的决定》④《关于授权在部分地区开展人民陪审员制度改革试点工作的决定》⑤《关于授权最高人民检察院在部分地区开展公益诉讼试点工作的决定》⑥《关于授权最高人民法院、最高人民检察院在部分地区开展刑事案件认罪认罚从宽制度试点工作的决定》⑦《关于授权最高人民法院在部分地区开展民事诉讼程序繁简分流改革试点

① 1994 年 3 月 22 日，八届全国人大二次会议决定："授权厦门市人民代表大会及其常务委员会根据经济特区的具体情况和实际需要，遵循宪法的规定以及法律和行政法规的基本原则，制定法规，在厦门经济特区实施，并报全国人民代表大会常务委员会，国务院和福建省人民代表大会常务委员会备案；授权厦门市人民政府制定规章并在厦门经济特区组织实施。"

② 1996 年 3 月 17 日，八届全国人大四次会议决定："授权汕头市和珠海市人民代表大会及其常务委员会根据其经济特区的具体情况和实际需要，遵循宪法的规定以及法律和行政法规基本原则，制定法规，分别在汕头和珠海经济特区实施，并报全国人民代表大会常务委员会，国务院和广东省人民代表大会常务委员会备案；授权汕头市和珠海市人民政府制定规章并分别在汕头和珠海经济特区组织实施。"

③ 《立法法》针对经济特区的立法被授权主体，只规定了对权力机关的立法授权，而没有保留该法制定之前的对政府的立法授权。

④ 2014 年 6 月 27 日，第十二届全国人民代表大会常务委员会第九次会议通过。其授权"两高"在 18 个城市开展刑事案件速裁程序试点工作，对具备一定条件的罪名、情节符合规定要求的，进一步简化《刑事诉讼法》规定的相关诉讼程序。

⑤ 2015 年 4 月 24 日，第十二届全国人民代表大会常务委员会第十四次会议通过。其授权最高人民法院在相关地方法院开展人民陪审员制度改革试点工作，试点地区，暂时调整适用相关法律中的某些条款。

⑥ 2015 年 7 月 1 日，第十二届全国人民代表大会常务委员会第十五次会议通过。其授权最高人民检察院在部分地区试点公益诉讼制度，试点期限是二年。

⑦ 2016 年 9 月 3 日，第十二届全国人民代表大会常务委员会第二十二次会议通过。其授权"两高"对犯罪嫌疑人、刑事被告人自愿如实供述罪行，对所指控犯罪事实不提异议，同意量刑建议并签署具结书的，可从宽处理。

工作的决定》①《关于授权最高人民法院组织开展四级法院审级职能定位改革试点工作的决定》②。在试点期间，"两高"根据授权对试点工作制定规则，起到了临时性法律依据的作用。二是授权中央军事委员会。2016 年 12 月 25 日，第十二届全国人民代表大会常务委员会通过《全国人民代表大会常务委员会关于军官制度改革期间暂时调整适用相关法律规定的决定》，授权中央军事委员会对军官制度改革期间的军官职务等级、军衔、职务任免、教育培训、待遇保障、退役安置等制定具体办法和确定试行范围。

从上述情况看，我国立法被授权主体经历了渐进发展的历程，也体现了授权立法的一种趋势，这个趋势除了授权立法内容更加丰富、方式更加多元之外，那就是立法被授权主体逐渐增多，越来越呈现出多元化的特点，基本上解决了改革发展需要和相关主体立法权限不足的矛盾。"改革出现的种种问题不可能被法律一一预知，有的既有法律甚至会对改革产生阻碍作用，因此此种先行先试往往是在突破既有法律体系的前提下进行的，而从实践作用来看它们又在事实上起到了引领改革的效果。"③由于浦东新区是上海发展的重要引擎，也是社会主义现代化建设的引领区，将上海市人大及其常委会作为立法被授权主体是立法授权制度发展与完善的必然选择；将其他正在进行先行先试的地区的立法机关作为立法被授权主体，也是我国全面深化改革背景下的必然选择。立法权是用来服务于国家改革发展需要的，"改革开放 40 年，一条基本经验是，改革与法治唯有携手并进，才能降低改革的风险和成本，让社会主义法治建设在改革中不断完善"。④ 当发达地区的立法权限难以满足现实需求时，授权立法就是一个较好的选择，将国家立法机关的立法权授予相关地方主体，可以解决改革与发展中的法律依据缺失问题，也减少了改革的盲目性。

---

① 2019 年 12 月 28 日，第十三届全国人民代表大会常务委员会第十五次会议通过。其授权最高人民法院在部分地区，就优化司法确认程序、完善小额诉讼程序、完善简易程序规则、扩大独任制适用范围、健全电子诉讼规则等，开展民事诉讼程序繁简分流改革试点工作。
② 2021 年 8 月 20 日，第十三届全国人民代表大会常务委员会第三十次会议通过。其授权最高人民法院在 12 个省、直辖市的人民法院就完善民事、行政案件级别管辖制度，完善案件管辖权转移和提级审理机制，完善民事、行政再审申请程序和标准，完善审判权力运行机制等内容开展改革试点。
③ 林珊珊：《改革背景下立法的安定性问题研究》，载《行政管理改革》2021 年第 1 期。
④ 习近平：《加强党对全面依法治国的领导》，载《求是》2019 年第 4 期。

四、扩大立法被授权主体范围并对相关授权问题予以明确

"法律无论是静止不变,还是变动不居,如果不加以调剂或不加以制约,都同样具有破坏力。法律如同人类,要活下去,必须寻觅某些妥协的途径。"①随着经济社会的发展,不断扩大立法被授权主体是必然趋势,关键是扩大至哪些主体。笔者认为,立法被授权主体的扩大,关键要看改革开放所涉及的重要领域和范围,因为立法被授权主体范围扩大的目的,正是为了解决国家治理过程中的法律依据问题,只要改革开放地区需要法律规范治理的,相关立法机关都应当作为立法被授权主体。

(一)将立法被授权主体扩大到所有省级、设区的市级的立法机关

立法被授权主体既包括省级、设区的市级人大及其常委会,也应包括其同级人民政府。对于地方上的特殊事项,需要国家立法而国家暂时无法立法的,则可以授权它们来立法。这样,就把经济特区所在地的立法主体也包括在这一类被授权主体之中。并且,这种做法在扩大其他被授权主体的同时,并没有对《立法法》中经济特区的被授权主体的立法权有任何减损。当然,在具体授权时,究竟是授权至省级区域还是设区的市(自治州),到底是授权地方人大还是地方政府,关键是看由谁立法更具有便利性,而不能一概授权省级立法机关或仅授予当地人大。从实践来看,涉及相关设区的市的本地事务,授权它们直接立法效果更佳;而在行政管理领域特别是比较紧急迫切的管理事项上,授权地方政府先行制定规章,更能回避地方性法规较为冗长的立法程序。需要说明的是,《立法法》规定设区的市的立法权限仅为"城乡建设与管理、环境保护、历史文化保护"等事项,那么作为被授权主体,设区的市的立法事项仍然受限于这个范围吗? 肯定不是! 因为其行使的国家立法机关的授权是法律保留的事项,不同于职权立法的事项,其立法事项范围取决于授权机关的授权范围,而不受职权立法事项范围的限制。将更多的地方立法机关扩容为立法被授权主体,对于当下我国有区别地促进相关地方先行先试改革,具有非常重大的现实意义。如果有了这种广泛的

---

① 周少华:《适应性:变动社会中的法律命题》,载《法制与社会发展》2010 年第 6 期。

授权立法规定,不仅能够解除对上海进行授权立法的合法性疑虑,而且可以为今后解决类似问题奠定良好基础。

也许有人认为,设置如此多的立法被授权主体,尤其是将所有省级、设区的市级立法主体都列为立法被授权主体,[①]是否会导致授权立法的泛滥? 将法律保留事项授予这么多的主体进行立法,是否会对国家立法权造成侵蚀? 答案是,不会。其原因在于两个方面。一方面,被授权主体只是一种资格,或是一种可能,而不是已经授出去的立法权力,只有正式获得授权后,相关主体才能就授权事项进行立法,而是否授权,决定权在授权主体,却不在被授权主体。对于大多数主体而言,也许因为没有获得真实授权而永远只是一个被授权主体资格。另一方面,是否造成立法授权的泛滥,并不取决于被授权主体数量的多少,而是决定于对所授的立法权是否采取有效的控制。只要规定了恰当的授权方式、授权条件、授权程序和授权监督程序,就不会出现因被授权主体过多而产生授权被滥用的情况。

(二) 将变通型立法作为授权立法的主要立法方式

变通型立法的概念较早来自我国民族自治地方立法和经济特区立法,其特点主要有三个。一是补白性,即在国家法律没有规定的情况下,经过授权,可以作出补白性规定。例如,当年经济特区的许多立法,都是在国家尚未制定相关法律的情况下开了立法先河,并为国家立法提供了经验。如今,这种立法空白点依然存在,尤其是在一些先行先试领域尚未得到法律规制,在国家制定法律的条件还不成熟的情况下,可以授权某些地方先行立法,满足该地方发展对法治的迫切需要。二是突破性,即在国家法律已经作出规定但相关规范并不适合某些地方的情况下,授权相关地方对法律的普遍性规定作出突破,这在民族自治地方的立法中表现较为明显,即"民族自治地方的立法机关根据法律规定对有关国家法律和行政法规的内容作出一定的改变,使之符合本民族自治地方法治建设的需要"。[②] 如今,在国家法律已经比较健全的情况下,无法可依的情况已经很少,但

---

① 2015 年修正后的《立法法》使所有设区的市享有地方立法权,该立法权主体扩大到 289 个,广东省东莞市和中山市、甘肃省嘉峪关市等三个不设区的地级市也享有设区的市地方立法权,海南省三沙市已成为设区的市。

② 徐合平:《民族自治地方立法变通权解析》,载《中南民族大学学报(人文社会科学版)》2015 年第 5 期。

现有条款不适应我国部分地方快速发展需要的情况却屡见不鲜,因此授权某些地方对国家法律相关条款作出一定的突破,使之适用于该地方,是立法变通的主要情形。三是延伸性,即对国家法律的规定作出延伸性解释,起到补充作用。这主要是针对某些法律条款字面含义过于狭窄、难以涵摄复杂现实的状况,允许相关地方立法主体对法律规范作出延伸性解释,在不修改法律的情况下,可以使法律规范更好地适应现实需要。从变通型立法的特点可以看出,无论哪一种情形,都是针对国家法律而言的,都是在经过授权的情况下,对国家法律作出适当改变,以实现特定地方的法治先行。

值得注意的是,在全国人大常委会的《授权决定》中,并没有对上海市人大及其常委会的立法方式进行明确,但在中共中央、国务院的《引领区意见》中,则明确上海市人大及其常委会"比照经济特区法规",对已经有法律行政法规部门规章规定的,"可以对法律、行政法规、部门规章等作变通规定,在浦东实施";对无法律法规的,"支持浦东先行制定相关管理措施",并"适时以法规规章等形式固化下来"。这就为上海市人大针对浦东新区高水平改革开放进行变通型立法提供了有力支持。对于被授权主体而言,之所以可以进行变通型立法,就是因为被授权地方的发展对法治有特殊需要,有时甚至是个性化的需要,普遍适用的国家法律难以满足该地方的法治需求。因此,变通型立法是一种特殊的临时性法制安排。

当然,对于地方变通型立法,也有学者提出了不同意见,认为这与法制统一存在张力、与地域平等理念存在冲突、也不符合比例原则。① 对此,笔者曾在相关论文中进行了辨析。其一,对法制统一要作出新的理解。法制统一"不是形式上的相同或相近,更不是处于同一发展水平"。"对特定区域进行立法授权,允许他们根据自身发展需要而制定地方立法,让他们的法治先发达起来,营造各自发展所需要的法治环境,即使这些地方的法治具有其独特性,也丝毫不影响国家法治统一。"②其二,要正确地看待地方法治的平等性问题。"由于不同区域经济发展水平的差异,如果让经济发达区域与不发达地方在法治水平上保持一致,这对发达区域而言则不公平。"③其三,关于所谓比例原则问题,即变通型立法在为经

---

① 参见王建学:《改革型地方立法变通机制的反思与重构》,载《法学研究》2022 年第 2 期。
② 王春业:《论我国"特定区域"法治先行》,载《中国法学》2020 年第 3 期。
③ 王春业:《论我国"特定区域"法治先行》,载《中国法学》2020 年第 3 期。

济发达区域的改革带来促进的同时,对法制统一可能带来多大损害的问题。实际上,多年来我国特定地方法治建设的实践,尤其是经济特区法治建设的实践,不仅表明了特定地方法治先行的必要性、可行性,而且并没有对法制的统一造成不良影响,仍然属于合理范围的立法变通。

(三) 对立法被授权主体采取批量清单式授权

对立法被授权主体的授权方式,直接关系到授权的行使问题,以往的做法可概括为两种方式。一是一揽子的授权方式。它表现为在立法授权时,授权范围非常模糊,甚至是空白授权,任由被授权主体自己理解和发挥,往往导致对授权的滥用,对此,后来的《立法法》虽然做了纠正,但仍不够明确,依然是粗线条的规范。实践中,一些立法被授权主体仍然行使了过于宽泛的立法权,没能在合理范围内行使所授予的立法权。二是精准的授权方式。这是一种较为谨慎的态度,往往采取的是一事一授权。这种做法虽然有助于减少授权的滥用,但也存在层层审批的难题,难以满足被授权主体对立法权的需要。为此,笔者建议可以采取一种较为折衷的方式,即批量清单式授权方式。

批量清单式授权方式的特点在于以下两个方面。一是批量性,根据被授权主体的需要,采取成批量的、一次性授予多项立法权力,而不是一事一授权、一授权一审批的个别授权方式。也就是说,成熟一批就授权一批,呈现"滚动接续""压茬前行"状态,可以有效满足被授权主体对立法的大批量需求性。例如,由于上海浦东新区的快速发展,需要先行先试的领域是多方面的,对立法授权的需要也是多方面的,而批量性授权可以解决各项改革措施的法治化问题。二是清单式,即明确列举所授权的事项,并以清单的方式加以体现。清单式的特点是明确、具体、清晰,即使需要授权许多事项,也要将相关立法事项作出明确清晰的列举,而不是笼统地授权。清单式的明确列举,解决了《立法法》对授权"事项"表述模糊性问题。[①] 有学者提出,"改革型地方立法变通不能始终延续改革初期的粗放模式,而要围绕试验功能进行适当调适、增设必要限制",[②]显然,批量清单式授权方式,可谓是一种较好的"必要限制"方式。

---

① 参见王春业:《将清单式批量立法授权引入粤港澳大湾区法治建设》,载《法学杂志》2021年第7期。
② 王建学:《改革型地方立法变通机制的反思与重构》,载《法学研究》2022年第2期。

（四）明确对立法被授权主体的授权条件和时机

对授权条件和时机的明确是防止滥用授权立法的有效方式。笔者认为，一般应当以国家改革开放的政策作为先导，以中共中央、国务院的相关方案、指导意见等为授权的重要依据和条件。具体而言，在中共中央或国务院或两者联合发布对某地区的相关批复文件或方案时，就具备了立法授权条件和时机。比如，中共中央、国务院针对浦东新区发布了《引领区意见》，针对深圳发布了《关于支持深圳建设中国特色社会主义先行示范区的意见》，针对浙江发布了《关于支持浙江高质量发展建设共同富裕示范区的意见》等，就具备了立法授权的条件和时机，此时，授权立法就可以同步跟上，因为授权立法制度创新以及立法被授权主体的扩容本身，正是适应这种改革开放的新趋势。这样，不仅可以有效避免授权立法的盲目性，而且也解决国家优惠政策与法治建设的同步问题，克服当下政策先行而法治滞后甚至空缺带来的困境。当然，对于少数地区确实需要的，也可以在没有中央政策的前提下，采取单独申请的方式，而不受是否有中央政策的限制。需要说明的是，虽然《立法法》（2015）第 13 条"全国人民代表大会及其常务委员会可以根据改革发展的需要，决定就行政管理等领域的特定事项授权在一定期限内在部分地方暂时调整或者暂时停止适用法律的部分规定"的规定，也对改革发展需要时的立法授权问题予以了关注，但只是"暂时调整或者暂时停止"适用法律的部分规定，主要是解决"破"的问题，而没有解决"立"的问题，特别是没有对立法被授权主体作出明确规定，仍需要通过法律的方式对授权立法的条件和时机作出明确规定。

（五）创新对授权立法的监督方式

在立法被授权主体增多且立法授权原因复杂的情况下，如果没有较强的后续监督，就会造成授权立法的滥用。为确保授权的合法行使，在监督方面，可设计如下制度。一是授权立法在备案时必须充分说明变通的情况和理由。这是从全国人大常委会对上海立法授权中获得的有益启示，在此次立法授权中，全国人大常委会要求"浦东新区法规报送备案时，应当说明对法律、行政法规、部门规章作出变通规定的情况"，通过说明情况，让授权主体充分了解被授权主体对上位法变通的具体情况，也便于合法性审查。此经验可以推广到更广泛的领域，适用于其他立法被授权主体的立法活动,这也是授权主体的一种重要监督方式。二是采取严格的跟踪监督制度。被授权主体每年要对授权立法实施情况进行专题汇报,同时,授权主体每三年要对授权立法情况进行一次专门评估。严格的跟踪监督制度不仅是确保授权合法行使的必要程序,而且是保证法治与中央政策有效衔接的重要手段,更是国家权力机关对新领域立法进行经验积累的过程。三是建立授权立法诚信制度。应当借用民事领域的诚信制度,对立法授权行使情况进行综合考评,对按照授权决定行使立法授权并能将中央政策有效进行法治化的立法主体,将加大立法授权力度,而对违法行使或立法质量低劣的,则减少授权或不再予以授权,并追究相关责任人的法律责任。

(六) 将立法被授权主体的扩容及授权问题在法律上加以解决

立法被授权主体的扩容必须以法律的形式加以明确,这是法治主义的基本要求,也是保证授权立法制度良性发展的基本要求。虽然以往在没有法律规定的情况下,对经济特区直接进行了立法授权,这是当时法制不健全情形下的产物,是可以理解的,但后来还是通过《立法法》加以确认,使之具备了合法性依据。在法制不断健全的今天,如果仍采取没有法律依据或不是立法被授权主体而直接进行立法授权,显然是不合适的。《立法法》仍局限于国务院以及经济特区所在地的省市立法机关,而没有对其他主体作为被授权主体加以明确,在没有法律依据的情况下,仍对某些主体进行立法授权,就存在合法性问题。当然,这种授权决定可能是现实迫切需要而又难以对相关法律及时修改的情况下的无奈之举,可以作为个案,但不应是常态。并且通过此事,也暴露出因立法被授权主体范围的狭窄而产生的现实困境和尴尬。因此,为了避免此类情况的再次发生,对相关法律进行修改是必然趋势。应当通过修改《立法法》,改造相关条款或增加相关内容,明确立法被授权主体范围,就像笔者于本章中所分析的那样,在立法被授权主体范围方面,除了国务院仍然作为立法被授权主体外,还要规定所有省级、设区的市级人大及其常委会、人民政府都作为立法被授权主体。通过法律方式明确立法被授权主体的扩容范围,为今后可能的授权立法提供法律依据,并对包括授权条件、授权程序、授权方式、授权监督等进行补充和完善。

结语

　　确保中央的集中统一领导、对立法权的统辖与保证发达地方有效治理之间存在着一定张力,解决的方案,除了设计和进一步完善多元化的立法体制外,那就是根据改革发展需要,进行适时的立法授权,赋予改革发展所必要的更大的立法权限。实际上,我国授权立法制度的产生与发展,也是根源于改革开放所激发的各地方内在需求,且每次作出的立法授权,也与相关改革发展战略的出台保持着高度的同步。立法是为改革发展服务的,授权立法制度也是因为改革开放的深入而出现并发展完善的。没有固定不变的立法制度,更没有一成不变的授权立法制度。当下,在全面深化改革背景下,立法必须与时俱进,授权立法制度需要改革与完善,立法被授权主体也要根据需要而不断扩容。目前,根据当下改革发展的需要,最关键的是要以法律的形式赋予更多立法主体以立法被授权主体地位,使之获得被授权的资格,只要有改革需要,全国人大及其常委会就可以通过授权决定的形式赋予其一定的立法权限,制定改革所需要的立法规范,为改革开放的深化提供法律依据,达到重大改革于法有据的效果。

第二章 授权制定浦东新区法规的时代意义

　　2021年中共中央、国务院的《引领区意见》和全国人大常委会的《授权决定》相继出台,后者创造了一种新的法规类型——浦东新区法规,并赋予了上海地方立法权的最高配置——立法变通权。"立法变通权基本内涵是,享有立法变通权的主体有权根据不同情况、根据时代发展的要求,对上位法进行一定范围的突破。"[①]在既有立法体制中,只有民族自治地方和经济特区具有立法变通权,民族自治地方可以基于自身社会文化方面的特点变通国家立法,是一种内生型立法变通(或自治型地方立法变通),经济特区根据国家赋予的改革创新使命变通国家立法,[②]因而是外赋型立法变通(有学者称为"改革型地方立法变通"[③])。外赋型立法变通对于国家突破深层次体制机制问题,深化改革开放发挥着重要作用。然而,授权伊始,立法变通与法制统一原则的紧张关系就引起了部分学者的担忧。而且,尽管截至2022年底上海已出台十五部以"浦东新区"冠名的法规,对于何谓变通以及浦东新区法规是否一定要变通,仍然存在争议。"名不正则言不顺,言不顺则事不成",从历史的角度考察引领区建设在社会主义现代化进程中的使命以及特区立法重心的转移,从释义学角度辨析变通性立法与先行性立法的区分,厘清浦东新区法规的内涵与外延以及地方立法策略的选择,从法理角度证成改革型地方立法变通,对于强化高水平改革开放的法治保障,助力打造社会

---

① 宋方青:《拓展立法空间:经济特区授权立法若干关系思考》,载《当代法学》2004年第6期,第56页。要说明的是,这一定义不能涵盖浦东新区法规对部门规章的变通,为了涵盖这一类型,也许可以将立法变通定义为地方立法对国家立法的突破。

② 当然,国家对于经济特区、新区、自由贸易区等特区的选择会综合考量地缘、经济、社会、文化等各种因素。

③ 参见王建学:《改革型地方立法变通机制的反思与重构》,载《法学研究》2022年第2期。

主义现代化建设引领区具有重要意义。

一、引领区建设成为渐进式改革开放的"突破点"

引领区不是一个静止的概念,引领区建设是一个动态演进的过程,是中国整体发展道路的有机组成部分。我国走的是一条渐进式改革开放道路,其特点是:从空间维度看,呈现由点及面、从局部到整体的辐射现象;从时间维度看,呈现试验期、推广期和趋同期的发展阶段;从制度角度看,呈现新旧体制并存的过渡性和渐变性,以经济体制改革带动政治体制改革,并表现出法制与改革相互追逐、螺旋上升的过程。渐进式改革与激进式改革截然不同,"激进式改革"以"破"字当头,先破后立,"渐进式改革"以"立"字当头,先立后破。① 经济特区、浦东新区、中国特色社会主义先行示范区、社会主义现代化建设引领区是改革开放长卷缓缓铺陈的不同篇章,在不同的历史条件下,经济特区和引领区分别承担了"立"和"破"的任务和使命。

(一)经济特区:渐进式改革开放的"起点"与"先行示范区"

党的十一届三中全会为改革开放扫除了思想障碍,设立经济特区是改革开放迈出的第一步。在长期闭关锁国的背景下和中央指令经济体制向社会主义现代化转型的过程中,五个经济特区成为对外开放的"窗口"和经济体制改革的"试验田"。经济特区的"特"体现在政策优惠上:一是经济政策,经济特区的全称是"实行特殊优惠的经济政策的地区",其在改革开放之初承担着探索市场经济的使命;二是为配套经济体制改革的法律政策,中央下放部分国家立法权,授予地方制定经济特区法规、规章的权力,为经济特区的改革创新提供法治保障。深圳等经济特区成功的表现是实现了经济繁荣、现代化和国际化,成功的保障就是在建设的同时厉行法治。② 以深圳市为例,自20世纪90年代以来,共制定经济特区法规两百多项,其中三分之一是借鉴香港及国外法律制定的,具有先行性和试验性;三分之一是对国家法律、行政法规进行变通、补充和细化的;还有三分之一

---

① 参见陶一桃:《从经济特区谈中国道路的实质与内涵》,载《社会科学战线》2018年第6期,第25页。
② 参见王成义:《深圳经济特区立法权:历史、学理和实践》,载《地方立法研究》2019年第1期,第2页。

是为加强行政法制、环境保护、城市管理和精神文明需要制定的。[①] 其中,最为人津津乐道的是从无到有的先行先试立法,在全国性法律缺位且极容易引起争议的情形下,敢为天下先,为全国性的改革开放积累了宝贵经验。习近平同志肯定说,"深圳等经济特区 40 年改革开放实践,创造了伟大奇迹,积累了宝贵经验,深化了我们对中国特色社会主义经济特区建设规律的认识。"[②]"渐进式改革"通过经济特区的先行先试构成了中国道路的鲜明特质和前行轨迹,创办经济特区是中国道路的现实起点。[③] 以经济特区为起点,中国开启了改革开放和社会主义现代化建设的探索征程。[④]

然而,进入 21 世纪以来,经济特区及其立法受到越来越多的诟病。有人认为改革开放向全国推进后,经济特区在特定历史条件下所具有的"试验田"和"窗口"作用就消失了。已有观点明确提出废除经济特区立法权,理由在于经济特区立法权具有计划经济向市场经济过渡时期的阶段性产物特点,存在违反授权明确性原则,严重破坏国家法治的统一,损害法律的权威和安定,导致法律冲突、法律适用混乱,有悖于平等原则,缺乏必要的监督等问题。[⑤] 另外,经济特区立法权还有下沉、扩张的嫌疑,陷入地方保护主义的泥潭。这些质疑与批评打击了各经济特区的立法积极性,经济特区立法在不同程度上体现出创新性减弱的问题。深圳市人大常委会就深刻认识到:有的同志把特区立法的创新性、变通性与法制统一原则对立起来,不敢进行适度的超前性和预见性立法,求稳怕乱,担心特区立法与国家法律相抵触、相冲突,对特区授权立法的特性缺乏足够的认识,运用特区立法权的自觉性不高。[⑥] 在新的历史条件下,经济特区立法亟需寻求新的侧重点。

---

① 参见全国人大常委会法制工作委员会国家法室编著:《中华人民共和国立法法释义》,法律出版社 2015 年版,第 241 页。

② 习近平:《在深圳经济特区建立 40 周年庆祝大会上的讲话》,载《人民日报》2020 年 10 月 15 日,第 2 版。

③ 陶一桃:《从经济特区谈中国道路的实质与内涵》,载《社会科学战线》2018 年第 6 期,第 22 页。

④ 姬超、袁易明:《从经济特区到先行示范区:中国发展道路的"特区"范式》,载《江西社会科学》2020 年第 1 期,第 84 页。

⑤ 参见吴鹏:《经济特区授权立法制度应被废除》,载《云南大学学报(法学版)》2007 年第 1 期;庞凌:《关于经济特区授权立法变通权规定的思考》,载《学习与探索》2015 年第 1 期。

⑥ 参见李洪雷:《在新的历史条件下用好经济特区立法权》,载《人民论坛·学术前沿》2018 年第 13 期,第 71 页。

经济特区在中国的发展历程呈现出试验期、推广期和趋同期三个阶段,随着特区模式经验在全国范围内的推广,经济特区完成了在中国经济转轨中所肩负的历史使命,回归世界经济特区的一般发展模式。① 2018 年习近平同志在一次讲话中指出,"新形势、新任务、新挑战,赋予经济特区新的历史使命,经济特区要不忘初心、牢记使命,在伟大斗争、伟大工程、伟大事业、伟大梦想中寻找新的方位,把握好新的战略定位。"②接着,2019 年中共中央国务院发布《关于支持深圳建设中国特色社会主义先行示范区的意见》,赋予深圳经济特区以中国特色社会主义"先行示范区"的新定位。"先行"意味着没有现成的经验可以借鉴、照搬,需要敢为人先,为全国改革开放再出发探索新的做法;"示范"意味着要形成可以推广全国、可以全面复制的做法、经验和制度,不仅需要符合特区实际,还要符合更高标准、具有普遍价值。③ 从经济特区到先行示范区,话语不同,任务不同,但逻辑相联、功能相继、使命相续。④

(二)浦东新区:"引领区"与渐进式改革开放的"突破点"

新时代改革开放进入了一个新的阶段。习近平同志曾形象地说,"容易的、皆大欢喜的改革已经完成了,好吃的肉都吃掉了,剩下的都是难啃的硬骨头。"⑤2021 年中央出台《引领区意见》赋予浦东新区社会主义现代化建设"引领区"的新定位,明确支持浦东"勇于挑最重的担子、啃最硬的骨头",努力成为更高水平改革开放的开路先锋、全面建设社会主义现代化国家的排头兵。社会主义现代化建设引领区作为服务国家的战略性区域,勇挑最重的担子、啃最硬的骨头,攻坚克难、引领带动,以周边区域为依托,以重大功能打造为核心,发挥功能支点撬动全局效应,引领国家深度链接全球,带动国家高质量发展,助力实现社会主义现代化强国目标。⑥ 如果说经济特区是我国渐进改革开放路线的"起

① 参见徐现祥、陈小飞:《经济特区:中国渐进改革开放的起点》,载《世界经济文汇》2008 年第 1 期,第 20 页。
② 习近平:《在庆祝海南建省办经济特区 30 周年大会上的讲话》,载《人民日报》2018 年 4 月 14 日,第 2 版。
③ 参见张浩:《中国特色社会主义先行示范区的鲜明特色》,载《人民论坛》2020 年 1 月上,第 81 页。
④ 谢春红:《建设中国特色社会主义先行示范区的多重意蕴》,载《岭南学刊》2020 年第 1 期,第 48 页。
⑤ 中央宣传部:《习近平新时代中国特色社会主义思想三十讲》,学习出版社 2018 年版,第 95 页。
⑥ 徐建:《浦东新区打造社会主义现代化建设引领区的全新内涵和推进路径》,载《科学发展》2022 年第 1 期,第 8 页。

点",那么,浦东引领区建设将是改革开放路线中新的"突破点"。

中央这一重大战略部署与国内外形势密切相关。从国外来说,当前形势在某种程度上与 20 世纪 80 年代相似,彼时西方一度封锁中国经济,1990 年浦东新区的设立掀开了我国改革开放向纵深推进的新篇章。当前,在以美国为首的西方国家的全面打压下,我国需要积极探索实现经济持续增长的新道路。从"浦东新区"到"浦东引领区",体现了我国坚定不移推进全面深化改革开放的决心。① 从国内来说,由于其地缘、人才等资源方面的优势、作为试验田的体量大小适当以及强烈的创新动力和变革需求,浦东成为深入推进改革开放、实现经济持续增长的最佳"突破点"。浦东新区具有独特的区位、梯度有序的特色功能区布局、国内一流的城区基础设施体系、相对齐全的要素市场等优势,但也面临着越来越受到全球市场波动的影响、周边地区激烈的竞争、日益严峻的要素资源约束、体制和机制有待进一步释放等问题。② 《授权决定》极大地提升了上海对浦东改革创新的制度供给能力。

浦东新区"引领区"与深圳"先行示范区"成为国家推进高水平改革开放的新战略布局。新时代新征程上,浦东新区和经济特区在新战略布局中各司其职、各有侧重,共同承担起在更高起点、更高层次、更高目标上推进改革开放的新使命新任务。新时代中央赋予经济特区和浦东新区的定位表明,经济特区要做好"示范"和守成,在守成的基础上"办得更好、办得水平更高",③ 而浦东新区接过经济特区的"接力棒",成为改革开放事业新的开路先锋和排头兵。浦东 3.0 版改革和引领区建设注定要比经济特区影响更大、水平更高。事实上,浦东新区的设立就已经站在了经济特区的肩膀之上。相比于经济特区创建之初是经济不发达、对国民经济影响小的城市或地区,浦东(尽管不叫"经济特区",叫"新区")开发开放以上海特大型城市为龙头,拥有比特区和各开发区更优惠的政策。④ 在此基

---

① 参见黄尖尖:《专访王战:浦东"引领区"建设,将开启我国"3.0 版改革"新篇章》,载上观新闻网,https://web. shobserver. com/staticsg/res/html/web/newsDetail. html? id = 387463,2021 年 11 月 22 日访问。

② 参见周轶昆:《浦东新区开发开放的优势、问题与对策》,载《重庆工商大学学报(西部论坛)》2008 年第 1 期。

③ 习近平:《在深圳经济特区建立 40 周年庆祝大会上的讲话》,载《人民日报》2020 年 10 月 15 日,第 2 版。

④ 参见徐现祥、陈小飞:《经济特区:中国渐进改革开放的起点》,载《世界经济文汇》2008 年第 1 期,第 19 页。

础上,"新区"升级为"引领区",《授权决定》又赋能上海制定浦东新区法规,为浦东"大胆试、大胆闯、自主改"提供强有力的法律保障。浦东新区法规将与其他经济特区法规互学互鉴,形成良性的制度竞争格局。①

二、新的历史条件下特区立法重心向变通性立法转移

宏观上看,我国渐进式改革开放经历了三个阶段:第一阶段自下而上,摸着石头过河,实践走在立法的前面,存在"无法有办法"的问题。第二阶段自上而下,中央通过顶层设计推动各地区实施改革,立法走在实践的前面,行之既久出现了"有法无办法"的困境。第三阶段双向结合,既有自下而上的实践创新,又有自上而下的法治保障,真正实现"有法有办法"。经济特区及其先行先试立法为改革开放作出了开创性贡献,在第一阶段发挥了重要作用,但也渐渐陷入创新疲软、立法受挫的境地,从起初的"无法有办法"走向"有法无办法",甚至"有法惹争议"。② 此次引领区建设的提出开启了我国"3.0版改革"的新篇章,③既有自下而上的实践创新,又自上而下授予地方立法变通权,为"大胆试、大胆闯、自主改"提供充分制度保障。

(一) 从无到有与从有到优:先行性立法与变通性立法的区分

理论界与实务界经常混淆先行性立法与变通性立法。在理论界,关于先行先试立法与变通立法的关系就存在三种观点:(1)立法变通包含先行先试立法。浦东新区法规的立法变通权包含立法突破权和先行先试立法权,"'创设新规则'实际上是'变通'适用法律的一种特殊方式。"④这种观点可称为广义的变通观。

---

① 参见罗培新:《浦东新区法规,如何守正创新,持法达变——兼与深圳特区立法实践相比较》,载微信公众号"中国法律评论"2021年6月25日,https://mp.weixin.qq.com/s/wOq7Hrbisds3i-8ii4dryg。

② 有学者认为经济特区授权立法存在违反授权明确性原则,严重破坏国家法治的统一,损害法律的权威和安定,导致法律冲突、法律适用混乱,有悖于平等原则,缺乏必要的监督等问题。参见吴鹏:《经济特区授权立法制度应被废除》,载《云南大学学报(法学版)》2007年第1期;庞凌:《关于经济特区授权立法变通权规定的思考》,载《学习与探索》2015年第1期。

③ 参见黄尖尖:《专访王战:浦东"引领区"建设,将开启我国"3.0版改革"新篇章》,载上观新闻网,https://web.shobserver.com/staticsg/res/html/web/newsDetail.html?id=387463,2021年11月22日访问。

④ 丁伟:《我国特定经济区域变通适用国际私法规范的前瞻思考》,载《政治与法律》2022年第9期,第12页。

(2)先行先试立法等于变通立法。如有学者指出法治与改革良性互动的一种方式是,"实践条件还不成熟、需要先行先试的,要按照法定程序作出授权。"而这种方式的具体措施是:"凡需要进行先行先试的改革地区和领域,通过授权,暂时中止原来实施的相关法律,因为先行先试和现行法律是有冲突的,如果不中止就没有办法先行先试了,这样使改革能够顺利进行。"①其所说先行先试立法需要先中止现行法律,可见其是在存在国家立法前提下的先行先试,准确地说,其实是"立法变通"。(3)先行先试立法包含立法变通。有学者认为,"所谓'先行先试',即某些地方先行一步,进行各种立法尝试和制度试验,为其他地方提供创新的范本,并为全国范围内的深层次改革摸索、积累经验,进而推动整个国家的改革开放进程。"先行先试立法常常引发"良性违宪(法)",即地方立法突破现行宪法法律的界限,在宪法和法律未作修改时就已经作出许多超前、越权甚至是与宪法法律相悖的规定。② 根据这种观点,一部分先行先试立法可能是在宪法法律已有规定的情形下作出的,这部分立法如果得到了中央授权,其实就是立法变通。

在实务界,由于《授权决定》作出伊始,立法变通权受到了重点关注,于是甚至将本不属于真正的变通的情形(没有变通对象的先行先试或创制)也称之为变通,这样一来实务部门不得不采纳广义的变通观。然而,随着一部部以"浦东新区"冠名的法规出台,立法机关发现在立法实务中不能总是强调变通,用法规的形式将浦东先行先试的经验固化下来也同样重要。于是,在强调"变通"外,又开始强调"创制"。从理论上说,实务部门在强调"创制"这一刻,就摒弃了广义变通观,回到了通常意义上的变通观——对国家立法的突破,从而区分了变通性立法与先行性立法。对此,笔者的评论是,这种区分是正确的,但是在新的历史条件下,强调"创制"有避重就轻之嫌,浦东新区立法仍应以变通性立法为主、先行性立法为辅。

应该说,先行性立法与变通性立法有着较为明晰的界限。在 2023 年《立法法》修改之前,先行性立法的法律依据是《立法法》(2015)第 73 条第 3 款,该款规定,国家尚未制定法律或行政法规的事项(除法律保留外),地方可以根据具体情

---

① 刘作翔:《论重大改革于法有据:改革与法治的良性互动——以相关数据和案例为切入点》,载《东方法学》2018 年第 1 期,第 20 页。

② 参见封丽霞:《地方"先行先试"的法治困境》,载葛洪义主编:《法律方法与法律思维》,法律出版社2010 年版,第 14、16 页。

况和实际需要先制定地方性法规。变通性立法的法律依据是《立法法》(2015)第90条、全国人大及其常委会的有关授权决定、《海南自由贸易港法》等,指出特殊区域可以在遵循宪法规定以及法律和行政法规原则的前提下,变通法律、行政法规、部门规章、地方性法规的规定。两者的区别,简言之,先行性立法是"从无到有",变通性立法是"从有到优"。立法变通实际上由悬置旧法和新立优法两个部分构成,即立法变通 = 悬置旧法 + 新立优法。新立优法与悬置旧法是同时发生的,换言之,优法新立的同时旧法的效力就被悬置了,"悬置"旧法并不影响该法在其他区域的效力。由于新立优法所确定的制度及其一系列配套措施往往具有首创性,所以立法变通某种程度上也具有先行先试(创新、创制)的特征。基于"先行先试"一词的通常理解和广泛使用,建议如下使用概念:"先行先试立法"(立法创新)既包括从无到有的"先行性立法"(即立法创制),又包括从有到优的"变通性立法"(即立法变通),甚至包括一些从有到细的执行性、实施性立法创新。因此,改革创新既包括"从无到有"的先行先试,又包括"从有到优"的变通,而从创新难度和力度来说,立法变通要高于先行性立法。可以说,立法变通具有先行先试的特征,但是立法变通权不是先行立法权。先行立法权是地方根据《立法法》(2015)第 73 条第 3 款都具有的权力,而立法变通权是特定区域才具有的权力,是地方立法权的最高配置。

(二)国家立法的愈加完善促使特区立法重心从先行性向变通性转移

在对经济特区立法的评价中,多强调其先行先试的特点,"变通权不符合特区立法授权决定的本意⋯⋯特区法规的根本存在价值就是制度创新,即从无到有的创新"。[1] 然而,近来也有学者指出,将先行先试作为经济特区立法权的根本特征是不恰当的,先行先试本身尚不能凸显经济特区立法区别于一般地方立法的独特之处,变通立法权才是经济特区立法权的根本特征。[2] 根据既有立法体制,在无上位法的情形下,各级地方人大及其常委会都在不同程度上享有先行先试立法的权力,而"经济特区的法规享有的权限比一般地方性法规的权限要大,它可以变通法律、行政法规和地方性法规,将国家给予经济特区的特殊政策

---

① 林彦:《经济特区立法再审视》,载《中国法律评论》2019 年第 5 期,第 185 页。

② 参见李洪雷:《在新的历史条件下用好经济特区立法权》,载《人民论坛・学术前沿》2018 年第 13 期,第 68 页。

具体化,在改革开放方面作出探索试验性规定,起立法'试验田'的作用。这是授权制定经济特区法规的目的所在。"①笔者认为,即便经济特区立法在授权之初的目的在于先行先试,随着社会历史条件的变化,其侧重点也需发生变化,先行先试立法可以委诸地方职权立法,无需借助授权变通立法。

从立法释义学的角度比较经济特区立法和浦东新区立法可知,两者都有先行性立法和变通性立法的权力,但它们的侧重点因时代背景而不同。在 20 世纪八九十年代,由于中央"宜粗不宜细"的立法思路,经济特区立法因先行先试而引人瞩目。习近平同志就曾指出,"先行先试是经济特区的一项重要职责,目的是探索改革开放的实现路径和实现形式,为全国改革开放探路开路。"②创新是特区之魂,也是经济特区立法的授权目的和本质特征。③ 即便彼时经济特区有变通立法权,也因为上位法的缺位或稀疏而无大用武之地。然而,经过四十多年的实践发展,中央在政治、经济、社会、文化和生态文明建设等方面的立法日臻完善,2010 年中国特色社会主义法律体系宣告形成,需要地方实验探索的立法领域和事项大幅减少,地方先行先试的空间不断限缩,变通立法权的意义愈来愈凸显。无论是经济特区还是浦东新区,将来立法重心都将放到变通性立法上。

(三) 新的历史条件下浦东新区法规应以变通性立法为主

上海市人大常委会根据中央授权积极开展立法工作,以近乎平均每月一部的速度出台以"浦东新区"冠名的法规。然而,理论与实务界对"浦东新区法规"的理解仍存在争议。有观点认为浦东新区法规等于变通性立法(狭义);有观点认为浦东新区法规等于变通性立法和先行性立法(中义),实务部门即从聚焦变通退回到同时强调创制;也有观点认为,浦东新区法规比照经济特区法规,而一般将经济特区法规理解为包括了执行性立法、自主性立法、先行性立法和变通性

---

① 全国人大常委会法制工作委员会国家法室编著:《中华人民共和国立法法释义》,法律出版社 2015 年版,第 288 页。

② 习近平:《在庆祝海南建省办经济特区 30 周年大会上的讲话》,载《人民日报》2018 年 4 月 14 日,第 2 版。部分内容更名为《深刻总结经济特区建设的宝贵经验》,收录于习近平:《论中国共产党历史》,中央文献出版社 2021 年版。

③ 珠海市人大常委会法工委:《在新形势下继续发展完善经济特区授权立法》,载中国人大网,http://www.npc.gov.cn/zgrdw/npc/lfzt/rlyw/2016-09/18/content_1997674.htm,2021 年 12 月 11 日访问。

立法,①因此浦东新区法规也是包含了各种性质的、针对浦东的地方立法统称（广义）。

笔者认为,将浦东新区法规等同于变通性立法有坚实的理由:一是根据《授权决定》的文义,变通之于浦东新区法规的制定是一种"应为""当为"模式,而不是"可为"模式,即浦东新区法规是一定要变通的,而不是可变可不变的。二是根据"如无必要,勿增实体"的奥卡姆剃刀原则,《授权决定》在诞生浦东新区法规的同时赋予立法变通权,可以认为"浦东新区法规"是"名","立法变通权"是"实",浦东新区法规就是专为立法变通量身定制的,立法者没有必要为地方人大已有的立法权设置新的法规名称。三是根据改革创新的逻辑与历史,特区试验性立法必将经过重创制——创制与变通并重——重变通的过程,在新的历史条件下,《引领区意见》要求浦东在改革中"挑最重的担子、啃最硬的骨头",浦东成为渐进式改革开放的突破点,因此其立法重点也应放到立法突破权,且其变通权限理应较之经济特区法规更大。就此而言,《上海市人民代表大会常务委员会关于加强浦东新区高水平改革开放法治保障制定浦东新区法规的决定》第1条规定市人大常委会"可以"对法律、行政法规、部门规章作出变通规定,据之将浦东新区法规的变通理解为"可为"模式是不恰当的。"可以"是相对于市人大常委会的权限而言,而非对浦东新区法规而言。

但是,如果从务实的和便于理解的角度而言,将浦东新区法规理解为包含各种性质的、针对浦东的地方立法也有其合理性。从实务操作的角度看,一是浦东大量从无到有的先行先试经验需要先行性立法予以固化,已出台浦东新区法规的许多条文就是循此思路制定的;二是推进高水平改革开放、打造社会主义现代化建设引领区是一项系统性工程,需要全方位的创新,其立法保障不拘泥于变通;三是中央立法往往空隙多、抽象度高,硬要变通的难度相对较大;四是变通表

---

① 例如官方认为,深圳市制定的经济特区法规有三分之一是借鉴香港及国外法律制定的,具有先行性和试验性;三分之一是对国家法律、行政法规进行变通、补充和细化的;还有三分之一是为加强行政法制、环境保护、城市管理和精神文明需要制定的。(参见全国人大常委会法制工作委员会国家法室编著《中华人民共和国立法释义》,法律出版社2015年版,第241页)又如,有学者认为,经济特区法规可以分为四大类型:(1)先行性经济特区法规,弥补法律、行政法规缺位;(2)名义性经济特区法规,仅对法律、行政法规的执行具体化或者仅规范地方事务,以经济特区法规之名行地方性法规之实;(3)变通性经济特区法规,变通法律、行政法规;(4)复合性经济特区法规,涵盖前述两种或三种类型。(参见邹平学、冯泽华《中国特色社会主义先行示范区深圳法治建设的内在逻辑及立法进路》,载《深圳大学学报(人文社会科学版)》2020年第4期,第35—36页)

面上表现出与中央的"不一致""抵触""冲突",从法治角度看,存在抵牾法制统一原则的假象,从政治角度看,略显违和于我国地方服从中央、高度中央集权的单一制背景,不为我国政治文化心理所喜。① 另一方面,从大众理解的角度来看,将浦东新区法规理解为"针对浦东新区的法规",显然要比将浦东新区法规理解为"其本质特征在于变通的法规"来得更易理解与接受。

事实上,无论如何理解"浦东新区法规"的内涵与外延,上海市人大及其常委会拥有了包括执行性、自主性、先行性、变通性立法权的工具箱,可以根据不同情况选择不同立法工具,则无异议。只要有此自觉,"浦东新区法规"的名义就没有那么重要了。如果采取狭义的观点,坚持浦东新区法规等于变通性立法,那么可以采取以下立法策略:(1)执行性、自主性、先行性立法,都采用在一般地方性法规中安置"浦东专章"的形式。(2)只针对浦东的先行性立法,或者先让浦东制定管理措施,或者直接放开在全上海推行。(3)有变通的才制定浦东新区法规。如果采取中义或广义的观点,认为浦东新区法规不完全等同于变通性立法,可以包含各种性质的地方立法,那么,根据创新力度大小,也应以变通性立法为主,其次先行性立法,再次自主性、执行性立法。

三、浦东新区法规的变通为"3.0版"改革提供法治保障

浦东新区法规的重大意义,需要放到上海乃至全国的改革开放的历史进程中来理解。浦东开发开放始于1990年,掀开了我国改革开放向纵深推进的崭新篇章。邓小平同志在1991年视察上海时就指出:"浦东如果像深圳经济特区那样,早几年开发就好了。开发浦东,这个影响就大了,不只是浦东的问题,是关系上海发展的问题,是利用上海这个基地发展长江三角洲和长江流域的问题。抓

---

① 如有学者指出,我们的文化传统讲究温柔敦厚,提倡和为贵,喜欢大团圆,而不崇尚对抗和冲突,国家机构之间日常工作的一个重要特点就是,凡事讲究相互配合、团结协作,遇到问题甚至是矛盾也经常是靠彼此之间的沟通、协商、谅解和妥协而不是对抗来解决的(参见刘松山:《违宪审查热的冷思考》,载《法学》2004年第1期,第41页)。笔者认为,"变通"在表面上表现出冲突、对抗,恰恰不是冲突、对抗,"变通"只作非原则性变动,且本身强调沟通协调,其实是一种缓和冲突、对抗的智慧。从目前浦东新区法规的制定过程来看,立法变通权的行使与其说会导致冲突、对抗,不如说是对"纵向联动、横向协同"所达成的变通共识的固化。

紧浦东开发,不要动摇,一直到建成。"①党的十八大以来,在以习近平同志为核心的党中央领导下,浦东发展进一步取得重大成就。中央也提出了将浦东新区打造成社会主义现代化"引领区"的目标,与之相匹配,中央授予上海市人大及其常委会制定浦东新区法规的权力,以为浦东引领区建设保驾护航。

(一)授权制定浦东新区法规的国内外形势

《授权决定》的作出与国内外形势密切相关。从国外来说,在以美国为首的西方国家的全面打压下,我国需要积极探索出一条自己的路,实现经济持续增长。从"浦东新区"到"浦东引领区",当前所面临的形势在某种程度上与 20 世纪80 年代相似。彼时西方也对中国实行制裁,一度封锁中国经济,今日,美国召集其盟国组成统一战线联合反华。在此背景下,《引领区意见》提出支持浦东高水平改革开放,明确浦东社会主义建设引领区的定位和作用,体现了我国坚定不移推进全面深化改革开放的决心。

从国内来说,选择浦东是因为浦东最具备新时代经济体制改革的"试验田"和对外开放的"窗口"条件。浦东具备地缘、人才方面的优势,具有强烈的创新动力和变革需求,从体量上来说也合适,是实现经济持续增长的最佳"突破点"。改革开放之初承担"试验田"和"窗口"角色的是经济特区,但随着改革开放在全国的全面展开和深入推进,角色慢慢发生了变化。进入 21 世纪以来,关于经济特区"特区不特"的争论越来越大。可以看到,随着特区模式经验在全国范围内的推广,经济特区完成了在中国经济转轨中所肩负的历史使命。在新形势、新任务、新挑战之下,国家赋予经济特区以中国特色社会主义"先行示范区"的新定位。浦东新区"引领区"与经济特区"先行示范区"成为国家推进高水平改革开放的新战略布局。新时代新征程上,浦东新区和各经济特区在新战略布局中各司其职、各有侧重,共同承担起在更高起点、更高层次、更高目标上推进改革开放的新使命新任务。如果说经济特区是我国渐进式改革开放路线的"起点",那么浦东引领区建设将是改革开放路线中新的"突破点"。

---

① 邓小平:《视察上海时的谈话》,载中共中央文献编辑委员会编:《邓小平文选(第三卷)》,人民出版社
　 1993 年版,第 366 页。

(二) 授权变通弥补既有立法体制之不足

制定浦东新区法规属于授权立法,授权主体为全国人大常委会,被授权主体为上海市人大及其常委会,授权内容体现在全国人大常委会"有关法律问题的决定"中。《授权决定》对授权制定法规的目的、权限要求、实施范围、备案审查等作了规定,详见下表。

表 2‑1 《授权决定》内容构成

授权主体	被授权主体	授权目的	权限要求	实施范围	备案审查
全国人大常委会	上海市人大及其常委会	为建立完善与支持浦东大胆试、大胆闯、自主改相适应的法治保障体系,推动浦东新区高水平改革开放,打造社会主义现代化建设引领区	根据浦东改革创新实践需要,遵循宪法规定以及法律和行政法规基本原则,制定浦东新区法规	在浦东新区实施	应当依照《中华人民共和国立法法》的有关规定分别报全国人民代表大会常务委员会和国务院备案。浦东新区法规报送备案时,应当说明对法律、行政法规、部门规章作出变通规定的情况

全国人大常委会法制工作委员会宪法室论证了《授权决定》的合法性、合理性,认为它"符合宪法法律的规定、原则和精神。"[①]从授权主体来看,全国人大常委会通过法定程序将党和政府的主张上升为国家意志。党中央、国务院支持浦东新区高水平改革开放,打造社会主义现代化建设引领区,是实施宪法有关改革开放、发展社会主义市场经济、建设社会主义现代化强国等规定的体现。从授权内容来看,全国人大常委会授权上海市人大及其常委会对法律、行政法规、部门规章等作出变通规定,只是对法律、行政法规、部门规章的局部调整,不属于法律绝对保留事项。从被授权主体来看,上海市有四十多年丰富的地方立法实践和三十多年浦东开发开放经验,有充足的立法能力来发挥"立法试验田"的作用。

这一《授权决定》弥补了既有立法体制在新时代浦东新区改革创新法治保障

---

① 全国人大常委会法制工作委员会宪法室:《贯彻习近平法治思想 丰富创新立法形式 加强浦东新区高水平改革开放的法治保障》,载中国人大网,http://www.npc.gov.cn/npc/kgfb/202108/4061a4d288bd4fc1a40088553fe5d6d9.shtml,2021 年 11 月 10 日访问。

不足的缺陷。考察原来的立法体制:

其一,上海市人大及其常委会没有变通(突破)上位法的权力。根据《立法法》(2015)第 72 条、第 73 条的规定,在有上位法规定的情形下,上海市人大及其常委会只有制定执行性法规的权力,制定的法规不得与上位法相抵触;在没有上位法规定的情形下,上海市人大及其常委会有制定地方性事务法规和先行性法规的权力,先行性法规若与国家后制定的上位法相抵触,则无效。此次《授权决定》赋予立法变通权是将部分国家立法权赋予上海市人大及其常委会。

其二,"暂时调整或停止适用部分法律"的制度不能满足浦东新区实践创新的需要。此前,浦东新区唯一可能突破上位法的立法依据是《立法法》(2015)第 13 条的规定。[1] 该条规定了"暂时停止适用部分法律"和"暂时调整部分法律"两种阻却上位法效力的方式。应该说,"调整"部分法律与"变通"部分法律的效果是一样的,"调整"与"变通"是同义词,"调整"与"变通"都需要"停止"或说"悬置"旧法的效力并作出新的规定。然而,第 13 条在被授权主体、授权事项、授权时间上均有限制。虽然该条在字面上并未明确被授权主体,可能"蕴含着向国务院以外其他主体扩展解释的意图"[2],但是从实践来看,其被授权主体主要还是国务院。[3] 授权暂时调整和授权变通的最大区别还在于,调整其实是授权主体(全国人大常委会)"一事一议"自己作出的,变通则是"一揽子"授权后,被授权主体(地方人大及其常委会)作出的。这对决策效率有很大的影响,"一事一议""暂时性"等为主要特点的授权调整难以及时回应地方改革创新在及时性、适用性、可操作性等方面的"个性化"需求,难以调动地方的积极性,也难以积累成为系统的经验。《授权决定》赋予地方自主立法权,弥补了该项制度的缺陷,满足了地方改革创新制度供给的需要。

(三) 持法达变为"3.0 版改革"提供法治保障

浦东新区法规的生命在于"持经达变"或"持法达变"。凡事有原则叫作持

---

[1] 《立法法》(2015)第 13 条:"全国人民代表大会及其常务委员会可以根据改革发展的需要,决定就行政管理等领域的特定事项授权在一定期限内在部分地方暂时调整或者暂时停止适用法律的部分规定"。

[2] 李德旺:《基于暂停法律适用的立法授权研究》,载《现代法学》2021 年第 4 期,第 178 页。

[3] 参见全国人大常委会法制工作委员会国家法室编著:《中华人民共和国立法法释义》,法律出版社 2015 年版,第 71—72 页。

经,依照既定原则,衡量当时实际状况而应变,叫作持经达变,目的在于因时因地因人而制宜。[1]"持法达变"一词从"持经达变"一词衍生而来,"持法达变是法治思维的变化模式,是法治与改革需要同步推进的特殊历史时期化解社会矛盾的法治思维方式"。[2] 简言之,持法达变即在不违反基本原则的前提下以变应变。浦东新区法规的"持法"在于遵循宪法规定以及法律和行政法规基本原则;"达变"在于可以对法律、行政法规、部门规章作出变通规定。其实"变通"的本义就是"依据不同情况,作非原则性的变动"。[3] 古语云,"穷则变,变则通,通则久。"[4]"变通"蕴含着与时俱进又不失原则的智慧,建设社会主义现代化引领区需要变通的智慧:其一,从马克思主义基本原理来看,变通立法的意义在于突破旧的生产关系的束缚,解放生产力,发展生产力,巩固和建立新的生产关系,促进社会经济发展;变通立法也是对马克思主义活的灵魂——具体问题具体分析的应用。其二,从法律与社会的关系来看,法律总是落后于社会经济生活的发展,变通立法能够克服上位法、一般法的滞后性与局限性,较好地协调法律稳定性与社会变动性、法治与改革的关系。

我国改革开放经历了三个阶段:第一阶段自下而上,摸着石头过河,实践走在立法的前面,存在"无法有办法"的问题;第二阶段自上而下,中央通过顶层设计推动各地区实施改革,行之既久出现了"有法无办法"的困境;第三阶段双向结合,既有自下而上的实践创新,又有自上而下的法治保障,真正实现"有法有办法"。引领区建设的提出、浦东新区法规制定权的赋予开启了我国"3.0版改革"的新篇章——既有自上而下的顶层设计、统筹改革,又给予地方改革的自主权和主动权,调动地方的积极性。[5] 经济特区为改革开放事业作出了开创性贡献,但也渐渐陷入创新疲软、立法受挫的境地,从起初的"无法有办法"走向"有法无办法",甚至"有法惹争议"。新时代经济特区要做好"示范"和守成,在守成的基础

---

[1] 参见曾仕强:《中国式思维》,北京联合出版公司 2017 年版,第 65 页。

[2] 陈金钊:《法律如何调整变化的社会——对"持法达变"思维模式的诠释》,载《清华法学》2018 年第 6 期,第 81 页。

[3] 中国社会科学院语言研究所词典编辑室编:《现代汉语词典(第 7 版)》,商务印书馆 2016 年版,第 81 页。

[4] 《周易·系辞下》。

[5] 参见黄尖尖:《专访王战:浦东"引领区"建设,将开启我国"3.0版改革"新篇章》,载上观新闻网 https://web.shobserver.com/staticsg/res/html/web/newsDetail.html? id = 387463,2021 年 11 月 22 日访问。

上"办得更好、办得水平更高",而浦东新区接力经济特区成为改革开放事业新的开路先锋和排头兵。浦东 3.0 版改革和引领区建设注定要比经济特区影响更大、水平更高。在新区优惠政策基础上,《授权决定》又赋能上海立法变通权,这是习近平法治思想"重大改革于法有据"的具体实践,是在推进高水平改革开放中运用法治思维和法治方式的体现,可以为浦东"大胆试、大胆闯、自主改"提供强有力的法律保障,真正实现改革开放高水平阶段的"有法有办法"。新时代浦东新区法规和其他经济特区法规都需要用足用好立法变通权。《引领区意见》指出浦东新区法规"比照经济特区法规",浦东新区法规与经济特区法规都需要持法达变、守正创新,共同推进新时代高水平改革开放。

四、新时代改革型地方立法变通的法理证成

党的第三个历史决议指出,"我国改革开放走过波澜壮阔的历程,取得举世瞩目的成就。随着实践发展,一些深层次体制机制问题和利益固化的藩篱日益显现,改革进入攻坚期和深水区。"授权特定区域立法变通是解决体制机制问题、突破利益固化藩篱的有益试验方式。立法变通是保持法律体系开放性和回应性的一种机制,是对中国特色社会主义法律体系的局部微调。变通性地方立法作为中国特色社会主义法律体系的一部分,不仅不与法制统一原则相违背,而且促进中国特色社会主义法律体系新陈代谢,使其免于封闭僵化滞后、保持活力。立法变通并非无源之水、无本之木,其有着深厚的理论土壤,它既是中国传统智慧的现代运用,也是马克思主义基本原理的法律实现,更是法律与社会协调发展、法治与改革良性互动的重要方式。

(一) 改革型立法变通是中国传统智慧的现代运用

党的二十大报告指出,中华优秀传统文化源远流长、博大精深,是中华文明的智慧结晶,我们必须坚定历史自信、文化自信,坚持古为今用、推陈出新,坚持和发展马克思主义,必须同中华优秀传统文化相结合。中国的法治之路必须注重利用中国本土的资源,注重中国法律文化的传统和实际。[①] 推进中国式法治

---

① 苏力:《法治及其本土资源》,中国政法大学出版社 1996 年版,第 6 页。

现代化很大程度上有赖于中华优秀法律传统文化的创造性转换和创新性发展，中国式法治现代化是凝结着中华法律文明精神的富有历史逻辑力量的法治现代化。①

从词源学的角度考察，"变通"一词出自易经。《周易·系辞下》曰，"变通者，趣时者也"，即变通就是识时务并顺应其形势的变化。又有"神农氏没，黄帝、尧、舜氏作，通其变，使民不倦，神而化之，使民宜之。《易》穷则变，变则通，通则久。"大意是，历代圣王先后继起，会通变革前人发明的器物、制度，以使百姓安居乐业、长治久安。易经乃群经之首，根据汉代郑玄的解释"易有三义"：简易、变易、不易，其中简易是《易》的特征，变易是《易》的本质，不易是变易的前提。② 煌煌一部《易》，讲的就是"穷则变，变则通，通则久"的道理。"变"是宇宙运动变化的普遍性和永恒性，"通"是运动变化的连续性和事物之间的关联性③，"久"是事物运动变化后的相对稳定状态。④ "穷则变，变则通，通则久"道出了变通的条件和意义。故而可以用"持经达变"来训释"变通"，凡事有原则叫作持经，依照既定原则，衡量当时实际状况而应变称为达变，旨在因时因地因人而制宜。⑤

从先秦乃至清末，中华传统法律文化中的"变法"观念未曾中断。"变法"是先秦法家在汲取古老"变"观念以及转化三代"法"意蕴的基础上所发明的，用于描述改革与法制关系的核心观念。⑥ 从先秦商鞅的"礼法以时而定，制令各顺其宜""法随时变"，慎到的"治国无法则乱，守法而不变则衰"，韩非的"治民无常，唯治为法""法与时转则治，与世宜则有功"，到《吕氏春秋》的"变法者因时而化"，到西汉的"顺流与之更始""有改制，无变道""托古改制"，到宋王安石的"法先王法其意""变更天下之弊法"，到明张居正的"法制无常，近民为要，古今异势，便民为宜""因势变法"，再到晚清"善治民者不泥法""无穷极不变之法""变其可当变，非变其不可变""变则通，通则存，存则强""变者，古今之公理"，变与不变或持经达

---

① 公丕祥：《推进和拓展中国式法治现代化》，载《法制与社会发展》2022年第5期，第2页。
② 参见杨天才译注：《周易》，中华书局2016年版，前言，第1页。
③ 根据易经文义，"通"似有二解：一是"通顺"的状态，是"变"的结果；二是"会通"，是"变"需要遵循的原则或限制，万变不离其宗。第二种含义与现代汉语中变通的含义"依据不同情况，作非原则性的变动"更加契合，"变"是指依据不同情况作的变动，"通"则是原则性的不变的东西。
④ 参见赵建永：《穷则变 变则通 通则久》，载《光明日报》2016年9月5日，第10版。
⑤ 参见曾仕强：《中国式思维》，北京联合出版公司2017年版，第65页。
⑥ 胡仁智：《改革与法制：中国传统"变法"观念与实践的历史考量》，载《法制与社会发展》2017年第3期，第54页。

变的思想一脉相传，①无不展现了中华民族变法图存、变法图治、变法图强的不懈努力，为后世留下了宝贵精神财富，为今日的立法变通提供了智识支撑。

（二）改革型立法变通是马克思主义基本原理的法律实现

党的十九大报告指出，全党必须坚持用马克思主义的立场、观点、方法观察时代、把握时代、引领时代。马克思主义基本原理是马克思主义哲学、经济学、科学社会主义的基本原理，是马克思主义基本立场、基本观点和基本方法的有机统一，是马克思主义观察、分析和解决问题的根本立足点和出发点，包含着丰富的内容。

首先，立法变通是生产力与生产关系矛盾运动规律的自觉运用。生产力与生产关系矛盾运动规律，既是历史唯物主义的基本规律，又是经济学、科学社会主义必须研究的规律。② 马克思主义认为生产力决定生产关系、社会存在决定社会意识、经济基础决定上层建筑，而后者又反过来作用于前者，后者一定要适应前者的发展。法属于生产关系、社会意识和上层建筑的范畴，法建立在社会物质结构的基础上。马克思认为，"生产关系的综合形成了社会的经济结构，这是法律和政治上层建筑得以建立的基础……"，"物质生产力发展到一定的阶段，就与现有的生产关系发生矛盾。于是社会革命的时代开始了。随着经济基础的改变，庞大的上层建筑更慢地或更快地被彻底改变。"③马克思和恩格斯将人类历史阐述为阶级斗争的历史，而法是统治阶级的意志，是解决阶级斗争的权力工具。马克思认为废除资本主义国家的法律不能通过改革立法，只能通过广泛的社会无产阶级革命来实现。然而，在无产阶级革命取得成功、社会主义改造完成、社会主义制度确立之后，就不需要颠覆性的革命，而只需修补式的改革来使得生产关系适应生产力的发展。立法变通就是这样一种局部微调的方式，其意义就在于个别性地突破旧的生产关系的束缚，解放生产力，发展生产力，巩固和建立新的生产关系，促进社会经济的持续发展。

其次，立法变通是"具体问题具体分析""实事求是"的马克思主义方法论的

---

① 参见胡仁智：《改革与法制：中国传统"变法"观念与实践的历史考量》，载《法制与社会发展》2017 年第 3 期，第 67 页。
② 参见陈先达：《论马克思主义基本原理及其当代价值》，载《马克思主义研究》2009 年第 3 期，第 38 页。
③ ［德］伯恩·魏德士：《法理学》，丁晓春、吴越译，法律出版社 2013 年版，第 223 页。

立法运用。列宁认为,"马克思主义的精髓,马克思主义的活的灵魂:对具体情况作具体分析",分析任何一个社会问题时,马克思主义理论的绝对要求,就是要把问题限定到一定时空范围之内,看到特定时空范围内的特点。① "实事求是"是毛泽东用中国成语对马克思主义哲学世界观和方法论所作的高度概括,习近平就曾指出,"解放思想、实事求是、与时俱进,是马克思主义活的灵魂,是我们适应新形势、认识新事物、完成新任务的根本思想武器。"②坚持实事求是,就必须坚持一切从实际出发,不能从本本出发,因为实际事物是具体的,而本本是对实际事物研究、抽象的结果。③ 为什么需要立法变通?一方面,从空间之维来说,由于全国性立法的抽象性、一般性、普遍性,难以照顾到地方特殊的立法需求;另一方面,从时间之维来说,法律具有滞后性,深入改革需要突破束缚生产力的生产关系,试验性立法变通有利于适应新形势、完成新任务,可以凝聚社会共识、推动制度创新、引领改革发展。

(三) 改革型立法变通是法治与改革良性互动的重要方式

法治与改革存在内在的张力,改革天然要求突破,法治天然要求稳定。从法律与社会的关系来看,法律总是滞后于社会经济生活的发展,法律与社会之间的缝隙不可能完全弥合。正如梅因所说:"社会的需要和社会的意见常常是或多或少走在'法律'的前面的。我们可能非常接近地达到它们之间缺口的接合处,但永远存在的趋向是要把这缺口重新打开来。因为法律是稳定的;而我们所谈到的社会是进步的,人民幸福的或大或小,完全决定于缺口缩小的快慢程度。"④一方面,为解放生产力、发展生产力,法律需要跟上社会发展的步伐,另一方面,在强调全面依法治国、建设法治中国的当下,任何改革都要在法治的框架内进行。

习近平总书记提出了"重大改革都要于法有据"的科学论断,为法治与改革的关系定下了基调。如何做到"重大改革于法有据"? 官方总结了以下三种路径:(1)实践证明行之有效的,及时上升为法律;(2)实践条件还不成熟、需要先行

---

① 参见辛向阳:《"具体问题具体分析"的科学内涵及现实价值》,载《福建师范大学学报(哲学社会科学版)》2020 年第 6 期,第 2 页。

② 习近平同志 2013 年 1 月 5 日在新进中央委员会的委员、候补委员学习贯彻党的十八大精神研讨班上的讲话。

③ 参见习近平:《坚持实事求是的思想路线》,载《学习时报》2012 年 5 月 28 日,第 1 版。

④ 〔英〕梅因:《古代法》,沈景一译,商务印书馆 1956 年版,第 16 页。

先试的,按照法定程序作出授权;(3)对不适应改革要求的法律法规,及时修改和废止。有学者将之阐释为法治与改革良性互动的三种方式。[①] 其实,除却第一、三种类型,即及时作出法律的立改废释之外,在第二种类型上,中国特色法治与改革良性互动的实践方式要呈现出比其所说"先行先试"更为丰富的样态,具体包括全国人大及其常委会对国务院的授权立法,[②]全国人大常委会可以根据改革发展的需要授权部分地方暂时调整或停止适用法律的部分规定,[③]地方在无国家立法时可以依职权进行先行性立法,[④]特定区域可以依职权或授权变通立法。[⑤] 这些样态从逻辑上可以归类为:(1)从无到有的先行立法(无论是国务院还是地方);(2)从有到停的悬置立法(暂时停止适用部分法律);(3)从有到优的变通立法(暂时调整适用部分法律、变通国家立法)。改革需要在法治的框架内进行,更重要的是,需要根据不同情形,找到使改革具备合法性的最好方式。

立法变通是处理法治与改革内在张力的重要方式,其在表面上呈现出下位法与上位法、地方立法与中央立法的"不一致""相抵触"的情形。有学者因此担忧,立法变通可能破坏法制统一原则、加剧地方发展的不平衡。[⑥] 然而这种观点旋即遭遇反驳,法制统一并非一刀切的形式统一,而是照顾到差异性的实质统一;地方平等也不应追求简单的形式平等,而应追求实质平等。[⑦] 立法变通的"不一致""相抵触"并非是对法制统一原则的违反,更不是所谓"良性"的违法违宪,其根本不是违法违宪,其与"立法放水"有本质的区别。立法变通在授权伊始就已明确必须遵循宪法规定、法律和行政法规的基本原则,并受到立法目的、适用范围和备案说明程序的限制。地方立法变通的形式合法性在于国家的授权,实质合法性在于国家赋予改革创新的使命,它具有试验立法的性质,进可取代、

---

① 参见刘作翔:《论重大改革于法有据:改革与法治的良性互动——以相关数据和案例为切入点》,载《东方法学》2018 年第 1 期。

② 根据《立法法》(2023)第 12 条。

③ 根据《立法法》(2023)第 16 条。

④ 根据《立法法》(2023)第 82 条。

⑤ 根据《立法法》(2023)第 84 条;《海南自由贸易港法》第 10 条;全国人大及其常委会对经济特区的单项授权决定;全国人大常委会《关于授权上海市人民代表大会及其常务委员会制定浦东新区法规的决定》。

⑥ 参见王建学:《改革型地方立法变通机制的反思与重构》,载《法学研究》2022 年第 2 期,第 36 页。

⑦ 参见姚魏:《论浦东新区法规的性质、位阶与权限》,载《政治与法律》2022 年第 9 期,第 33 页;王春业:《论我国立法被授权主体的扩容——以授权上海制定浦东新区法规为例》,载《政治与法律》2022 年第 9 期,第 25 页。

退可回到被悬置的国家层面的立法，为后续国家法律的调整积累经验。地方立法变通是对中国特色社会主义法律体系滞后部分的局部微调，是促进中国特色社会主义法律体系新陈代谢、使其保持活力的一种方式，它能够使中国特色社会主义法律体系与时俱进，迈向回应型法的时代。

结语

社会主义现代化建设引领区成为我国渐进式改革开放的"突破点"。与之相适应，《授权决定》授予上海市人大及其常委会地方立法权最高配置——立法变通权（立法突破权）。立法变通权不同于先行立法权，先行性立法的本质特征是"从无到有"，变通性立法的本质特征是"从有到优"，两者都是改革创新的重要方式。改革开放之初，经济特区因其先行性立法而举世瞩目，但是随着社会主义现代化建设的深入开展，中国特色社会主义法律体系的建立与完善，地方先行立法的空间不断限缩，变通立法的意义愈来愈凸显。无论是经济特区还是浦东引领区，当下及将来的立法重心都应放到变通性立法上。改革创新的逻辑与历史揭示，特区试验性立法必将经过重创制——创制与变通并重——重变通的过程。在改革进入深水期和攻坚期、引领区建设成为新的突破点的历史阶段，即便不将浦东新区法规等同于变通性立法，其也应以变通性为主、先行性为辅。立法变通是中国传统智慧的现代运用，是马克思主义基本原理的法律实现，是法律与社会协调发展、法治与改革良性互动的重要方式，将为浦东高水平改革开放、打造成为社会主义现代化建设引领区起到重要的保驾护航和引领推动作用。

第三章　浦东新区法规的性质、位阶与权限

2021年6月10日,十三届全国人大常委会第二十九次会议作出《授权决定》,授权上海市人大及其常委会制定浦东新区法规。当日,同次会议还通过了《海南自由贸易港法》(以下简称:《海南自贸港法》),该法第10条赋予了海南省人大及其常委会制定海南自贸港法规的职权。至此,我国的"法规家族"中又增添了两名新成员。早在2019年10月26日,十三届全国人大常委会第十四次会议就通过《关于国家监察委员会制定监察法规的决定》创立了监察法规类型,开启了在《立法法》外增设法规种类的先例。目前,除了行政法规、地方性法规、自治条例与单行条例(合称自治法规)、经济特区法规这四种《立法法》(2015)明定的法规类型,全国人大常委会又创设了上述三种法规,以满足国家治理的制度需求。

浦东新区法规就是为"实现高水平改革开放与打造社会主义现代化建设引领区"而生的新型法规。到目前为止,上海市人大常委会已制定了15部浦东新区法规,海南省人大常委会更是达到一年通过10部海南自贸港法规的速度。然而,在高速立法的背后,不少问题和难题也旋踵而至。一方面,学界对授权决定合法性提出质疑,对立法碎片化现象表示担忧,对新型法规的法律位阶产生疑惑,对立法监督模式的选择也有分歧;另一方面,立法实务部门对立法权限拿捏不准,对有效的立法需求难以捕捉,对立法项目的确定有所迟疑,立法后劲显得不足。这些困境不仅根源于《立法法》(2015)的规定已跟不上政治经济发展的需要,而且反映了我国立法法释义学整体水平的落后,更是揭示出以往央地立法权限分配的法治化程度较低。因此,本章就浦东新区法规的性质、位阶和权限等问题作逐层和递进探讨,通过对我国"法规家族成员"的多维比较,分析它们各自在

国家治理体系中的功能与特性,厘清浦东新区法规在我国立法体系中的地位。

一、浦东新区法规的性质

性质是一个事物区别于其他事物的内在规定性,它是通过事物外在特征表现出来的。作为我国"法规家族"的成员之一,浦东新区法规必然具有与其他法规相同的家族基因,但又一定携带特殊的基因序列,要认识它必须从共性中找出个性。"法规"一词来自于德国法学家奥托·迈耶首倡的"法律的法规创造力原则",意为"法规"是法律的实质性内容,而它又有"权利规范""权利限制规范""一般权利规范""一般规范"等不同理解。① 我国在引入"法规"概念后,却把它转化为实定法类型的专有名词,特指国务院制定的行政法规和省级人大及其常委会制定的地方性法规。随着我国立法体制的完善,尤其是在《立法法》制定后,法规的类型有所扩大。比如,经济特区法规获得法律的正式确认,行政法规被分为职权行政法规和授权行政法规,地方性法规包括了省级和较大的市的地方性法规。在我国,制定法规的主体为国务院和特定层级的地方人大及其常委会,而法律只能由全国人大及其常委会制定,法规的制定以"不抵触"为原则,而规章的制定以"有依据"为原则。因此,法规是区别于法律和规章的重要立法形式,其法律位阶和权限一般低于法律却高于规章。浦东新区法规作为新型法规,除了获得法规家族的"遗传性状"外,能凸显其个性的特征何在呢? 笔者认为,可以从以下四个方面逐一考察:一是,浦东新区法规是职权立法还是授权立法;二是,浦东新区法规是变通立法还是非变通立法;三是,浦东新区法规是正式立法还是试验立法;四是,浦东新区法规是中央立法还是地方立法。

(一) 浦东新区法规是典型的授权立法

"授权"在法学上有三种含义:一是指本源性权力主体通过制定宪法和法律的形式给其他主体分配法权,而该法权并不属于分配者;二是法权所有者把自身权力或权利转授出去,让其他主体获得它的全部或部分权能,但授权者一般保有控制权;三是私法领域内的授权,它是一种民事法律行为,即委托人向被委托人

① 参见王贵松:《论法律的法规创造力原则》,载《中国法学》2017 年第 1 期。

授予代理权（授权委托），但代理权本质上是一种法律地位而不是权利。对公权力来说，第一种授权可称为"第一次授权"，授出的是权力的所有权；第二种授权可称为"第二次授权"，授出的是权力的行使权；第三种授权被我国行政法学借用后，其与"委托"的伴随关系发生断裂而各有所指，而行政授权与行政委托实际只有行权名义和谁做被告的差别。[①] 授权立法属于第二种授权，但又带有第三种授权的一些特点。它主要适用公法的授权规则，若缺乏明确规则也可准用民法的授权委托原理。在域外，授权立法、委托立法和委任立法等名称可以通用。

《立法法》（2015）中可称为授权立法的，只有全国人大及其常委会授权国务院和经济特区制定的行政法规和经济特区法规。但有人认为，所有的立法都是授权立法，因为一切立法权都来自于法律的授予，即使全国人大及其常委会也不例外，而且授权立法决定的性质也是法律。[②] 此观点其实混淆了两种"授权"的性质。我国多数的立法权是由宪法赋予的，如国务院的行政法规制定权直接来自于《宪法》第 89 条第 1 项，宪法授出的是权力的所有权，属于"第一次授权"，不需要法律再补充授权，《立法法》只是对宪定之权做进一步规定。反之，全国人大及其常委会授权国务院和经济特区制定法规就属于"第二次授权"，经授权制定的行政法规可以涉及《立法法》（2023）第 11 条所列举的全国人大专属立法事项，而它们主要来自宪法中含"由法律规定""依照法律规定""在法律范围内"等表述的条款，[③] 即宪法已将这些立法权授予全国人大及其常委会。如果法律再将这些立法权以"第一次授权"的形式授出，就会在归属已定的立法权上产生两个所有者，势必造成违宪的后果。因此，我国的授权立法只能作"第二次授权"的理解，授权主体授出的仅是权力的行使权。

浦东新区法规是典型的授权立法，因为中央提出授权制定浦东新区法规"比照经济特区法规"，而且授权形式同历次授权经济特区所在省市人大制定特区法规是一致的。那么，我们如何看待《授权决定》的性质呢？授权决定是全国人大常委会行使重大事项决定权而非立法权的结果，该决定具有法律效力但本身并非法律。行使立法权是为了创设可以反复适用的社会规范，而重大事项决定权

---

① 参见姚魏：《特别行政区对外交往权研究》，法律出版社 2016 年版，第 71—77 页。
② 参见喻中：《论授权规则——以"可以"一词为视角》，山东人民出版社 2008 年版，第 149—153 页。
③ 参见全国人大常委会法制工作委员会国家法室编著：《中华人民共和国立法法释义》，法律出版社 2015 年版，第 41 页。

则是一种即时性的授权或确认且不涉及法权分配。[①] 显然,全国人大常委会准用了《立法法》(2015)第74条作出重大决定,将自身的立法权转授给上海市人大及其常委会,委托后者制定新区法规。尽管有学者诟病该授权在《立法法》(2015)中无明确依据,不符合授权法定原则,但毕竟浦东新区法规制定权属于"第二次授权",法权来源于全国人大自身的立法权,并未在宪法之外重新分配立法权,属于对宪定权力行使方式的微调,今后可以通过扩充《立法法》中授权立法类型的方式予以追认。与之不同,《海南自贸港法》是通过行使立法权规定新型法规,属于对立法权的初次分配,鉴于改革试点的必要性和迫切性,又是在不抵触基本原则前提下对基本法律作补充性修改,也无违宪嫌疑。总之,"法规家族"中只有经济特区法规和浦东新区法规,以及经授权制定的行政法规属于授权立法,其余成员皆为职权立法,区分的唯一标准就是该立法权产生自宪法法律还是授权决定。

(二)浦东新区法规是广义的变通立法

《授权决定》第2条规定:"浦东新区法规报送备案时,应当说明对法律、行政法规、部门规章作出变通规定的情况。"言下之意为,浦东新区法规可以对法律、行政法规、部门规章作出变通规定,这就显示其获得变通立法的身份。何为"变通"?不仅《立法法》未做解释,历次授权决定也没有明确。通俗地讲,"变通"就是"依据不同情况,做非原则的变动"。[②] 那么,《授权决定》第1条所述"遵循宪法规定以及法律和行政法规基本原则",是否就是对"变通权"的解释呢?也许有人认为,"遵循基本原则"对应于"做非原则变动",即"遵循"既是对"变通"的约束,也是对它的一种间接解释。笔者认为,这并非授权者的本意,因为《授权决定》仅有区区三条,用其中一条去解释另一条成本过高,也不符合立法技术规范,而且全国人大已多次进行立法授权,相同的表述也反复出现,因此没有理由不借助《立法法》的统一规定而一劳永逸地解决疑问。由此可以作出初步推断,两个条款承载着授权者的不同规范意图。

有学者指出,立法不法须区分为"法的违反"与"法的抵触"情形,前者是立法

---

① 向立力:《人大讨论、决定重大事项权的规范化》,载《法学》2006年第1期。
② 中国社会科学院语言研究所词典编辑室:《现代汉语词典》,商务印书馆2016年版,第81页。

行为本身不符合立法性规范(授权规则)的要求,表现为立法活动在主体、权限和程序等方面违法,后者是法的内容性规范(行为规则)之间出现竞合却不兼容的现象,表现为法律条文逻辑上的冲突,它们的审查次序和处理规则有所不同。[①] 这一标准也可以适用于"变通"与"遵循"的区分。笔者认为,"作出变通规定"是指立法不抵触被变通法中行为规则的基本原则,而只对非基本原则部分作出改变;"遵循基本原则"是指立法行为遵守授权规则中的基本原则,但可根据合理目的解除非基本原则条款的束缚。显然,上述两个"基本原则"指涉不同,前者指向法的内容,后者针对立法行为。我们还发现,所有变通立法的"遵循条款"都是相似的,即"遵循宪法规定以及法律和行政法规基本原则"(自治法规用的是"不违背",同义),但"变通条款"准许变通的对象有差别,且与应遵循的上位法范围不完全一致,比如浦东新区法规除了可以变通法律、行政法规,还可以变通部门规章。这就证明"变通条款"和"遵循条款"不是重合关系也不是包含关系,它们具有独立的规范功能,以下举例说明。

《行政处罚法》第 5 条规定了"过罚相当"原则,条文中"设定"一词表明它亦是约束处罚设定权的授权规则,由于它位于"总则"部分,归入"基本原则"当无疑问,那么变通立法在设定处罚时也须遵守"过罚相当"原则。相反,同法第 12 条所规定的"拟补充设定行政处罚的,应当通过听证会、论证会等形式广泛听取意见",则未必蕴含授权规则的基本原则,因为它不在"总则"部分,而且其他民主立法形式也可以替代听证会和论证会。可见,若《立法法》和授权决定只规定了"变通条款"而没有"遵循条款",就意味着变通立法("变通"只是少数情形,在无直接上位法或对应条文时也可"创制")要么可以不受限制地设定处罚权,因为无可变通之法也就不存在违法变通;要么与常规立法一样无保留地遵守全部授权规则,但这又会丧失变通立法创新试验和因地制宜的功能。为了实现变通立法的价值,有关立法或授权决定应当同时或搭配规定两个条款。当然,鉴于"变通"是一个不确定性概念,用它包容"遵循条款"的意涵并无不可,此时的"变通"就是广义的,既表示非原则性地变动被变通法中的行为规则,又表示对授权规则中的非基

[①]　参见袁勇:《法的违反情形与抵触情形之界分》,载《法制与社会发展》2017 年第 3 期。本书作者将立法性规范称为高阶法规定,内容性规范称为低阶法规定。德国法学家梅克尔所称的产生规则(授权规则)与行为规则以及英国法学家哈特所称的次级规则与初级规则,大致与之对应。本书统一使用较为容易理解的授权规则与行为规则。

本原则部分予以改变,我国的变通立法就是在融合上述两种变通的涵义上使用这个名称的。总之,"法规家族"中浦东新区法规、海南自贸港法规、经济特区法规、自治法规都是变通立法,而且是广义的变通立法,其他的法规形式都是非变通立法。

(三) 浦东新区法规是重要的试验立法

有台湾学者曾言:"国家事务的推行,何种情形可算是正式、终局,何种情形仅能视为是试验,往往难以区分。有些事务名为正式,而以法律定之,却修正频繁,在某意义上其实与试验无异;相反地也有某些事务,号称试验,却往往造成难以或无可挽回的后果,实质上又与终局性的决定没有两样。"[①]这表明试验立法与正式立法的区分是相对的,试验立法也具有完全的法律效力,对人和事的影响仍然重要,但就此否定试验立法的必要性并不妥当。这是因为上述观点是建立在结果意义上的,试验性立法并非暂时性、修改未必频繁恰恰说明该试验立法是成功的,相反,正式立法变动不居反而证明该事项更适宜先做立法试验。因此,试验立法是决策者对立法路径的主动选择,对国家治理具有重大意义。毫无疑问,浦东新区法规具有试验立法的性质,这不仅体现在《授权决定》草案的说明中,也体现在作为决定依据的中央文件内,还反映于诸如"浦东要在改革系统集成协同高效上率先试、出经验"的领导人讲话上。[②]

关于试验立法的特点,我们可从两个角度的观察。一方面,从职权立法与授权立法的分类看,授权立法往往是试验立法。这是因为我国的授权立法的目的就是制度试验,既包括授权国务院在全国人大专属立法权事项上进行初次立法,也包含授权经济特区法规、浦东新区法规在已有法律、法规的基础上进行创新和变通。不过,职权立法也可能含有试验的成分,地方性法规在全国人大专属立法事项外进行先行性立法就是如此。此外,海南自贸港法规虽然归入职权立法,但它的任务就是为自贸港这块"试验田"提供制度保障,因此也是典型的试验立法。另一方面,依变通立法与非变通立法的分类看,试验立法也横跨两域。有学者将变通立法进一步分为实施性变通立法和试验性变通立法,前者指自治法规,其变

---

① 许宗力:《法与国家权力》(增订二版),月旦出版股份有限公司 1993 年版,第 194 页。
② 习近平:《在浦东开发开放三十周年大会上的讲话》,载《人民日报》2020 年 11 月 13 日,第 2 版。

通的目的不在于制度试验而是在民族自治地方贯彻国家法律,后者指具有试验功能的经济特区法规、浦东新区法规以及海南自贸港法规。① 由于变通和试验是手段和目的的关系,具有结构功能上的契合性,自治法规外的绝大多数变通立法无疑都是试验立法。当然,不具有变通功能的法规也有试验性,如上述地方性法规中的先行性立法以及经授权制定的行政法规,甚至职权性行政法规直接依据宪法进行试验立法也是可以的,只要不与法律相抵触。可见,特定法规的身份必定是多重的。

浦东新区法规是授权立法、变通立法和试验立法的集合体,与"法规家族"中的其他试验立法相比,它还有以下特征。一是,立法事项范围具有广泛性。海南自贸港法规的立法事项只能涉及"贸易、投资及相关管理活动",而经济特区法规基于其名称也以经济立法为主,但浦东新区法规的立法范围可以涵盖政治、经济、社会、文化、生态等多个方面,因为它承担的任务是襄助浦东建成社会主义现代化建设引领区,中央赋予其改革试验的事项更多。二是,立法授权具有长期性。这不仅表现为《授权决定》中没有授权的时限,只要全国人大常委会不收回授权,上海市人大就可以持续立法,而且表现为对法规本身没有设置"日落条款"的强制性要求,只要上海市人大不废止,法规就一直有效。但授权行政法规的授权期限只有五年,立法授权试验通常只有两至三年。三是,立法视野具有全局性。因为制定浦东新区法规是为国家的改革发展提供经验,它并非基于本地的需要而进行试验,而是站在国家整体的立场上进行制度设计,其生成的制度经验也应是可推广、可复制的。这就不同于地方性法规中的先行性立法,因为地方性法规即使可以先行先试,也应"根据本地方的具体情况和实际需要"而启动,所以后者只是一种地方性的制度试验。

(四) 浦东新区法规是特殊的地方立法

由于授权制定浦东新区法规被要求"比照经济特区法规",对浦东新区法规是否属于地方立法的判断就取决于人们对经济特区法规地位的"前见"。尽管这个问题讨论了二十余年,但学界依然有分歧,不少人认为经济特区法规被写在《立法法》第四章"地方性法规、自治条例和单行条例、规章"中,它就理所当然地

---

① 参见李德旺、叶必丰:《地方变通立法的法律界限与冲突解决》,载《社会科学》2022 年第 3 期。

属于地方性法规。实践中也有不同认识,比如全国人大常委会的《行政法规、地方性法规、自治条例和单行条例、经济特区法规备案审查工作程序》从名称上看就是将二者界分的,但地方上制定的《海南省制定与批准地方性法规条例》把经济特区法规视为地方性法规的一种,而《深圳市法规制定条例》虽将经济特区法规与地方性法规合称"法规",却又实际做了区分。不过,目前官方将其表述为"我国地方立法的特殊形式"。① 笔者认为,它的地位主要依赖于如何界定地方立法。地方立法中的"地方"既可以指立法主体层级和生效地域范围,也可以指它的法律位阶。在我国,地方立法的主要形式是地方性法规,在它身上两者是统一的,因为地方性法规由地方人大制定、在当地实施的,其效力低于作为中央立法的法律和行政法规。然而,经济特区法规尽管也由地方人大制定,但它是授权立法,本质上是受中央委托在地方上进行立法试验,因而它带有中央立法的基因,其法律位阶甚至也与法律一样,所以它们是比较特殊的地方立法,或者将其视为特别的中央立法也未尝不可。如此便可以理解为何 1980 年《广东省经济特区条例》是提请全国人大常委会批准的,而那时并没有地方性法规须批准才能生效的规定。有资料披露,出现这样的立法特例是因为,当时深圳的主要领导称:"特区是中国的特区,只是在广东办,如果没有经过全国人大通过,那我们就不肯办了。"②可见,制定经济特区法规和浦东新区法规不能简单看作是地方的事情和地方立法活动。

有学者认为,改革型地方立法的多样化、特定化、个别化可能破坏国家的法制统一原则。③ 该观点也许是将"法制统一"做了绝对化的理解,也把浦东新区法规等授权性法规错误地看成了纯粹地方立法。首先,法制统一不是指中央制定无差别的法律并均等地适用于全国,而是指中央不仅根据事务重要性和影响范围制定必要法律,还通过宪法或法律给各地方合理分配不同权限的立法权,以促进地区间的实质平等,比如赋予民族自治地区自治立法权,就是基于"各民族一律平等"原则的制度补偿。换言之,只要立法权的配置是基于合宪目的且以法律形式作出,就已然实现法制统一的目标。其次,任何国家的中央政府都不会不

---

① 全国人大常委会法制工作委员会国家法室编著:《中华人民共和国立法法释义》,法律出版社 2015 年版,第 239 页。
② 阚珂:《人民代表大会那些事》,法律出版社 2017 年版,第 191 页。
③ 参见王建学:《改革型地方立法变通机制的反思与重构》,载《法学研究》2022 年第 2 期。

顾地方差异去制定内容上无差别的法律,常规做法是针对不同地域的情况制定不同的法律和设置差别性规则,或者在一般规定之外设定特殊规则,比如我国在制定《长江保护法》后继续制定《黄河保护法》,又如在我国法律法规中常会出现针对"经济发达地区"和"经济不发达地区"的例外性规定,我们从来也不会认为这是违反平等和单一制的表现,那么浦东新区法规这类中央授权立法,代替中央制定变通性规定有何不可? 最后,地方变通立法即使出现维护和增加地方利益的内容,那也仅是类似于行政法上的"反射利益",不但可以随时修改,也可能因超越授权目的而被全国人大撤销。更何况,经济特区法规还创设了不少减少公民权利或增加其义务的制度,比如超出法定处罚上限规定罚款数额、创设强制性公证事项、无差别地禁止非机动车上路等,但只要是符合改革试验的目的,也并非不可接受。就此而言,授权性变通立法并非是代表地方利益的地方立法,它在权源和功能上也有中央立法的特征。

二、浦东新区法规的位阶

全国人大常委会法工委宪法室称,浦东新区法规、经济特区法规、海南自由贸易港法规具有同等法律地位。[①] 同时,有学者认为,海南省可以同时制定地方性法规、经济特区法规和自贸港法规等三种法规,但三者法律地位不同:地方性法规制定权由于得到宪法的确认,哪怕法律也不能剥夺,因而法律地位最高;经济特区法规制定权由于得到《立法法》的确认,是受宪法性法律保障的授权立法,法律地位次之;海南自贸港法规仅来自《海南自贸港法》的授权,而后者并非基本法律,因而不具有宪制地位,其法律地位最低。[②] 那么,他们所说的法律地位是指什么呢? 笔者认为,其论述的是特定法规的规范来源的法律效力高低,但这和法规本身的效力高低没有直接关系,法规的规范来源只表明它的产生规范的权威性,由宪法(宪法性法律)规定的法规形式只比一般法律规定的法规形式更加

① 参见全国人大常委会法制工作委员会宪法室:《贯彻习近平法治思想　丰富创新立法形式　加强浦东新区高水平改革开放的法治保障》,载微信公众号"全国人大"2021 年 8 月 4 日,https://baijiahao. baidu. com/s? id = 1707152710553803130&wfr = spider&for = pc。

② 参见王建学:《海南自贸港法规的规范属性、基本功能和制度发展——以〈宪法〉和〈立法法〉为分析视角》,载《经贸法律评论》2021 年第 4 期。

稳定而已,并不代表这种法规的位阶就高,对确定其制定权限也没有任何规范意义,所以一切讨论必须回到法规本身的法律位阶上来。因此笔者拟通过分析域外相关制度、述评相关学说与理论、对法律位阶理论再认识、判断特定法规的位阶等方面,来揭示浦东新区法规在我国法律体系中的应然位阶。

(一) 域外对同类法规的位阶安排

浦东新区法规拥有授权立法、变通立法、试验立法和地方立法等多重身份,其法律位阶是由哪一个身份决定的呢? 这也是比较法研究的基础问题,即应以功能主义原则找出域外制度中的对应物,毕竟只有那些能完成相同任务从而具有相同功能的事物才是可以比较的。[1] 从名称上看,国外也有上述四种立法类型,但经初步比较可以发现:一是,国外普遍存在的授权立法,一般指议会授权行政机关进行立法的情形,类似于我国全国人大及其常委会依据《立法法》(2023)第 12 条授权国务院进行立法,但日本也有国会授权地方制定条例的情况;二是,很多国家所说的变通立法和试验立法其实是一回事,因而可以做概念合并,其"变通"的含义也与我国不一样,不是指"做非原则的变动",而是指地方团体为推进改革试点,在特定期限内改变法律的一般规定,而"变通"对象不区分原则规定和非原则规定;三是,在地方自治的单一制国家,地方立法主要指地方团体基于自治权而制定的排除国家干预的条例,那么它于法定权限之内的立法,便与国家法律不存在上下位阶关系,这和我国的地方立法有根本不同。鉴于上述情况,笔者将重点比较各国对授权立法的位阶确定,附带性地考察变通立法的位阶。

德国是授权立法制度比较成熟的国家,根据其奉行的"法律的法规创造力原则",只有议会才能制定影响公民权利义务且具有普遍约束力的法律,而《德国基本法》第 80 条规定法律也可以授权行政机关制定法规命令,只要符合法律授权的内容、目的和范围,法规命令就成为实质意义上的法律。法规命令和法律的区别是制定机关,而不是内容和效力。但德国法教义中的"法律优先原则"则肯定了法律的位阶高于法规命令,即议会不仅可以随时收回授权,而且可以通过法律废除或变更法规命令;法院也有权审查法规命令是否符合授权规定,以及与其他

---

[1]　参见[德]茨威格特、科茨:《比较法总论》,潘汉典译,法律出版社 2003 年版,第 47 页。

上位阶的法律是否一致。① 日本的情况与德国相同,不仅法院可以审查委任立法的合法性,而且强调一旦基础法律失效,委任命令随之失效,这也是二者位阶有别的另一证据。② 法国与德日不同,不仅政府的自主行政立法权很大,而且根据《法国宪法》第 38 条,政府为执行施政计划可以要求国会授权它在一定时间内以法令条例方式采取原属法律范畴的措施,而且法令条例的效力和法律相等,可以修改和变更以前的法律,但不得超过授权法的范围。③ 英国却与德日近似,根据越权无效原则,任何委任立法在适用之前,都必须接受是否符合议会制定法律的检验,以保证议会立法的至上。④

可见,德日英三国认为法律的位阶高于授权立法,唯独法国确定两者位阶一致。从授权立法原理上怎么看待这种现象呢? 按照公法上"第二次授权"规则,权力所有者可将法权的全部或部分权能赋予被授权者,法国就是由议会授出特定立法权的全部权能,让条例在效力上几乎等同于法律,而德日英的议会仅授出了立法权的部分权能,使得委任立法始终受到全部上位阶法律的约束。如果借助私法中的授权委托原理则更容易看清本质:这就好比甲委托乙与他人签订特定商品的买卖合同,但授权文书中载明合同金额超过五万元的,必须由甲亲自签署,此处的特定商品就相当于授权范围,五万元限额就是授权强度,对应到授权立法中,便是授权者可以在授权范围和强度两个方面调节控制能力。如何调节与各国的法治传统有关,于法理上都说得通。当然,上述国家的授权立法也可以视作"第一次授权",如德国议会是根据宪法以"法条授权"的形式将制定法规命令的权力首次赋予行政机关,系法律依据宪法进行授权而不是宪法直接授权。我国的授权立法却不能如此解读,恰如前所述,全国人大把自己享有的宪定之权再作初次分配是违宪的。可见,外国的制度经验并不能为我们提供授权立法位阶的定论,还是需要从本国实定法中找答案。

关于变通立法的位阶安排,各国的实践也不相同。《德国基本法》第 72 条第 3 款规定联邦州在特定情况下(主要是先前属于联邦框架性立法的领域)有权制定变通性规定,由此可能导致的冲突通过同款第 3 句规定的办法解决:最后颁布

---

① 参见[德]哈特穆特·毛雷尔:《行政法学总论》,高家伟译,法律出版社 2000 年版,第 58—59 页。
② 参见[日]盐野宏:《行政法》,杨建顺译,法律出版社 1999 年版,第 70 页。
③ 参见王名扬:《法国行政法》,中国政法大学出版社 1988 年版,第 144—146 页。
④ 参见王名扬:《英国行政法》,中国政法大学出版社 1997 年版,第 150—151 页。

的法律优先适用。① 这就表明变通立法虽然是州法,但位阶和联邦法律一致,使用"后法优于前法"的规则。与之不同,根据《法国宪法》第 72 条第 4 款的规定,该国地方团体可依照组织法规定的条件,为实现特定改革目的,在确定期限内试验性地变通法律或行政法规,试点范围限于中央与地方权限划分事项。② 显然,这些事项本不属于自治范畴,地方立法不应抵触中央立法。但该现象可视为宪法对"下位法抵触上位法"之违法行为的豁免,此时上位法虽然被下位法改变,它们的位阶关系却没有变化。不过,我国的变通立法远比他国复杂,因为我国对"变通"的把握还涉及对被变通对象做内容上的分解,改变了被变通法的基本原则就不再称为"变通",由此增添了辨别变通法和被变通法位阶的难度。

(二) 学界对法规法律位阶的辨识

我国理论与实务界也一直在探讨法规的位阶问题,主要分歧就在于授权法规和变通法规分别在法律体系中居于何种位阶。当然学者在研究特定法规位阶时,一般会先行确认或建构某种法律位阶理论。由于经济特区法规身兼授权立法和变通立法两重身份,在所有法规形式中是最受关注的一种,而浦东新区法规与之最为相似,所以笔者也会特别予以重视。

法律位阶是指某类法律规范在法律体系中的纵向排序,表示它和其他法律形式的位置关系。其价值在于明确法律效力的高低关系后,一旦发生法律冲突,可以按照"上位法优于下位法"的规则进行适用,遇到同位阶法律形式则可能动用裁决等机制。针对法律位阶判断,国内学者一般会追溯到凯尔森的法律位阶理论,但多数只是提及和引证,更多的是自主建构位阶判断标准,既有理想型标准也有实务型标准。前者如胡玉鸿提出权力的等级性、事项的包容性、权力的同质性等三项标准,并认定行政法规和地方性法规之间没有上下位阶关系。这个结论显然与我国的实定法相悖。又如杨忠文认为,法律位阶的标准应当是法所反映的人民利益的层次与范围,但这个标准过于空泛而不可操作。后者如张根大提出法律位阶由立法主体的地位高低和立法程序的限制多少所决定;顾建亚

---

① 参见中国政法大学中德法学院主编:《立法权限的划分——中德比较》,中国政法大学出版社 2015 年版,第 35 页。

② 参见王建学:《授权地方改革试点决定应遵循比例原则》,载《法学》2017 年第 5 期。

提出制定机关地位和能否行使合法性审查是划分位阶的形式标准与实质标准。① 可见，几乎所有人都认为立法主体的层级必为判断标准之一，但原先就有立法权的主体在接受立法授权后，它所制定的两种立法便无法确定位阶差别，而以可审查其他主体制定的规范为证据来推定自己制定的规范就一定高于它，却是犯了倒因为果的逻辑错误，有学者称其为位阶效应而非位阶标准。②

我国法律位阶判断标准不仅无共识，而且脱离实定法规定与域外经验，对诸如授权立法的位阶判断难题仍无能为力，因此学界专门对此展开讨论。有学者将观点概括为三种：一是，授权立法位阶和被授权机关在国家机构体系中的地位一致，如地方人大制定的地方性法规和经授权制定的法规位阶一致，其依据是"立法转移说"，即立法授权改变了法定立法权的性质和主体属性，发生了转移，改变了法定立法权的划分；二是，授权立法的位阶与授权机关通过的法律位阶相同，如经济特区所在省市通过的特区法规与法律相同，其依据是"立法权代理说"，即授权立法是授权机关所享有立法权限的组成部分；三是，授权立法规范的地位介于授权机关与被授权机关基于职权立法所立之法的地位，属于一种新的位阶，如授权立法具有试行或暂行的"准法律"性质，制定程序较为特殊，往往需要批准或备案。③ 第一种观点是笔者反对的，因为这是对宪定权力的再次分配，即使是作为立法机关的全国人大也不可以，除非修宪。第二种观点是笔者支持的，用公法中第二次授权理论和民法的授权委托原理都可解释，即使有人以立法主体名义是地方人大而不是全国人大为由，认为违反了授权委托的必要特征，但用民法的间接代理或代理显名原则的缓和化理论都可反驳。第三种观点也是笔者不赞同的，因为这会使得授权立法与介于法律和地方性法规之间的行政法规的位阶判断成为新问题。

同时，各界对变通立法的位阶问题也看法不一。《立法法》官方释义书认为："因为自治条例、单行条例、经济特区法规都是经过法律授权制定的，它们可以变

---

① 参见胡玉鸿：《试论法律位阶划分的标准——兼及行政法规与地方性法规之间的位阶问题》，载《中国法学》2004 年第 3 期；杨忠文、杨兆岩：《法的效力等级辨析》，载《求是学刊》2003 年第 6 期；张根大：《法律效力论》，法律出版社 1999 年版，第 169 页；顾建亚：《法律位阶划分标准探新》，载《浙江大学学报（人文社会科学版）》2006 年第 6 期。

② 参见吴恩玉：《上下位法间的效力优先与适用优先——兼论自治法规、经济特区法规和较大市法规的位阶与适用》，载《法律科学》2010 年第 6 期。

③ 参见邓世豹：《授权立法的法理思考》，中国人民公安大学出版社 2002 年版，第 147—149 页。

通法律、行政法规的规定,因此,其效力等级应与授权它的法律是一样的。"①不过,新版释义书却在保留对第 96 条第 2 项释义其他内容的情况下,删去了这段论述。② 这让立法者原意变得扑朔迷离。但多数人认为地方变通立法的位阶低于法律和行政法规,和地方性法规一致。顾建亚的论证路径有三:一是,根据立法主体地位标准,因地方变通立法的主体依然是地方人大,那么它的位阶同于地方性法规;二是,变通立法的实质就是授权立法,由于授权立法位阶和地方性法规相同,可推出变通立法的位阶也一样;三是,作出变通规定需要得到被变通规定制定机关的批准和允许,根据合法性审查标准,其位阶必定低于法律和行政法规。吴恩玉认为,当下所有证明"变通法优于被变通法"的论述都破坏了"上位法优于下位法"这一公理性原则,只有使用来自凯尔森位阶理论的"效力优先与适用优先"规则,才能更好地解释变通法何以优先适用但位阶依然在下。③ 笔者认为,上述两种观点不论对错,至少在研究对象的确定上不够严谨,作为职权性变通立法的自治法规与作为授权性变通立法的经济特区法规,它们的位阶真的不需要分开判定吗? 当然也有人把经济特区法规置入变通立法的范畴去讨论其位阶,其结论颇有新意,即根据特区法规的内容,先区分为先行试验性、补充性执行性和真正变通性三种类型,然后分别判断位阶,如果是混合性法规,则根据条文的性质做具体判断。④

(三) 对法律位阶理论的再认识

法律位阶理论由德国法学家梅克尔和凯尔森共同创立,是纯粹法理论的重要组成部分,是一种侧重于法律规范内部秩序梳理的学说。凯尔森说:"构成法秩序的规范秩序在本质上具有动态的性质。某个法律规范之所以有效,不是因为它具有特定的内容,也即因为它的内容可以通过逻辑推断从某个被预设之基础规范中推导出来,而是因为它是以特定的方式,并最终是以某种被预设之基础

---

① 张春生主编:《中华人民共和国立法法释义》,法律出版社 2000 年版,第 245 页。

② 参见全国人大常委会法制工作委员会国家法室编著:《中华人民共和国立法法释义》,法律出版社 2015 年版,第 299 页。

③ 参见吴恩玉:《上下位法间的效力优先与适用优先——兼论自治法规、经济特区法规和较大市法规的位阶与适用》,载《法律科学》2010 年第 6 期。

④ 参见崔文俊:《论经济特区法规的位阶》,载《学术交流》2019 年第 6 期。

规范所确定的方式创设出来的。"①纯粹法理论对动态规则体系尤为重视,认为一旦将规范效力链条的顺序反转,就会得到一个以宪法为基础规范的呈金字塔结构的法秩序,多层级规范便形成"阶梯式人工瀑布"的图景,也就实现了下位法逐层对上位法进行具体化、个别化的效果,只不过这里的具体化主要是从授权关系而非内容角度讲的,上位法只是规定下位法生成的构成要件,如立法主体、权限、程序等,而不介入其立法形成自由,至多只明确下位法不得包含何种内容,这样法律位阶就形成了。梅克尔认为,在法律体系中,规则阶层的形式标准既包括条件关系也包括废止关系。条件关系指,如果一个法律形式构成了另一个法律形式产生和生效的前提,那么前者构成了后者的产生条件,这种相互关系也就形成了位阶效果;废止关系指,一个规范可以否定另一个规范的效力,通常表述为"不得抵触",那么前者就成为具有废止力的上位法。

我国学者据此提出位阶判断的标准:"条件关系是积极标准,废止关系是消极标准,一个法律形式只有在授权另一个法律形式产生的基础上并能够单向否定被授权产生的法律形式的效力时,两者之间才能形成上下位阶关系。如果缺乏条件关系或者构成双向废止关系,则为相同位阶关系。"他认为,如果以这个标准去判断授权立法与法律之间的位阶,则会有清晰的结论。《立法法》(2023)第106条规定:"根据授权制定的法规与法律规定不一致,不能确定如何适用时,由全国人民代表大会常务委员会裁决。"使用"裁决"一词说明没有绝对否定某一方的效力,不符合上位法的单方废止效力,因而它们是同位阶的。针对"法律是授权机关——全国人大及其常委会制定的,难道不是法律授权产生了授权立法"的设问,他回答:"授权立法并非授权机关自己的立法所产生,而是授权机关的授权决定所产生,故不能认为授权机关自己的立法就高于授权立法。更确切的说法是,授权决定高于授权立法。"②笔者认为,该论者对法律位阶理论的把握是基本准确的,而且揭开了授权立法位阶的神秘面纱,但仍有商榷和改进的地方。

第一,纯粹法学的法律位阶理论主要目的不是确定法源位阶,而是试图解释法律体系的阶层构造原理,并构建一种理想的适于法治的法律体系模式。③ 有

---

① ［奥］汉斯·凯尔森:《纯粹法学说》(第二版),雷磊译,法律出版社 2021 版,第 246 页。
② 本段内容皆引自或参见王锴:《法律位阶判断标准的反思与运用》,载《中国法学》2022 年第 2 期。下文的分析也主要基于该文观点而展开。
③ 参见雷磊:《适于法治的法律体系模式》,载《法学研究》2015 年第 5 期。

时用其否定一些位阶判断标准是有效的,比如,基于下位法对上位法的具体化是指授权关系而不是内容细化,那么胡玉鸿所提事项的包容性标准就是不合理的。然而,欲从条件关系和废止关系中推导一种位阶判断标准,有时就会显得画蛇添足、本末倒置,甚至是力不从心。比如《立法法》(2023)第 98 条至第 100 条已经清楚地规定了各种法律形式的位阶关系,再从实定法中找授权规则和"不抵触"条款加以判断,最多只能验证立法语言是否精准、法律体系是否严密。又如,该论者从《宪法》和《立法法》的条文表述中发现设区的市的地方性法规和省级政府规章是同位阶关系,进而认为《立法法》(2023)第 81 条第 2 款使用"相抵触"(用于有上下位阶情形)而不是"不一致"(用于相同位阶情形)是有误的,这就反映出他并非只看"两个关系"而不考察立宪者原意,或者说,他对某些矛盾的关系表述已经做了合宪性选择。所以"两个关系"更像是法律位阶的效应或伴影,而不是判断位阶关系的因果论依据。而且,上述标准用于判断我国特殊的变通立法的位阶较有难度。

第二,应当辩证地看待条件关系和废止关系之间的联系。凯尔森没有继承梅克尔废止关系标准的原因可能是,"两个关系"看似正反配合,但功能相同。下位法在符合上位法所包含的授权规则下应获得效力,而一旦违反,该授权规则就转为废止条件使其失效;反之,初显有效的下位法没有出现"上位法要求其不得规定的内容",作为废止条件的"抵触规则"便不发挥作用,"未抵触"就成为它有效的积极理由。所以前者是正向条件,后者是反向条件,但都属于条件关系。另外,在某些情况下,只有废止关系,也能反映上下位阶。如《宪法》第 100 条规定,省级人大在不同宪法、法律、行政法规相抵触的前提下制定地方性法规。宪法并未规定地方性法规必须依据法律而制定,只要不抵触上述法律形式的内容即有效。可见,是宪法创设了最宽泛意义上的授权规则,与省级地方性法规形成条件关系,法律却与之没有条件关系而只有废止关系,但不妨碍法律成为它的上位法。尽管如此,"两个关系"依然有区分必要。就像宪法学中基本权利的外部理论将"权利构成"和"权利限制"当作两个问题来处理,更有利于全面衡量宪法利益而保护基本权利一样,[①]对"两个关系"分开处理,更能达到分阶段、有重点地审查下位法的目的,毕竟法规内容是否抵触上位法,唯有其实施后才更能看得清

---

① 参见张翔:《基本权利的规范建构》,高等教育出版社 2008 年版,第 144—145 页。

楚。前文提及的"法的违反和抵触之区分"也是出于这样的考量。

第三，为了让法律位阶理论服务于我国的法治实践，有必要对其做本土化改造。法律位阶理论中的上下位法都是以集合形态存在的，因而考察它们的位阶必须是整体性的比较而非具体规范之间的比较。① 然而，为了解决某些法规的位阶判断难题，又尽量不破坏原旨主义的位阶理论，那么可以考虑将被变通法的基本原则视为变通法的上位法，虽然这不符合整体比较的原则，但这是仿照几何学画辅助线的方法，便于揭示规范之间隐含的性质与关系，是一种认识"变通立法"的"变通方法"。其实德国也有类似问题，德国基本法是以立法形式作出修改的，如果不将宪法内容作出实质性区分（基本法规定了若干不可修改的内容，类似于我国要求宪法和法律的基本原则不可变通），就会出现宪法和法律可以双向废止，进而产生两者位阶相同这个违背常理的结论。此外，在我国法律体系中，除了《宪法》是集中供给授权规则的基础规范，某些法源的立法权限、制定程序和位阶关系是由《立法法》单独确定的，这和国外只由宪法确定法源与位阶以及由议会的议事规则规定立法程序的做法是不同的，因此有必要将《立法法》的位阶置于《宪法》和其他法律之间，否则就无法解决诸如《行政处罚法》中的立法性规范和《立法法》的授权规则冲突时，以何者为准的问题。笔者认为，它们之间是上下位法的关系而非特别法与一般法的关系，因此应以《立法法》的规定为准。

（四）对特定法规法律位阶的判断

前文有三个证据可以间接证明授权立法的位阶与法律等同：一是授权立法是经全国人大及其常委会"第二次授权"而来，权力的本源就是国家立法权，因此它最有可能获得法律的位阶；二是从国外经验看，授权立法虽不都具有与法律相等的位阶，但像法国政府经议会授权制定的条例就等同于法律，表明授权立法与法律位阶一致存在先例和实例；三是根据《立法法》（2023）第 106 条的规定，授权立法与法律存在双向废止关系，实定法所反映的位阶等同效应比较明显。但为了确证结论，还需将其置入假设情境，检验是否存在逻辑矛盾。为了简化论证但又能考察复杂的变通情形，我们就以浦东新区法规为例，假设它已满足授权决定

---

① 比如《土地管理法实施条例》的上位法是包括《土地管理法》在内的所有法律，而《土地管理法》的下位法是包括《土地管理法实施条例》在内的所有行政法规。因此法律位阶是抽象法律形式的效力等级。

中诸如目的、范围、应遵循的原则等授权规则,同时它只对某部法律进行了变通,就此即可观察授权与变通的运作机制。尽管授权立法与法律属于同一位阶是从整体意义上讲的,但从实际废止关系上看,法律的基本原则是授权立法的"真正上位法",我们可以用"划辅助线"的方式将其单独取出,如果特区法规与之无抵触,则整部法规就和这部法律的其余部分形成特别法与一般法的关系,因为对于法律来说,它相当于仅在浦东新区适用的特别法,由于制定在后,又相当于新法。据"特别法优于一般法""新法优于旧法"的适用规则,法规中变通规则就取代了法律中的被变通条款。这样,在浦东新区就实现了授权立法的变通目的。需要注意的是,这里有一个逻辑跨越,即只有同一主体制定的同类立法才可适用上述两个规则。虽然同一主体的同类型立法必然是同位阶的,但反之却不成立。笔者认为,授权立法的委托代理性质恰好可以弥补这个漏洞,盖因上海市人大受全国人大委托制定的新区法规,当然可以视作全国人大自己制定的法律,即使立法主体不是真正同一,也可以基于此作出法律拟制。[①] 至此,浦东新区法规等授权法规的位阶同于法律的结论就被加强论证了。

法规家族中不属于授权立法的其他职权性变通立法的位阶是否同于法律呢?变通型授权立法的位阶与法律一致,是由于《立法法》(2023)第 106 条的裁决机制导致的,而诸如自治法规等则不能享受此"待遇",因为它与法律之间没有实定法上的明显双向废止关系。笔者认为,此时应当回到位阶理论的原旨去找答案,即法源位阶是立宪者主观意志决定的,而"两个关系"只是位阶效应,所以必须探索宪法原意。《宪法》第 115 条规定,民族自治地方的自治机关依照宪法、民族区域自治法和其他法律规定的权限行使自治权,根据本地方实际情况贯彻执行国家的法律、政策。显而易见,民族自治地方的人大根据《宪法》第 116 条制定自治法规的权力就是行使自治权的重要方式,因而制定自治法规的目的必须是贯彻执行国家的法律、政策,只不过可以变通执行而已,这就和授权法规是接受委托制定"法律"有根本差异。因此自治法规的位阶是低于法律的,与它依据地方国家机关职权制定的地方性法规处于同一位阶。那么,自治条例的变通机

---

① 有学者就认为,全国人大与其常委会不属于《立法法》中的同一机关,但"视为"同一机关具有现实合理性。当全国人民代表大会与其常务委员会制定的法律不一致时,准用《立法法》(2023)第 103 条第 1款之规定。参见梁三利:《新〈律师法〉与〈刑事诉讼法〉的立法性冲突及化解路径》,载《南京师大学报(社会科学版)》2009 年第 4 期。

制是如何实现的呢？笔者认为，可以使用"效力优先和适用优先"原则来说明。"效力优先"是指上位法在位阶和效力上均高于或优于实施性规定，在实施性规定与其相抵触时，应当优先适用上位法的规定；"适用优先"是指在实施性规定与上位法不抵触时，可以选择优先适用或援引下位法。[①] 在此，应先将自治条例的上位法即法律用"辅助线"画出基本原则部分，这是自治条例的"真正上位法"。如果自治条例的个别条款与之抵触，则触发"效力优先"原则，此时适用法律中的具体条款；如果自治条例不与之抵触，却有条文对法律其余部分做了非原则性变动（有抵触），不过这种情况是得到《立法法》允许的，就可以视作"不抵触"，其身份还是合法的下位法，此时使用"适用优先"原则，变通规定就此"冻结"法律而取代之。有学者认为，这两个原则依然来自凯尔森的位阶理论：第一要义是，上位法是下位法的效力依据，当下位法没有按照上位法预设的创制方式和内容创造时，应当使下位法无效；第二要义是，下位法是上位法的具体化和个别化，如果不优先适用就会"架空"下位法的功能。[②] 可见，自治法规和特区（新区）法规都是依据《立法法》(2023)第 101 条"变通法优于被变通法"进行适用，但背后的法理逻辑是不一样的。

　　如果说上述几类法规的位阶都可以从《宪法》《立法法》中找到位阶依据，那么监察法规和海南自贸港法规的位阶依据到哪里找呢？关于监察法规的创设，只能视为全国人大常委会以决定形式补充性修改《立法法》，而不是授权立法，因为有关决定无论是标题还是内容，都没有出现"授权"二字。它是监察制度改革对立法权配置的必然要求，只不过宪法修改未久，又来不及修改《立法法》，只能以决定方式作出安排。不过相关决定规定："国家监察委员会根据宪法和法律，制定监察法规……监察法规不得与宪法、法律相抵触。"因此它的位阶与行政法规等同而低于法律。由于尚未得到《宪法》《立法法》的确认，为避免合宪性疑虑，有关决定压缩了其立法权限，目前监察法规没有创制性立法权，也不能涉及对公

---

① 参见梁鹰：《备案审查视角下地方立法"放水"问题探讨》，载《地方立法研究》2021 年第 6 期。

② 参见吴恩玉：《上下位法间的效力优先与适用优先——兼论自治法规、经济特区法规和较大市法规的位阶与适用》，载《法律科学》2010 年第 6 期。有学者以"特别法优于一般法"的原则也可以适用于不同位阶的法律规范不一致情形来说明变通立法的优先适用性。此说法是不正确的，因为它明显违背"效力优先"原则。参见李德旺、叶必丰：《地方变通立法的法律界限与冲突解决》，载《社会科学》2022 年第 3 期。

职人员的监督性管理事项。① 海南自贸港法规是由《海南自贸港法》第一次授权而来，属于职权性变通立法。由于它也未被《宪法》《立法法》"收编"，其法律位阶不明确，只能从其他方面推断。笔者认为，通过《立法法》以外的一般法律来增加法源类型容易受到合宪性质疑，因为这会危及《立法法》之宪法性法律的地位且使立法权配置碎片化，而经由它来设置一种和法律相同位阶的法规形式更是不可思议，因此只能将其视为以省级人大所制定地方性法规为基础略增权限的变通性立法。如果说监察法规是被限制了权限，那么海南自贸港法规就被约束了位阶，如此理解才能保障我国法律体系的和谐性。综上所述，法规家族成员的法律位阶有三层：第一层为经授权的行政法规、经济特区法律、浦东新区法规；第二层为行政法规、监察法规；第三层为自治法规、海南自贸港法规、地方性法规。

三、浦东新区法规的权限

浦东新区法规的立法权限是当前讨论较多和争议较大的问题。立法权限是提出、筛选和确定立法项目的前提条件，未必所有的制度需求都是立法需求，未必所有的立法需求都能得到实现，未必所有有效的立法需求都落在浦东新区法规的权限范围内，它必然受到立法机关和人民群众的高度重视。同时，立法权限也是授权者和立法监督机关对其进行备案审查的重要内容，央地有关部门也必定特别关注。笔者认为，浦东新区法规的性质直接影响其法律位阶的确定，而它的性质和位阶又直接决定着其立法权限，以下将根据上文所得前提性结论，进一步精准划定浦东新区法规的立法权限。

（一）浦东新区法规权限与《立法法》（2023）第 11 条的关系

目前普遍的观点是，浦东新区法规不能涉及法律和行政法规保留的事项。其理由在于，《海南自贸港法》规定自贸港条例若涉及依法应当制定法律或者行政法规的事项时，必须获批准后生效，而《授权决定》并未有相似表述，那就说明授权者无意于授权浦东新区法规涉入《立法法》第 11 条所规定的全国人大专属

---

① 参见聂辛东：《国家监察委员会的监察法规制定权限：三步确界与修法方略》，载《政治与法律》2020 年第 1 期。

立法权的范围,否则就违背了授权明确性原则。也有实务专家认为,制定浦东新区法规从属于地方立法活动,其亦为特殊的地方性法规之一,因而不可触碰《立法法》第 11 条所定国家专属立法事项。^① 笔者对此表示怀疑。

首先,即使是上海市人大制定的一般地方性法规,也未必不能涉及"全国人大专属立法权",这取决于对《立法法》第 11 条的定性问题。一般认为,该条款是规定全国人大专属立法事项的规范,但此规定和联邦制或地方自治单一制国家所称的专属立法权不是一回事。根据我国的立法体制,在中央制定法律后,地方人大可以继续制定实施性立法,其依据为《立法法》(2023)第 82 条第 1 款第 1 项。也就是说,《立法法》第 11 条所列事项和第 82 条所说的"作具体规定的事项"本质上是同一事项。比如第 11 条第 2 项中"各级人民代表大会的产生、组织和职权"在地方立法中都是常见的,对其规定并非国家立法的专属范围,上海针对人大自身建设的立法就有十几部。可见,这一条款中的很多事项不是全国人大专属立法事项而是首次立法事项,即它们的初次规定权在中央,在全国人大没有立法的情况下地方人大不得先行作出规定。发生理解误差的最重要原因还是出在第 11 条规定的模糊性和表述的不准确性上。《立法法》第 11 条的表述是:"下列事项只能制定法律:……。"(包含 10 项内容)"只能"一词似乎大大限缩了地方立法的权限,给地方立法设置了不可逾越的底线。

其次,浦东新区法规作为全国人大常委会授权产生的立法形式,其立法权限只能高于一般地方性法规,否则就没有必要增加这种立法形式了。如果说,地方性法规可以以实施性立法的形式介入所谓的"全国人大专属立法事项",则浦东新区法规必然也能进入,而且被允许以变通立法的形式对法律、行政法规做非原则性变动。那么《立法法》第 11 条对其是否毫无限制功能呢?当然不是!因为无论是一般地方性法规还是浦东新区法规,它们都属于地方立法,只不过后者是具有高位阶的特殊地方立法,但制定主体和适用范围的区域性特点决定了它们的立法权都必须受到限制。也就是说,《立法法》第 11 条所规定事项有一部分确实属于"全国人大专属立法权",地方是绝对不能触碰的。笔者认为,能够成为中央专属立法权的大概有以下几类事项:一是只能由中央机关执行的事务,比如国防、外交、出入境管理等;二是属于中央垂直管理的事项,比如狭义的国家安全事

---

① 参见林圻、李秋悦:《浦东新区法规:法规家族新成员》,载《上海人大月刊》2021 年第 7 期。

务;三是以中央管理为主、地方管辖为辅的事务,如机构改革后的税收征管事务;四是该条中所提及的若干基本制度;五是属于国家事务的事项(即不做中央与地方的区分),如司法和监察事务。

再次,有学者提出:"地方变通立法不仅不得涉及法律绝对保留事项,针对其可以涉足的法律相对保留事项也需要考虑其变通立法的规范密度问题。"①此说法具有误导性,即使是《立法法》第11条所规定的法律绝对保留事项,只要全国人大已经立法,新区法规仍然可以进行细化或变通规定,没有"不得涉及"之说。当然,因为绝对保留事项是根据基本权利及公共事务重要性标准筛选出来的,更适合由最高立法机关亲自立法,所以浦东新区法规和国务院一样不得首次立法,否则就没有"遵循宪法规定以及法律和行政法规基本原则"。不过,对于绝对保留以外的一般保留事项,新区法规除可作出变通规定外,是否一概不得首次立法还须斟酌。因为新区法规既然是接受全国人大授权进行的试验立法,且其位阶等同于法律,由它对基本制度先进行局部试点符合授权目的,深圳特区对全国的制度贡献就在于此,但在社会主义法律体系建成之今日是否还有合理性、是否违背宪法和《立法法》的基本原则、是否符合授权者本意,就需要全国人大常委会作出解释。在未解释之前,我们有必要对"基本制度"做严格限定,以给新区法规留出试验立法空间。比如基本经济制度(以公有制和按劳分配为主体)已被宪法保留,地方人大可以在较大范围内进行开创性、高密度的经济立法,而不必等待中央立法做先行规定。

最后,由于浦东新区法规具有法律的位阶且有"第二次授权"的性质,某些不属于《立法法》第11条的范围但有单行法要求"由法律规定"的事项,也应允许浦东新区法规作出规定,因为它的身份就是由地方制定的"法律"。比如《劳动法》规定,社保基金经办和监督机构的设立与职能由法律规定。该事项显然不属于第8条的胪列与兜底事项,但它可视为法律排斥其他低位阶法源对之作出规定的先占预告。如果这项立法始终因条件不成熟而难以出台,则浦东新区法规和特区法规都可以依据被授权者的身份进行试验性立法。又如,1999年《深圳经济特区公证条例》对1982年《公证暂行条例》进行了变通,对与房地产相关的八类事项要求强制办理公证,但2005年制定的《公证法》却规定只有法律和行政法

---

① 李德旺、叶必丰:《地方变通立法的法律界限与冲突解决》,载《社会科学》2022年第3期。

规有权规定强制公证事项。有学者认为,在 2017 年深圳市人大删除条例中绝大部分强制公证事项以前,它就持续处于同新法相抵触的状态。[①] 笔者认为,对于这种变通立法(变通对象是行政法规)实施在前、被变通法律制定在后的情况,如果新颁法律中出现"由法律规定"的"授权",且旧变通法没有抵触新法的基本原则("强制公证"是被新法所接受的),那么它依然可以视为新法的变通法,原规定的效力可以得到延续。

(二)可以变通部门规章对浦东新区法规权限的影响

虽然中央授权制定浦东新区法规"比照经济特区法规",但是可以变通的对象存在差异。根据《立法法》(2015)第 98 条第 5 项,经济特区法规可以对法律、行政法规、地方性法规作出变通;[②]根据《授权决定》,浦东新区法规可以对法律、行政法规、部门规章作出变通。前者增列地方性法规为变通对象,是因为像深圳特区这样设区的市在行政区划上隶属于广东省,特区法规受省级地方性法规的基本原则约束有其必要,但后者的变通对象增加了部门规章,却有些让人意外,因为即使将浦东新区法规视为一般地方性法规,《立法法》(2023)第 106 条第 1 款第 2 项所规定的裁决机制也反映出它和部门规章属于同一位阶,并不存在前者不得抵触后者哪怕只是其基本原则的要求。甚至,按照《行政诉讼法》第 63 条的规定,人民法院审理行政案件"依据法律法规"并"参照规章",就此还会产生地方性法规高于部门规章的结论。当学界表示疑惑时,实务专家却表示:"本次授权决定没有囿于对'变通'一词的僵化理解,将浦东新区法规与部门规章作出不一致规定的情形一并纳入备案审查范围,从而将立法法上'地方性法规与部门规章之间对同一事项的规定不一致且不能确定如何适用'时复杂的裁决机制调整为备案审查机制,加强了对制定浦东新区法规的监督,同时更有力地拓宽了浦东新区法规的权限范围。"[③]可是,这一说法更让人大惑不解:可以变通部门规章就是受到其基本原则的限制,为何反而说是扩大了新区法规权限呢? 这恐怕要从

---

① 参见黄金荣:《大湾区建设背景下经济特区立法变通权的行使》,载《法律适用》2019 年第 21 期。

② 《立法法》(2015)第 98 条第 5 项对授权立法的备案作了规定:"经济特区法规报送备案时,应当说明对法律、行政法规、地方性法规作出变通的情况。"2023 年《立法法》修改,将此项改为:"经济特区法规、浦东新区法规、海南自由贸易港法规报送备案时,应当说明变通的情况。"

③ 林圻、李秋悦:《浦东新区法规:法规家族新成员》,载《上海人大月刊》2021 年第 7 期。

它的孪生兄弟经济特区法规的位阶说起。

长期以来人们对特区法规的位阶存在错误认识,将它看作地方性法规的特殊形式,而不是与法律具有同等位阶的特殊地方立法。有学者依据《宪法》第131条认为,人民法院行使审判权的依据只能是法律,而审判依据是法院行使审判权必须绝对服从的依据,其他任何法源获得适用都不得与审判依据相抵触,我国能称得上审判依据的只有法律以及与之同位阶的立法解释、可直接适用的国际条约、民族自治区制定的自治法规。① 笔者对核心观点表示赞同,但对他筛选出的"法律"有不同意见。一方面,自治法规的位阶低于法律,尽管它是由全国人大常委会批准的,但这只是立法监督方式,法规不会因批准而提高位阶;另一方面,经济特区法规和法律处于同一位阶,这是其授权立法性质决定的,可以通过位阶理论加以证立。然而,上述结论并未得到实务界支持。2002年最高人民法院发函指出,经济特区法规作为地方法规"只能在其辖区内发生效力,且不得对抗国家法律、法规和司法解释"。② 有人通过实证研究发现:"法院并未将经济特区法规置于优越地位,即并不先验地认为经济特区法规的效力高于法律、行政法规、地方性法规。真正左右法院司法推理的仍然是法律、司法解释、行政法规和地方性法规。"该学者反而认为这种现象是作为"国家"而不是"地方"的法院维护法制统一的表现。③ 有实务专家坦言:"《立法法》没有明确特区法规的效力应当高于国务院法规和各部委的行政规章,也没有明确特区法规与法律法规发生冲突如何处理。以致深圳特区在二十世纪九十年代成立人大,取得地方立法权后,改革的步伐反而放缓了,动辄就违反上位法,前海的改革都要通过'二十三个部委联席会议'。"④

笔者认为,《授权决定》增加部门规章为变通对象,表面上加大了对浦东新区法规的控制,但实际上是接受了经济特区法规受到部门诸多掣肘、被司法适用边缘化的教训,对浦东新区法规的改革试验进行制度解绑。经济特区在改革试点过程中,受到的阻力主要来自国务院部门,因为中央部委会有部门利益和条线思维,对改革创新会有本能的阻碍,浦东新区法规也可能碰到这样的困境。首先,

① 参见刘松山:《运行中的宪法》,中国民主法制出版社2008年版,第251—271页。
② 崔文俊:《论经济特区法规的位阶》,载《学术交流》2019年第6期。
③ 屠凯:《司法判决中的经济特区法规与法制统一》,载《当代法学》2017年第2期。
④ 徐建:《〈立法法〉应赋予特区法规更高的位阶》,载《法制日报》2015年3月18日,第4版。

《授权决定》只是规定新区法规可以变通部门规章，而没有说它必须遵循部门规章的基本原则，这就说明新区法规的立法行为不受规章干涉，其制定权限和程序不会受到规章的影响。其次，用备案审查代替裁决的方式，就彻底否定了新区法规为特殊地方性法规的性质，因为只有当它被辨识为地方性法规，才能适用《立法法》(2023)第 106 条第 1 款第 2 项规定，这是釜底抽薪的做法。而且，根据《法规规章备案条例》，国务院对特区(新区)法规只承担"知道了"意义上的备案，不对其进行实质性审查，因而不会受到中央部委意见的影响。再次，最高人民法院在《关于审理行政案件适用法律规范问题的座谈会纪要》中，就地方性法规与部门规章不一致时，应当优先适用规章的主要情形做了明确，如中央宏观调控的事项、需要全国统一的市场活动规则以及对外贸易和外商投资等需要全国统一规定的事项等。规定浦东新区法规可以变通部门规章，则减少了直接抵触的可能。而且新区法规是为国家进行制度试验，虽然是地方立法但也具有全国性制度的身份，不存在地方必须服从中央的要求。最后，新区法规不太可能抵触部门规章的基本原则，因为根据《立法法》的规定，制定部门规章必须要有上位法依据，且设定减损公民权利和增加公民义务的规范必须要有上位法的依据，那么它所包含的基本原则往往就要从法律和行政法规中寻找，浦东新区法规即使与之抵触，也只能视作对法律法规基本原则的抵触，和部门规章没有多大联系。由此可见，《授权决定》对"变通"进行了变通，对浦东新区法规的立法权限进行了"明降暗升"。

(三) 与浦东新区法规权限相关的其他问题

其一，浦东新区法规是否必须变通法律、行政法规和部门规章？《授权决定》对浦东新区法规提出的要求是"报送备案时，应当说明对法律、行政法规、部门规章作出变通规定的情况"，而《海南自贸港法》对海南自贸港法规的要求是"对法律或者行政法规的规定作变通规定的，应当说明变通的情况和理由"。有人指出，从措辞上看，似乎浦东新区法规必须作出变通，否则就和上海市人大制定的地方性法规没有区别了，而海南自贸港法规即使没有对上位法作出变通，还可以在法律、行政法规保留的领域进行立法，只要在这两个"特权"中择一实施，就已经区别于海南省制定的地方性法规了，因此未必一定要变通。据笔者了解，浦东新区法规目前确实按照"无变通不立法"的原则操作，所有法规或多或少都有变通条款,在报送备案时不仅说明变通情况也会说明理由,做法与自贸港法规相差无几。有学者甚至提出"浦东新区法规的生命在于变通,风险和挑战也在于变通"。笔者认为,全国人大常委会授权制定浦东新区法规的目的并不在于形成一种新的立法形式,也不在于是否一定要进行立法变通,而是在于推动浦东新区"实现高水平改革开放与打造社会主义现代化建设引领区",那么上海市人大为实现此目标可以按照"就高不就低"的原则选择立法形式,即如有变通需求就选择新区法规形式,如果仅用实施性立法或先行性立法就能解决问题,则地方性法规和新区法规可以任意选择。由于上海市的地方性法规和浦东新区法规都不需要上级人大批准生效,也就不存在像深圳那样有选择立法形式规避监督的动机。其实,上海市人大常委会为了节省立法资源已经尝试在正在制定的地方性法规中单列"浦东专章",将符合浦东实际的和有特殊安排的条款作为条例的一部分写入法规,如《上海市城市更新条例》《上海市数据条例》等,这就起到了事半功倍的效果。当然,如果针对浦东新区的内容较多且能形成一定的体系,则选用浦东新区法规也未尝不可。此外,在立法所涉内容上,浦东新区法规应当严格按照法规的地域效力来规定公民的权利义务,即不得超出浦东新区的行政区划范围,但是对政府职能的设置可以扩张到市级机关部门,因为作为立法主体的市人大及其常委会可以调配上海市级的所有行政资源服务于浦东新区的改革创新,目前几乎所有新区法规都包含这样的内容,这也是浦东新区法规由上一级人大制定的特殊优势。

其二,浦东新区法规的变通内容是否以报送备案的变通说明为限?立法活动是立法者的主观意志行为,对于浦东新区法规的立法变通来说,就是上海市人大为了浦东改革发展的需要而主动地非原则性地变动法律、行政法规、部门规章,而且是接受全国人大及其常委会的授权作出变通规定,它和授权者主动修改自己制定的法律没有本质区别。根据《立法法》的规定,法律草案的提出者应当就草案与其他法律不一致的地方提出修改或废止的议案,宪法和法律委员会也要就是否修改或废止其他法律提出处理意见。可见,立法者在制定或修改法律时,必须预先考虑对其他法律的影响以保证法制统一。然而,主观上的谨慎也避免不了客观上可能出现法律冲突,因此《立法法》又规定同一主体制定的规范应遵循"新法优于旧法""特别法优于一般法"的适用规则,以解决未能预料的客观法律冲突。同样地,在制定浦东新区法规时,立法者对被变通法的部分条款作出了有意识的变通,因而在提请备案时必须对这些条款作出说明,以方便监督者有针对性地审查其是否违反被变通法的基本原则,但也有些条款于制定时并未意识到已经对法律、行政法规做了改变(但依然在可变通的幅度内,没有抵触被变通法的基本原则),那么在适用中若发生争议是否一概认定为违法变通而失效呢? 笔者从《规范性文件备案审查案例选编》中找到一件由全国人大常委会法工委审查特区法规的案例,发现《某经济特区食品安全监督条例》在提交备案时并未对后来引起争议的条款作出变通说明,但法工委在受理公民的审查建议后却声称"条例是经济特区法规,经济特区立法在不违背法律基本原则的前提下,可以根据当地实际情况做适当变通",表明它仍可在事后认定为变通条款,而且结论为"条例不存在超越经济特区立法权限、违反上位法基本原则的问题"。[1] 这种做法考虑到了授权立法特殊性,也符合法律冲突解决规则,今后对待浦东新区法规也应如此。不过,对于诸如海南自贸港法规这类职权性变通立法,就应严格控制其变通权,盖因其位阶与地方性法规一致,立法变通不具有修改法律的性质,变通内容必须以报送备案的变通说明为准。因此,浦东新区法规的变通内容可以不对外说明其详,而海南自贸港法规必须在公布时同时公开变通内容为何。

其三,如何对浦东新区法规进行立法监督? 首先,必须有步骤地审查新区法规。新区法规是广义的变通立法,包含对授权规则和行为规则的双重变通。根据违法的显性程度,全国人大应当先对新区法规是否符合授权规则进行审查,即立法行为是否遵循了宪法规定以及法律、行政法规的基本原则,审查对象是立法的主体、程序和权限,这些方面相对静态且规则较少,可由主动审查为之;关于行为规则是否抵触被变通法的基本原则,一般由被动审查为之,审查位序靠后,盖因多数规范冲突是在适用中发现的,审查机关更多地依靠个案的适法机关之初步判断来审查法规的合法性,而在审查变通立法时更应如此。其次,必须监督新区法规的合理性。新区法规属于授权立法,是全国人大"第二次授权"而来,因此授权者不仅可以进行法律监督而且可以作出专业监督。易言之,全国人大常委会不仅可以审查新区法规的合法性,也可以审查它的合理性,不但可以进行事后监督,也可以进行事前与事中监督,这是授权立法与职权立法在监督方面的最大

---

[1]　参见全国人大常委会法工委法规备案审查室:《规范性文件备案审查案例选编》,中国民主法制出版社2020年版,第33—35页。

区别。当新区法规与法律规定不一致而需全国人大常委会裁决时,全国人大常委会就不能仅依据新区法规是否抵触了法律法规的基本原则来裁决适用何者,还需判断它与法律的条文相比哪个更具有适当性。再次,必须考量新区法规是否抵触所有可被变通法的基本原则。新区法规的"真正上位法"是众多法律法规的基本原则,而不是直接对应的法律法规的基本原则。基本原则并非总以条文形式出现,有时会现身于法律的总则部分,有时又需要从法律整体中发现它,而且它们之间多有冲突。比如,某地方制定的道路交通管理条例因贯彻环保法律的基本原则而规定不得在城市内鸣号,但它却直接违反了道路交通安全法律法规的"安全第一"的基本原则。如果对之审查,难度可想而知。因此全国人大常委会可按照比例原则进行审查,同时对地方人大的立法裁量给予尊重。最后,应当依据"旧特别法优于新一般法"规则,让新区法规在新法律出台后仍维持效力。授权性变通立法可视为全国人大制定的法律的特别法,而全国人大可以针对同一事项立法而使之成为新的一般法,同时让变通法成为旧的特别法,如果发生不一致,就会触发裁决机制,不利于新区法规的稳定性和试验效果。有学者提出"旧特别法优于新一般法"既是"法不溯及既往"原则的体现,也是域外法律适用的惯例。① 笔者认为,可以在《立法法》或《授权决定》中加入此规则,避免让旧的新区法规因新法出台而被清理,但若全国人大有意将新法也适用于浦东新区,则在法律公布时给予特别说明即可。

结语

浦东新区法规作为新诞生的法规家族新成员尚处幼年,其个性特征尚未完全表现出来,人们对它的认识还不够充分,有时甚至对它的身份与特性有所误解。与同日出生的海南自贸港法规相比,两种法规并没有想象中那么大的相似度,它们更接近于"异卵双胞胎"的关系。经过比较,早出世几十年的经济特区法规才更像是它的真正"孪生兄弟",毕竟它的模样是比照经济特区法规来设计的。我们进一步认识到,法规的法律位阶并不是由产生它们的法律形式的地位决定的,有些法规的"出生证"是宪法授予的,但它的位阶可能并不高,比如地方性法

---

① 参见杨登峰:《法律冲突与适用规则》,法律出版社 2017 年版,第 246—250 页。

规,而浦东新区法规是由全国人大常委会参照《立法法》(2015)第74条通过《授权决定》赋予其生命的,《授权决定》虽权威性不高且可随时收回,还受到合法性质疑,但浦东新区法规却具有"法律"的血统,其法律位阶反而是最高的。进而我们发现,法规家族成员并不是平辈关系,按法律位阶来论资排辈,它们有祖孙三代,在法律体系中长幼有序、各安其道。经过对浦东新区法规的性质、位阶和权限等问题作逐层和递进探讨,我们可以发现,新区法规集授权立法、变通立法、试验立法、地方立法等性质于一身,其法律位阶应与法律等同,甚至可以将其视作地方人大制定的"法律",在立法权限上也广于其他类型的法规,但受到的立法监督强度并非是最低的。

与此同时,我们可以从法规家族的"人丁兴旺"看出国家治理对多种立法形式的需求。中国的改革开放已经走进深水区,制度试验的重要性只增不减,改革措施必须先从局部领域和局部地区开始试点,取得成功后才能复制推广,否则就可能产生重大风险。我们不能为追求纯粹的"法制统一"而放弃深圳那样的制度试验田,更应拓展诸如浦东新区、海南自贸港那样的新型立法试验田。我们既要允许各种类型的立法进行制度创新,也要接受中央对立法形式进行创新。从全国人大的改革意图看,选择何种立法形式已具有一定规律性:如果全国人大常委会拟对法律中的特定制度进行修改,一般以《立法法》(2023)第16条为依据选择部分地方进行立法授权试验,但它并不是授权立法,本质上是对法律的局部性和临时性修改;如果是因制定法律条件不成熟,且该事项落入《立法法》(2023)第11条规定的法律保留范围,则授权国务院进行"从无到有"的立法;如果全国人大仅有宽泛的改革意图,希望从地方自主改革试验中找寻灵感和经验,则依托经济特区和浦东新区的授权立法进行先行先试;如果全国人大有明确具体的改革事项,则先制定框架性法律,再由地方立法对具体制度进行塑造,此方式以海南自贸港法规为代表;如果全国人大认为某些地域性改革完全属于地方性事务,则鼓励相关省市进行协同立法,如长三角绿色生态一体化发展示范区的立法协作探索。笔者希望通过对浦东新区法规的初步研究,改变各方对浦东新区法规的不当认识,梳理各种法规类型的关系及对国家治理的作用,提升我国立法法释义学的层次,并助力《立法法》的修改完善。

第四章　浦东新区法规的变通权本质

　　党的第三个历史决议指出,"我国改革开放走过波澜壮阔的历程,取得举世瞩目的成就。随着实践发展,一些深层次体制机制问题和利益固化的藩篱日益显现,改革进入攻坚期和深水区。""攻坚期"和"深水区"是指改革难度与风险加大,改革的系统性、综合性、复杂性大大增加。[1] 习近平总书记曾形象地说,"容易的、皆大欢喜的改革已经完成了,好吃的肉都吃掉了,剩下的都是难啃的硬骨头。"[2]在改革开放四十周年庆祝大会上,习近平总书记发出了"将改革开放进行到底"的伟大号召。[3] 2021 年 4 月 23 日中共中央、国务院作出《引领区意见》,明确支持浦东勇于挑最重的担子、啃最硬的骨头。同年 6 月 10 日,第十三届全国人大常委会第二十九次会议通过《授权决定》,为承接和实施中央的授权决定,同年 6 月 23 日,上海市第十五届人大常委会第三十二次会议通过《关于加强浦东新区高水平改革开放法治保障制定浦东新区法规的决定》(以下简称:"上海人大常委会决定")。截至 2022 年底,上海市人大常委会共出台了 15 部以"浦东新区"冠名的法规,涉及经济、社会、文化、生态等各领域。尽管浦东新区法规的立法实践已如火如荼地开展,但这并不意味着不存在理论问题,也不意味着在实践的推进过程中不会遇到问题,实践需要理论的反思与指引。尤其是,目前无论在理论界还是实务界,对浦东新区法规的"变通权"还存在理解上的分歧,对于变通

---

① 参见沈国明:《"重大改革于法有据":习近平法治思想的重要论断》,载《学术月刊》2021 年第 7 期,第 7 页。
② 《将全面深化改革进行到底——关于新时代坚持和发展中国特色社会主义的根本动力》,载《人民日报》2019 年 7 月 31 日,第 7 版。
③ 习近平:《在庆祝改革开放 40 周年大会上的讲话》,载《人民日报》2018 年 12 月 19 日,第 2 版。

的范围和程度也没有共识,对于变通的风险、挑战及其应对缺乏前瞻。有鉴于此,本章论证了浦东新区法规的本质特征"持法达变"——变通权及其限度,并探讨了浦东新区法规变通可能面临的风险及其应对之策。

一、浦东新区法规的本质与生命在于变通

浦东新区法规是"法规家族新成员"。[①] 在我国的立法体系中,地方性法规家族成员包括一般的地方性法规(包括执行性立法、自主性立法和先行性立法),[②]和具有变通权的自治法规(自治条例和单行条例)、经济特区法规、海南自由贸易港法规、浦东新区法规。浦东新区法规与其他家族成员既有相同点,又有不同点,可以"借由标出事物与其更宽广之事物家族(family of things)所共享的共同特征,和使它与相同家族中之其他事物做区分的特征,而为我们指出语词被用来指涉的事物种类。"[③]

(一) 对浦东新区法规的两种理解

目前,无论是实务界还是理论界,对于"浦东新区法规"的理解并不一致。对浦东新区法规存在两种理解:广义的观点认为,浦东新区法规的"制度变通权"包含"立法突破权"和"先行先试立法权",[④]前者可以突破上位法的规定,后者在无上位法规定的情形下先行先试。狭义的观点则认为,"变通"只针对突破上位法或中央立法已有规定的情形,换言之,狭义的立法"变通"就是指立法"突破"。两种观点可见图 4－1。

广义的理解源于对《授权决定》和"上海市人大常委会决定"的一种解读:就《授权决定》来说,其第 2 条授权上海市人大及其常委会"制定浦东新区法规",并未对"变通"作出直接规定。其第 3 条规定"浦东新区法规报送备案时,应当说明

---

① 参见林圻、李秋悦:《浦东新区法规:法规家族新成员》,载《上海人大月刊》2021 年第 7 期,第 9 页。

② 根据《立法法》(2023)第 82 条。

③ [英]哈特:《法律的概念(第三版)》,许家馨、李冠宜译,法律出版社 2018 年版,第 64 页。

④ 此观点为华东师范大学长三角研究院院长刘平教授在"浦东新区法规研究中心成立仪式暨首届浦东法规研讨会"(2021 年 9 月 17 日,上海社科院法学所主办)上的发言。又如以下观点:"'变通'适用法律隐含了'创设新规则'的内涵,'创设新规则'实际上是'变通'适用法律的一种特殊方式。"丁伟:《我国特定经济区域变通适用国际私法规范的前瞻思考》,载《政治与法律》2022 年第 9 期,第 12 页。

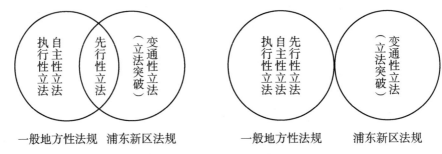

图 4-1　浦东新区法规的两种理解

对法律、行政法规、部门规章作出变通规定的情况",此处的"应当"针对的是"说明"而非"变通"。如果浦东新区法规作出了变通,则在报备时"必须"说明;如果未作变通,则不必说明。就"上海市人大常委会决定"来说,其第 1 条规定"制定浦东新区法规,可以对法律、行政法规、部门规章作出变通规定",明确用了"可以"而不是"应当"。其第 3 条又规定,对暂无法律、法规或者明确规定的领域,支持浦东人大或政府先行制定相关管理措施,市人大常委会及时将管理措施探索形成的经验做法以"法规"形式固化,是将"浦东管理措施"上升为"浦东新区法规"。① 总之,浦东新区法规之于变通是一种"可为"模式,而非"当为"模式。

(二) 变通立法权不是先行立法权

变通立法 ＝ 悬置旧法 ＋ 新立优法,新立的优法也具有先行先试的特征,但是变通立法权不是先行立法权。② 广义的理解扩张了"变通"的含义,混淆了变通立法权和先行立法权。变通是浦东新区法规区别于一般地方性法规的本质特征(区别详见表 4-1)。授权制定"浦东新区法规"的目的并非针对没有上位法规定的情形,因为《立法法》(2015)已然赋予上海市人大及其常委会在没有上位法的情形下,可以对浦东新区进行先行性立法。

---

① 参见丁伟:《我国特定经济区域变通适用国际私法规范的前瞻思考》,载《政治与法律》2022 年第 9 期,第 12 页。

② 基于"先行先试"一词的通常理解和广泛使用,建议如下使用概念:"先行先试立法"(立法创新)既包括从无到有的"先行性立法"(即立法创制),又包括从有到优的"变通性立法"(即立法变通),甚至包括一些从有到细的执行性、实施性立法创新。

表4-1　浦东新区法规与一般地方性法规的区别

法规	立法权性质	制定主体	立法权限	适用范围	备案程序
一般地方性法规（执行性立法、自主性立法、先行性立法）	职权立法	上海市人大及其常委会	不得与宪法、法律、行政法规相抵触；与部门规章不一致时，由国务院、全国人大常委会裁决①	上海	报全国人大常务委员会和国务院备案②
浦东新区法规（变通性立法）	授权立法	上海市人大及其常委会	遵循宪法规定以及法律和行政法规基本原则，对法律、行政法规、部门规章作出变通	浦东新区	报全国人大常务委员会和国务院备案，并应当说明对法律、行政法规、部门规章作出变通规定的情况

　　无论是根据立法释义学的分析，还是根据"如无必要、毋增实体"的奥卡姆剃刀原则，"浦东新区法规"与"变通权"的关系就是"名"与"实"的关系。全国人大常委会没有必要为上海市人大及其常委会已经具备的立法权赋予一个新的法规类型名称。换言之，国家授权制定浦东新区法规，所授之权即为变通权，上海要根据所授之权制定浦东新区法规。在狭义的理解下，就《授权决定》来说，其第2条就表明"浦东新区法规"与"变通规定"之间是应然的、本质的联系。若浦东新区法规未作变通，就无法"说明"变通情况，就不能满足"应当"说明要求。③就"上海市人大常委会决定"来说，其第1条用的"可以"，是相对于自身权限而言，而非对浦东新区法规而言；其第3条规定并非说将"浦东管理措施"（无变通权）上升为"浦东新区法规"，而是上升为一般地方性法规。总之，浦东新区法规之于变通是一种"当为模式"，其需遵循"无变通不立法"原则。因此，适用于浦东新区的法规不一定是"浦东新区法规"；只有对法律、行政法规和部门规章作出了变通的适用于浦东新区的法规，才能称得上"浦东新区法规"。据此，上海市人大及其

---

① 《立法法》（2023）第106条。
② 《立法法》（2023）第109条。
③ 2023年《立法法》修改，第109条采用了相同的表述："经济特区法规、浦东新区法规、海南自由贸易港法规报送备案时，应当说明变通的情况。"

常委会的"浦东新区立法"包括一般地方性法规和浦东新区法规,浦东新区法规属于浦东新区立法,但是浦东新区立法并不一定都是浦东新区法规,二者是包含与被包含的关系,如图4-2所示。

图4-2 浦东新区法规与浦东新区立法的关系

对浦东新区法规的误解与对经济特区法规的误解一脉相承。在对经济特区立法的评价中,多强调其先行先试的特点,"变通权不符合特区立法授权决定的本意……特区法规的根本存在价值就是制度创新,即从无到有的创新"。[1] 然而,近来也有学者指出,将先行先试作为经济特区立法权的根本特征是不恰当的,先行先试本身尚不能凸显经济特区立法区别于一般地方立法的独特之处,变通立法权才是经济特区立法权的根本特征。[2] 根据既有立法体制,在无上位法的情形下,各级地方人大及其常委会都在不同程度上享有先行先试性立法的权力,而"经济特区的法规享有的权限比一般地方性法规的权限要大,它可以变通法律、行政法规和地方性法规,将国家给予经济特区的特殊政策具体化,在改革开放方面作出探索试验性规定,起立法'试验田'的作用。这是授权制定经济特区法规的目的所在。"[3] 即便经济特区立法在授权之初的目的在于先行先试,随着历史条件的变化和国家立法的愈加完善,其侧重点也需发生变化,先行先试立法可以委诸地方职权立法,无需借助授权变通立法。[4] 总之,揆诸《立法法》

① 林彦:《经济特区立法再审视》,载《中国法律评论》2019年第5期,第185页。

② 参见李洪雷:《在新的历史条件下用好经济特区立法权》,载《人民论坛·学术前沿》2018年第13期,第68页。

③ 全国人大常委会法制工作委员会国家法室编著:《中华人民共和国立法法释义》,法律出版社2015年版,第288页。

④ 关于经济特区立法,有学者建议"用好两个立法权,但地方立法权优先";"争取扩大地方立法权,模糊使用授权立法权"。(参见李林:《关于经济特区授权立法的几个问题》,载《海南人大》2004年第2期,第24页)

(2015),变通立法权是我国民族自治地方和经济特区特有的权力,浦东新区法规"比照经济特区法规"获得的最大"红利"就在于,同样享有了变通立法权,而非先行先试立法权——尽管先行先试立法权也很重要。或者说,浦东新区法规不同于一般地方立法的关键不在于执行性立法、自主性立法以及先行性立法,而在于变通性立法。变通才是浦东新区法规的最本质特征。

(三) 法规家族成员的变通权比较

浦东新区法规与经济特区法规、海南自贸港法规、自治法规的共同点是在遵循宪法、法律和行政法规的基本原则的前提下,都能因地制宜,对已有规定(主要是上位法)作出变通。但是它们也有区别,详见表 4-2。

首先,自治法规的变通与其他三类特定经济区域法规有较大不同。有学者将后三类称为"改革型地方立法变通"[①],笔者根据变通目的将前者称为"内生型",后者称为"外赋型"(详后)。其一,关于变通范围。宪法规定自治地方有权依照当地民族的"政治、经济和文化"特点制定自治法规。后三类法规是赋予我国特定经济区域的,其立法领域也侧重于经济领域(取决于国家试验意图),据此,自治法规的变通范围要大些。其二,关于变通性质。自治法规的变通立法属于职权立法,"变通执行"国家法律、政策。[②]《宪法》第 115 条的表述为"根据本地方实际情况贯彻执行国家的法律、政策"。换言之,其变通也是执行性的,属于"执行性变通"。然而,后三类很难说是贯彻执行已有法律法规,国家希望特定区域发挥"试验田"作用,"突破"已有法律规定。其三,"批准"的影响。省级自治法规(无论变通与否)需要全国人大常委会批准后生效,类似于授权暂时调整制度,而后三类经"一揽子"授权赋权后,地方自主变通,只需报备(海南自贸港法规存在例外)。

其次,三类特定经济区域法规之间的区别。其一,浦东新区法规与经济特区法规最为亲近,《引领区意见》明确指出浦东新区法规"比照经济特区法规"。尽管在设定初衷上,后者强调"从无到有"的创制,前者强调"从有到优"的变通,两者在应然层面的最大特点和新的历史条件下的立法重点都是变通性立法。其二,

---

① 王建学:《改革型地方立法变通机制的反思与重构》,载《法学研究》2022 年第 2 期。
② 姚魏:《论浦东新区法规的性质、位阶与权限》,载《政治与法律》2022 年第 9 期,第 39 页。

表4-2　具有变通权的法规对比表

法规	立法依据	立法主体	立法事项	立法权限	适用范围	批准备案程序	立法性质
浦东新区法规	《立法法》(2023)第84条、全国人大常委会的《授权决定》	上海市人大及其常委会	根据浦东改革创新实践需要，制定浦东新区法规。	遵循宪法规定以及法律和行政法规基本原则，对法律、行政法规、部门规章作出变通规定的情况。	浦东新区	报全国人大常委会和国务院备案，应当说明对法律、行政法规、部门规章作出变通规定的情况。	授权立法
经济特区法规	《立法法》(2023)第84条、全国人大及其常委会授权决定①	经济特区所在地的省、市的人大及其常委会	按照经济特区的具体情况和实际需要，制定经济特区法规。	根据全国人大的授权对法律、行政法规、地方性法规作变通规定。	经济特区（《立法法》(2023)第101条）	报授权决定的机关备案；报送备案时，应当说明对法律、行政法规作变通的情况。	授权立法
海南自由贸易港法规	《立法法》(2023)第84条、全国人大常委会《海南自由贸易港法》(法律)第10条	海南省人大及其常委会	结合海南自由贸易港建设的具体情况和实际需要，就贸易、投资及相关管理活动制定法规。	遵循宪法规定和法律、行政法规基本原则，对法律、行政法规的规定作变通规定。	海南自由贸易港	报全国人大常委会和国务院备案；对法律或行政法规作变通规定的，应当说明变通的情况和理由。涉及依法应当由全国人大及其常委会制定法律或者由国务院制定行政法规	职权立法还是授权立法，存在争议

① 《全国人民代表大会常务委员会关于授权广东省、福建省人民代表大会及其常务委员会制定所属经济特区的各项单行经济法规的决议》(1981.11.26)；《第七届全国人民代表大会第一次会议关于授权深圳市人民代表大会及其常务委员会和深圳市人民政府分别制定法规和规章在深圳经济特区实施的决定》(1988.04.13)；《全国人民代表大会常务委员会关于授权厦门市人民代表大会及其常务委员会和厦门市人民政府分别制定法规和规章在厦门经济特区实施的决定》(1992.07.01)；《全国人民代表大会常务委员会关于授权汕头市和珠海市人民代表大会及其常务委员会、人民政府分别制定法规和规章在各自的经济特区实施的决定》(1994.03.22)；(1996.03.17)。

续 表

法规	立法依据	立法主体	立法事项	立法权限	适用范围	批准备案程序	立法性质
						法规事项的,应当分别报国全国人大常委会或者国务院批准后生效。	
自治法规	《宪法》第115条、第116条,《立法法》(2023)第85条	民族自治地方的人大	依照当地民族的特点,制定自治法规。	对法律、行政法规、地方性法规作变通规定;不得违背法律或者行政法规的基本原则,不得对宪法和民族区域自治法以及其他有关法律、行政法规专门就民族自治地方所作的规定作出变通规定。	本自治地方《立法法》(2023)第101条	报全国人大常委会批准后生效。	职权立法

浦东新区法规和海南自贸港法规于同日诞生,但是对其性质存在较大争议。有的根据授权依据——授权决定和法律的不同(2023 年立法法修改也明确指出了这个不同),认为浦东新区法规是授权立法,海南自贸港法规是职权立法。[1] 但也有的认为,海南自贸港法规延续了经济特区法规的传统,是以改革试验为目的的变通性立法,因此必须将三者纳入同一范畴。[2] 其三,关于变通权限。就广度来说,浦东新区法规与经济特区法规属于空白授权,变通事项并不确定,海南自贸港法规限于贸易、投资及相关管理活动。就深度来说,海南自贸港法规可以变通法律和行政法规保留事项,经济特区法规与浦东新区法规一般认为不能变通保留事项。就功能定位来说,社会主义现代化建设引领区是自贸试验区与自由贸易港的叠加,[3]与此相适应,浦东新区法规比经济特区法规、海南自贸港法规允许试验的范围更广、力度更强。

再次,浦东新区法规的变通超出了立法变通的传统定义。"立法变通权基本内涵是,享有立法变通权的主体有权根据不同情况、根据时代发展的要求,对上位法进行一定范围的突破。"[4]这一定义强调的是位阶,原型是经济特区法规。经济特区法规的变通对象是法律、行政法规和地方性法规。经济特区所在地的市变通省级地方性法规,也符合位阶要求。浦东新区法规的制定主体与一般地方性法规相同,所以不存在变通地方性法规的问题。一般地方性法规不能适应浦东发展要求的,上海市人大及其常委会可根据职权调整,[5]无需借助变通权。浦东新区法规的变通对象是法律、行政法规和部门规章,《授权决定》明确部门规章作为变通对象实际上吸取了经济特区的经验教训。问题在于,浦东新区法规作与部门规章不一致的规定时,能否称为"变通"? 根据《立法法》对效力的规定,地方性法规的位阶高于部门规章;根据《立法法》对裁决机制的规定,地方性法规的位阶与部门规章相同。因此,浦东新区法规变通部门规章不符合"变通"的传统定义。然而,就适用范围来说,如果将适用于全国作为"原则",适用于局部作

---

① 参见姚魏:《论浦东新区法规的性质、位阶与权限》,载《政治与法律》2022 年第 9 期,第 32 页。
② 参见王建学:《国家纵向治理现代化中的立法变通授权》,载《地方立法研究》2023 年第 2 期。
③ 参见许凯:《论"社会主义现代化建设引领区"的司法保障》,载《上海对外经贸大学学报》2022 年第 2 期。
④ 宋方青:《拓展立法空间:经济特区授权立法若干关系思考》,载《当代法学》2004 年第 6 期,第 56 页。
⑤ 除地方性法规的立改废释外,上海市还有暂停实施部分地方性法规的经验,如上海市第十四届人大常委会第八次会议于 2013 年 9 月 26 日通过《关于在中国(上海)自由贸易试验区暂时调整实施本市有关地方性法规规定的决定》。

为"例外",那么也符合变通的含义——"依据不同情况,作非原则性的变动。"为涵盖新的变通类型,也许可以将其定义为——地方立法对中央立法的突破。

二、浦东新区法规变通限度的释义学分析

浦东新区法规的生命在于持法达变,"达变"的前提是"持法",浦东新区法规需要"戴着镣铐跳舞"。《授权决定》对浦东新区法规所需"持"的"法"规定得较为简短和原则,与经济特区法规的授权相似,而后者常被称为空白授权、概括授权、"一揽子"授权。空白授权的优点是给予地方改革创新足够的空间,充分调动其积极主动性,缺点是违反授权明确性原则,"红线"或边界不明晰。不可否认,变通的边界具有一定的模糊性,变通范围和程度的确定是一个难题。然而,浦东新区法规已经有了经济特区法规、自治法规的变通经验作为参照,以及改革开放四十余年以来法学的深入研究作为指导。

(一) 遵循宪法在权限、程序、法律保留等方面的规定

变通立法必须遵循宪法规定。宪法是我国的根本大法和母法,是制定其他法律的依据,具有最高的权威和效力。法秩序不是一种同位阶的、彼此并立之规范的体系,而是一种不同层级之法律规范的阶层构造,下位法的效力源于上位法,这样无限递归至基础规范——如果只考虑国家法秩序,那么宪法就构成了实在法的最高位阶。[①] 我国《宪法》序言和第 5 条指出,国家一切主体都必须以宪法为根本的活动准则,必须遵守宪法和法律,一切法律、行政法规和地方性法规都不得同宪法相抵触。《立法法》(2023)第 5 条规定立法应当符合宪法的规定、原则和精神,第 98 条规定宪法具有最高的法律效力,一切法律、行政法规、地方性法规、自治条例和单行条例、规章都不得同宪法相抵触,强调与重申了宪法的最高效力,确立了"依宪立法"的原则。"依宪立法"中的"宪"既包括较为客观的以法律文本形式存在的《宪法》及宪法性法律文件,又包括宪法文本和具体规定背后的原理、原则和精神。其实,无论是以价值意义上的宪法原则和精神,还是

---

① 参见[奥]凯尔森:《纯粹法学说(第二版)》,[德]马蒂亚斯·耶施泰特编,雷磊译,法律出版社 2021 年版,第 279 页。

以文本意义上的宪法规定(仍然较为原则、抽象)作为标准进行合宪性审查,都是较为困难的。

但是以下几项已有共识:遵循宪法规定,首先要遵循宪法规定的立法权限,无论哪个层级、何种性质的立法,其立法主体都必须要有宪法明确规定的立法权限。其次,立法主体在具体化宪法、制定法律法规的过程中,不能违背宪法原则和精神,不能改变宪法规范的基本要求,不能解除宪法规定明确禁止的事项,不能颠倒宪法规定的基本权利和义务,不能超出或缩减宪法的授权范围等。再次,立法必须尊重宪法和法律保留原则,不能变通应当由宪法和法律加以明确和规定的事项。[1] 据统计,《宪法》共在 45 处明确规定了应当由法律规定的事项,[2]《立法法》(2023)第 11 条则集中规定了全国人大及其常委会的专属立法事项,包括国家主权事项,政治、经济、税收、刑事、民事等方面的基本制度,对公民政治权利的剥夺、限制人身自由的强制措施和处罚等。《立法法》(2023)第 12 条又对其进行了法律绝对保留和相对保留的区分。有观点认为地方变通立法不仅不得涉及法律绝对保留事项,针对其可以涉足的法律相对保留事项也需要考虑其变通立法的规范密度问题。[3] 虽然地方立法能否"涉及"(如细化)法律绝对保留事项存在争议,甚至对法律绝对保留事项的看法也不甚相同,但是《立法法》(2023)第 11 条中存在中央专属立法事项的部分,地方不能触碰,也不能变通,当属共识。[4]

(二) 遵循法律、行政法规的政策性、公理性基本原则

变通立法必须遵循法律、行政法规的基本原则。原则可以分为基本原则和具体原则,基本原则体现着法的本质和根本价值,构成法律体系一性和稳定性的灵魂,是整个法律领域或法律活动的指导思想和出发点;具体原则是基本原则的具体化,构成某一法律领域或某类法律活动的指导思想和出发点。[5] 法律、行政法规的基本原则是该法律法规的基础或出发点、灵魂与核心,贯穿于整部法律法规,维系着整部法律法规。因此,对上位法的基本原则作出变通,不啻于毁坏

---

① 参见莫纪宏:《依宪立法原则与合宪性审查》,载《中国社会科学》2020 年第 11 期,第 101—102 页。

② 乔晓阳主编:《〈中华人民共和国立法法〉导读与释义》,中国民主法制出版社 2015 年版,第 75 页。

③ 参见李德旺、叶必丰:《地方变通立法的法律界限与冲突解决》,载《社会科学》2022 年第 3 期,第 8 页。

④ 参见姚魏:《论浦东新区法规的性质、位阶与权限》,载《政治与法律》2022 年第 9 期,第 41 页。

⑤ 参见张文显:《二十世纪西方法哲学思潮研究》,法律出版社 1996 年版,第 390—391 页。

上位法的根基,否定整部上位法。① 宪法规定地方各级人大负有保证宪法、法律、行政法规在本行政区域内得到遵守和执行的职责,违反基本原则与地方人大的职责相悖。②

　　已出台的浦东新区法规都在第 1 条规定了"根据有关法律、行政法规的基本原则,结合浦东实际,制定本规定"。尽管如此,"何谓法律和行政法规的基本原则,是必须遵循法律和行政法规冠以'基本原则'的部分内容,还是必须遵循法律、行政法规作为一个整体的基本原则,抑或必须遵循贯穿于法律和行政法规的精神和方针,在立法实践中尚未达成一个统一的认识。"③基本原则与上述宪法一样具有抽象性和一定程度的不确定性。原则可以分为政策性原则和公理性原则,政策性原则是各个国家根据不同目标、针对不同社会问题提出的法律政策,具有特殊性;公理性原则则是从社会关系的本质中提炼出来的法律公理,具有普适性。有学者对普通法社会中的法律原则进行了总结:程序法有参与原则、公平原则、及时原则、证明责任原则等;财产法有排他性原则、转让原则、先占原则、劳动原则、法定所有权原则、继承原则等;契约法有要约原则、承诺原则、公共利益原则、约因原则、诚信原则等;侵权法有民事惩罚原则、补偿原则、注意原则、因果关系原则等;刑法有无罪原则、预防原则、相称原则、改造原则、罪过原则等。④ 由于我国社会文化不同于普通法社会,因而在一些政策性原则上会与之有所区别,但是其中绝大多数的公理性原则是普遍适用的,例如,《民法典》第 5、6、7 条分别规定了自愿原则、公平原则和诚信原则,《刑法》第 3、4、5 条规定了罪刑法定原则、适用刑法人人平等原则、罪刑相适应原则,等等。

　　浦东新区法规如何遵循法律、行政法规的基本原则还可以参考经济特区法规、自治法规的经验。有学者通过对含有"原则"字样条款的经济特区法规进行实证研究之后发现,其遵循"原则"的方式非常灵活,其"原则"条款或与上位法的基本原则完全重合,或在与上位法的基本原则部分重合的同时又创制具体原则,

---

① 参见宋方青:《突破与规制:中国立法变通权探讨》,载《厦门大学学报(哲学社会科学版)》2004 年第 1 期,第 67 页。
② 参见汪全胜、于兆波:《论立法变通权》,载《浙江省政法管理干部学院学报》2000 年第 4 期,第 5 页。
③ 宋方青:《拓展立法空间:经济特区授权立法若干关系思考》,载《当代法学》2004 年第 6 期,第 56 页。
④ 参见[美]迈克尔·D·贝勒斯:《法律的原则——一个规范的分析》,张文显等译,中国大百科全书出版社 1995 年版,第 364—435 页。

或在上位法无基本原则时创制具体原则。① 在自治法规中,立法变通最多的体现在对《婚姻法》中结婚年龄及结婚禁忌所作的规定,它们大多根据民族自治地方流行早婚习俗的特点变通了结婚的最低年龄,但它们对婚姻自由、一夫一妻等婚姻法的基本原则没有变通。②

(三) 引领区改革创新实践需要的立法目的的限制

变通立法必须受目的限制。在耶林看来,"目的是整个法的创造者"。③ 目的创造法律,法律归依目的。在对《授权决定》的分析中,人们往往只注重第 1 条对授权制定浦东新区法规和第 2 条对备案说明的规定,忽略对立法目的的规定。事实上,在短短的《授权决定》中,立法目的也占了相当篇幅,第 1 条和第 2 条的规定最终是"为建立完善与支持浦东大胆试、大胆闯、自主改相适应的法治保障体系,推动浦东新区高水平改革开放,打造社会主义现代化建设引领区。"必须明确,浦东新区法规的制定需要"根据浦东改革创新实践需要",为浦东改革创新实践服务。

立法目的为变通立法提供实质理由,变通一定要具备立法目的上的正当性。变通在目的上的正当性或许可以概括为内生性和外生性两个方面。内生性方面,由于上位法的一般性和普遍性,难以照顾到地方的特殊需求,因而需要允许地方根据自身特点,因地制宜进行变通。公平是照顾到内生的差异性的公平,而非千篇一律、"一刀切"的公平,在罗尔斯的正义理论中,差别原则作为正义原则的重要组成部分,排除了自然禀赋和社会环境在利益分配中的影响。④ 外生性方面,由于全国性改革开放进入深水区,需要允许某些地方在中央的统筹规划下,有计划有步骤地实现试点突破,进而为全国性的高水平改革开放积累经验、提供引领。外生性立足地方、面向全国,带着特殊使命。可以看到,自治法规的变通正当性基于内生性,而浦东新区法规、经济特区法规、海南自由贸易港法规的变通正当性基于内生性与外生性的结合,并且侧重于外生性。上海制定浦东

---

① 参见何家华、高颀:《经济特区立法变通权的变通之道——以深圳市变通类立法为样本的分析》,载《河南师范大学学报(哲学社会科学版)》2019 年第 2 期,第 63—64 页。
② 参见徐爽:《变通立法的"变"与"通"——基于 74 件民族自治地方变通立法文件的实证分析》,载《政法论坛》2021 年第 4 期,第 171 页。
③ [德]伯恩·魏德士:《法理学》,丁晓春、吴越译,法律出版社 2013 年版,第 233 页。
④ 参见[美]罗尔斯:《正义论》,何怀宏等译,中国社会科学出版社 2001 年版,第二章"正义的原则"。

新区法规需要在推动浦东高水平改革开放和打造社会主义现代化建设引领区的目的的指引下,根据浦东改革创新实践需要,与支持浦东大胆试、大胆闯、自主改相适应,不能在此目的和改革创新实践需要之外滥用变通权,不能以地方保护为目的,滥用变通权,使得社会主义现代化引领区变质为制度特权区。

立法目的呈现深浅的层次结构,或说立法存在由近及远的目的链条。"立法目的条款是立法者开宗明义以'为了'或'为'为标识语,用规范化的语句专门用来表述整个法律文本之目的的特定法条形式,与立法目的是形式与内容的关系。"①考察已出台法规第 1 条的规定可见:关于"一业一证"改革、市场主体退出、企业破产、登记确认制、承诺即入制的五部法规的直接立法目的是便利市场主体"进""出"市场,进一步"优化营商环境",关于知识产权的法规是为了率先构建国际知识产权保护高地,关于生物医药产业的法规是为了促进张江生物医药产业创新高地建设,关于化妆品产业的法规是为了助力上海国际消费中心城市建设,关于绿色金融的法规是为了打造上海国际绿色金融枢纽,文物艺术品法规是为了推动上海国际文物艺术品交易中心建设。它们的最终目的,都指向推动浦东高水平改革开放和打造社会主义现代化建设引领区。

(四) 在浦东新区实施的空间限制

变通立法受空间限制。在法律实证主义者看来,没有法律不受空间限制,法律的效力只限于某个特定空间范围。"既然规范调整人的行为,而人的行为是在时间和空间中发生的,那么,规范也就对一定时间和一定空间是有效力的。"②在人类学家吉尔兹看来,法律本身就是一种"地方性知识",而地方性知识是在特定的情境中生成并得到辩护的。于浦东新区法规而言,这一特定情境与其说是地理意义上的"浦东新区",不如说是"引领区"的定位,空间设定与立法目的具有内在关联。浦东新区成为新时代的"试验田",浦东新区法规进可升为适用于上海、全国的法律法规,退可回到变通前的法律法规。这种"试验性"契合了地方性知识的"地方性"——地方性并未给知识的构造与辩护框定界限,相反,它为知识的流通、运用和交叉开启了广阔的空间,地方性同时也意味着开放性,地方性知识

---

① 刘风景:《立法目的条款之法理基础及表述技术》,载《法商研究》2013 年第 3 期,第 48 页。

② 〔奥〕凯尔森:《法与国家的一般理论》,沈宗灵译,商务印书馆 2013 年版,第 81 页。

的一个重要特征是,它始终是未完成的,有待于完成的,或者正在完成中的工作。[①]

《授权决定》规定浦东新区法规"在浦东新区实施",然而,"在浦东新区实施"在实践操作中并非如其字面那样简单,仍然需要根据不同情况作出解释。例如,关于企业破产的法规从原征求意见稿的"住所地位于浦东新区"到正式稿的"在浦东新区办理破产以及相关的管理、保障活动",意味着管辖原则从"住所地主义"变为了"主要利益中心主义",扩大了适用范围。相较而言,关于"一业一证"改革和市场主体退出的两部法规明确规定适用于"注册登记"在浦东新区的市场主体。然而,注册登记在浦东新区的市场主体不可能只在浦东新区活动,否则就丧失了新时代赋予浦东的龙头辐射作用与浦东作为国内大循环的中心节点和国内国际双循环的战略链接的作用。关于"一业一证"改革的法规第 7 条规定,"各有关国家机关应当对行业综合许可证的效力予以认可。"该规定承接了国务院的相关规定,"上海市浦东新区颁发的行业综合许可证在全国范围合法有效。"[②]这说明,各有关国家机关不仅要在浦东新区内认可行业综合许可证的效力,也要在浦东新区外认可其效力。由于市场活动具有扩张的性质,会使浦东新区空间内外产生较多的联系,因而,空间效力也会有某种程度的溢出。相较于市场活动不可避免的溢出效应,城市非现场执法管理活动附着于特定地面,具有严格的空间限制,城管部门不可能跑到划定的行政区域外执法。总之,浦东新区法规有意识地运用"属人""属地"等多种"客观连结点",既依法确保了法规的适用范围限定在浦东新区,又促成了其实际效力向外作必要而有限度的延伸。

(五) 备案说明程序增加了变通的论证负担

变通立法受备案说明程序限制。《授权决定》规定浦东新区法规应当依照《立法法》的有关规定分别报全国人大常委会和国务院备案,报备时,应当说明对法律、行政法规、部门规章作出变通规定的情况。这里没有规定对变通的哪些情况进行说明。2019 年通过的《法规、司法解释备案审查工作办法》规定,自治法规和经济特区法规报送备案时应当说明对法律、行政法规、地方性法规作出变通

---

① 参见盛晓明:《地方性知识的构造》,载《哲学研究》2000 年第 12 期,第 43 页。
② 《上海市浦东新区开展"一业一证"改革试点 大幅降低行业准入成本总体方案》(国函〔2020〕155 号)。

的情况,包括"内容、依据、理由"等。浦东新区法规"比照经济特区法规",备案说明也应包括"内容、依据、理由"等。备案说明不仅要说明变通的对象、内容,还要说明变通的依据、理由,换言之,不仅要描述变通的事实,还要论证变通的合法性与正当性。

对上海市人大及其常委会而言,备案说明程序增加了浦东新区法规变通立法的论证负担。备案说明程序虽然并不影响浦东新区法规的生效,但是它负担起立法论证的重任,以备回应合法性合宪性合理性等方面的质疑,也保持了中央对地方立法、授权机关对授权立法的监督态势。对全国人大常委会和国务院来说,备案说明程序提供了沟通交流和审查监督的渠道。关于备案与审查的关系,实践工作中还存在争议:①在一种被动的立法监督观点下,备案就是"存档备查",便于接受备案的机关在必要时进行审查,备案不一定要审查;另一种相反的观点则认为凡备案就要审查,备案 = 主动审查,接受备案的机关对报送备案的法应当进行审查。② 从历史上看,备案与审查实践大致经历了四个阶段:第一个阶段,1979 年地方立法开始备案起直到 1993 年,全国人大常委会只备案、不审查;第二个阶段,从 1993 年起至 2000 年《立法法》实施前,全国人大常委会对备案法律文件进行事前审查;第三个阶段,2000 年至 2003 年《法规备案审查工作程序》实施前,取消了事前审查,代之以被动审查;第四个阶段,2003 年后确立了被动与主动审查相结合的备案审查制度。③《法规、司法解释备案审查工作办法》明确了依职权审查、依申请审查、移送审查、专项审查等审查方式,并采取了"有件必备、有备必审、有错必纠"的原则。全国人大常委会依职权组织宪法和法律委员会和专门委员会对浦东新区法规进行主动审查,可以最大程度凝聚共识,避免违法违宪争议;同时,也不排除后续可能的被动审查。备案说明程序不是一个可有可无的走过场的程序,"程序是一种角色分配的体系。程序参加者在角色就位之后,各司其职,互相之间既配合又牵制,恣意的余地自然就受到压缩。"④

---

① 参见全国人大常委会法制工作委员会国家法室编著:《中华人民共和国立法法释义》,法律出版社 2015 年版,第 305 页。

② 参见周旺生:《立法学》,法律出版社 2009 年版,第 346 页。

③ 参见宋鹏举、俞俊峰:《论法规规章备案审查制度的完善》,载《人民论坛》2011 年第 6 期。

④ 季卫东:《法律程序的意义——对中国法制建设的另一种思考》,载《中国社会科学》1993 年第 1 期,第 6 页。

三、变通可能面临的风险、挑战及其应对

变通立法权是一把"双刃剑",变通立法权的赋予极大地提升了上海市人大及其常委会的制度供给能力,为推动浦东高水平改革开放提供了机遇,但是机遇往往伴随着风险和挑战。特别是在不同的发展阶段,变通的范围和程度与接受度也会存在很大的差异。争议在于变通的可能风险,挑战则来自于如何用足用好变通权。要说明的是,"风险"本身即意味着下文更多的是根据经济特区法规、自治法规等的经验所进行的一种未雨绸缪式的分析,而非针对已出台法规的具体变通条款。

(一) 超出变通限度,导致违法违宪

浦东新区法规可以突破法律、行政法规、部门规章的规定,但是可以突破的范围有多大、程度有多深? 是否包括政治、经济、社会、文化等各领域? 如何把握变通的底线? 如何认定"基本原则",如何判断是否违背基本原则? 变通必须遵循的宪法规定以及法律和行政法规的"基本原则"较为抽象和模糊,存在很大解释空间。这导致变通既能满足"大胆试、大胆闯、自主改"的制度供给,又容易引发违法违宪争议。自深圳设立特区以来,就一直未能摆脱违法违宪的攻击,其变通立法也曾不乏争议,例如,1996 年《深圳经济特区道路交通管理处罚条例》规定罚款上缴市财政以及高额罚款,被强烈质疑违反《行政处罚法》关于罚没款上缴国库的原则以及教育与惩罚相结合的原则;1999 年《深圳经济特区公证条例》对房地产转让、抵押、赠与等的强制公证的规定,被质疑违反 1982 年国务院《公证暂行条例》确立的公证自愿原则,等等。总体来看,具有排除限制竞争、地方保护主义、部门保护主义、扩大行政处罚权等特点的变通立法较容易受到质疑,经济特区变通立法为浦东新区变通立法提供了前车之鉴。

从目前来看,已出台的浦东新区法规对行政许可法、著作权法、专利法、商标法、公司法、企业破产法、海关法、市场主体登记管理条例及其实施细则、医疗器械监督管理条例、化妆品监督管理条例、食品经营许可管理办法、药品注册管理办法等法律法规规章的具体规定作出了变通,暂时还未出现违法违宪

的争议。① 无论是从已出台法规的客观方面，还是从立法主体的主观方面来看，浦东新区法规的制定都非常注意不触及国家事权，并遵循先易后难的思路，避免在一开始就陷入违法违宪的争议漩涡。在法规制定过程中，上海市人大常委会积极与全国人大、国家各部委沟通，充分贯彻全过程人民民主，广泛凝聚共识，使得立法变通权的行使不是单方面的任意突破，而是对浦东立法变通共识的事后确认，积极稳妥突破体制机制束缚，推进国家赋予改革创新的使命任务。然而，只要有突破，就存在伴随突破的风险，重要的是如何做好突破与规制的平衡，使风险保持在可控的范围内。

（二）破坏法制统一，沦为立法放水

我国宪法第 5 条规定"国家维护社会主义法制的统一和尊严"，违反法制统一原则的不当变通的具体表现就是违反宪法规定以及法律和行政法规的基本原则。法制统一原则于国家和社会而言极其重要，古语有云"法莫如一而固"②，法律的稳定性、体系性、权威性和可预期性等都建立在法制统一原则之上。变通可能导致与其他法律法规的冲突，可能使公众对国家法律的稳定期望落空，危及法律的权威性。习近平总书记指出：我国是单一制国家，维护国家法治统一至关重要。2015 年《立法法》赋予设区的市地方立法权，地方立法工作有了积极进展，总体情况是好的，但有的地方也存在违背上位法规定、立法"放水"等问题，影响很不好。③ 立法"放水"指的是地方立法主体通过包括但不限于缩减上位法执行范围、减缓上位法执行力度、抵消上位法执行效果、违法违规扩充或者缩减部门职权（责）等方式，"变通"执行中央决策部署，"架空"上位法规定的一种地方立法行为。④ 地方立法"放水"是地方保护主义的一种新形式，其实质是地方立法机关违法，尤其是违反上位法的禁止性规定。立法"放水"和立法"变通"具有表面

---

① 有学者认为《上海市浦东新区城市管理领域非现场执法规定》第 7 条在对《行政处罚法》第 41 条作变通时，删除了"应当经过法制和技术审核"内容，因而存在违法嫌疑（参见李德旺、叶必丰：《地方变通立法的法律界限与冲突解决》，载《社会科学》2022 年第 3 期，第 89 页），然而，其第 7 条第 2 款明文规定了"电子技术监控设备的安装使用应当经过法制审核和技术审核"，这一质疑缺乏根据。
② 《韩非子·五蠹》，《韩非子》校注组编写、周勋初修订：《韩非子校注（修订本）》，凤凰出版社 2009 年版，第 554 页。
③ 参见习近平：《坚定不移走中国特色社会主义法治道路　为全面建设社会主义现代化国家提供有力法治保障》，载《求是》2021 年第 5 期。
④ 参见梁鹰：《备案审查视角下地方立法"放水"问题探讨》，载《地方立法研究》2021 年第 6 期，第 55 页。

相似性,地方立法"放水"和立法"变通"都相对于上位法或中央立法已有规定的情形而言,地方立法"放水"在本应贯彻实施上位法或中央立法已有规定之时,架空或改变了已有规定;地方立法"变通"同样突破了已有规定。然而,我们不能将所有立法"变通"视为立法"放水",如果把立法"放水"理解得过于宽泛,简单地将下位法与上位法不一致就视为"放水",就会束缚地方立法的工作动力和创新热情。立法"放水"等于不当变通或违法变通,浦东新区法规的立法变通权是全国人大常委会授权的,只要不超出授权决定规定的限度,就不属于立法"放水",而是正当的合法的变通。

(三) 有悖平等原则,造成一市两法

浦东新区比照经济特区,新区实际上也是"特区",甚至享有比经济特区更大的"特权"。法律面前人人平等是现代法治国家的基本原则,特权现象违背平等原则,为现代法治国家所反对。变通立法对上位法或中央立法的突破可能造成全国性法律法规在不同地区的不一致、不平等,加剧不同地区经济社会发展的不平衡。变通立法权的行使需要警惕防止落入地方保护主义,需要明确"浦东是制度引领区,而不是制度特权区"①。浦东新区是国家的新区,浦东的变通和先行先试是国家的变通和先行先试,为全国性的深化改革积累经验,而不是通过立法特权将浦东固化为独此一家的特权区。在这个"试验"的过程中,国家需要不断调试和平衡客观上的不平等现象。浦东新区法规首先造成浦东新区与上海市其他区的不平等,长此以往就会出现与深圳特区同样的"一市两法"问题。"一市两法"问题指的是同一事项在同一行政区域内适用不同的法规所导致的,在行政管理、司法适用、公民权益保障等方面的不平等。就深圳来说,深圳特区占深圳市总面积的六分之一,全国人大常委会作出授权决定时,特区内外适用不同法律法规的矛盾并不突出;然而随着城市化进程,特区内外基本上同步发展,但特区法规只能在特区实施,这种情况不再适应深圳市经济发展和法制建设的要求。2010 年国务院批准深圳特区扩大到深圳全市,这才终结了困扰深圳十多年的"一市两法"问题。② 处理浦东新区与上海市其他区、上海市与长三角其他省市、

---

① 参见罗培新:《浦东新区法规,如何守正创新,持法达变——兼与深圳特区立法实践相比较》,载微信公众号"中国法律评论"2021 年 6 月 25 日,https://mp. weixin. qq. com/s/wOq7Hrbisds3i-8ii4dryg。

② 参见阚珂:《深圳"一市两法"困扰的终结》,载《检察日报》2014 年 9 月 29 日,第 5 版。

长三角省市与全国其他省市的政策不平等、发展不平衡问题,需要中央统筹协调,充分发挥浦东新区的"试验"作用和对长三角一体化发展的龙头辐射作用,将积累的有益经验适时地推广开来,由点及面,最终实现全国性高水平改革开放。

(四)法律位阶不明,司法适用困难

作为授权立法,浦东新区法规的位阶存在争议,位阶高低决定了优先适用与否。学界关于授权立法的位阶可以概括为三种观点:第一种观点依据"代理说"认为,被授权机关代理授权机关立法,因而授权立法的位阶同于授权机关所立之法;第二种观点认为,授权立法的位阶同于被授权机关所立之法;第三种观点认为,授权立法的位阶在授权机关所立之法与被授权机关所立之法之间。[①]那么相应地,按第一种观点,浦东新区法规的位阶同于全国人大常委会所立之法,即法律;按照第二种观点,浦东新区法规的位阶同于上海市人大及其常委会所立之法,即地方性法规;按照第三种观点,浦东新区法规的位阶在地方性法规与法律之间,即高于地方性法规,低于法律。笔者认为,浦东新区法规的位阶不能一概而论,需根据条文性质作区分,位阶理论归根结底要解决的是法条冲突适用的问题。已制定的浦东新区法规既有运用一般地方立法权制定的条文(先行性立法、执行性立法),也有运用变通权制定的条文(变通性立法),前者的位阶与一般地方性法规同,后者的位阶则与变通对象同。[②]

从理论上说,位阶方面还存在以下几个有待商榷的问题:其一,浦东新区法规的名称与位阶不符。法的名称应包含三要素:反映法的适用范围的要素、反映法的内容的要素、反映法的效力等级的要素。法的名称的科学化有利于立法者、执法者、司法者、守法者快速了解法的性质、内容和效力等级,目前我国许多法的名称在表现法的效力等级上还存在明显弊病。[③]目前已出台15部法规的名称为《上海市浦东新区……规定》,用"规定"主要是基于"小快灵"简易型立法的考虑,然而这容易引起位阶上的误解。用"条例"更能彰显浦东新区法规特别法的

---

① 参见陈伯礼:《授权立法的位阶探讨》,载《现代法学》1999年第6期,第51页。

② 参见崔文俊:《论经济特区法规的位阶》,载《学术交流》2019年第6期。该文认为先行性试验性和补充性执行性经济特区法规的位阶与一般地方性法规相同,变通性经济特区法规的位阶与其所变通对象的位阶相同,混合性复合性经济特区法规则需要区分不同规定的性质。然而,如果位阶的判定需要遵循"整体比较原则",这种观点就不能成立。

③ 参见周旺生:《立法学(第二版)》,法律出版社2009年版,第461页。

地位,"各被授权主体根据授权所立的法,通称为《XX 条例》。"①经济特区法规变通立法的名称一般也用"条例",例如《深圳经济特区合伙条例》《深圳经济特区个人破产条例》《深圳经济特区知识产权保护条例》《海南经济特区工伤保险条例》《海南经济特区促进私营个体经济发展条例》《海南经济特区水条例》等。

其二,《授权决定》本身的位阶问题。《授权决定》属于"有关法律问题的决定",本身不属于狭义的法律。"由于此类决定乃是由全国人大及其常委会制定的,但其制定程序不如立法程序那般严格,故而其效力应当低于宪法、法律以及立法解释,但高于行政法规、地方性法规和规章。"②根据《授权决定》,浦东新区法规可以变通法律、行政法规、部门规章,那么这里隐藏的一个问题是,比"法律"位阶低的《授权决定》能否授权浦东新区法规变通"法律"? 从位阶上说不能。浦东新区法规授权依据的位阶比自治法规、经济特区法规、海南自由贸易港法规授权依据的位阶都低,建议将其授权依据上升为法律,或将浦东新区法规写入《立法法》,③或将省级人大及其常委会作为被授权主体写入《立法法》,④以增加授权立法的权威性和稳定性。

其三,即便从理论的角度确定了浦东新区法规的位阶,从经济特区法规的司法适用经验来看,法院并不一定根据理论确定的位阶来适用。当经济特区法规存在实质性变通时,法院往往采取高度审慎的态度进行研判和选择适用。案例研究表明,总体上法院并未将经济特区法规置于特殊的优越地位,实践中真正左右法院司法推理的规范仍然是法律、司法解释、行政法规和地方性法规。对于争议较大的案件,法院往往不再纠结于经济特区法规是否和法律、行政法规、地方性法规相抵触的问题,而是回归一般法律规范中的原理性条款,并据之作出裁判。⑤ 法院在经济特区法规的司法适用上趋于保守。因此,亟需确定浦东新区法规的司法适用规则,统一法院对浦东新区法规优先适用的认识。借鉴自贸区

---

① 周旺生:《立法学(第二版)》,法律出版社 2009 年版,第 464 页。
② 秦前红、刘怡达:《"有关法律问题的决定":功能、性质与制度化》,载《广东社会科学》2017 年第 6 期,第 219 页。
③ 2023 年《立法法》修改,第 84 条规定"上海市人民代表大会及其常务委员会根据全国人民代表大会常务委员会的授权决定,制定浦东新区法规,在浦东新区实施",追认了《授权决定》的合法性,解决了这个问题。
④ 参见王春业:《论我国立法被授权主体的扩容——以授权上海制定浦东新区法规为例》,载《政治与法律》2022 年第 9 期,第 26 页。
⑤ 参见屠凯:《司法判决中的经济特区法规与法制统一》,载《当代法学》2017 年第 2 期,第 30 页。

经验,可由最高人民法院发布司法保障意见,上海各级法院定期发布规范性文件、白皮书和典型案例等方式,共同构筑起引领区司法保障层面法律适用的统一机制。①

(五) 浦东新区法规如何用足用好变通权

有学者在论及如何用足用好经济特区立法变通权时指出:"用足"注重立法从量到质的提升,是要充分发挥立法变通权的突破性、创新性进而引领和带动经济特区开拓创新;"用好"注重立法变通的限度,要求立法变通权必须在合宪合法范围内有效发挥其功能;"用足用好"组合起来使得权力效能最大化。② "用足用好"之于地方行使变通权,既是鼓励,又是要求,还是限制和规范。"用足"立法变通权意味着不能少用、不用,变通权是中央授予的立法特权,承载着中央对浦东新区进一步开拓创新的厚望,受权主体需要积极主动地行使该权力,与中央对浦东"大胆试、大胆闯、自主改"的要求相匹配,不能敷衍塞责,更不能束之高阁。"用好"立法变通权意味着不能滥用,一方面,地方需要根据具体事项有选择地运用执行性立法、自主性立法、先行性立法和变通性立法,打好组合拳;另一方面,变通权的行使必须以改革创新的立法目的为范导,遵循宪法、法律和行政法规的基本原则,做好论证评估和备案说明,尤其注意不能沦为"立法放水"。浦东新区法规用足用好变通权的具体途径包括但不限于:

第一,借鉴外部经验,类比变通先例。浦东引领区的建设需要借鉴国内外办特区新区的有益经验。自治法规、经济特区法规变通立法的成败得失也为浦东新区法规积累了"先例"。浦东新区法规是地方性法规家族的新成员,与其他成员具有"家族相似性"。浦东新区法规在变通的事项、范围和程度等不能确定时,可以与自治法规、经济特区法规、海南自由贸易港法规作类比,或可采用"举轻以

---

① 参见许凯:《论"社会主义现代化建设引领区"的司法保障》,载《上海对外经贸大学学报》2022 年第 2 期,第 99 页。值得注意的是,2022 年 1 月最高人民法院已出台《关于人民法院支持和保障浦东新区高水平改革开放　打造社会主义现代化建设引领区的意见》(法发〔2022〕1 号);2022 年 3 月上海高院已出台《关于支持和保障浦东新区高水平改革开放　打造社会主义现代化建设引领区的实施方案》,2023 年 4 月制定了实施细则;浦东新区法院也已出台《关于服务保障浦东新区高水平改革开放打造社会主义现代化建设引领区的实施办法》。

② 参见周叶中、周鸿雁:《我国经济特区立法变通权的规范审视》,载《荆楚法学》2022 年第 3 期,第 112—113 页。

明重"或"举重以明轻"的"当然论证"。① 自治法规和经济特区法规、浦东新区法规、海南自由贸易港法规在变通时都不能违反宪法规定和法律、行政法规的基本原则,也不能突破法律、行政法规专门就自治地区、经济特区、浦东新区所作的规定,其变通事项、范围和程度不同,主要受到授权依据和授权目的的限制。自治法规源于宪法确定的民族区域自治制度,可以根据自治地方特点(主要是风俗习惯)对上位法作出变通,其可变通的事项、范围和程度较之经济特区法规、浦东新区法规更多更广更深。从领域或范围来看,自治法规可以对民事制度、刑事制度、政治制度(如选举)等作出变通,现行有效的变通立法涉及婚姻、收养、继承、民事诉讼、计划生育、遗产保护、禁毒、动物防疫、野生动物保护、土地管理、义务教育、草原、选举、森林、妇女权益保障、水土保持、旅游管理、国有土地使用等。② 经济特区法规和浦东新区法规承载了国家对改革创新的期待,主要针对经济领域,然而经济体制改革必然牵涉政治、社会等其他领域。现实中经济特区法规变通的范围就涉及政治、经济、社会、文化和生态各个领域,变通程度也强弱不一,有的还对行政法规的原则进行了变通。③ 浦东新区法规与经济特区法规最具可比性,由于其承载高水平改革开放中"挑最重的担子、啃最硬的骨头"的历史任务,其变通权限理应较之经济特区法规更大。

第二,征集内部需求,发挥浦东优势。中央将浦东选为新时代的"试验田"和"窗口",除了考虑到经济特区渐呈创新疲软、立法受挫外,也由于浦东自身在基础设施、金融环境、外贸条件、国际航运条件、人才资源、研发实力、产业发展、园区发展和体制方面具有的优势。④ 自 2013 年上海自贸区成立以来,浦东坚持以制度创新为核心,聚焦投资、贸易、金融等领域,形成了外商投资负面清单、国际贸易"单一窗口"、自由贸易账户、"证照分离"等一批与国际通行规则接轨的制度。2019 年上海自贸区临港新片区正式成立,新片区的改革、开放和创新力度前所未有。浦东通过引进全球最先进、最前沿的技术、产业、人才等要素,对标全球最高标准、最好水平,拉开了新一轮高水平对外开放的序幕。浦东新区立法首

---

① 参见郑毅:《设区的市级地方立法权的改革与实施》,法律出版社 2020 年版,第 149—153 页。
② 参见张殿军、王静:《我国民族区域自治地方变通立法实证分析》,载《创新》2010 年第 6 期,第 91 页。
③ 参见肖明新:《经济特区法规制度的法治理论意义》,载《深圳社会科学》2020 年第 5 期,第 109 页。
④ 参见杨洪涛、刘亮:《浦东新区开发开放政策及竞争优势演变分析》,载《华东经济管理》2012 年第 9 期。

先需要巩固已有成果,将自贸区、新片区改革创新已经取得的成功的、可复制、可推广的经验以法规的形式固定下来,在整个浦东新区推行;其次需要搭建法律理论界和实务界的合作平台与机制,将先进的、可行的研究成果转化为制度实践,满足进一步的改革创新需要。总之,浦东新区立法需要根据改革创新实践需要,发扬新区优势,调动新区积极性,广泛征集新区政府和公众的立法变通需求,梳理并突破禁锢改革创新实践的上位法和中央立法的规定。浦东具有深圳等经济特区所不具备的政治优势、区位优势、发展优势、期待优势,浦东变通立法权的行使空间和力度,特别是抗争议和风险能力,要高于深圳等经济特区。

第三,遵循"先易后难",进行分级"试""闯"。为了避免引领区立法在一开始就陷入违法违宪质疑的漩涡,立法突破需要遵循"先易后难"的思路,不断探索变通的事项、范围、程度和边界。而且,可对变通进行分级"试"和"闯",属于"利益"层面的坚决变,属于"观念"层面的坚决改,属于"禁忌"层面的坚决突破,属于"红线"层面的坚决恪守。探索制定"负面清单",以"负面清单"形式明确变通的边界并经法定程序予以确认,可能是更加务实的方式。

第四,加强评估论证,凝聚变通共识。《授权决定》要求浦东新区法规报送备案时,应当说明对法律、行政法规、部门规章作出变通规定的情况,这里不能只看作对变动情况的简单说明,而且要陈述合法性、合宪性、合目的性等方面的理由,换言之,增加了变通立法的论证义务。变通立法的评估与论证既需要人大、政府、智库等各部门的通力合作,也需要政治学、法学、经济学等各学科的通力合作。浦东新区法规在立法过程中需要与全国人大、国务院各部委等保持密切沟通,广泛凝聚共识。此次《知识产权保护规定》的制定就积累了"纵向联动、横向协同"的立法经验,国家、市、区的知识产权局上下通力合作,实现了中央与地方意见的高度统一,这种模式值得推广。

结语

浦东新区法规的授权是中央基于对国内外形势和改革开放进程的准确研判,贯彻重大改革于法有据的法治思想作出的重大举措。经济特区对于改革开放事业有开创性贡献,但近年来陷入创新疲软、立法受挫的困境,浦东新区接力经济特区成为改革开放的开路先锋和社会主义现代化建设的排头兵。浦东新区法规为"3.0版改革"和引领区建设提供法治保障。浦东新区法规的生命在于"持法达变":"持法"即遵循宪法规定以及法律和行政法规基本原则,并受到立法目的、空间、备案说明程序的限制;"达变",即对法律、行政法规、部门规章作变通规定,变通是下位法对上位法、地方立法对中央立法的突破,变通立法权不是先行先试立法权。浦东新区法规可能面临超出变通限度、导致违法违宪,破坏法制统一、沦为立法放水,有悖平等原则、造成一市两法,法律位阶不明、司法适用困难等方面的风险和挑战。然而,没有争议的变通不是真正的变通,也不符合"两个大胆"(大胆试、大胆闯)"两个最"(挑最重的担子、啃最硬的骨头)的要求。实际上,试验立法的性质决定了变通的范围和程度很难事先确定,需交由央地互动的实践理性来决定。浦东新区法规要敢于变、善于变,不仅要在经济特别是金融领域大胆变通立法,在社会治理、城市管理等领域也要敢于变通,对于客观上存在且将长期存在的一些社会经济敏感话题也可率先作出探索。用足用好立法变通权需要积极主动地借鉴外部经验、类比变通先例,征集内部需求、发挥浦东优势,遵循"先易后难"、进行分级"试""闯",强化评估论证、凝聚变通共识。正如邓小平同志所说,"要克服一个怕字,要有勇气。什么事情总要有人试第一个,才能开拓新路。试第一个就要准备失败,失败也不要紧。希望上海人民思想更解放一点,胆子更大一点,步子更快一点。"[①]

党的第三个历史决议也指出:实践发展永无止境,解放思想永无止境,改革开放永无止境,改革只有进行时、没有完成时,必须以更大的政治勇气和智慧推进全面深化改革,敢于啃硬骨头,敢于涉险滩,注重改革关联性和耦合性,真枪真刀推进改革,有效破除各方面体制机制弊端。立法变通权是浦东引领区建设中破除各方面体制机制弊端的利器,上海要用实际行动成为更高水平改革开放的开路先锋、全面建设社会主义现代化国家的排头兵、彰显"四个自信"的实践范例,更好向世界展示中国理念、中国精神、中国道路。

---

① 《邓小平文选(第三卷)》,人民出版社1993年版,第367页。

第五章　变通适用国际私法规范的思考

  2021 年 6 月 10 日,全国人大常委会通过了《中华人民共和国海南自由贸易港法》(以下简称:《海南自由贸易港法》),该法在《立法法》(2015)有关经济特区立法权规定的基础上,对海南自由贸易港变通适用法律、行政法规作了新的规定。该次常委会同时通过了《授权决定》,授权上海市人大及其常委会制定浦东新区法规,可以对法律、行政法规、部门规章作出变通规定。这是全国人大常委会首次以"一揽子授权"的立法方式对海南自由贸易港、上海市浦东新区等特定经济区域"变通"适用法律、行政法规、部门规章作出明文规定。① 针对传统的经济特区变通适用法律,2015 年修正后的《立法法》(2015)第 74 条规定:"经济特区所在地的省市人民代表大会及其常务委员会根据全国人民代表大会的授权决定,制定法规,在经济特区范围内实施。"该法第 98 条第 5 项规定:"根据授权制定的法规应当报授权决定规定的机关备案;经济特区法规报送备案时应当说明对法律、行政法规、地方性法规作出变通的情况。"从条文的字面上理解,经济特区法规可以变通适用法律、行政法规,但制定相关经济特区法规应经全国人民代表大会的"授权"。全国人大常委会给予海南自由贸易港、上海浦东新区的特定立法授权进一步拓宽了重大改革于法有据的法治路径,并且使得我国"变通"适用法律、行政法规的授权规定进一步明晰化、规范化。

---

① 本章中使用的"特定经济区域"是一个广义的概念,既包括传统的经济特区,也包括海南自由贸易港、中国(上海)自由贸易试验区临港新片区、浦东新区等新时期承担改革开放特殊使命的新型特定经济功能区。

一、新形势下我国国际私法面临的机遇与挑战

长期以来,我国经济特区所在地的省市人民代表大会及其常务委员会根据全国人民代表大会的授权决定行使特区立法权,且"变通"适用法律、行政法规已成为经济特区法规的基本特征,但是,对于经济特区可以在哪些领域变通适用法律、行政法规,《立法法》并未明确规定。从全国人大常委会最新的立法情况看,《海南自由贸易港法》规定海南可以"就贸易、投资及相关管理活动制定法规";《授权决定》则规定上海可以"根据浦东改革创新实践需要"制定浦东新区法规。这些规定不啻于明确了"变通"适用法律的界限。值得关注的是,近年来党中央、国务院出台了中国(上海)自由贸易试验区临港新片区、海南自由贸易港、深圳建设中国特色社会主义先行示范区、上海打造浦东新区社会主义现代化建设引领区、前海深港现代服务业合作区、横琴粤澳深度合作区等特定经济区域建设的总体方案,这些重要文件虽然分别规定了各特定经济区域差别化、个性化的战略定位、发展目标和改革任务,但具有以下三方面的共性要求。其一,要求打造市场化、法治化、国际化营商环境,完善高水平开放型经济体制,率先构建高标准国际化经贸规则体系,打造我国深度融入全球经济发展和治理的功能高地。换言之,各特定经济区域的制度创新需要对标国际标准,相关的改革举措涉及跨国(跨境)投资、贸易、金融、航运等领域的制度创新,所涉及的法律关系属于典型的涉外(涉港澳)民商事法律关系。其二,强化法治保障,建立健全与改革试点相配套的法律法规、政策调整机制,规定各项改革政策举措凡涉及调整或变通适用现行法律或行政法规的,经全国人大常委会或国务院授权后实施。[①] 其三,建立完善国际商事审判、仲裁、调解等多元化商事纠纷解决机制,加强国际商事纠纷审判组织建设。这是经历了四十年改革开放和法治建设的实践探索后,我国改革与发展再一次"换挡提速",在高起点、高标准、高水平上建设新型的特定经济区域,在法治层面上应对新情况、承担新任务。

从法律角度来分析,一国的法律制度由实体法、冲突法、程序法三部分组成,

---

① "调整"或"变通"适用现行法律、行政法规的规定均属于特定经济区域法治保障的方式,两者的适用存在显著差异,笔者于本章中限于篇幅,拟着重探讨国际私法规则的变通适用问题。

冲突法规范、国际民事诉讼程序规范与国际商事程序规范属于国际私法的规范。前述三项要求对传统国际私法制度的运用提出了如下挑战。其一,关于国际私法制度的适用范围问题。《中华人民共和国涉外民事关系法律适用法》(以下简称:《法律适用法》)及其他相关法律、行政法规均适用于通常意义上的涉外民商事法律关系,未就包括经济特区在内的国内特定经济区域内发生的涉外民商事法律关系的冲突法制度作出特别规定。在国际私法理论研究领域,对于涉港、涉澳法律关系的研究大多为区际私法层面的研究。然而,特定经济区域担负着压力测试的特殊使命,其法律制度需要对标高标准、国际化的经贸规则,需要构建与其相适应的冲突法制度。其二,关于国际私法规范的变通适用问题。长期以来,我国经济特区变通适用法律、行政法规仅限于实体法规范,未涉及冲突法规范,但无论是《立法法》,还是全国人大常委会新近通过的《海南自由贸易港法》和《授权决定》,均未规定不能变通适用冲突法规定,而构建与高标准、国际化经贸规则相适应的冲突法制度,需要根据制度创新的需求,在特定经济区域内变通适用相关冲突法的规定。其三,建立完善国际商事审判、仲裁、调解等多元化商事纠纷解决机制,需要在特定经济区域内变通适用国际民事诉讼程序规范、国际商事仲裁程序规范。与冲突法规定变通适用相比,程序性规范的变通适用需求更为迫切,但难度更大。[1]

一言以蔽之,我国特定经济区域肩负的特殊使命为开拓国际私法规范规制的新领域提供了前所未有的机遇,也为国际私法理论的深化研究提供了一个新的视角,注入了新的动力。该理论命题的尽快破题与实践运用,也将为统筹推进国内法治和涉外法治提供新的驱动力。时代呼唤国际私法学者站在新一轮改革开放的前列,以问题与需求为导向,准确识变、科学应变、主动求变,正确研判新形势下中国国际私法面临的机遇与挑战,不断推陈出新,使学科研究焕发勃勃生机。笔者正是基于这一出发点,提出我国特定经济区域变通适用国际私法规范的命题,并结合《立法法》《海南自由贸易港法》《授权决定》等相关法律的规定,以及中国(上海)自由贸易试验区临港新片区等特定经济区域的相关实践,对特定经济区域变通适用国际私法规范的立法动因、实现路径等问题进行前瞻性研究,

---

[1]　根据《立法法》(2023)第11条的规定,诉讼与仲裁制度属于国家专属立法事项,该领域的法律制度变通适用存在法律风险。

以求教于学界同仁。

二、特定经济区域变通适用国际私法规范的动因

笔者在这里讨论的特定经济区域变通适用国际私法,是指国际私法中的冲突规范、国际民事诉讼程序规范及国际商事仲裁程序规范的变通适用。讨论这一问题的前提是,在我国法律未作出特别规定的情况下,我国国际私法的规定适用于包括特定经济区域在内的中华人民共和国全境。一如特定经济区域的改革发展需要变通适用国内相应的实体法规范,特定经济区域同样需要变通适用与其承担的改革发展的使命相适应的国际私法规范。

(一) 特定经济区域变通适用冲突法规范的动因

特定经济区域变通适用冲突法规范的动因,既来自中央对各特定经济区域改革开放的要求,也来自各特定经济区域贯彻落实中央要求的法治保障需求。与此同时,我国新一轮改革开放需要构建与高标准、国际化经贸规则相适应的冲突法制度,可以借助特定经济区域这一特殊平台,对我国冲突法制度的完善与发展进行压力测试。

1. 我国特定经济区域改革开放法治保障的新需求

我国特定经济区域建设肇始于改革开放初期设立的经济特区,其基本特征是沿袭传统的优惠政策,挖掘"政策洼地"。随着我国社会主义市场经济制度的不断完善,法治化、透明化、统一化的投资、贸易规则逐步形成,经历了三十多年功能嬗变的经济特区,昔日的"光环"已经黯然失色,这种"政策优惠型"的传统特定经济区域的功能很大程度上被"制度创新型"的自由贸易试验区所取代。① 然而,自由贸易试验区不同于经济特区,其突出的作用在于先行先试,并且复制、推广成功经验。正是基于这一原因,自由贸易试验区不享有变通适用法律的特殊立法权。经过七年的实践探索,上海自由贸易试验区先行先试的成功经验被有效地复制、推广。经过历次扩容,我国已经形成了以上海自由贸易试验区为领头

---

① 值得关注的是,我国相继设立的自由贸易试验区所实施的改革开放的力度远远超出了传统经济特区,且广东、福建自由贸易试验区的相关片区设立在深圳、珠海、厦门经济特区内,海南自由贸易试验区事实上已经取代了海南经济特区。

雁的"1+3+7+1+6+3"雁式矩阵,覆盖从南到北、从沿海到内陆的 21 个自由贸易试验区(包括其所属的几十个片区)。各自由贸易试验区虽各具独特定位,但先行先试事项大多重合,且经国务院历次复制推广的改革试点经验已达到90%以上,基本涵盖了所有领域。这意味着自由贸易试验区与非自由贸易试验区已无实质性区别。与此同时,就国家层面对自由贸易试验区的法治保障而言,全国人大常委会唯一的立法举措是暂时调整适用有关外商投资审批制度的相关法律规定。然而,2016 年 9 月《中华人民共和国外资企业法》等四部法律中有关投资审批制度的规定已打包修改,2019 年 3 月《中华人民共和国外商投资法》也已表决通过,"外资三法"(《中华人民共和国中外合作经营企业法》《中华人民共和国中外合资经营企业法》《中华人民共和国外资企业法》)已经废止。这意味着非自由贸易试验区实施自由贸易试验区的做法已不存在法律上的障碍。这表明自由贸易试验区的制度红利已经基本"出尽"。[①] 为推动新时代更高水平的改革开放,建立与国际通行规则相互衔接的开放型经济新体制,形成新的经济增长极与对外开放新优势,党中央、国务院审时度势,近年来相继出台了《中国(上海)自由贸易试验区临港新片区总体方案》《海南自由贸易港建设总体方案》《深圳建设中国特色社会主义先行示范区综合改革试点实施方案(2020—2025 年)》《引领区意见》《全面深化前海深港现代服务业合作区改革开放方案》《横琴粤澳深度合作区建设总体方案》等一系列的重要文件,在部分地区着力打造特殊经济功能区,加大开放型经济的风险压力测试。这些重要政策性文件规定,各特定经济区域为贯彻落实中央的要求,需要调整或变通适用现行法律,且各项文件对于各特定经济区域调整或变通适用相关法律作出了指引性规定。

2. 特定经济区域变通适用冲突法制度的初步设想

近年来,中央提出了统筹推进国内法治和涉外法治,加强涉外法治体系建设,完善涉外经贸法律和规则体系,加快推进我国法域外适用的法律体系建设等要求。冲突法制度是涉外法治体系的重要组成部分,特定经济区域在遵循宪法规定以及法律、行政法规基本原则的情况下,依法变通适用的法律理应包括冲突法规范在内,变通适用冲突法规范与《立法法》《海南自由贸易港法》《授

---

① 参见丁伟:《自贸试验区法治创新与实践探索——以上海自由贸易试验区的实践为视角》,上海人民出版社 2021 年版,第 386—387 页。

权决定》的规定并行不悖，是变通适用法律制度的应有之义。在《法律适用法》等法律中，一些普遍适用的规定是否可以在特定经济区域变通适用是值得研究的。

在法律适用的一般规定方面，似乎存在变通适用冲突法制度的必要性、合理性。例如，《法律适用法》第3条规定："当事人依照法律规定可以明示选择涉外民事关系适用的法律。"这条规定属于对意思自治方式的限制性规定。目前，大多数国家的法律和有关国际条约同时接受明示与默示两种方式。如1985年《国际货物销售合同法律适用公约》第7条规定，当事人选择法律的协议必须是明示的，或者从整体看合同规定或当事人行为清楚地显示了这种选择。在特定经济区域似乎可以适当放宽对意思自治方式的限制，根据国际通行的做法，允许当事人以默示的方式选择法律。又如，《法律适用法》第8条规定："涉外民事关系的定性，适用法院地法律。"有关识别的依据，在国际私法中存在多种方式。在识别依据的法律设计上，《法律适用法》第8条的规定以法院地法作为识别依据。单方面强调依法院地法识别可能会割裂有关法律关系与适用的法律之间的本质联系，这就使得按其性质本应该适用的外国法律得不到适用。以准据法作为识别依据，虽然可以避免机械适用法院地法的弊端，但这种识别方式本身存在缺陷。为此，我国学界倾向于采用法院地法说与准据法说的结合，《中华人民共和国国际私法示范法》第9条将法院地法作为识别的一般原则，将准据法作为补充原则。这样的制度设计有助于将两种主要的识别方式有机结合起来。在特定经济区域，有关识别的依据可以更加灵活、宽松一些。再如，《法律适用法》第9条规定："涉外民事关系适用的外国法律，不包括该国的法律适用法。"该条规定排除了反致制度。我国国际私法理论界并不完全排斥反致制度，而是如《中华人民共和国国际私法示范法》第8条那样采取了有限接受的态度，认为在原则上不接受反致制度的同时，应规定在民事身份领域，外国冲突规范对中国法律的反致应予接受。这种原则性与灵活性相结合的做法似乎可以在特定经济区域运用。《法律适用法》第10条第2款规定："不能查明外国法律或者该国法律没有规定的，适用中华人民共和国法律。"鉴于在外国法内容查明过程中，因种种原因经常产生争议，且如何认定"无法查明"缺乏客观标准，外方当事人也未必知晓中国的法律，在不能查明外国法内容的情况下，一概适用中国法律不尽合理。特定经济区域似可以采用《中华人民共和国国际私法示范法》第12条的规定，即"不能查明或者经查明不存在有关法律规定的,适用与该外国法律类似的法律或者中华人民共和国相应的法律"。

在涉外民事关系法律适用方面,变通适用现行冲突法规定的合理性、适当性同样存在。比如,三类特殊涉外合同一律适用中国法律的规定产生于 20 世纪 80 年代改革开放初期,尽管三十多年来我国已经完成了从计划经济向市场经济的转轨,我国有关涉外合同法律适用的立法载体也几经变化,但该制度丝毫未变。《中华人民共和国民法典》第 467 条第 2 款沿袭了《中华人民共和国合同法》第 126 条第 2 款的规定,即"在中华人民共和国境内履行的中外合资经营企业合同、中外合作经营企业合同、中外合作勘探开发自然资源合同,适用中华人民共和国法律"。然而,这一涉外合同之债法律适用的特殊原则根植于计划经济的上壤,其浓厚的法律属地主义倾向与市场经济的本质要求、国际通行规则、现代国际私法的理念不尽吻合,[①]更与新时代特定经济区域推动新时代更高水平的改革开放,建立与国际通行规则相互衔接的开放型经济新体制的要求不尽合拍。在《法律适用法》对于限制外国法适用已有有效规定的情况下,[②]特定经济区域似可变通适用该等合同一律适用中国法律的规定,代之以国际通行的意思自治原则、最密切联系原则。笔者建议,在特殊经济区域对三类特殊涉外合同的法律适用进行探索,除了要考虑中国国际私法制度更好地与国际通行规则相适应,还应考虑传统制度的立法本意与实施效果。对于三类特殊合同一律适用中国法律之法理上的功能定位,学界从不同的角度对其进行了诠释,均与维护我国国家主权、社会公共利益不无关联。从维护国家主权的高度来审视,各国都在诉讼法中将与本国公共利益密切相关的法律关系无条件地归属于本国法院专属管辖的范围之内。《中华人民共和国民事诉讼法》第 266 条将在中国境内履行的三类特殊利用外资合同的争议列为中国法院专属管辖的范围,即便如此,我国法律也允许当事人以仲裁协议对中国法院的专属管辖加以排除,而不必顾及中国的国家主权、社会公共利益可能受到损害。毫无疑问,允许当事人以仲裁协议对中国法院

---

① 参见丁伟:《论三类特殊涉外合同之债准据法制度的转型发展》,载《国际商务》2017 年第 2 期。

② 2010 年出台的《法律适用法》以单行法的形式全面、系统地规定了冲突法制度,辅之以最高人民法院的一系列司法解释,与国际通行规则并行不悖的限制外国法适用的一整套制度已经配套齐全,三类特殊合同一律适用中国法律的制度可以为合法有效的制度所替代。《法律适用法》第 4 条规定:"中华人民共和国法律对涉外民事关系有强制性规定的,直接适用该强制性规定。"该法第 5 条规定:"外国法律的适用将损害中华人民共和国社会公共利益的,适用中华人民共和国法律。"

的专属管辖加以排除是基于国际通行的做法,与国家主权无涉。笔者认为,在讨论中国国际私法相关立法时,不宜简单、武断地以维护国家主权、社会公共利益来臆测立法本意,国际私法规范调整的是涉外民事法律关系,倘若将仅维护本国的国家主权、社会公共利益作为立法目的,未免过于狭隘,不足以展现公平公正、豁达自信、法治昌明的大国风范。从该制度的实施效果来看,现行制度在冲突法层面徒具形式,倘若立法不作如此规定,在多数情况下仍然可以达到适用中国法律的目的。如果将三类特殊合同视为一般的涉外合同,按照我国冲突法的一般规定,允许当事人选择合同准据法,倘若选择的非中国法律对我有利,似无必要一律抵制;倘若外方选择的非中国法律对我不利,或无法把握,可以不予接受。在当事人未作选择的情况下,按照各国的立法、实践以及通行的国际惯例,一般都把合同缔结地法、合同履行地法或者与合同最有密切联系的国家的法律作为合同的准据法。在中国境内设立的中外合资、中外合作企业在中国注册登记,是中国的法人(一部分合作经营项目虽未取得中国法人资格,但属于经我国批准的经济实体,其中方合作者通常也是中国法人);合营企业的合同是依照中国的法律在中国缔结,并经中国政府批准;合营企业的营业场所位于中国;合营企业合同的主要履行地也在中国;合营企业合同的一方当事人又是中国法人。综观各种连结因素,合营企业合同无疑与中国的联系最为密切。中外合作勘探开发自然资源的方式同中外合资与中外合作经营具有许多相似之处,与中国的联系最为密切。这表明三类特殊合同一律适用中国法律的规定徒具形式,不论法律是否规定,其结果都是适用中国法律。有所不同的是,根据最密切联系原则适用中国法律更合情、合理,更会令外商心悦诚服。与此同时,我国近年来积极推动自由贸易试验区的先行先试,以准入前国民待遇加负面清单为核心的外资管理体制的改革创新取得了积极成效,相关经验已在全国复制、推广,这无疑将进一步促进中国外资立法与国际通行的规则接轨。这一切表明,在外商投资领域中国法律与外国法律并无多少实质性的差别,适用中国法律抑或外国法律,实际结果并无明显不同。

此外,知识产权的保护对于特定经济区域的营商环境尤为重要。《法律适用法》第 48 条规定:"知识产权的归属和内容,适用被请求保护地法律。"该规定与《巴黎公约》《伯尔尼公约》等公约的精神相吻合。然而,纵观各国立法例,关于知

识产权的法律适用,有的国家规定适用被请求保护地法,①有的国家规定适用行
为地法,②也有的国家规定适用权利授予地法。③ 鉴于不同国家的法律对于知识
产权归属和内容的规定不尽一致,一概适用被请求保护地法律未必符合请求者
的合理期待。为此,特定经济区域似可以采用选择性的冲突规范,允许当事人在
权利授予地法、行为地法、被请求保护地法中作出选择。由于《巴黎公约》《伯尔
尼公约》等公约均属于保护工业产权、保护文学和艺术作品的实体法公约,未对
法律适用事项作出规定,允许当事人在特殊经济区域选择所适用的法律并不涉
及条约义务的信守问题。又如,《法律适用法》第 50 条规定:"知识产权的侵权责
任,适用被请求保护地法律,当事人也可以在侵权行为发生后协议选择适用法院地
法律。"鉴于该条款将当事人可以选择的法律限定为法院地法,而法院地法与被请
求保护地法律经常重合,其实际意义不大,为更有效地保护知识产权人的合法权
益,似可以规定特定经济区域允许当事人选择适用对权利人更为有利的法律。

需要说明的是,笔者仅以《法律适用法》和《中华人民共和国民法典》的相关
条款为例,对相关条款变通适用的必要性、合理性、适当性作一般性的说明,旨在
证明特定经济区域变通适用冲突法制度不仅是理论命题,而且在立法实践中切
实可行。至于某一领域是否需要变通、如何进行变通,需要根据相关特定经济区
域改革开放的实际需要,经过科学论证作出决定。

(二) 变通适用国际民事诉讼与仲裁程序规范的动因

与变通适用冲突法规范相比,特定经济区域变通适用国际民事诉讼与国际
商事仲裁程序规范的目标更加明确,必要性、紧迫性也更为明显。

1. 我国特定经济区域改革开放法治保障的新需求

近年来,中央出台的关于各特定经济区域改革发展的方案对加强国际商事
纠纷解决均提出了具体的要求。《中国(上海)自由贸易试验区临港新片区总体

---

① 例如 1979 年《匈牙利国际私法》第 19 条规定:"著作权依被请求保护国家的法律。"1987 年《瑞士联邦
　国际私法法规》第 110 条规定:"知识产权,适用提起知识产权保护诉讼的国家的法律。"
② 例如《奥地利联邦国际私法法规》第 34 条规定:"无形财产权的创立、内容和消灭,依使用行为或侵权
　行为发生地国家的法律。"
③ 例如《罗马尼亚国际私法》第 60 条规定:"知识产品著作权的成立、内容和消灭适用作品首次公开发表
　的国家的法律。"《法国民法典》第 2305 条规定:"文化及艺术产权由作品的首次发表地法规定,工业
　产权由注册或登记地法规定。"

方案》提出:支持新片区加强国际商事纠纷审判组织建设;允许境外知名仲裁及争议解决机构经上海市人民政府司法行政部门登记并报国务院司法行政部门备案,在新片区内设立业务机构,就国际商事、海事、投资等领域发生的民商事争议开展仲裁业务,依法支持和保障中外当事人在仲裁前和仲裁中的财产保全、证据保全、行为保全等临时措施的申请和执行。《海南自由贸易港建设总体方案》要求,建立多元化商事纠纷解决机制,完善国际商事纠纷案件集中审判机制,提供国际商事仲裁、国际商事调解等多种非诉讼纠纷解决方式。中共中央、国务院《引领区意见》要求,加强商事争端等领域与国际通行规则接轨。《全面深化前海深港现代服务业合作区改革开放方案》要求:提升法律事务对外开放水平;在前海合作区内建设国际法律服务中心和国际商事争议解决中心,探索不同法系、跨境法律规则衔接;探索完善前海合作区内适用香港地区法律和选用香港地区作仲裁地解决民商事案件的机制;探索建立前海合作区与港澳区际民商事司法协助和交流新机制;深化前海合作区内地与港澳律师事务所合伙联营机制改革,支持鼓励外国律师事务所和香港地区、澳门地区律师事务所在前海合作区设立代表机构;支持前海法院探索扩大涉外商事案件受案范围,支持香港地区法律专家在前海法院出庭提供法律查明协助,保护进行跨境商业投资的企业与个人的合法权益;建设诉讼、调解、仲裁既相互独立又衔接配合的国际区际商事争议争端解决平台;允许境外知名仲裁等争议解决机构经广东省政府司法行政部门登记并报国务院司法行政部门备案,在前海合作区设立业务机构,就涉外商事、海事、投资等领域发生的民商事争议开展仲裁业务;探索在前海合作区开展国际投资仲裁和调解,逐步成为重要国际商事争议解决中心。《横琴粤澳深度合作区建设总体方案》要求:加强粤澳司法交流协作,建立完善国际商事审判、仲裁、调解等多元化商事纠纷解决机制;研究强化拓展横琴新区法院的职能和作用,为合作区建设提供高效便捷的司法服务和保障。为贯彻落实中央的要求,各特定经济区域需要在遵循宪法规定、法律及行政法规基本原则的前提下,根据改革发展的需要,对《中华人民共和国民事诉讼法》第四编和《中华人民共和国仲裁法》的相关规定进行变通。

2. 特定经济区域变通适用国际民事诉讼与国际商事仲裁程序规范的初步探索

与变通适用冲突法规范不同的是,相关特定经济区域已经明确提出了调整适用或变通适用《中华人民共和国民事诉讼法》《中华人民共和国仲裁法》等相关法律部分规定的立法需求。以中国(上海)自由贸易试验区临港新片区的法治保障为例,围绕总体方案提出的临港新片区审判、仲裁制度的改革发展要求,各相关部门积极推动相应的制度建设。

2019年12月27日,最高人民法院发布了《关于人民法院为中国(上海)自由贸易试验区临港新片区建设提供司法服务和保障的意见》(法发〔2019〕31号)。该意见从四个方面提出了18项司法服务和保障措施,其中包括:支持上海建设成为亚太仲裁中心;支持新片区仲裁制度改革创新;支持经登记备案的境外仲裁机构在新片区就国际商事、海事、投资等领域发生的民商事纠纷开展仲裁业务;支持新片区内注册的企业之间约定在特定地点、按照特定仲裁规则、由特定人员对有关争议进行仲裁;探索司法支持国际投资领域争端解决机制的方法与途径;充分尊重中外当事人对纠纷解决途径的选择权,着力推动新片区调解制度创新;鼓励商事调解机构参与国际商事、海事、投资、知识产权等领域纠纷的调解,加大运用在线调解方式,为中外当事人提供高效、便捷、低成本的纠纷解决渠道,形成调解、仲裁与诉讼相互衔接的多元化纠纷解决机制,为实施高标准贸易和投资自由化、便利化提供法律服务。

2019年12月30日,上海市高级人民法院对外发布《上海法院服务保障中国(上海)自由贸易试验区临港新片区建设的实施意见》和《上海法院涉外商事纠纷诉讼、调解、仲裁多元化解决一站式工作机制的指引(试行)》。该实施意见体现了推进国际商事审判体制机制的创新完善、强化我国法院对国际商事纠纷的司法管辖、强化涉新片区司法政策的开放性和包容度、深化国际商事诉讼机制改革、完善国际商事诉讼便民机制等五大创新亮点。例如,强化我国法院对国际商事纠纷的司法管辖,规定上海法院将探索受理没有连接点的国际商事案件,即外国当事人对与我国司法辖区没有连接点的国际商事案件,约定由上海国际商事审判专门组织管辖的,可由上海国际商事审判专门组织进行管辖,但应当遵守我国法律或者司法解释关于级别管辖的规定。这一规定有利于强化我国法院对与新片区相关的离岸交易、跨境交易等国际商事交易的司法管辖权,依法维护中外企业在国际商事交易中的合法权益,促进我国企业更好防范化解相关法律风险。该实施意见还提出与符合条件的国际商事调解机构、仲裁机构加强沟通,共同构建"一站式"纠纷解决平台,完善国际商事纠纷多元化解决机制。

2019 年 10 月 8 日，上海市司法局发布了《境外仲裁机构在中国（上海）自由贸易试验区临港新片区设立业务机构管理办法》（以下简称：《管理办法》）。《管理办法》第 3 条规定："该办法所称的境外仲裁机构，是指在外国和我国香港、澳门特别行政区、台湾地区合法成立的不以营利为目的的仲裁机构，以及我国加入的国际组织设立的开展仲裁业务的机构。"其第 6 条规定："境外仲裁机构申请在新片区设立业务机构的，应当具备下列条件：（一）在境外合法成立并存续 5 年以上；（二）在境外实质性开展仲裁业务，有较高国际知名度；（三）业务机构负责人没有因故意犯罪受过刑事处罚的。"其第 14 条规定："业务机构可就国际商事、海事、投资等领域发生的民商事争议开展下列涉外仲裁业务：（一）案件受理、庭审、听证、裁决；（二）案件管理和服务；（三）业务咨询、指引、培训、研讨。"其第 18 条规定："业务机构不得开展不具有涉外因素争议案件的仲裁业务。业务机构不得再设立分支机构或者派出机构。"

值得关注的是，《管理办法》的制定具有相应的政策依据。国务院批准的《中国（上海）自由贸易试验区临港新片区总体方案》（以下简称：《临港新片区总体方案》）明确提出："允许境外知名仲裁及争议解决机构经上海市人民政府司法行政部门登记并报国务院司法行政部门备案，在新片区内设立业务机构，就国际商事、海事、投资等领域发生的民商事争议开展仲裁业务。"然而，《管理办法》在法律位阶上属于上海市司法局发布的规范性文件，而仲裁事项属于《立法法》（2023）第 11 条规定的全国人大及其常委会行使专属立法权的事项。换言之，即使是国务院行政法规亦无法对仲裁事项作出规定。[①] 因此，贯彻《临港新片区总体方案》提出的临港新片区开展仲裁制度改革创新的要求，涉及如何处理好改革举措与《中华人民共和国民事诉讼法》和《中华人民共和国仲裁法》相关规定的关系，涉及国家法律的相关规定在临港新片区是否需要变通适用的问题。

自中国（上海）自由贸易试验区临港新片区运行以来，上海市改革发展委员会、临港新片区管理委员会等部门先后两次提出了调整适用若干法律、行政法规，争取国家一揽子立法授权的要求，其中包括调整、变通适用《中华人民共和国涉外民事关系法律适用法》《中华人民共和国民事诉讼法》《中华人民共和国仲裁

---

① 参见丁伟：《自贸试验区法治创新与实践探索——以上海自由贸易试验区的实践为视角》，上海人民出版社 2021 年版，第 416—417 页。

法》等国际私法规范。在中国（上海）自由贸易试验区临港新片区的立法中，变通适用国际私法规范事实上已经提到立法的议事日程上。

三、特定经济区域变通适用国际私法规范的实现路径

特定经济区域变通适用国际私法规范是一种新的探索，当务之急是尽快付诸实施，使理论构想变为立法现实。为此，研究的重心在于厘定特定经济区域法治保障的立法目标和实现路径，并以目标为导向，积极探索变通适用国际私法规范的立法规律。

（一）特定经济区域法治保障不同模式的辨析

按照中央的要求，上海承担了改革开放排头兵、创新发展先行者的艰巨任务。以自由贸易试验区的制度创新为例，上海起步最早，也最早触碰问题。近年来，上海在自由贸易试验区、浦东新区等特定经济区域法治保障的实现路径方面，率先进行了探索，也积累了一些经验。关于特定经济区域的法治保障方面，大致有以下几种立法模式。

1. 一揽子授权模式

所谓一揽子授权，是指根据特定经济区域改革发展的需要，由全国人大常委会作出调整法律适用或者变通适用法律的授权决定。在以往中国（上海）自由贸易试验区、浦东新区法治保障的实现路径方面，政府相关部门都提出了一揽子授权的方案。以临港新片区法治保障为例，政府相关部门提出按"新片区参照经济特区管理"的口径，向国家争取一揽子变通实施法律法规的权力。有关专家学者更提出了"综合赋权"的概念。[1]　然而，鉴于《立法法》（2023）第 13 条明确规定"授权决定应当明确授权的目的、事项、范围、期限"，全国人大常委会以往对经济特区不采用无明确授权事项、范围的"一揽子授权模式"。

2. 调整适用法律模式

2013 年 8 月 30 日，中国（上海）自由贸易试验区挂牌在即，为确保重大改革

---

① 参见孔令泉：《中国（上海）自贸区临港新片区法治保障研讨会在沪举办》，载《民主与法制时报》2019 年 8 月 22 日，第 2 版。

于法有据,全国人大常委会作出了授权国务院在中国(上海)自由贸易试验区暂时调整相关法律有关行政审批规定的决定。鉴于 2000 年《立法法》对这一授权制度没有明确规定,围绕全国人大常委会这一授权方式,专家学者提出了"合法性"的质疑。2015 年 3 月 15 日全国人民代表大会通过了《关于修改〈中华人民共和国立法法〉的决定》,修改后的《立法法》(2015)第 13 条规定:"全国人民代表大会及其常务委员会可以根据改革发展的需要,决定就行政管理等领域的特定事项授权在一定期限内在部分地方暂时调整或者暂时停止适用法律的部分规定。"这一授权立法的模式已经成为改革发展型法治保障的不二选择。国务院于 2019 年 7 月 27 日印发的《临港新片区总体方案》仍沿袭"调整适用法律模式",规定"新片区的各项改革开放举措,凡涉及调整现行法律或行政法规的,按法定程序经全国人大或国务院统一授权后实施"。部分专家学者也将调整适用法律作为临港新片区法治保障的路径。[1]

然而,在 2019 年 10 月上海市人大常委会法工委等部门就临港新片区法治保障事宜向全国人大常委会法工委请示、沟通时,笔者曾提出在自由贸易试验区法治保障中运用有效的"授权立法"模式在临港新片区的法治保障中却难以奏效。其理由是,按照《立法法》的规定,授权决定必须有一定的期限,期限届满应及时制定法律,而一旦制定法律,授权先行先试事项自然在全国复制、推广,但是,临港新片区与自由贸易试验区制度创新的任务不尽一致,其相关制度创新的成果不要求向全国复制、推广。这是临港新片区法治保障工作面临的新情况、新问题。这表明中国(上海)自由贸易临港新片区的实践探索对我国立法制度的改革、完善又一次提出了新的需求。[2] 值得关注的是,海南自由贸易港、中国(上海)自由贸易试验区临港新片区等新型特定经济区域的制度创新成果均不要求复制、推广,这意味着"调整适用法律模式"不适合这类特定经济区域差异化的制度创新要求。

3. 变通适用法律模式

对于经济特区以及由全国人大常委会特别授权的特定经济区域而言,变通适用法律、行政法规是法治保障的主要路径。中国(上海)自由贸易试验区临港

---

① 参见郑少华:《中国(上海)自贸试验区新片区立法保障论》,载《东方法学》2020 年第 3 期。

② 参见丁伟:《自贸试验区法治创新与实践探索——以上海自由贸易试验区的实践为视角》,上海人民出版社 2021 年版,第 419—420 页。

新片区对照《临港新片区总体方案》明确的制度创新举措,已梳理出一批需在临港新片区停止适用或变通适用的法律条文清单,包括《中华人民共和国民事诉讼法》《中华人民共和国涉外民事关系法律适用法》《中华人民共和国仲裁法》等法律的有关规定,恳请全国人大常委会授权变通适用上述法律规定,支持临港新片区进一步加大开放型经济风险压力测试,加大差异化探索力度。如为支持临港新片区法律服务业对外开放,保障境外仲裁机构在临港新片区设立的业务机构开展仲裁业务,2022 年 3 月 1 日起施行的《中国(上海)自由贸易试验区临港新片区条例》(以下简称:《条例》)在审议过程中遇到了变通适用法律的立法难题。《条例》于起草阶段拟对《中华人民共和国仲裁法》相关条款进行变通适用,变通适用法律仅上海市浦东新区法规才能作出规定,而《条例》在立法定位上并不属于浦东新区法规,且临港新片区仅先行启动区的大部分地区位于浦东新区,不属于浦东新区的地域变通适用法律于法无据。为解决这一难题,《条例》第 52 条、第 53 条对临港新片区建设"一站式"争议解决中心,加强国际商事纠纷审判组织建设,完善涉外商事纠纷调解、仲裁、诉讼争议解决机制,境外知名仲裁机构及争议解决机构在临港新片区设立业务机构,取得相关资质或者当事人指定的外籍人员参与涉临港新片区相关商事仲裁、调解程序等事项作出了原则性规定,且未涉及变通适用法律的问题。与此同时,其第 54 条规定:"本市制定的浦东新区法规和管理措施,在临港新片区的浦东新区范围内可以适用。"该条款意味着上海市可以采用浦东新区法规的立法形式,对变通适用《中华人民共和国仲裁法》的相关制度作出规定。目前,上海市正在积极推动《上海市浦东新区仲裁若干规定》的立法进程,该浦东新区法规可以对临时仲裁、临时性措施等变通适用《中华人民共和国仲裁法》相关规定的制度作出规范。

4. 创设新规则模式

"创设新规则模式"与"变通适用法律模式"不同,是指在与宪法规定、法律与行政法规的基本原则不相抵触的前提下,由特定经济区域先行制定相关规范。从特定经济区域改革开放法治保障的实践来看,不少改革探索实际上是在国家法律尚无规定的情况下进行的探索,在改革开放初期这种情况更加普遍。由于国家层面尚无明确的法律规定,自然就不存在"变通适用法律"的问题。《引领区意见》规定:"对暂无法律法规或明确规定的领域,支持浦东先行制定相关管理措施,按程序报备实施,探索形成的好经验好做法适时以法规规章等形式固化下来。"也就是说,对于尚无法律规定的领域,先制定临时性管理措施,再上升为上海市浦东新区法规。这一制度设计明确了浦东新区可以在没有法律规定的情况下,由浦东新区人大常委会或者政府出台创制性的临时性管理措施,即创设新规则。尽管《立法法》《海南自由贸易港法》《授权决定》均未对"创设新规则"事项作出具体规定,但"变通"适用法律隐含了"创设新规则"的内涵,"创设新规则"实际上是"变通"适用法律的一种特殊方式。

值得一提的是,上述四种模式并不是一成不变的,实践中不应拘泥于单一的模式,可以根据特定经济区域改革发展的需要,综合采用不同的模式。从法律规定来看,全国人大常委会通过的《授权决定》规定了"变通"适用法律的模式,但没有明确限定制定浦东新区法规的范围,这类似于"一揽子授权"。从立法实践来看,相关特定区域制定的法规中,既存在"变通"适用法律、行政法规的情况,亦存在"创设新规则"的情况。[①]

(二) 尽快实现特定经济区域变通适用国际私法规范零的突破

特定经济区域变通适用国际私法规范是一种新的探索,符合"变通适用法律"的法理逻辑,也符合《立法法》等相关法律的规定,不存在法律上的障碍,并且已开始在中国(上海)自由贸易试验区临港新片区探索。航路已经开通,坚冰已经打破。立法实务部门与国际私法理论工作者应当以特定经济区域新一轮的改革开放为契机,深化研究、积极探索,尽快实现变通适用国际私法规范零的突破。

1. 破除思维定式的束缚,充分释放变通适用国际私法规范的制度红利

从我国变通适用法律的制度运行来看,三十多年来未曾变通适用过国际私法规范。究其原因,主要是认识上的局限性,未能意识到变通适用的法律不限于实体法规范,还包括国际私法规范,这与相关特定经济区域改革发展当时尚未扩展至国际私法调整的领域不无关系。意识决定思维,思维决定行为。立法实务部门应当破除思维定式的束缚,努力适应新时代特定经济区域制度创新的新要求,聚焦国际商事审判、仲裁、调解等多元化商事纠纷解决机制完善中制度供给

---

① 全国人大常委会 2021 年 6 月 10 日完成立法授权后,海南已通过了《海南自由贸易港优化营商环境条例》等十部海南自由贸易港法规,上海市人大常委会在一年多时间内就通过了《上海市浦东新区深化"一业一证"改革规定》等十五部浦东新区法规。在这些法规中,同时存在"变通"适用法律与创设新规则的情况。

的焦点、难点、堵点,积极开拓变通适用法律的领域,充分释放变通适用国际私法规范所带来的制度红利。在理论研究层面,国际私法的理论研究需要超越传统学科的视野疆域,站在改革开放的前列,从国家法律的战略高度审视国际私法理论研究的发展方向,及时捕捉国际私法理论研究新的热点,对特定经济区域变通适用国际私法规范及时进行理论归纳与实践总结,为该领域的立法实践提供理论指导与智力支撑。

2. 破除"清规戒律"的束缚,不断拓展变通适用国际私法规范的空间

变通适用法律意味着相关法律规定在特定经济区域内不发生法律效力,其核心问题是《立法法》(2023)第 11 条规定的属于全国人大及其常委会立法权限的事项是否允许变通适用。对于这一问题,《立法法》没有明确规定,立法实务界倾向于认为不应变通适用属于国家专属立法事项的法律规定。笔者认为,依照《立法法》(2023)第 82 条的规定,除中央专属立法事项外,其他事项国家尚未制定法律、行政法规的,不享有变通适用法律权的普通地方性法规均可以先制定地方性法规。从文义上理解,享有比普通地方性法规更大立法空间的特定经济区域似可以不受前述《立法法》第 82 条的限制。与此同时,《立法法》第 82 条所指定的中央专属立法事项由该法第 11 条逐一列明,其中包括"民事基本制度"和"诉讼与仲裁制度"。就国际私法规范的变通适用而言,需要厘定规定涉外民事法律关系法律适用的冲突规范是否属于"民事基本制度",特定经济区域能否变通适用"诉讼与仲裁制度"。对于类似问题的研究应当破除"清规戒律"的束缚。鉴于《立法法》对于何为"民事基本制度"没有作出界定,实践中对这一问题的理解也莫衷一是,完全没有理由自动"对号入座",将冲突规范视为民事基本制度。有关国际民事诉讼制度与国际商事仲裁制度虽属于中央专属立法事项,但并不妨碍特定经济区域对《民事诉讼法》和《仲裁法》的相关规定作出实施性、细化性规定。

3. 破除路径依赖的束缚,积极探索多元化的法治保障途径

如前所述,特定经济区域法治保障存在多种方法、路径,应当破除路径依赖的束缚,针对各特定经济区域改革开放的不同需求,积极探索多元化的法治保障途径。以上海自由贸易试验区临港新片区的法治保障为例,为贯彻落实《临港新片区总体方案》关于仲裁制度创新的要求,需要在临港新片区确立临时仲裁制度。相关部门曾提出如下建议:一是增加关于临时仲裁的规定。在《中华人民共和国仲裁法》第 6 条中增加一款,作为第 2 款,规定:"在自由贸易试验区内注册的企业可以约定在境内特定地点、按照特定仲裁规则、由特定人员对有关争议进行仲裁。"二是对境外仲裁机构内地业务机构作出的仲裁裁决的性质作出明确规定。在《中华人民共和国民事诉讼法》第 283 条中增加一款,作为第 2 款,规定:"境外仲裁机构在内地依法设立的业务机构作出的裁决,视为境内仲裁裁决。一方当事人不履行裁决的,另一方当事人可以依照《中华人民共和国仲裁法》第六章及本法有关规定向人民法院申请执行。当事人对裁决的效力有异议的,可以依照《中华人民共和国仲裁法》第五章的规定,向境外仲裁机构的内地业务机构所在地的中级人民法院申请撤销裁决。"增加上述条款的理由是,《临港新片区总体方案》允许境外知名仲裁及争议解决机构经上海市人民政府司法行政部门登记报国务院司法行政部门备案,在新片区内设立业务机构,就国际商事、海事、投资等领域发生的民商事争议开展仲裁业务,依法支持和保障中外当事人在仲裁前和仲裁中的财产保全、证据保全、行为保全等临时措施的申请和执行。笔者认为,对于诸如此类的问题需要深入研究,并作进一步斟酌。《中华人民共和国仲裁法》和《中华人民共和国民事诉讼法》对需要增设临时仲裁等制度并未作出规定,由此产生了这样一个问题:对于临港新片区需要探索的事项(如临时仲裁),中国法律既没有赋权性的规定,也没有禁止性的规定,在这种情况下,根据"法无禁止皆可为"的原则,对于作为民间组织的仲裁机构,是否可认为其在中国境内开展临时仲裁不违反中国法律的规定,该行为应视为有效? 如果答案是肯定的,那么在《中华人民共和国仲裁法》和《中华人民共和国民事诉讼法》中增设相关规定似无必要。① 这表明特定经济区域法治保障的路径并不限于变通适用法律,在现行法律、行政法规没有规定的情况下,既可以创设新规则,也可以在立法上"无为而治",推定某一特定改革举措于法有据。

总之,特定经济区域变通适用国际私法规范是一个全新的课题,具有很大的理论研究与实践探索空间,期待我国立法工作者与理论研究者以创新思维开拓进取,在努力增强新时代特定经济区域法治供给能力的同时,进一步促进中国国际私法理论研究的繁荣发展。

---

① 参见丁伟:《自贸试验区法治创新与实践探索——以上海自由贸易试验区的实践为视角》,上海人民出版社 2021 年版,第 433—456 页。

第六章　浦东新区法规的实践考察

　　2021 年,中共中央、国务院和全国人大常委会相继发布《引领区意见》和《授权决定》,此次授权含金量最高的地方在于,在遵循宪法规定以及法律和行政法规的基本原则的前提下,浦东新区法规可以对法律、行政法规和部门规章作出变通规定。在《立法法》(2015)确定的立法体制中,地方立法的权限仅限于执行性立法、自主性立法和先行性立法,三者需要严格遵循不与上位法抵触的原则。为承接和实施中央的授权决定,上海市人大常委会作出《关于加强浦东新区高水平改革开放法治保障制定浦东新区法规的决定》,上海市人大常委会主任会议通过了相关立法工作规程。浦东新区立法一方面要贯彻党和国家的战略部署,遵循宪法规定及法律和行政法规的基本原则,比照经济特区,借鉴经济特区法规的先行先试和变通先例,另一方面,也要及时总结自身的立法模式和经验,探索形成一条符合自身改革创新实践需要的立法道路。本章以六部"浦东新区法规"为考察对象,其中五部集中于市场主体、产权保护、产业促进等经济领域,一部属于城市管理或社会治理领域,旨在通过考察部分已出台浦东新区法规的实践做法,来揭示浦东新区法规的构成,从实然的角度探讨浦东新区法规是什么。

一、用足用好变通立法权和先行立法权

　　改革创新既包括"从无到有"的先行性立法,又包括"从有到优"的变通性立法。实际上,变通立法由悬置旧法和新立优法两个部分构成,即变通立法 = 悬置旧法 + 新立优法,只是新立优法与悬置旧法是同时发生的,换言之,优法新立的同时旧法的效力就被悬置了,"悬置"旧法并不影响该法在其他区域的效力。由

于变通后的制度及其一系列配套措施往往具有首创性,所以新立的优法某种程度上也具有先行先试的特征。可以说,变通立法权不是先行立法权,但是变通立法具有先行先试的特征。浦东新区立法既包括存在上位法或中央立法前提下的变通性立法,也包括不存在上位法或中央立法前提下的先行性立法,两者共同为浦东新区的改革创新提供法治保障。考察已出台法规可以看到,在一部法规之中,经常既有变通性条款,又有先行性条款。《"一业一证"规定》《市场主体退出规定》《知识产权保护规定》《企业破产规定》《生物医药产业规定》运用了变通立法权,因而是"浦东新区法规",而《非现场执法规定》并未运用变通权,并非变通性立法,故属于"浦东新区立法",而非"浦东新区法规"。下面详述:

(一)《"一业一证"规定》的变通性与先行性立法

2021年9月28日上海市第十五届人大常委会第三十五次会议表决通过《上海市浦东新区深化"一业一证"改革规定》(以下简称:《"一业一证"规定》)。按照《行政许可法》和其他规定了具体行政许可证的法律、行政法规、部门规章,每一项行政许可都要申报行政许可证,市场主体需要向多个部门提交证明符合相关审批条件的材料,这耗费了市场主体的大量时间和精力,极大地影响了其活力,《"一业一证"规定》因而作出变通。其第2条和第7条确立了行业综合许可"单轨制":各国家机关对有关行业准入涉及的单项行政许可不再单独受理、发证,将市场主体进入特定行业需要申请的多张许可证整合为一张行业综合许可证,行业综合许可证具有普遍效力,从而丰富了发放行政许可证件的具体形式。[①] 第8条又规定了行业综合许可证"统一有效期制":在整合为行业综合许可证后,单项行政许可设定的有效期可以取消或者延长,以此保障行业综合许可证的效力稳定。第9条规定市场准营"承诺即入制":对于纳入"一业一证"改革的行业,其在场所、设备、人员、资金、管理制度等条件是否符合要求方面的审批,实行告知承诺制,申请人可以以告知承诺书替代证明符合审批条件的材料。这三项变通达到了降低企业市场准入门槛,减轻企业负担,便利市场主体持续经营,优化营商环境的效果。

---

① 《"一业一证"改革规定》第7条第2款规定各国家有关机关"在相关管理服务活动中,不得要求市场主体提供单项行政许可证件",这是对诸如《食品经营许可管理办法》第26条第2款"食品经营者应当在经营场所的显著位置悬挂或者摆放食品经营许可证正本"的变通。

在先行性方面,《"一业一证"规定》固化了浦东试点证明行之有效的改革成果。行业综合许可制度的核心即是浦东首创的"六个一"集成服务机制:一是再造行业管理架构,实现"一帽牵头"。确定某个政府部门为某个行业的牵头部门,牵头打通开业各个审批环节。二是再造审批指引方式,实现"一键导航"。进入"一网通办"上的申办模块,在智能问答页面勾选申办要素,根据勾选情况定制化生成申请材料和申请表。三是再造行业准入条件,实现"一单告知"。整合各部门的审批条件,按照五大要素重新归类,形成一张告知单。四是再造审批申报方式,实现"一表申请"。例如"便利店行业综合许可申请表",整合了《食品经营许可证》《酒类商品零售许可证》《药品经营许可证》等 5 个许可证的申请要素。五是再造许可审查程序,实现"一标核准"。按照提前服务、材料审核、现场检查等环节进行整合再造,实现一个行业一套统一的审核程序。六是再造行业准入方式,实现"一证准营"。颁发行业综合许可证,让企业获得一证即可开展经营。

(二)《市场主体退出规定》的变通性与先行性立法

2021 年 9 月 28 日上海市第十五届人大常委会第三十五次会议表决通过《上海市浦东新区市场主体退出若干规定》(以下简称:《市场主体退出规定》)。按照《公司法》第 188 条的规定,公司须清算后才能注销。然而,清算程序时间长、手续繁,大量被吊销企业因"三无"特点——无财产、无人员、无账册,导致注销流程久拖不决,从而沦为"失联企业"和"僵尸企业"。这些企业中既有想退却难退的,也有应退却不退的。这些僵尸企业不仅占用了有限的企业名称资源,也妨碍了市场主体的新陈代谢和"自我更新"。《市场主体退出规定》因而作出变通,第 7 条规定"强制除名"制度,第 8、9、10 条规定"强制注销"制度,在行政程序中解决企业"退出难"问题,避免占用司法资源,导致司法程序的"空转"。这些制度既便利了想退却难退的企业,又强制注销应退却不退的企业。《市场主体退出规定》还具体规定了市场主体注销环节的便利化措施,包括优化简易注销登记程序、探索承诺制注销改革措施、缩短市场主体退出市场所需时间等。例如,《市场主体退出规定》第 3 条规定"市场主体申请简易注销登记的公示期为十日",变通了《市场主体登记管理条例》第 33 条"简易注销登记公示期为二十日"的规定。总之,《市场主体退出规定》通过市场主体退出环节大力度的改革创新,推动形成优胜劣汰的市场竞争环境,促进市场新陈代谢,激发市场竞争活力。

（三）《知识产权保护规定》的变通性与先行性立法

2021 年 10 月 28 日上海市第十五届人大常委会第三十六次会议表决通过《上海市浦东新区建立高水平知识产权保护制度若干规定》（以下简称：《知识产权保护规定》）。《知识产权保护规定》主要规定了以下内容：一是深化知识产权综合管理和综合执法改革，明确浦东新区知识产权部门的职责。浦东新区知识产权部门负责知识产权保护工作的统筹协调和组织实施，综合行使行政执法权。二是建立健全"一站式"知识产权保护机制，推动国家知识产权事务在浦东新区"一网通办"。三是加强知识产权"快保护"，具体包括推行专利快速预审服务、创新专利侵权责任判断规则、建立履行调解协议后处罚适当减免的特别规定等。三是加强知识产权"严保护"，具体包括加大恶意商标注册行为的处罚力度、加强地理标志和商业秘密的保护力度和压实会展举办单位的知识产权保护责任等。此外，《知识产权保护规定》还进一步探索知识产权司法创新，具体包括支持法院建立专家陪审员制度、探索"书状先行"的庭审模式和支持检察机关探索开展公益诉讼等。①

《知识产权保护规定》还结合国家法律原则和浦东发展实际，规定了更大力度的惩罚性赔偿，其中最显著的变通规定为第 10 条，该条规定了"一千万元"的最高惩罚数额。② 而上位法《著作权法》第 54 条、《专利法》第 71 条、《商标法》第 63 条规定的最高赔偿数额均为"五百万元"。

（四）《企业破产规定》的变通性与先行性立法

2021 年 11 月 25 日由上海市第十五届人大常委会第三十七次会议通过《上海市浦东新区完善市场化法治化企业破产制度若干规定》（以下简称：《企业破产规定》）。《企业破产规定》对目前破产法律制度进行了创新，推动浦东率先形成更加完备的破产法律制度体系，为国家破产法治进一步完善积累实践经验。③

---

① 参见刘天韵、王晓晨：《依法高水平保护知识产权　规范城市管理非现场执法——新通过的浦东新区两部法规解读》，载《上海人大》2021 年第 11 期，第 26—27 页。

② 《知识产权保护规定》第 10 条规定："权利人的实际损失、侵权人因侵权所获得的利益、许可使用费或者权利使用费难以计算的，由人民法院根据侵权行为的情节，判决给予一千万元以下的赔偿。"

③ 参见冯静：《〈上海市浦东新区完善市场化法治化企业破产制度若干规定〉重点条文解读》，载微信公众号"上海浦东法院"2021 年 12 月 22 日，https://mp. weixin. qq. com/s/IV6NtrThFBfvJRzu2BBnJBnJBnJQ。

在变通方面,《企业破产规定》第 6 条创设重整保护期、恶意不申报债权失权制度,是对《企业破产法》的突破。[①] 根据《企业破产法》第 92 条的规定,债权人未在破产重整程序中依法申报债权的,在重整计划执行期间不得行使权利;在重整计划完毕后,可按照重整计划规定的同类债权的清偿条件行使权利,实体权利并不消灭。《企业破产规定》第 17 条对标国际先进经验,创新管理人指定、更换制度,是对现行破产法律制度的突破。根据《破产法》及各地方出台的审判业务文件或工作指导文件,管理人的选任模式为人民法院主持下的公权机关主导模式。《企业破产规定》在此基础上增加了债权人、债务人提名选任管理人的方式,将选任权力部分分配至债务人及债权人手中,尊重了商事主体间的意思自治,是迈向"债权人意思中心主义"的重要一步,更是破产制度市场化的重要举措。[②]

在先行方面,《企业破产规定》第 2、3 条加强企业破产办理组织保障,《企业破产法》缺少政府对企业破产办理相关事务管理、服务的制度性安排;第 4 条创设困境企业经营管理人的特别管理义务,现行《企业破产法》和《公司法》等相关法律制度均未涉及企业出现破产原因时经营管理人的相关义务;第 5 条规范庭外重组制度衔接、创设预重整制度,当前《九民纪要》对庭外重组与庭内重整机制衔接作了简要规定,但《企业破产法》等法律的相关规定依旧缺位;第 7、8 条进一步完善破产案件繁简分流制度,第 7 条对破产案件简易程序适用标准进行细化、量化,第 8 条参照第 7 条中关于破产清算快速审理程序,创新性地设置了简易重整程序;第 10—13 条完善破产财产快速查控、解封、处置制度,针对破产审判中"查控难""解封难""处置难"三大难题,以解决问题为导向,首次以法规形式落实2021 年《国务院关于开展营商环境创新试点工作的意见》中首批创新试点改革事项清单第 16 至 18 项的相关部署,作了具有操作性的详细规定;第 15、16 条完善破产信息共享公示和信用修复制度,第 15 条要求浦东新区建立破产信息共享和破产状态公示机制,进一步推动破产办理信息化建设,第 16 条针对企业信用

---

① 《企业破产规定》第 6 条规定:"在企业破产重整程序中,债权人未在人民法院确定的期限内申报债权的,不得在重整计划执行期间及重整保护期内行使权利。重整保护期为重整计划执行完毕后的一年期间。破产重整案件的已知债权人收到债权申报书面通知和失权后果告知后,无正当理由未在人民法院确定的期限内申报债权的,视为放弃债权,债务人不再向该债权人承担清偿责任。"

② 傅莲芳、张少东:《〈上海市浦东新区完善市场化法治化企业破产制度若干规定〉简析》,载微信公众号"锦天城律师事务所"2021 年 12 月 15 日,https://mp.weixin.qq.com/s/mqPLT5XwAXTO81dHcAECsA。

修复难问题,创设了破产重整企业信用修复机制。

(五)《非现场执法规定》并非变通性立法

2021 年 10 月 28 日由上海市第十五届人大常委会第三十六次会议表决通过《上海市浦东新区城市管理领域非现场执法规定》(以下简称:《非现场执法规定》)。《非现场执法规定》是全国首部涉及"非现场执法"的专门性法规,也是首部社会治理领域的浦东新区立法,它规定了非现场执法的适用范围、执法事项、工作原则、具体程序和相关工作要求以及当事人的权益保护与救济等。其适用领域为城市管理领域多发易发且依托信息化设施能够辨别、易于判断的违法行为。其执法事项清单由浦东新区人民政府编制并公布。首批 5 个执法事项包括了超出门窗和外墙经营、占道设摊、占道洗车、工程渣土运输车辆未密闭、工程渣土运输车辆泄漏、散落和飞扬等。浦东还将继续深化智能场景建设,拓展非现场执法应用领域。这一全新的"非现场执法模式"以街面秩序管控为切口,是浦东新区城管部门率先探索的数字化城市治理实践,实现了从人力密集型执法模式到人机交互型执法模式的转变,形成了"智能发现、高效处置、非现执法、精准治理"的街面秩序闭环管理。

需要指出的是《非现场执法规定》属于专门为浦东新区制定的一般地方性法规,而非运用了变通权的浦东新区法规。对于《非现场执法规定》可以有以下三种理解:第一,如果认为《非现场执法规定》创新了执法模式、执法手段,在某些具体措施上有先行先试的性质,那么它运用的是《立法法》(2023)第 82 条授予地方人大及其常委会的先行立法权,而非变通立法权,也即它是先行性立法。第二,2021 年 1 月全国人大常委会修订通过《行政处罚法》,新增了对非现场执法的规定,[①]可以将《非现场执法规定》看作《行政处罚法》第 41 条的具体化,那么,《非现场执法规定》只是一种执行、落实上位法的立法,也即执行性立法。第三,《非现场执法规定》属于"城市管理"领域的立法,《立法法》将"城乡建设与管理、环境

[①] 《行政处罚法》(2021)第 41 条规定:"行政机关依照法律、行政法规规定利用电子技术监控设备收集、固定违法事实的,应当经过法制和技术审核,确保电子技术监控设备符合标准、设置合理、标志明显、设置地点应当向社会公布。电子技术监控设备记录违法事实应当真实、清晰、完整、准确。行政机关应当审核记录内容是否符合要求;未经审核或者经审核不符合要求的,不得作为行政处罚的证据。行政机关应当及时告知当事人违法事实,并采取信息化手段或者其他措施,为当事人查询、陈述和申辩提供便利。不得限制或者变相限制当事人享有的陈述权、申辩权。"

保护、历史文化保护等方面的事项"的立法权限下放到了设区的市层面,可见地方对于城市管理领域的立法具有很大的权限,一般无需中央的特别授权。因而《非现场执法规定》属于地方性事务的自主性立法,只是这一自主性立法不能违反《行政处罚法》第41条的义务性和禁止性规定。无论将《非现场执法规定》理解为先行性立法,还是执行性、自主性立法,其均是地方人大及其常委会根据职权就能制定的一般地方性法规。

(六)《生物医药产业规定》的变通性与先行性立法

2021年12月29日上海市第十五届人大常委会第三十八次会议通过《上海市浦东新区促进张江生物医药产业创新高地建设规定》(以下简称:《生物医药产业规定》)。《生物医药产业规定》聚焦群众健康生活需要和"急难愁盼"问题,在产业项目用地、政府采购、金融支持、人才激励与保障等方面进一步加大生物医药产业扶持力度,为浦东新区实现产业跨越式发展提供强有力的法律保障。《生物医药产业规定》明确规定,符合条件的医疗机构可以进口少量临床急需的药品和医疗器械,从而使得浦东新区成为医疗体制改革的试验场和对标国际的窗口。

在变通方面,此次立法涉及国家层面的事权变通共8条,重点针对长期以来影响产业发展的痛点堵点,作相应的变通突破。[1] 例如,《医疗器械监督管理条例》第53条明确规定,[2]自行研制体外诊断试剂的具体管理办法由国务院药品监督管理部门会同国务院卫生主管部门制定。《生物医药产业规定》对此作出调整实施,规定由本市药监局部门会同市卫健部门制定具体办法,在浦东先行先试,有望解决医疗机构自行研制体外诊断试剂市场化使用的合规问题。又如,《药品管理法》第32条未明确药品上市许可持有人是否可以多点委托药品生产企业生产药品,[3]《生物医药产业规定》明确允许浦东新区生物医药企业开展多点委托,这将有利于药品上市许可持有人根据市场需求多点布局快速提升产能。

---

[1] 参见王海燕:《实验室"一猴难求",患者"望药兴叹",看这部浦东新区法规如何破题》,载上观新闻网,https://www.shobserver.com/staticsg/res/html/web/newsDetail.html?id=437022&sid=67,2023年5月14日访问。

[2] 《医疗器械监督管理条例》(2021)第53条:"对国内尚无同品种产品上市的体外诊断试剂,符合条件的医疗机构根据本单位的临床需要,可以自行研制,在执业医师指导下在本单位内使用。具体管理办法由国务院药品监督管理部门会同国务院卫生主管部门制定。"

[3] 《中华人民共和国药品管理法》第32条:"药品上市许可持有人可以自行生产药品,也可以委托药品生产企业生产。"

在先行方面,《生物医药产业规定》固化、推动了不少在浦东新区先行先试的改革举措。例如,其第 15 条固化了本市首创的"联合管理模式",建立微生物、人体组织、生物制品等生物医药特殊物品出入境联合监管机制和研发用物品联合推进机制。这一改革举措可为生物医药研发企业进口研发用物品提供便利,为处于行业前沿的细胞治疗等企业提供特殊物品的进出口便利。又如,规定自行研制体外诊断试剂试点应用、开展"两头在外"高端医疗设备的保税维修等;此外,《生物医药产业规定》还有不少与生物医药产业发展延伸相关的事项,如建立国际职业资格证书认可制度、优化产业用地准入标准并增加混合用地供给等。

二、贯彻立法全过程人民民主的理念

"全过程人民民主"是党的十八大以来,我国深化对民主政治发展规律的认识后提出的重大理念。2019 年 11 月,习近平同志在视察上海虹桥基层立法联系点时,就曾明确提出了这个概念。2021 年 10 月,习近平同志《在中央人大工作会议上的讲话》中第一次对"全过程人民民主"的内涵作了深刻阐述:"全过程人民民主实现了过程民主和成果民主、程序民主和实质民主、直接民主和间接民主、人民民主和国家意志相统一,是全链条、全方位、全覆盖的民主,是最广泛、最真实、最管用的社会主义民主。"[①]我国的全过程人民民主体现在制度及其实践上,从制度上来说,形成了全面广泛、有机衔接的人民当家作主制度体系;从实践上来说,构建了多样、畅通、有序的民主渠道。全体人民依法实行民主选举、民主协商、民主决策、民主管理、民主监督,通过各种途径和形式管理国家事务、经济和文化事业以及社会事务。时任委员长栗战书《在中央人大工作会议上的总结讲话》指出,"全国人大和地方各级人大要认真贯彻落实发展全过程人民民主的要求,使人民依法享有的知情权、参与权、表达权、监督权真实、生动、具体地体现在人大工作各方面各环节全过程,确保党和国家在决策环节、执行环节、监督落实环节都能听到来自人民的声音,都有人民的参与。"[②]

浦东新区立法在立法过程中充分贯彻全过程人民民主理念,拓展人民群众

---

① 习近平:《在中央人大工作会议上的讲话》,载《中国人大》2021 年第 23 期,第 14 页。
② 栗战书:《在中央人大工作会议上的总结讲话》,载《中国人大》2021 年第 23 期,第 17 页。

参与立法、表达诉求的途径和方式。具体表现在：

一是征集立法需求，科学编制浦东新区法规立法需求项目清单。市人大常委会法工委在向市级各部门和各区人大征集浦东新区法规立法需求项目的基础上，采用线上和线下两种方式，向社会各方公开征集立法需求项目。征集途径包括通过解放日报刊登公告征集，通过"一网通"政务微信向全体市人大代表征集，通过"上海人大""上海发布"公众号、上海人大公众网向社会公开征集。市人大常委会法工委收集到立法需求项目后，会同市人大各专门委员会分类分领域赴浦东新区和市有关部门进行调研，听取立法需求项目涉及单位的意见建议；会同市人大法制委及有关委员会、市司法局、浦东新区人大、市人大代表、立法专家召开立项论证会，研究论证立法需求项目安排。

二是法规草案公开征求意见。每一部法规的出台都事先公布草案及相关说明，向社会广泛征求意见。公布内容除了法规草案，还包括起草背景、主要内容、征求意见的重点等相关说明。公布途径包括解放日报、上海法治报、东方网、新民网、上海人大网、"上海人大"微信公众号等。公布征求意见的时间大概在半个月左右，意见反馈的方式为来信、电子邮件和传真。

三是发挥基层立法联系点民意直通车作用。许多基层立法联系点建立了线上线下征集意见通道和覆盖辖区重要单位、社区的信息采集点，尽可能原汁原味地反映人民群众的意见。基层立法联系点畅通了联系群众、反映民意的有效渠道，是立法决策察民情、汇民意、聚民智的重要途径，让地方立法更具亮点、更接地气，有力提升民主立法的水平。上海已建立了 25 个基层立法联系点，覆盖全市 16 个区，各基层立法联系点提出了一大批高质量的意见建议。[1] 2021 年 25 个立法联系点向地方立法提出 3130 条建议，地方立法采纳 354 条。[2]

例如，在《知识产权保护规定》听取意见的座谈会上，专家、人大代表、基层代表对知识产权保护制度提出了各种意见和建议："要继续打造快速保护通道，为重点企业提供知识产权快速审查、确权和维权，便利科技创新"；"要完善地理标

---

[1] 参见蒋卓庆：《全面践行全过程人民民主　创新基层立法联系点建设——在学习贯彻习近平同志关于全过程人民民主重要论述推进基层立法联系点工作座谈会上的讲话（7 月 26 日）》，载《上海人大》2021 年第 8 期。

[2] 姚丽萍：《2021 年，上海地方立法"新"在哪里？》，载微信公众号"上海人大"2022 年 1 月 17 日，https://mp. weixin. qq. com/s/iNjUYDe4VS4qxIVBoi6vvQ。

志保护,提升农副产品附加值,助力乡村振兴";"要规定更大力度的惩罚性赔偿措施,对恶意行为起到震慑作用"……①这些意见和建议反映了人民意志、推动了立法创新。

三、凸显"小快灵"立法模式的优势

习近平在《坚定不移走中国特色社会主义法治道路　为全面建设社会主义现代化国家提供有力法治保障》讲话中指出:"地方立法要有地方特色,需要几条就定几条,能用三五条解决问题就不要搞'鸿篇巨制',关键是吃透党中央精神,从地方实际出发,解决突出问题。""要研究丰富立法形式,可以搞一些'大块头',也要搞一些'小快灵',增强立法的针对性、适用性、可操作性。"②习近平同志用形象的语言描述了两种不同的立法模式——"大块头"与"小快灵"。"大块头"立法具有条文众多、编章节结构完整、调整内容广泛的特点,尤以鸿篇巨制的"法典"为典型,例如 2020 年通过的《民法典》由 7 编加附则共 84 章、1260 个条文构成。"大块头"立法或法典化立法最重要的特征有两个:一是体系性,法典不仅追求大而全,而且要求各组成部分之间协调一致、无矛盾冲突,否则就不成为体系。"法典的体系性、逻辑自洽性和价值一致性等特点,都是单行法所不可比拟的。"③二是安定性。法典时代的理想图景是——不变的法典统治着静止的社会。正如梅因所说,"当原始法律一经制成'法典',所谓法律自发的发展,便告中止。""不是文明发展法律,而是法律限制文明。"④受《民法典》成功问世的鼓舞,行政法、教育法、环境法等法典化浪潮此起彼伏,然而需要清醒地认识到,法典化模式并不一定适用于所有的部门法,不一定适用于不同层级的立法。

某种程度上可以说,"大块头"立法适用于中央立法,它追求体系性和安定性,因而也具有相当的滞后性;"小快灵"立法适用于地方立法,需要贯彻问题思维,基于地方内生和外生的不同需要因地制宜,可以先行先试,甚至对既有法律

① 刘天韵、王晓晨:《依法高水平保护知识产权　规范城市管理非现场执法——新通过的浦东新区两部法规解读》,载《上海人大》2021 年第 11 期,第 26 页。
② 习近平:《坚定不移走中国特色社会主义法治道路　为全面建设社会主义现代化国家提供有力法治保障》,载《求是》2021 年第 5 期。
③ 王利明:《民法典的时代特征和编纂步骤》,载《清华法学》2014 年第 6 期,第 7 页。
④ [英]梅因:《古代法》,沈景一译,商务印书馆 1959 年版,第 13—14 页。

体系作出变通。变通在一定程度上消解了法律的安定性,但它并不违反法制统一原则,它是沟通不变法典与变化社会的制度渠道,是协调法律与社会发展、使法律体系保持鲜活的制度安排。"大块头"立法是体系思维、体系学的表现,体系思维因追寻体系与概念一致性,而罔顾个案中所出现的个别问题;"小快灵"立法是问题思维、论点学的表现,直接从被提出的问题着手,并且直接以解答这个问题作为目标。① "小快灵"立法是"大块头"立法的适当和必要的补充。"小"首先指的是"切口小",立法调整事项相对单一,坚持问题导向"对症下药",坚持实事求是"量体裁衣",② 这与"大块头"立法从体系思维出发不同;其次指的是"体量小",用尽量少的条文篇幅解决问题,已出台的六部法规平均每部不到 20条。③ "快"指的是"速度快",能够快速制定出台法规,能够及时回应社会关切。就已出台六部法规来说,从 6 月中央授权以来,平均每月出台 1 部。"灵"指的是"效果灵",立法具有针对性、实用性和可操作性,能够切实回应社会需求,解决社会矛盾。"小快灵"立法避免了地方立法中的形式主义,即"在立法结构和体例上表现为求大求全、法典崇拜,在立法内容上表现为大量重复上位法、'抄袭'其他地方立法、地方特色萎缩,在立法态度上表现为保守有余、创新不足。"④

具体到浦东新区立法来说,其"小快灵"立法模式可以概括为两种:一种是在一般地方性法规中设立专章,在专章中作专门适用于浦东新区的特别规定,例如《上海市城市更新条例》第六章为"浦东新区城市更新特别规定",《上海市数据条例》第六章为"浦东新区数据改革"。另一种是以"小快灵"的单行法规的形式,如《"一业一证"规定》《市场主体退出规定》《知识产权保护规定》《非现场执法规定》《企业破产规定》《生物医药产业规定》。由于浦东新区法规与一般地方性法规在权限、备案程序等方面的不同,笔者认为,单行法规的立法模式更具有针对性,更能满足浦东新区创新实践的需求,在其立改废释的过程中,能够做到专事专办,无论在程序方面还是实体方面,不受一般地方性法规的牵扯和限制。

---

① 参见[德]普珀:《法学思维小学堂——法律人的 6 堂思维训练课》,北京大学出版社 2011 年版,第 180 页。
② 张维炜等:《地方立法开启高质量发展新征程》,载《中国人大》2021 年第 23 期,第 40 页。
③ 《"一业一证"改革规定》共 15 条,《市场主体退出规定》共 14 条,《知识产权保护规定》共 16 条,《非现场执法规定》共 18 条,《企业破产规定》共 20 条,《生物医药产业促进条例》共 34 条;平均每部19.5 条。
④ 封丽霞:《地方立法的形式主义困境与出路》,载《地方立法研究》2021 年第 6 期,第 64 页。

四、发挥系统集成、凝聚共识和引领推动的作用

　　浦东新区立法充分发挥系统集成的作用。系统集成是对试点改革行之有效的分散经验予以系统化、制度化、法律化。《引领区意见》指出浦东要加强改革系统集成,激活高质量发展新动力。浦东新区法规的"快"出台,并非急功近利、草率而成,而是厚积薄发、水到渠成。"浦东新区法规凸显了'小快灵'的立法特点。看似密集,却是浦东新区长期探索的系统集成;看似短小,却是浦东新区精准发力的制度探索。"①

　　例如《"一业一证"规定》的出台,上海市人大常委会在 2015 年就作出了关于开展"证照分离"改革试点在浦东新区暂时调整实施本市有关地方性法规规定的决定。2019 年 7 月起,在"证照分离"的基础上,浦东开始探索"一业一证"改革。2020 年 11 月国务院批复《上海市浦东新区开展"一业一证"改革试点　大幅降低行业准入成本总体方案》,将浦东上升为国家级改革试点。正是基于长时间的试点改革和自主创新探索,在中央授权制定浦东新区法规后,上海市将"一业一证"改革的制度设计以浦东新区法规的形式予以固化。表面上看,"一业一证"改革不过是将多张许可证变为一张综合许可证,但是在这张综合许可证的背后是政府职能部门之间的持续协调、整合、功能优化。又如《非现场执法规定》的出台,在中央提出构建系统完备、科学规范、运行有效的城市治理体系的背景下,上海城管直面城市数字化转型发展的需求,抓住改革创新的良好机遇,主动探索科学化、精细化、智能化执法。从 2021 年 1 月起,浦东城管部门就对跨门经营、占道设摊和占道洗车三个事项试行非现场执法,截至 10 月 27 日,共办理非现场执法案件 10000 余例,《非现场执法规定》正是在此基础上孵化出来的。②

　　浦东新区立法充分发挥在更大范围更宽领域凝聚改革共识的作用。"所谓凝聚共识,就是对中国特色社会主义伟大事业和全面深化改革的政治认同、思想

---

① 王晓晨、刘天韵:《凸显"小快灵"　便利"全周期":首批浦东新区法规破解"进退难"》,载《上海人大》2021 年第 10 期,第 16 页。

② 参见刘天韵、王晓晨:《依法高水平保护知识产权　规范城市管理非现场执法——新通过的浦东新区两部法规解读》,载《上海人大》2021 年第 11 期,第 27 页。

认同和价值认同"。① 立法凝聚共识的作用可以分为内外两部分来阐述。首先，从内部来说，改革什么、怎么改革原本就是一个容易引起极大争议的问题，而立法过程就是各方意志表达、利益博弈与平衡的过程，也就是凝聚共识的过程。卢梭认为，"法律乃是公意的行为"，"法律只不过是我们自己意志的记录"。② "公意"不是个人意志的简单相加，而是个人意志折冲相抵之后形成的合力，是整个社会达成的共识。"法律是党的主张和人民意志的高度统一……体现人民意志、保障人民权益、激发人民创造活力，是新时代立法工作和法治建设的根本目的。"③在凝聚共识的过程中，浦东立法需要加强人大、政府、智库等各部门的合作，加强法学、经济学等各学科的合作，还需要与全国人大、国务院各部委等保持密切沟通。此次《知识产权保护规定》就运用了"纵向联动、横向协同"的立法模式，国家、市、区的知识产权局上下通力合作，实现了中央与地方的高度统一。

其次，从外部来说，立法凝聚共识、固化共识，保持政策的延续性和可预期性，满足人们对政策稳定的信赖需求。正如哈耶克所言，"剥离一切技术细节，（法治）意味着政府在其一切行为中都受事先颁布的确定规则的约束——这些规则使得有可能相当确定地预测当局在既定情形下将如何使用其强制力，有可能以这种知识为基础规划个人事务。"④经济特区和浦东改革开放的成功很大程度上在于吸引了外国的技术和资金进入，而立法形式给了外国投资者最大的安全感。经济特区的创办者们就意识到，"办特区，没有法律可依，投资者不敢来投资……没有相应的法律，改革开放将会寸步难行。"⑤1990年中央宣布浦东开发开放，上海宣布十条优惠政策，就曾在国外受到如何才能吸引外资、让外资放心的质疑。随后，上海市便制定了浦东开发开放的九法规，用法律来保障浦东开发开放以及外国投资者的权益，法治保障开启了浦东勇立潮头、敢为人先的30年。⑥

---

① 王树荫：《全面深化改革进程中如何凝聚改革共识》，载《马克思主义研究》2014年第6期，第104页。
② ［法］卢梭：《社会契约论》，何兆武译，商务印书馆2003年版，第47页。
③ 全国人大常委会法制工作委员会：《发展全过程人民民主加强和改进新时代立法工作》，载《人民日报》2021年10月26日，第9版。
④ ［美］布雷恩·Z.塔玛纳哈：《论法治——历史、政治和理论》，李桂林译，武汉大学出版社2020年版，第84页。
⑤ 吴南生：《经济特区的创立》，载《广东党史》1998年第6期，第14页。
⑥ 参见周汉民：《用好浦东立法权，助推上海国际金融中心高质量发展》，载微信公众号"上海证券报"2021年11月27日，https://mp.weixin.qq.com/s/3f4t_d7oQ3yZQeSOc1y-Yzg。

　　浦东新区立法充分发挥立法的引领和推动作用。当前改革发展对立法的要求,已经不仅仅是总结实践经验、巩固改革成果,而是需要通过立法做好顶层设计、引领改革进程、推动科学发展。习近平同志多次指出,要把发展改革决策同立法决策更好结合起来,要坚持问题导向,发挥立法引领和推动作用。① 立法的引领和推动作用,就是要运用法律手段调整利益关系、推动改革发展,运用法律规范引导经济社会的发展。立法不能仅仅是对实践的被动回应和事后总结,而是要对社会现实和改革进程进行主动谋划和事先顶层设计。我国已进入全面深化改革关键时期,迫切需要从制度上、法律上解决改革发展中带有根本性、全局性和长期性的问题,通过立法凝聚社会共识、推动制度创新、引领改革发展。② 例如,《"一业一证"改革规定》和《市场主体退出规定》的出台深化了市场改革,便利了市场主体"进""出"市场,促进市场新陈代谢,焕发了市场的活力;《企业破产规定》完善市场化、法治化企业破产制度,促进了企业优胜劣汰和市场资源高效配置;《知识产权保护规定》充分接轨国际知识产权保护规则和要求,为知识产权提供"快保护""严保护",构建国际知识产权保护高地,引领推动新一轮科技创新;《生物医药产业规定》促进浦东新区生物医药产业高质量发展,推动浦东新区形成世界级生物医药产业集群。

结语

　　在全国人大常委会授权上海制定浦东新区法规之前,浦东作为上海的一个区,在行政层级上受到多方面限制,改革创新和制度突破面临的程序复杂,与中央部委的沟通成本高,许多改革创新的想法很难实现。此次浦东新区法规的授权就是中央为浦东松绑而释放的重大制度红利,极大地提升了浦东大胆试、大胆闯、自主改的制度供给能力。要认识到,浦东开发开放不仅是地方战略,也是国家战略,③它至少具有两个方面的国家战略意义:一个是带动长三角和长江流域的经济发展,引领整个中国的改革开放;另一个是形成一套行之有效的经验,开

---

① 参见乔晓阳:《党的十八大以来立法工作新突破》,载人民网,http://theory. people. com. cn/n1/2017/0601/c40531-29310888. html,2022 年 3 月 1 日访问。
② 参见李适时:《充分发挥立法在国家治理现代化中的引领和推动作用》,载《求是》2014 年第 6 期。
③ 参见黄金平:《浦东开发开放:从地方战略到国家战略的升级》,载《炎黄春秋》2018 年第 11 期。

辟创新性道路。① 我国的改革开放经历了三个阶段：第一阶段是摸着石头过河，自下而上地改革，这个阶段存在"无法有办法"的问题；第二阶段是通过顶层设计，自上而下地改革，行之既久出现了"有法无办法"的问题；此次浦东引领区建设的提出标志着我国迈入"3.0版"的改革，自下而上的改革创新与自上而下的授权立法相结合，真正做到"有法有办法"。② 浦东新区法规承担了重要的历史角色。已出台六部法规用足用好立法变通权和先行先试权，凸显"小快灵"立法模式的优势，贯彻立法全过程人民民主的理念，充分发挥系统集成、凝聚共识和引领推动的功能，为后续立法积累了有益经验。

---

① 参见杨国庆：《纪念浦东开发开放 20 周年理论研讨会综述》，载《上海行政学院学报》2010 年第 4 期，第 106 页。
② 参见黄尖尖：《专访王战：浦东"引领区"建设，将开启我国"3.0 版改革"新篇章》，载上观新闻网，https://web. shobserver. com/staticsg/res/html/web/newsDetail. html? id = 387463，2022 年 3 月 3 日访问。

第七章　浦东新区法规的科学体系化

2021 年 6 月,全国人大常委会表决通过《授权决定》,授权上海市人大及其常委会制定浦东新区法规。"浦东新区法规",作为该决定所创设的一种新的法规类型,正式成为我国"法规家族"的新成员。截至 2022 年底,上海市已经先后制定颁布了 15 部浦东新区法规,初步形成了浦东新区法规制度体系框架。然而,在高速立法的背后,浦东新区法规面临着多重的学术任务亟待解决。一方面其自身的理论体系亟待建构,即理论内容本身尚未达到将浦东新区法规提升到价值统一性和逻辑一致性的层面。另一方面又必须针对浦东新区法规所面对的不断复杂化的现实问题,直接进入各个具体的行业领域进行理论归纳尝试。[①] 学界对浦东新区法规的研究还停留在较为基础的阶段,研究的主旨更多的是对法规性质、位阶、特征、功能和作用等基础性概念的阐释。[②]

目前,受制于获得授权的时间并不长、相关理论研究还不成熟、立法实践经验还不丰富等客观条件的制约,浦东新区法规呈现出较为明显的非体系化特点。比如缺少一部具有纲领性的法规作为基础法规、法规实施保障体系还未形成、法规的价值体系还未确立、法规整体质量还有待提高等问题。浦东新区社会主义

---

① 截至 2022 年底,已出台的浦东新区法规涉及的调整对象、规范内容众多且复杂,如生物医药、绿色金融、无人车、化妆品、法治化企业破产、一业一证、市场准入即准营等,共计 15 部。

② 现有的关于浦东新区法规的学术文献只有寥寥数篇。参见姚魏:《论浦东新区法规的性质、位阶与权限》,载《政治与法律》2022 年第 9 期。该文就浦东新区法规的性质、位阶和权限等问题进行探讨,以期厘清浦东新区法规在我国立法体系中的地位。王春业:《论我国立法被授权主体的扩容——以授权上海制定浦东新区法规为例》,载《政治与法律》2022 年第 9 期。该文主要是以浦东新区法规为例,就如何进一步完善授权立法制度进行研究。俞四海:《相对集中行政许可权模式革新与立法进路——以浦东新区"一业一证"改革为例》,载《东方法学》2022 年第 5 期。该文就浦东新区法规中的"一业一证"改革展开研究,是就具体制度的研究,涉及浦东新区法规本身的理论内容较少。

现代化建设引领区(以下简称"引领区")的立法承载着落实党中央在改革开放新阶段重大决策部署的政治任务,寄托着习近平总书记"大胆试、大胆闯、自主改"的殷殷嘱托,肩负着"挑最重的担子、啃最硬的骨头"的关键使命,必须充分认识到运用科学体系化的理论来推动法规走向成熟的重要意义,以期加快形成与引领区改革和发展相适应的法治保障体系。

一、科学体系化理论的引入与运用

党中央授权引领区制定浦东新区法规是支持浦东高水平改革开放的重大举措,也是上海 40 多年地方立法实践和浦东 30 多年开发开放经验的重要结晶,具有继往开来的里程碑意义。推动浦东新区法规的科学体系化是实现引领区高质量、高水准立法的必然要求。

(一)浦东新区法规科学体系化的概念解析

要研究浦东新区法规的科学体系化,首先应该厘清法律科学体系化的概念。"法律是正义和秩序的综合体"①,法律伦理在法律规范内的贯彻,法律安定性的维护均有赖于法律规范的体系化建构。法律体系化的目标是通过追求形式理性、价值融贯以及效用理性来实现法律规范的可预测性与稳定性。法律科学化是指在法律理念、法律内容、法律技术上不断走向科学合理的一种动态过程,从而使法律规范更加符合客观规律,促进立法效益的提升。② 在实现法律体系化和科学化的过程中,法律科学化通过将客观规律内化于法律规范之中,保证法律伦理所追求的公平正义的正当性;而法律体系化则通过可以理解的方式、保证内化于法律规范之中的公平正义得以实现。体系化是法律科学的核心方法,也是法律科学化的内在要求,在大陆法系国家运用体系化方法也被认为是构建法律体系科学化和立法完善的重要方式路径。③ 由此可知,法律的体系化和科学化

① ［美］博登海默:《法理学:法律哲学与法律方法》,邓正来译,中国政法大学出版社 1999 年版,第 23 页。
② 《立法法》(2023)第 7 条规定:"立法应当从实际出发,适应经济社会发展和全面深化改革的要求,科学合理地规定公民、法人和其他组织的权利与义务、国家机关的权力与责任。""科学立法原则"由此成为我国立法实践中所必须遵循的原则。
③ 参见孙宪忠:《我国民法立法的体系化与科学化问题》,载《清华法学》2012 年第 6 期。

虽然在具体目标上存在部分差异,但两者在根本上相互依托、互为表里,呈现出一种辩证统一、一体两面的关系,可以被称作法律的科学体系化理论。立法者在制定法律时应自觉贯彻科学体系化理论,追求法律规范体系化和科学化,形成集逻辑、价值和科学统一于一身的体系。①

浦东新区法规体系作为中国特色社会主义法律体系的有机组成部分,有必要在立法进程中贯穿这种自觉的理念,即把浦东新区法规的体系化当作科学立法的必然结果,当作全面依法治国原则下依靠法规来完成其承担引领区治理职能和推进全面深化改革任务的必要手段;而且能够运用科学体系化理论来分析和定位浦东新区法规体系之内不同规范的关系;在浦东新区法规体系之内,能够从内在体系的角度来对不同价值进行统合、协调与融会贯通,从外在体系的角度构建逻辑自洽的法律规范结构,在规范层面上进行科学、合理的设计。并且,在执法和司法的过程中,在法规的普及和宣传过程中,也能够自觉地运用体系化科学思维,避免理解和适用浦东新区法规时的随意化和碎片化。

同时,需要指出的是浦东新区法规科学体系化的概念不同于国家法律的科学体系化和部门法的科学体系化。全国人大法工委将我国法律体系定义为:"以宪法为统帅,以宪法相关法、民法商法等法律部门的法律为主干,由法律、行政法规、地方性法规等多个层次的法律规范构成的"法律体系。有学者总结我国国家法律体系化的四大目标是部门齐全、结构严谨、内部和谐和体例科学。部门齐全要求凡属法律调整的领域都应当有法可依。结构严谨要求法律部门彼此之间、法律效力等级之间、实体法与程序法之间,应该做到成龙配套、界限分明、彼此衔接。内部和谐要求法的各个部门、各种规范之间要和谐一致前后左右不应彼此重复和相互矛盾。体例科学则要求法的名称、用语、公布和生效要规范。以民法为典型代表的部门法将既有法律中庞大的基础性的民事法律规范按照法典编纂的逻辑整合为一个内在和谐、外在统一的体系,这就是部门法的科学体系化。根据《授权决定》和《引领区意见》的要求,浦东新区法规是立足于浦东改革创新实践需要,在遵循宪法规定以及法律和行政法规基本原则的前提下,在浦东新区实施的具有变通上位法规定权限的特殊地方法规,目标是"建立和完善与支持浦东大胆试、大胆闯、自主改相适应的法治保障体系"。由此可知,浦东新区法规是一

① 参见[德]卡尔·恩吉斯:《法律思维导论》,郑永流译,法律出版社 2004 年版,第 73 页。

个不同于民法、刑法、行政法等传统部门法的规范集成方式,按照领域法学的理论,浦东新区法规属于领域性法律,研究浦东新区法规的法学属于领域法学。① 传统部门法的划分标准是法律调整社会关系的性质或方法,浦东新区法规不是按照调整社会关系的性质或调整方法进行划分的。浦东新区法规是以应对和解决引领区发展和改革问题为中心的,其调整的是涉及引领区建设的社会关系。浦东新区法规是按照事务的领域来进行规范集成的,它所关注的不是调整的社会关系的法律性质,而是事物的性质。因而,浦东新区法规的科学体系化要在借鉴国家法律科学体系化和部门法体系化的精神内核基础上,根据科学体系化理论和引领区立法实践经验来协同推进。

具言之,其核心要义在于:对浦东新区法规整体制度框架进行纵向的阶层体系和横向的部门分类两个维度的协调构建。一方面,按照凯尔森规范主义法学的理论,被建构的法律体系应呈现一个具有不同层次或者不同位阶的结构。② 浦东新区法规体系应当有层次分明、错落有致的规范形式,根据不同法规、管理措施和规范性文件的效力位阶差异,建构浦东新区立法体系的"金字塔状"的形式结构。另一方面,要科学划分浦东新区法规功能板块(类似于不同法律部门),在同板块下联系密切的诸多单部的法规规则间形成精巧且系统的结合,以期建构内容科学、逻辑统一、价值融贯、程序严密、配套完备的科学体系化制度安排。

(二) 科学体系化理论的运用

科学体系化理论在浦东新区法规体系化过程中的运用,要求贯彻以下原则:

首先,目标任务的一致性。浦东新区法规要形成科学体系化的存在,必须有一个明确的、统一的、根本的目标任务贯穿于各部单行法规建设之中。打造社会主义现代化建设引领区、授权制定浦东新区法规是党中央在改革开放新阶段的重大决策部署。习近平总书记指出,"我们要坚持改革决策和立法决策相统一、相衔接,立法主动适应改革需要,积极发挥引导、推动、规范、保障改革的作用,做

---

① 关于领域法学的讨论,请参见刘剑文:《论领域法学:一种立足新兴交叉领域的法学研究范式》,载《政法论丛》2016 年第 5 期。

② [奥]汉斯·凯尔森:《纯粹法理论》,张书友译,中国法制出版社 2008 年版,第 136 页。

到重大改革于法有据,改革和法治同步推进,增强改革的穿透力"。① 浦东新区法规的制定要处理好深化改革和推进法治的关系,以"建立完善与支持浦东大胆试、大胆闯、自主改相适应的法治保障体系"为总体目标,在法治轨道上推进引领区建设行稳致远。在此目标任务下,牢牢把握浦东新区法规的制度创新优势,注重发挥立法对改革的引领、推动、规范和保障作用。浦东新区法规所承载的根本目标任务必须一以贯之,即浦东新区法规以及由此结合形成的浦东新区法规体系,要始终坚持贯彻党中央、全国人大和国务院对于浦东社会主义现代化建设引领区发展的工作部署要求,始终致力于为引领区的改革与发展提供制度支撑、为引领区创新实践需求提供保障。

其次,制度统筹的整体性。"不谋全局者,不足谋一域",在浦东新区法规体系化的过程中,要立足于中华民族伟大复兴的战略全局和世界百年未有之大变局,"努力在危机中育先机、于变局中开新局",从整体上强化顶层设计。其中,既要统筹浦东新区法规体系本身,通过"立梁架柱"构筑基本的制度性框架,兼顾各方而涵盖引领区承担国家重大发展和改革开放战略任务的方方面面,保持整体的有序协调;又要统筹浦东新区法规与宪法法律、行政法规、部门规章等国家法律法规以及上海一般地方性法规、上海市政府规章、浦东管理措施等地方法规的关系,通过制度设计实现浦东新区法规与适用于浦东新区的其他法律法规的衔接与分工,在各自调整范围内发挥各自功能,相互配合而各得其所。与此同时,浦东新区法规体系不是封闭的,应当统筹处理好当前与长远的关系,在开放的格局中实现浦东新区法规体系的革新与完善。

再次,实质内容的统一性。浦东新区法规在调整对象、规范内容上存在较大差异性。大致而言,目前已出台的浦东新区法规可划分为优化营商环境立法(5部)、强化创新引擎立法(2部)、促进产业升级立法(4部)、加快绿色转型立法(2部)和提升治理效能立法(2部)五大功能板块,浦东新区法规体系则由这些具有差异性的法规精巧地组合而成。每部浦东新区法规作为浦东新区法规体系的有机组成部分,虽然所规范和调整的内容各不相同、所起的作用各有大小,但彼此之间都必须保持逻辑上的统一,避免出现相互冲突、相互违逆的现象。不仅如

---

① 习近平:《在省部级主要领导干部学习贯彻党的十八届四中全会精神全面推进依法治国专题研讨班上的讲话 强调领导干部要做尊法学法守法用法的模范带动全党全国共同全面推进依法治国》(2015年2月2日),载《党建》2015年第3期。

此,各项具有差异性的浦东新区法规结成体系化的存在,既要分工协作,又要上下联动,在实质内容层面呈现出分工配合的内在关联性,形成"一加一大于二"的制度合力。

最后,价值原则的融贯性。融贯是描述规范体系内部运行状态的词语,不是所有规范体系都能够合理融贯,但融贯程度的高低是评价一个规范体系优良的标准与依据。[①] 浦东新区法规的融贯性需要在规范、体系和理念三个维度上达成一致融洽。规范的融贯,即法规体系内各条款之间不存在相互间的矛盾和抵触;体系的融贯,即法规体系内各功能板块之间存在积极的关联;理念的融贯,即指规则背后的指导价值或原则的统一。浦东新区法规价值原则的融贯性体现在两方面,一方面,浦东新区法规的外部体系需要符合内部体系之要求,不能出现外部体系与内部体系不一致;另一方面,浦东新区法规必须符合宪法规定,这是实现其与法律体系内其他规范融贯的起点。在具体法律规范的意义上,每一条法律规范背后都有对应的价值予以支撑。在引领区立法过程中,浦东新区法规条文的制定都必须符合宪法及具有宪制性效力的立法法的价值原则,最大限度地保证每一条浦东新区法规条文相互协调。

二、浦东新区法规科学体系化的多重现实意义

浦东新区法规的科学体系化具有多重现实意义。从浦东新区法规制度创新看,科学体系化的最大作用在于可以提升法规的系统性、稳定性、一致性与持续性,即体系化是法律法规实现形式法治的重要手段,也是科学立法的重要表现形式。从保障引领区发展看,浦东新区法规体系的完备与否直接决定引领区法治保障体系的完善与否,也在一定程度上决定社会主义现代化建设引领区高水平开发开放的成效。下面从上述两部分展开论述。

(一) 浦东新区法规制度创新的内在需求

浦东新区法规是为"实现高水平改革开放与打造社会主义现代化建设引领

---

① 哲学界和法学界都存在对融贯理论的研究,在法学领域,融贯一词作为学术用语来自学者对"coherence"的意译。中国台湾学者颜厥安在《论证、客观性与融贯性——由几篇文献检讨法律论证的基本问题》一文中首次将"coherence"翻译为融贯性,而法律体系的融贯,关注的是使整个法律体系的各个组成部分达到融贯。

区"而生的新型法规,其面临着调整对象的综合性(调整的法律关系既涉及纵向的公法关系,也涉及横向平等主体间的私法关系)、调整方法的综合性等(民事、行政、刑事)复杂问题,而破解这些难题的钥匙就是对其进行科学体系化的建构。

首先,数量众多、各有特点的浦东新区法规需要科学体系化思维予以分类。上海市在获得中央立法授权一年半内已密集出台 15 部浦东新区法规,据笔者了解还有多部法规正在研究制定中,预期未来浦东新区法规将有数十部之多,涉及引领区建设的方方面面。① 虽然当前的引领区立法在"质"和"量"上均有待完善,但毋庸置疑的是,从纵向的历史维度来看,浦东新区法规集授权立法、变通立法、试验立法等功能于一身,是上海四十余年地方立法不断探索的新高峰。经过一年多的引领区立法实践,已初步形成优化营商环境、促进产业升级、强化创新引擎、发展绿色生态、深化城市治理五个功能板块,涵盖 15 部法规的法规体系。然而,当下的功能分类是对标对表《引领区意见》的产物,其理论基础还较为薄弱、功能分类的科学性还有讨论的空间,主要有以下几个问题:一是各个功能板块之间作为一个整体的横向联动关系还未建立起来。二是目前有相当部分的法规是跨越单个板块功能的。比如"绿色金融法规"是关于为绿色发展提供金融服务的立法,其主要功能是发展绿色生态,但与另外四个板块功能之间也有交叉重叠部分。"文物艺术品法规"促进文化产业经济硬实力的同时,又提升城市治理软实力,因而其既可以被划分为促进产业升级板块,也可以划分进深化城市治理功能板块。三是未来出台新的浦东新区法规是否可能出现超越当前五大板块功能划分的新类型? 总之,在法规数量不断增长、立法持续往纵深方向推进的进程中,亟待以科学体系化理论予以规制。

其次,浦东新区法规所蕴含的独特价值需要科学体系化理论予以凝练。浦东新区法规是中国特色社会主义法律体系的有机组成部分,因而其具有我国法律法规的共同价值,如坚持党的领导、坚持改革开放、坚持中国特色社会主义制度等。与此同时,作为整个法律体系的子系统,浦东新区法规蕴含着自身独特的

---

① 上海市人大常委会先后表决通过《关于加强浦东新区高水平改革开放法治保障制定浦东新区法规的决定》《关于制定浦东新区法规相关立法工作规程的规定》,两者共同构成了制定浦东新区法规的工作制度,为高速立法提供了制度保障。市人大常委会采用立法滚动推进机制,保证每次常委会会议对 1—2 部浦东新区法规进行初次审议,同时对上一次上会的浦东新区法规草案修改完善、表决通过,实现了进入立法项目快、立法速度快、进入实施快的效果。

价值。比如浦东新区法规更为突出"引领性",致力为引领区"大胆闯、大胆试、自主改"提供有效法治指引,积极践行"重大改革于法有据"的立法理念。因此,15部法规都实现了"同步立法"或适度"前瞻"于改革发展,这与国家法律因强调法秩序的稳定而存在一定的滞后性有显著差异。① 如何科学提炼浦东新区法规的独特价值并形成法规价值体系,对于法规体系整体特色的形成具有重要意义。同时,还需基于不同价值之间可能存在的紧张关系,运用科学体系化理论对不同价值进行统合、协调与融会贯通。

再次,浦东新区法规的制定需要科学体系化理论予以指引。引领区高质量立法是证成自身正当性的重要因素,而立法科学化则是从根本上提升法规质量的有效路径。当前,就立法质量看存在有不足的地方:

其一,立法的语言技术存在不足:(1)法规名称需要统一。已出台的15部法规名称,有的用"若干"有的不用,呈现出11比4各行其是的状况。从地方立法惯例来看,上海市人大出台的一般性地方法规,以"条例"作为名称的一律不用"若干",没有出现有的用有的不用的现象;从汉语词义来看,"若干"表示不定量的意思,属于言之无物的套语,不用既不影响各法规的实质涵义,也符合立法文字力求精简、言必有物的标准;从法规文本来看,加上"若干"如果是为了强调该部法规条文数量的目的也不成立。"生物医药法规"和"绿色金融法规"是目前已出台的法规中条文数量较多的两部都是34条,但是前者名称中没有"若干"后者有。又如,"知识产权法规""登记确认制法规""市场主体退出法规"等条文数量较少的法规名称中都带有"若干",没有客观规律可循。

(2)法规行文需保持一致。15部法规的第1条都是目的条款,而且都采用了"为了……,根据……,结合……,制定本规定"这一程式化表达,是具有一致性的,但是在用语上仍出现了一些问题。比如只有"生物医药法规"的是"为发挥",其余的14部都是"为了发挥";只有"非现场执法规定"是"根据法律、行政法规的基本原则",其余都是"根据有关法律、行政法规的基本原则"。显然,这些细小的差距不涉及具体内容上的差异,而是在表达统一性上存在疏漏。又如,15部法规的第2条都是规定适用范围和领域的条款,其中12部采用了"本规定适用于在浦东新区……"的表达范式。但是,"知识产权法规""化妆品产业法规"第2条

---

① 参见曾大鹏:《融资租赁法制创新的体系化思考》,载《法学》2014年第9期。

没有遵循这一范式,而是直接规定了政府职责和部门职责,这是其他法规3、4条的内容。而"揭榜挂帅法规"在语序上使用了"在浦东新区……,适用本规定"的表述形式。

(3)应增加和规范"简称文句"的使用。"简称文句"是指"以下简称……"的文句,在法规中对一些反复出现的烦琐名称进行统一的简化,有利于促进立法文本的文字精简。目前仅在"市场主体退出法规"中有明确使用简称文句,将"浦东新区市场监督管理部门注册登记机关"简称为"登记机关","国家企业信用信息公示系统"简称为"公示系统"。在其余法规中,则出现了以下问题:有些名称在法规内频繁出现,而无简称文句,导致多次重复只能不厌其烦地使用全称,而无法依法使用简称。比如"无人车法规"中的"无驾驶人智能网联汽车"反复出现达39次之多,用语不仅不符合一般人阅读习惯,且导致整个文本繁琐晦涩,不利于向公众推广;有的法规中没有规定简称文句,但是却出现了简称,其中最为典型的就是"一业一证法规"。虽然在该法规的第2条第2款中对"一业一证"进行了解释,但这严格意义上属于定义条款,并非简称条款;15部法规的名称都很长,颁布实施后将导致有关方面被迫在工作中频繁使用冗长的全称或随意的使用简称造成认知混乱,进而导致整体工作效率的下降。

其二,原则性、宣示性条款过多,可操作性不足。以问题为导向,坚持"小快灵"立法是浦东新区法规对外宣传当中的亮点,[①]然而,考究现有条文规定,存在原则性、宣示性条款占比过重的问题,且存在一定的立法重复现象。[②]

其三,部分条款制度设计需更加完善。如根据"一业一证"改革关于行业综合许可证统一有效期制度的规定,单项许可证的期限如何取消或延长,亟需有关部门研究提出指导意见,以细化操作手势;非现场执法中的电子证据的获取标准、存留方法、存留时间等也有待进一步明确。同时,一些法规条款在设计时还不够周延,需要适时加以修改完善。如"知识产权法规"总计仅16条,然而,各条款之间的相对独立性较强,逻辑跳跃感较大,欠缺衔接性、周延性规定;在非现场执法中,区城管执法局普遍采取"首违免罚"原则,体现了处罚与教育相结合的法

---

① 参见王晓晨、刘天韵:《凸显"小快灵" 便利"全周期" 首批浦东新区法规破解"进退难"》,载《上海人大》2021年第10期。
② 参见史建三、吴天昊:《地方立法质量、现状问题与对策——以上海市人大立法为例》,载《法学》2009年第6期。

律精神,但这一重要原则没有在法规中作出相应规定。笔者以为,之所以出现上述问题,主要是因为法规草案起草过程中的各部门各自为战,没有以科学体系化的理论形成协同立法的工作机制所导致的。

最后,浦东新区法规的实施需要科学体系化理论予以保障。"天下之事,不难于立法,而难于法之必行"。当前,就实施层面看存在以下问题:其一,部分浦东新区法规条款存在在浦东新区空转的"小循环"现象。如"生物医药法规"关于多元化投资、进口药械特许使用、跨境研发保税监管、委托生产、进口药械跨境电子商务等规定,由于涉及多个国家部委,尚未真正落地实施。其二,已实际实施的条款在适用对象上存在局限性,如"一业一证法规"核心条款(第 7 条)"行业综合许可证"目前仅在便利店、超市、健身房、电影院等 10 个行业内适用;"准入即准营法规"第 9 条实际适用范围仅限于上述 10 个行业中具有较大规模的连锁企业;"登记确认制法规"第 2 条所划定的市场主体范围也明显少于《市登条例》的规定。其三,相关法律主体对浦东新区法规不了解、不熟悉,部分法规的整体社会认可度不高。以"一业一证"为例,不少办事的企业和公民不主动申请,也不愿意了解。其四,法规司法适用不明。针对经济特区法规的实证研究发现,人民法院在审理中似乎更倾向于维护国家法治统一,对特区立法变通上位法的规定并不必然选择适用。[1] 浦东新区法规同样面临上述问题,尤其是跨行政区域的异地司法适用,更加需要统筹协调。

为了用活用足用好中央授权立法,确保每一部法规都立得住、行得通、真管用,必须以科学体系化的理论完善法规实施准备机制,督促各有关部门在法规通过后尽快制定配套制度和贯彻实施工作方案,落实法规实施的各类"人、财、物"保障。完善法规实施跟踪监督机制,重要法规颁布后及时对照条款分解任务、开展监督检查,发挥执法检查"法律巡视"利剑作用。完善法规实施评估与法规及时修改有机结合机制,通过开展执法检查、立法后评估工作,及时发现与经济社会发展不相适应的规定,研究提出修改完善方案。完善法规宣传阐释工作机制,及时召开新闻发布会解读法规,综合运用各类媒体刊播权威解读报道。从立法、执法、守法、司法和普法等多方面同时入手,推动与"浦东新区法规体系"相适应的"浦东新区法规实施体系"的建设。

---

[1]　参见屠凯:《司法判决中的经济特区法规与法治统一》,载《当代法学》2017 年第 2 期。

(二) 引领区建设需要科学体系化的法规保障

在全面建设社会主义现代化国家新征程上,科学体系化的浦东新区法规是支持浦东新区高水平改革开放,打造社会主义现代化建设引领区的有力法治保障。

首先,引领区加强改革系统集成的需要。引领区的建设是在改革进入攻坚期和深水区的大背景下展开的,面临的问题更为复杂、矛盾更为尖锐,各项改革关联性进一步增强,加强改革系统集成、协同配套更具现实意义。习近平总书记提出:"浦东要在改革系统集成协同高效上率先试、出经验。"[1]过去的单项突破或局部突进的方式已无法适应新的发展要求,其突出表现为改革过程中由于各部门条块壁垒所导致的改革措施非同步性、法律规范性文件众多所导致的难以完全列举抑或相互矛盾等问题。加强引领区的改革系统集成性有赖于一套科学、高效的浦东新区法规体系,例如,《"一业一证"规定》由"行政许可单轨制""统一有效期制""告知承诺制"等系统集成,用"综合许可制"取代了"分散许可制",它对既有行政许可制度的变通,不只是对某种行政许可、某部行政许可法律法规规章的个别条文的变通,而是对一批关于行业行政许可制度的法律规则的变通。又如,《市场主体退出规定》规定了"承诺制注销"与"强制除名、注销制",取代了公司法、企业所得税法、市场主体登记管理条例等诸多上位法规定的"清算注销制"。

其次,深入推进引领区制度型开放的需要。党的二十大报告提出,要稳步扩大规则、规制、管理、标准等制度型开放。制度型开放的本质是要在扩大商品和要素流动型"边境开放"的基础上,构建与高标准国际经贸规则相衔接的国内规则和制度体系,加快建设统一开放、竞争有序的现代市场体系。由此可知,高水平的制度型开放体系建设必须要有一套可以衔接国际经贸高标准的高度体系化的国内法律法规。浦东新区法规对标国际最高标准、最佳水平,对接国际规则,构建国内大循环中心节点、国内国际双循环战略链接,稳步扩大规则、规制、管理、标准等制度型开放,实行更大程度的压力测试,在重点领域率先探索突破。比如,为加快形成世界一流营商环境,相关五部法规根据国际营商环境评价标

---

① 习近平:《在浦东开发开放三十周年庆祝大会上的讲话》,载《人民日报》2020 年 11 月 13 日,第 2 版。

准,吸纳企业发展全生命周期理念,聚焦市场"进出"深化商事制度改革系统集成,形成前后衔接、相互促进的市场制度体系。

再次,增强引领区全球资源配置能力的需要。引领区肩负着代表国家参与国际竞争合作的特殊使命,增强全球资源配置能力是上海贯彻落实习近平总书记关于引领区建设工作重要论述和指示批示精神的重要举措,也是贯彻落实中央对上海发展战略部署的重要抓手,必将有利于更好地发挥上海对内对外开放两个扇面的枢纽作用。引领区要聚力搭建全球性的要素资源平台体系、机构体系、产品体系、基础设施体系和定价体系,构建国际化、网络化的高标准要素市场,并积极配置全球资金、信息、技术、人才等要素资源。各项制度体系的建设需要科学体系化的法规提供指引和支撑。比如"绿色金融法规"率先吸纳"绿色金融""转型金融"等国际新兴理念,在转型金融、绿色票据、绿色供应链金融、生物多样性金融、气候投融资等多个领域制定新标准、发展新业务,引领国内国际绿色金融发展,助力打造上海国际绿色金融枢纽,为完善金融市场体系、金融基础设施和制度作出了重要贡献。

最后,完善引领区先行先试功能的需要。1992 年 10 月,浦东新区的设立,标志着我国国家级新区战略的起步。[1] 以浦东新区为代表的国家级新区承担着改革开放试验田的功能,通过在较小地域范围内先行先试,尝试新的法律机制和措施,试验不同方案并不断修正错误,以积累可复制的成功经验,为全国改革开放提供最优方案。[2] 2007 年 4 月 26 日,上海市人大常委会作出的《关于促进和保障浦东新区综合配套改革试点工作的决定》中就浦东的实践经验进行总结,并首次明确提出先行先试的概念,"在坚持国家法制统一原则和本市地方性法规基本原则的前提下,市人民政府和浦东新区人民政府可以就浦东综合配套改革制定相关文件在浦东新区先行先试。"三十余年来,浦东新区作为各项管理制度创新和试验任务的综合配套改革区域,在改革试验的方式上发挥主观能动性,率先进行制度创新,来推动经济发展、社会进步和改革开放,取得了"举世瞩目的成就,经济实现跨越式发展,改革开放走在全国前列,核心竞争力大幅度增强,人民

---

① 参见张稷锋:《国家级新区配套法律规范体系建构的进路梳理及启示——以浦东新区为例》,载《行政与法》2013 年第 7 期。

② 参见肖明:《"先行先试"应符合法治原则——从某些行政区域的"促进改革条例"说起》,载《法学》2009年第 11 期。

生活水平整体性跃升。"①然而,目前国家级新区先行先试权在形式合法性到实质合理性上都存在一定的法治困境,具体表现在授权的法律层级不高、暂停国家法律法规在新区的实施违反立法法的规定、地方性立法授予新区先行先试权与法制统一原则存在内在紧张关系以及先行先试的经验难以被复制进而造成地区发展间的不公平、不均衡等问题。在改革开放新阶段将浦东新区升格为引领区,是党中央要求浦东新区在新时代更好发挥"开路先锋、示范引领、突破攻坚"作用的重要举措。此番授权制定浦东新区法规针对既往国家级新区先行先试立法所出现的问题进行了专门性的优化调整,开启了国家级新区立法的新篇章,可谓正逢其时。浦东新区规集授权立法、变通立法、试验立法等性质于一身,是全国人大常委会为保障引领区建设创设的全新立法形式,是浦东新区先行先试立法由"一事一议""单独授权"进入科学体系化的表现形态,为我国推动更深层次改革实行更高水平开放提供引领、推动、规范和保障作用。

三、浦东新区法规科学体系化的内容

浦东新区法规科学体系化首先应当具备法律体系化的特征,即应当符合法律体系的外在形式理性的要求和内在的价值融贯性要求。除此以外,作为一个保障引领区改革和发展为主要目标和存在价值的领域性法律,浦东新区法规科学体系化还应进一步体现在实质性的内容上,即必须有助于推动引领区更高水平的开放,系统和有效地解决引领区建设过程中所面临的"难点堵点痛点"。浦东新区法规作为新兴的、问题导向性的领域性法律规范群,除了形式理性和价值融贯性的维度之外,其科学体系化还必须符合效用理性的要求。与传统部门法、行政法规、地方性法规等较为成熟的法律法规体系不同,浦东新区法规作为被新创设的法规类型,如若不能产生立竿见影的效果,将不符合"如无必要、勿增实体"的立法规律。同时,还伴随有导致法律体系碎片化、增加法律法规适用难度等负面评价,最终,引发关于其存在必要性的广泛争议。诚如,马克思·韦伯所言,"体系化是构成一个逻辑清晰,具有内在一致性,至少理论上无漏洞的规则体

---

① 习近平:《在浦东开发开放三十周年庆祝大会上的讲话》,载《人民日报》2020年11月13日,第2版。

系"①,浦东新区法规体系化绝不能是规范条文毫无秩序或目标的简单拼置,必须是建构具有一定顺序和逻辑的规范体系。浦东新区法规的科学体系化应能够促进"建立完善与支持浦东大胆试、大胆闯、自主改相适应的法治保障体系"核心目标的达成。因此,可以总结浦东新区法规科学体系化的两个主要内容:第一,法规内在体系的价值融贯性;第二,法规外在体系的形式理性。根据利益法学的代表人物菲利普·黑克提出的外部体系和内部体系的分类,他认为在立法者的概念和规则体系的外在体系的背后,隐藏着一个内在体系。可以将外在体系界定为法律的规则体系,而将内在体系界定为以原则为核心的价值体系。在外在的规范体系中,抽象的法律概念是基石,法律规则是主要的规范形态;在内在的规范体系中,法律理念是基石,法律原则和价值是基本的规范形态。②

(一) 以价值融贯性为核心建构浦东新区法规的内在价值体系

内在的价值体系是法律体系的灵魂。一个真正的法律体系必须具有内在的融贯性的价值体系,否则便只是相关法律的一种汇编而已。"内在体系的建构特别凸显存在于法律规定中或其间的法律思想、法律原则、功能性概念以及类型"③,科学体系化的法律思维要求"内在体系必须走在外在体系的前面"④。浦东新区法规作为一种领域法规的规范集成方式,首先应当有其内在价值体系并在具体制度的设计和实施中得到贯彻。

按照黑克的理论,浦东新区法规的内在体系是以保障引领区改革和发展为核心利益诉求,以浦东新区法规的一般法规原则为主要规范形态的价值体系。浦东新区法规的基本原则是指法规在创制和施行中必须遵循的具有约束力的基础性和根本性准则,既是浦东新区法规基本理念在法规中的具体表现,又是浦东新区法规的本质、技术原理与国家重大战略部署决策在浦东新区法规上的具体反映。浦东新区法规独特的价值体系是通过一般法规原则进行表达的,浦东新区法规的内在价值体系的主要内容即基本法规原则的内容。根据《引领区意

---

① ［德］马克思·韦伯:《经济与社会》,阎克文译,上海人民出版社 2010 年版,第 798 页。
② 参见［德］菲利普·黑克:《利益法学》,傅广宇译,商务印书馆 2016 年版,第 50—51 页。
③ 陈金钊:《〈民法典〉阐释的"体系"依据及其限度》,载《上海师范大学学报(哲学社会科学版)》2021 年第 2 期。
④ 黄茂荣:《法学方法与现代民法》,中国政法大学出版社 2001 年版,第 463 页。

见》，浦东新区法规要"着力推动规则、规制、管理、标准等制度型开放""推动治理手段、治理模式、治理理念创新""加强重大制度创新充分联动和衔接配套，推动各方面制度更加完善"，具有非常鲜明的价值追求，具体主要有五大基本原则：

变通性是浦东新区法规的核心原则。根据《授权决定》第2条规定："浦东新区法规报送备案时，应当说明对法律、行政法规、部门规章作出变通规定的情况。"由此，浦东新区法规获得了变通上位法非基本原则的权限，这也是凸显其与一般地方性法规、政府规章等非变通性地方立法最大的不同之处。根据《现代汉语词典》的解释，所谓"变通"，就是"依据不同情况，做非原则的变动"。在制定浦东新区法规的过程中，立法者将变通权划分为"从无到有"的创制和"从有到优"的变通，通过科学体系化的概念解析，探索其制度内涵和构成要件。强调创制是充分考虑浦东先行先试的改革实际，强调变通是严格对标国家改革突破的最高期待，两者发挥不同的功能。立法创制侧重于为浦东"大胆试、大胆闯"提供法治引领，立法变通侧重于为浦东"大胆闯、自主改"提供法治支撑，两者共同构成了引领区立法变通权的体系性。

引领性原则要求立法选题精准，突出战略要求和改革要求。浦东新区法规必须坚持"立足浦东改革创新实践需要"，紧扣国家重大战略决策部署，紧扣党中央、国务院确定的重要改革方向以及紧跟时代步伐。比如，为贯彻落实《引领区意见》关于"强化高端产业引领功能""打造世界级创新产业集群"的要求，连续制定"生物医药法规""无人车法规""化妆品法规""艺术品交易法规"。4部法规持续深挖浦东产业优势和潜力，对标对表国家战略改革方向，精准聚焦生物医药、化妆品、文物艺术品和智能网联车四个产业赛道，着力打通产业发展的堵点难点，分别从健全管理体制、推动改革突破、创新服务机制、促进产业融合、强化资源保障等方面推动先导产业升级。

系统性原则要求在理念上坚持系统观念，加强改革举措的有机衔接和融会贯通，推动各项改革向更加完善的制度靠拢，率先建立与国际通行规则相互衔接的开放型经济新体制。例如，国际上对一个国家或地区营商环境的评价标准，不论是世界银行以往采用的"营商环境（DB）评估体系"还是2022年新推出的"宜商环境（BEE）评估体系"，都特别关注企业"一开一关""一进一退"两大核心环节的制度保障。针对企业"准入难""准营难""退出难""破产难"等症结性问题，陆续出台的"一业一证法规""登记确认制法规""市场主体退出法规""企业破产法规""准入即准营法规"打响了立法的系列"组合拳",有力贯彻了在放管服上"加强改革系统集成"的要求。其中,2021 年"一业一证法规"第 9 条规定"支持浦东新区探索实行基于'一业一证'改革的市场准营承诺即入制",进而又直接催生了 2022 年"准入即准营法规",实现了准营环节的证照高效精准衔接。从基层人大决定到首部浦东新区法规、从首部浦东新区法规的条款到新的浦东新区法规、从市场准入改革到市场准营改革的立法"连续剧",贡献了自中央赋予立法授权以来首个系统设计、前后衔接、相互促进的典型立法案例。

示范性原则要求秉持在浦东开展制度型开放试点,为全国推进制度型开放探索经验的理念,努力向着立足浦东、面朝上海、走向全国的愿景而不懈探索。例如,浦东新区法规在严格遵循《引领区意见》要求"在浦东实施"的前提下,在立法技术上审慎而灵活地运用了"属人""属地"等多种"客观连结点",既依法确保了法规的适用范围限定在浦东新区行政区域内,又积极促成了法规的实际效力向上海全市乃至其他省市延伸。以"企业破产法规"为例,其在客观连结点的选择上采用了法院地这一属地连结点,通过"浦东新区人民法院设立破产审判内设机构,集中管辖市高级人民法院指定的破产与强制清算案件"的规定,上海全市相关企业都将可能由此受益于该法规的创新程序。

简约性原则要求在法规体例上坚持"地方立法要有地方特色,需要几条就定几条"[1],着力"增强立法的针对性、适用性、可操作性"[2]。与浦东新区法规作为试验性立法、变通性立法的性质相适应,其采用了"小快灵"的立法模式。所谓"小"就是指立法倾向于小切口、小篇幅、不追求篇、章结构的形式完整性,但解决的问题依旧重大。从法规篇幅与结构来看,最长的 37 条,最短的 14 条,平均约 22.1 条。基本上做到了重点鲜明、以简驭繁,以"小快灵"的方式贯彻了"能用三五条解决问题就不要搞'鸿篇巨制',关键是吃透党中央精神,从地方实际出发,解决突出问题"的要求。

总体而言,变通性原则作为浦东新区法规价值体系的核心价值理念,为各部法规指明了制定目标和方向;引领性原则为浦东新区法规的立法内容框定了范

---

[1] 习近平:《坚定不移走中国特色社会主义法治道路 为全面建设社会主义现代化国家提供有力法治保障》,载《求是》2021 年第 5 期。

[2] 习近平:《坚定不移走中国特色社会主义法治道路 为全面建设社会主义现代化国家提供有力法治保障》,载《求是》2021 年第 5 期。

围;系统性原则、示范性原则和简约性原则为浦东新区法规制度的具体样态提供了技术标准。这一价值体系能够普遍适用于浦东新区法规五大功能板块的法规之中,对具体的制度构建和司法实践提供价值指引。未来具体的立法和法规适用,需要将这一价值体系贯彻始终,一方面对不符合这一价值体系的相关规定进行修改并制定出更好地贯彻这一价值体系的规范,另一方面要在具体的法规解释中阐释这些价值的功能,使这些法规原则在法规适用中发挥出其功能。

(二) 以逻辑自洽性和形式理性为重点完善浦东新区法规外部体系

浦东新区法规外部体系是依据形式逻辑规则,通过抽象概念或类型整合法律素材形成的外部架构。[①] 当前的浦东新区法规外部体系存在一个核心问题与三个重要体系协调需求。一个核心问题是浦东新区法规科学体系化的构建模式问题。三个重要体系协调需求分别指:其一,浦东新区法规如何同在引领区适用的其他法律法规之间协调融贯的问题;其二,浦东新区法规外部体系内在的协调融贯问题;其三,浦东新区法规规则与原则的协调融贯问题。

首先,应当选择合理的模式来进行浦东新区法规体系整合,以促进浦东新区法规内部的逻辑自洽和结构合理。关于法律体系整合的模式通常有两种:(1)基本法—单行法整合模式;(2)法典化模式。[②] 浦东新区法规性质上属于特殊地方性法规,显然不适宜于法典化模式。目前,关于对浦东新区法规定位的基础性问题主要由《授权决定》《引领区意见》《上海市人民政府关于加强浦东新区高水平改革开放法治保障的决定》《上海市人民代表大会常务委员会关于加强浦东新区高水平改革开放法治保障制定浦东新区法规的决定》等具有高度权威的规范性文件作出规定,存在重复、分散和不成体系的问题,亟待以法规的形式予以体系性的固定。参照海南自贸港法规,其采取由"基本法《自由贸易港法》为总纲 + 各单行法规"的模式,对于浦东新区法规的体系模式选择具有重要借鉴意义。因此,有必要制定具有纲领性的浦东新区法规,确立包括立法目标、改革目标、指导思想和基本原则等宣示性内容以及立法技术规范、立法程序、法规适用等程序性内容。[③] 这类涉及法规体系的根本性内容应当由纲领性法规予以规定,因为,纲

---

① 参见谢鸿飞:《民法典的外部体系效益及其扩张》,载《环球法律评论》2018 年第 2 期。
② 雷磊:《融贯性与法律体系的构建——兼论中国当代法律体系的融贯性》,载《法学家》2012 年第 2 期。
③ 参见任海涛:《教育法典总则编的体系构造》,载《东方法学》2021 年第 6 期。

领性法规是站在整体谋划的高度对引领区改革和发展的共性和一般问题进行基础型和统领性的归纳与总结,侧重于法规的基本政策宣示,比如可以将变通性、引领性、示范性和简约性等原则明确规定为基本原则,并要求作为各单行法规在制定过程中所必须遵行的准则。

其次,构建以浦东新区法规为中心的引领区法律体系,理顺适用于浦东的不同法律法规之间的融贯协调。浦东新区在国家整体战略规划中占有特殊地位,社会主义现代化建设引领区、自贸试验区、临港新片区、浦东综合改革试点等国家级制度创新平台叠加是浦东的独特优势,但也在客观上导致了在浦东引领区适用的法律体系颇为复杂、分散的问题。除浦东新区法规以外,目前适用于浦东引领区的法律法规还有国家法律、行政法规、部门规章、上海一般地方性法规、自贸区法规、上海市政府规章以及浦东管理措施等。为此,一是在变通法律、行政法规、部门规章规定时,事前要形成广泛共识。凡是立法起草阶段拟作变通创新的条款,需求部门要与上级部门积极沟通、争取支持,尽最大努力达成改革共识。比如,"市场主体退出法规"和"企业破产法规"将国家发改委、最高人民法院等13个部门联合印发《加快完善市场主体退出制度改革方案》的相关举措上升为浦东新区法规,实现了地方立法符合国家改革方向的趋势。此种情况下,变通上位法规定不仅不会加剧法律体系的碎片化、司法适用困难、破坏法制统一等问题,反而是为国家后续系统性改革积累经验。二是要构建以浦东新区法规为中轴,地方性法规为依托,浦东管理措施为突出部的地方法治保障体系。新出台的浦东新区法规和浦东管理措施,与现行有效的上海一般地方性法规共同构成了可在浦东适用的地方性法治保障体系。一般地方性法规是高度成熟的法规,起到后勤保障的作用,可由一般地方性法规规定的事务就不专门制定浦东新区法规,使后者聚焦于攻坚克难的关键任务。浦东管理措施则起到填补空白的作用,为充实立法项目动态储备库、挖掘可持续性立法需求和积累先行先试经验做贡献。三者之间形成以浦东新区法规为中轴、以上海地方性法规为倚仗和以浦东管理性措施为突出部的"铁三角"关系。三是要深入学习理解全国人大常委会授权决定核心要义,研究厘清变通立法权的适用事项和权限边界,准确识别法律、行政法规的基本原则、一般原则以及立法的中央专属事项、地方自主事项、央地共享事项,妥善把握法律保留原则与法律优位原则的关系,以确保浦东新区法规体系与国家法律法规体系的和谐统一。

再次,加强浦东新区法规外部体系内的协调融贯性。浦东新区法规的体系协调不仅在与不同法律法规体系之间,还存在于体系内部。比如,"一业一证法规"对管理部门认可行业综合许可证作出了规定,但对市场主体之间包括网络平台等认可行业综合许可证,以及单项许可证吊销后综合许可证的使用及效力等问题,没有作出相应规定和规范;"知识产权法规"创新性地设计了专利申请预审制度,但未对预审通道和普通通道的关系及两者衔接作出明确规定,对具有重大价值的发明专利予以奖励等也没有作出规定等。为加强规则间的衔接性,应当针对一整套制度进行创新优化,而不是对法律规则的构成要素进行个别性优化。同时,各部法规条款之间还存在有重复规定之处,比如"绿色金融法规"第33条是对引进高层次绿色金融人才的规定与"揭榜挂帅法规"第13条对引进高层次人才的规定之间存在重复现象,作为同体系内的法规不必设置类似条文。总之,法规体系内部具体规则的设置需要更加注重科学体系化思维。

最后,浦东新区法规原则与规则之间的相互协调融贯。外部体系和内部体系主要是描述性概念,事实上两者无法实质切割,而是"你中有我,我中有你"的互生状态。任何法律体系都是生活事实、基础价值和形式逻辑的统一体,外部体系中的法律规则是运用逻辑链接事实和价值的产物,也是内部体系外显的重要表现。内部体系的外显,是根据特定的规范指导思想(原则、评价、基本目的)进行法律素材划分的全部尝试。[①] 因此,理想状态之下,法律体系之内原则与规则的相融贯通是自然的状态而不是刻意追求的结果。当前,由于浦东新区法规的科学体系化还尚在起步阶段,原则与规则相协调还存在不足之处。比如,浦东新区法规的一个显著特点是"小快灵",与之对应的简约性也是法规的基本原则。即便如此,各部法规的政策性条款仍然占比过重,设置有大量没有明确指向性和操作规则的原则性条款。比如,"生物医药法规"第3条的内容,其所列举的推进浦东生物医药产业高质量发展的原则"制度引领、改革创新、以人为本、开放合作、风险预防、科学规范"等是具有普遍性的,没有必要专门设置条款增加法规的体量。

结语

有关浦东新区法规领域的研究正方兴未艾,对于其科学体系化的问题仍有

---

① 　参见方新军:《内在体系外显与民法典体系融贯性的实现》,载《中外法学》2017年第3期。

许多有意义的方向值得探讨。限于篇幅,下文仅择其要者分析:

第一,临港新片区的法治体系保障缺口亟需填补。根据国务院 2019 年发布的《临港新片区总体方案》,临港新片区参照经济特区管理。《引领区意见》明确提出,比照经济特区法规,市人大及其常委会制定浦东新区法规,在浦东新区实施,从而将整个浦东纳入了经济特区管理范围,但临港新片区与浦东新区的行政区域又不完全重叠。市人大常委会制定的临港新片区条例是保障临港新片区发展的综合性地方法规。作为本市地方性法规,临港新片区条例不能变通国家现行的法律法规,而浦东新区法规虽然可以作出变通,但无法覆盖到浦东新区以外的新片区区域,包括闵行、奉贤的部分区域和浙江的小洋山,使得临港新片区的现有法治支撑客观上存在全域保障不足的难题,这种情况与新片区打造特殊经济功能区的目标定位不相匹配,也与浦东新区法规体系化的保障特征不符。

临港新片区是国家推进高水平改革开放的重要"试验田",积极争取国家加大对临港新片区法治保障和政策支持的力度,是加快构建临港新片区特殊经济功能区的重要条件。依据临港新片区的功能定位和市十二次党代会提出的"五个新城"建设的目标要求,在现有法治框架内,进一步明确推进临港新片区法治保障的路径、方法和制度性安排。为此,可将涉及临港新片区的立法作为制定浦东新区法规的特定项目,由市人大和浦东新区、临港新片区共同研究确定有关新片区的年度立法项目;浦东新区在研究提出区年度立法计划时,专设临港新片区板块,会同新片区管委会做好相关法规立项、法规草案起草等工作;同时市、区和临港新片区管委会通过不同形式和渠道向国家有关部门建议,将新片区浦东以外的区域纳入浦东新区法规调整范围或参照浦东新区适用相关法规,推动实现临港新片区法治保障的全覆盖。

第二,立法项目分布均衡也是科学体系化的内在要求。党的二十大报告明确提出,要加强重点领域、新兴领域、涉外领域立法,统筹推进国内法治和涉外法治,以良法促进发展、保障善治。浦东新区目前已出台的 15 部法规集中于经济领域立法,以优化营商环境为主题的占到 7 部。其中,关于市场主体的有 4 部,产业创新、产业促进的有 2 部,产权保护的有 1 部。浦东新区法规要逐步实现从侧重经济方面的单向性立法扩展到更多综合性、全面性、全域性立法。单向性立法是综合性立法的重要基础和积累,但有必要在此基础上兼顾和更加注重综合性、全面性立法,实现法规的科学体系化。虽然首重经济领域立法符合浦东新区的现状,但是立法项目应更均衡,应更加关注新兴领域和涉外领域。以涉外领域为例,目前具有涉外因素的内容明显偏少,突出表现在没有出台单部的专门涉外法规、已出台法规的涉外条款不多、与引领区高水平、制度型对外开放高地所需涉外法制保障需求不匹配、没有形成系统协同、攻守兼备的涉外法规体系、与上海打造国际国内双循环链接战略不匹配等问题。为此建议:一是加强组织调研市场主体,通过座谈会的形式深入了解引领区市场主体在对外经贸往来中所面临的问题和需求。二是抽调、组织精锐骨干力量,集中研究如知识产权、数字贸易、数字信托、人工智能、技术转让等领域的国外新兴领域法律制度。三是创设浦东新区各法规涉外条款的统一管理规则,加强对浦东新区法规中的涉外条款立、改、废、释集中管理,确保引领区涉外立法的体系化、系统化和协同化发展。四是聚焦重要改革,服务促进对外开放,谋划一批对接 RCEP(区域全面经济伙伴关系协定),对标 CPTPP(全面与进步跨太平洋伙伴关系协定)、DEPA(数字经济伙伴关系协定)等高水平国际经贸规则的高水准涉外法规,促进更大范围、更宽领域、更深层次对外开放。

第三,加强理论研究,及时总结、提炼立法经验。以科学理论指导立法,是实现浦东新区法规科学体系化的重要基础。推进浦东新区法规的科学体系化,要深刻认识研究质量决定立法质量的新趋势和新要求,大力加强对浦东法规涉及的综合性、全局性、前瞻性问题的分析研究,加强浦东新区法规的位阶、权限等重大理论问题研究,加强释义学研究,提升条款适用的准确性和融贯性。善于从中提炼捕捉新型立法需求,如融资租赁立法、区块链技术使用立法、数字资产立法、社区治理全员参与立法等,推动不断提升浦东法规制定的能级水平。同时,充分利用上海丰沛的法律人才资源储备,牵头组织高校院所、专家智库、政府法律团队、行业专家委员会等专业立法力量,进一步加强人大和政府的立法工作力量,加大法治人才的培训、交流、选拔、使用力度,善于运用专家智库等"外脑"资源,不断壮大理论研究队伍的力量。

第四,要建立健全浦东新区法规立法后质量评价体系。随着浦东新区法规立颁布实践时间的伸展,建立健全立法后质量评价体系的重要性开始凸显。浦东新区法规立法后质量评价体系应是对立法质量的全面考察,既包括对立法过程本身的关注,也包括对立法实施后效果的关注,甚至还可以是对立法项目在被确定时的关注。只有不断对引领区立法质量评价维度、具体标准和指标系数进行全方位的完善,依法行政或法治政府考核一样引入更多的社会评价,才能对立法下一步的完善和实施机制的改进起到真正意义上的推进和反馈作用,才能实现立法修改的动态、合理、科学,从而保证法规体系的发展不滞后于引领区社会政治经济的发展需要。

第八章 浦东新区法规的发展建议

浦东新区法规研究，不仅要"置身事外"，研究其历史脉络、性质、位阶、权限、意义等较为宏观的理论命题，夯实其理论基础；也要"置身事内"，提出具体的立法选题议题，聚焦实践中存在的问题提出改进意见，以及提供未来立法在方向、路径等方面的对策建议，助力其立法实践。

一、以浦东新区法规推动十项制度型开放突破[①]

浦东新区法规的特殊性在于省级人大在其辖区内的非经济特区"比照经济特区法规"行使特别立法权力，这是我国授权立法制度的重大创举，是"立法先行、引领改革"的法治实践。推动浦东新区高水平改革开放、打造社会主义现代化建设引领区是浦东新区法规立法的宗旨与任务。为实现这一宗旨与任务，建议浦东新区法规立法需秉持"大胆试、大胆闯、自主改"大方向，把"制度型开放"作为立法目标，利用立法"变通模式"对标国际。

（一）规则优化升级：由便利化向自由化的立法转变

自上海自贸区成立后，贸易、投资便利化措施一直是制度创新的重点，如国际贸易"单一窗口"，工商登记从"先照后证"到"证照分离""照后减证"再到"一业一证"的不断推进，简化经常项目外汇收支手续等。

浦东新区法规立法需要有一个阶段性的转变，对接国际经贸规则高标准，实

现规则的优化升级,负面清单管理模式要从投资领域扩展到货物贸易、服务贸易等领域。这主要表现为:一是进一步完善负面清单管理制度,实现市场准入负面清单、外商投资负面清单以及自贸区负面清单在浦东新区的"三单合一""单外无单",为全国统一负面清单进行制度试验;二是建立以贸易救济措施为"安全阀"、进出口货物、物品负面清单管理制度;三是对跨境服务贸易实行负面清单管理制度。

(二)贯彻绿色立法宗旨,建设推动实现碳达峰、碳中和的税收法律体系

2030 碳达峰、2060 碳中和是中国基于推动构建人类命运共同体的责任担当和实现可持续发展的内在要求做出的重大战略决策,上海作为改革开放的"排头兵"和创新发展的"先行者",要力争在碳达峰、碳中和上走在全国前列。除了金融政策,绿色税收将在实现碳达峰、碳中和目标上发挥更大作用,浦东法规立法需进一步完善绿色税收体系。对于实现"双碳"目标的艰巨性和复杂性,上海浦东新区可率先将碳税纳入政策范围,并通过完善资源税和消费税、开征环境保护税等政策,构建一套完整的绿色税收法律体系。首先,需加大推进绿色低碳发展的技术标准和征税政策的有效衔接,逐步提高绿色低碳发展的征税门槛;其次,需让绿色发展的宗旨贯穿于上海外资引入、外资利用、外资退出的全程性的法律制度环节之中,尤其需要把节能降耗性、生态环保性、社会和谐性、地区安全性评价作为引进、选择和利用增量外资的主要依据;最后,需限制碳排放交易,对标国际建立区域性减排标准,避免用资金手段代替环境保护,实现碳排放的硬约束。

(三)协调投资双向发展,建立与国际通行规则相衔接的法律制度体系

浦东作为"引领区",要当好高水平开放的"开路先锋",意味着浦东未来的开放,不是一般意义、一般领域中的开放,而是要在国内其他地区不具备开放条件的领域率先开放,建立与国际通行规则相衔接的法律制度体系,引领全国制度型开放。

上海具有投资结构、要素集聚能力、国际商务服务基础等方面的优势。但是存在市场垄断、政府补贴、监管不当等问题。浦东新区法规立法应在"竞争中立"

领域,率先完善国有企业的竞争行为,规范政府补贴,形成具有中国特色的竞争型开放制度规则;在监管一致性、商事争议解决等方面,要尽可能借鉴国际通行理念、方法,率先与国际通行规则相接轨。

(四) 推进浦东知识产权立法,建立亚太知识产权中心城市

从全球趋势看,国际竞争越来越体现为知识产权领域的激烈竞争。从城市发展看,知识产权保护越来越成为提升城市核心竞争力的战略支撑。一个地区创新能力强不强,知识产权是重要因素。一个地区营商环境好不好,知识产权保护是关键指标。

上海的浦东新区法规立法需创新知识产权制度,把强化知识产权保护深度融入到激励创新的全过程、促进投资和优化营商环境的各环节、扩大对外开放的各方面。首先,需要健全知识产权保护闭环体系,强化知识产权地方综合立法,完善行政执法、司法保护、仲裁调解、行业自律等环节协同;其次,进一步提高知识产权综合治理效能。执法监管要更严格,加大对侵权违法行为的打击力度,形成有效震慑;最后,对标国际,加强全方位、多层次、宽领域的国际知识产权交流合作、磋商谈判、规则制定,提升知识产权全球治理话语权、影响力。

(五) 构建离岸金融服务与离岸贸易配套法律体系

上海经贸发展的整体实力,最终体现在金融发展和开放程度上,金融是经济贸易发展的核心。自贸区需要开立在岸金融业务账户和离岸金融业务账户,而以离岸金融账户为主导。由于我国资本项目尚未完全开放,在岸账户的资金流动是受到管制的,特别是金融资产账户受到严格限制,而离岸金融账户下的资金流进与流出则不受此约束。

上海国际金融中心建设已经取得重要进展,但是资金、保险、黄金、期货等市场规模较小,人民币跨境国际结算业务刚刚起步。上海要通过新区立法赋予浦东开展离岸贸易、离岸金融服务的权力与特殊的制度安排,将浦东建成全球首个人民币离岸中心,有限度地进行资本账户开放。对参与离岸贸易的企业提供一定的税收优惠。可以减少从事离岸贸易的离岸公司的征税税种,将离岸贸易的企业所得税优惠于在岸贸易的所得税等。

（六）以产业升级为导向的制度高地与政策扶持相结合

浦东的重点发展产业可以定位在金融服务、航运服务、商贸服务、专业服务、文化服务、社会服务等六大领域均属于服务领域，这也正是上海产业结构调整的战略方向。

浦东新区法规立法一方面要秉承创建制度高地的理念，完善高效透明、公平竞争的市场环境，另一方面，要以产业升级为导向，对重点发展产业给予适当财政、税收、人才等政策扶持。

（七）推动总部经济立法，为总部集聚提供法律保障

借鉴国外尤其是新加坡关于总部经济的法律法规，制定新区总部经济立法，内容可以包括：第一，针对不同的总部经济，制定不同的认定标准，如跨国公司总部标准及跨国公司总部型机构、商业总部、营业总部、研发中心、运营中心、采购中心等企业总部等；第二，总部企业的支持措施，构建"内聚外联"的培育和支持体系，对于符合新区产业发展方向、关联带动力强、发展层次高的本市企业，给予重点扶持；第三，培育支柱产业总部企业的鼓励措施，加快建设新区总部集聚基地；第四，鼓励拓宽企业融资渠道，整合扶持企业上市的政策资源，支持总部企业利用资本市场进行融资，协调解决总部企业在境内外上市融资过程中的问题；第五，总部经济税收优惠政策，包括地区总部税收优惠、"商业总部"税收、"营业总部"税收、"跨国营业总部"奖励等。

（八）构建促进新业态和新发展模式的管理体制

从未来产业发展趋势看，新业态和新模式不断出现将成为新产业革命演进的主要形式，新产业革命的核心可能不是重大的技术突破，而是在现有技术基础上，通过产业形态和模式创新，引发新的产业革命变化过程。

应尽快研究制定新区促进新业态和新模式发展的指导意见，以及适合新业态、新模式发展的准入标准和市场管理办法，内容可以包括：第一，新产业新业态用地支持制度及用地监管机制；第二，创新政府财政扶持方式，探索建立新产业新业态发展引导基金和投资基金，综合运用资本金注入、融资担保、无偿资助、贷款贴息和奖励等多种方式，引导社会资本投入业态和模式创新型企业；第三，政

府管理制度的优化与转变,基于不同业态和模式之间的管理体制,明确各政府部门之间的职能分工与政策协调,使不同扶持政策之间进行有效对接,避免造成多头监管或监管真空;第四,政府公共服务信息平台建设与加大政府购买服务力度。

(九) 构建有利于新区企业发展境外投资的制度体系

在自贸区《中国(上海)自由贸易试验区境外投资开办企业备案管理办法》基础上,研究制定新区的《境外投资条例》,通过该条例鼓励国内本土企业在浦东新区设立跨国公司总部。条例可以从投资主体、管理及服务机制、鼓励措施、风险防范、财政及金融支持等角度全面规范新区的境外投资制度,尤其需要在改革对外投资管理体制、如何鼓励开展多种形式的境外投资、如何鼓励拓展境外投资领域等方面加强制度设计。

(十) 构建服务中高端人才流动的法律制度

进一步扩大现代服务贸易的对外开放是新区产业升级一项十分重要的内容,这显然离不开外籍高水平人才的流入。目前,在一些专业领域,如金融领域,外籍人才往往可能因执业资格受限,而无法在特定的行业和领域就业。正鉴于此,新区法规立法可考虑有选择性地对境外人才的资格证书予以承认。在资格证书确认中,可优先选择那些专业化程度较高、国际性较强、符合新区产业发展定位,并在域外互认实践经验较为成熟的执业资格类别开展试点,并逐步予以扩大。对于外国医师来华短期行医这样列入负面清单管理的项目,也应积极争取国家有关部门的政策支持,放宽执业期限等内容。同时,简化就业许可制度,逐步探索"多证合一",可研究在新区探索统一外国人就业许可管理部门,负责外国人就业的政策制定、审核监管等工作,并对外国人就业许可通知、就业证、工作居留等各种外国人在中国工作证件予以整合归并,创造条件探索"多证合一"的可行性。

二、目前浦东新区法规面临的问题和对策建议①

（一）当前浦东新区法规实施过程中存在的问题

1. 立法项目过于集中于经济领域，涉外领域立法过少，均衡性不足

党的二十大报告明确提出，要加强重点领域、新兴领域、涉外领域立法，统筹推进国内法治和涉外法治，以良法促进发展、保障善治。目前已出台的 15 部浦东新区法规集中于经济领域立法，以优化营商环境为主题的占到 7 部。其中，关于市场主体的有 4 部，产业创新、产业促进的有 2 部，产权保护的有 1 部。虽然首重经济领域立法符合浦东新区的现状，但是立法项目应更均衡，应更加关注新兴领域和涉外领域。以涉外领域为例，目前具有涉外因素的内容明显偏少，突出表现在没有出台单部的专门涉外法规，已出台法规的涉外条款不多，与引领区高水平、制度型对外开放高地所需涉外法制保障需求不匹配，没有形成系统协同、攻守兼备的涉外法规体系，与上海打造国际国内双循环链接战略不匹配等问题。

2. 浦东新区法治保障体系尚未形成

调研中部分受访者提出的浦东新区法规与上海地方性法规、浦东专章以及浦东管理措施的差异性还不够凸显，与中央支持浦东建设"大胆试、大胆闯、自主改相适应的法治保障体系"的初衷，与加快形成"一套衔接有效的运行机制、一批创新突破的法治成果"的目标尚有差距。法规出台后配套措施没有及时跟进，制度叠加集合聚成效应没有出现。部分职能部门存在未按规定及时出台实施细则、部分政策配套没有跟上立法节奏、部分授权立法成果需要加强制度衔接等问题。贯彻实施职能部门之间沟通还不顺畅、合作程度还不高，市、区两级人大相关部门之间"条线"双向的工作对接、功能对接、平台对接还不成熟。

3. 浦东新区法规落地实施水平还有待提升

调研中课题组发现部分法规条款落地实施面临阻碍，存在在浦东新区空转的"小循环"现象。已制定法规条款在适用对象上存在局限性：如"一业一证"法规的"行业综合许可"（第 7 条）目前仅在便利店、超市、健身房、电影院等十个行

---

① 本节执笔人：陈宇超，上海社科院法学所助理研究员、法学博士。

业内适用;"承诺即入制"法规第 9 条实际适用范围仅限于上述十个行业中具有较大规模的连锁企业;"登记确认制"法规第 2 条所划定的市场主体范围也明显少于《市登条例》的规定;"生物医药"法规多数条款尚未真正落地实施;因《税收征收管理办法》与《企业破产法》关于破产企业滞纳金罚款的规定不一致,导致重整企业在修复纳税信用过程中面临障碍等问题。

市、区两级人民法院还未统一制定和颁布司法适用浦东新区法规的具体文件、案例指南等配套性措施。人民法院在审理中并不必然选择适用新区立法变通上位法的规定,而是更倾向于维护法制统一适用相应国家法律规定。司法审判机关与立法机关之间的沟通协调不足,缺乏制度性的联系。加之侵权行为地、合同签署地、经营场所、主要经营地等客观连结点在实践中也可导致异地法院之间管辖冲突以及行政案件审理普遍采取跨行政区域管辖等情况,最终导致浦东新区法规存在立法与司法脱节的现象。

4. 当前立法机关对于浦东新区法规的变通权限和范围有待进一步厘清

目前对浦东新区法规是否可触碰《立法法》(2023)第 11 条所规定的"必须由全国人民代表大会及其常务委员会制定法律的事项"、如何理解法律和行政法规基本原则和非基本原则以及中央专属事权、地方自主事项和央地共享事项等原则性问题尚存在争议,必须重点加以研究论证。立法部门对变通性的态度也由开始的"无变通不立法"转向使用"创新性""补足性"等词汇来进行技术性回避。理论上的不清晰,导致在具体的立法实践中出现了一定的分歧和无所适从的现象,立法内容的尺度没有清晰的衡量标准。

(二)对当前浦东新区法规存在问题的对策建议

1. 加强涉外领域、新兴领域立法

一是加强组织调研市场主体,通过座谈会的形式深入了解引领区市场主体在对外经贸往来中所面临的问题和需求。在此基础上,结合引领区立法的权限和灵活性,弥补国家法律不能及时跟进涉外法治实践需求的不足。从加强法规可适应性和可操作性角度出发,通过制定实施细则、填补涉外领域空白或规范层级较低的部分等方式,按照急法先行原则最大程度上尽可能满足市场主体最迫切的需求。二是抽调、组织精锐骨干力量,集中研究如知识产权、数字贸易、数字信托、人工智能、技术转让等领域的国外新兴领域法律制度。国内法律制度在新兴领域存在显著短板,明显制约我国高水平对外开放和参与国际市场竞争的能力。通过理性学习和借鉴国外先进法治理念,优先在引领区进行试点和本土化改造,为我国完善涉外法律法规体系和制度创新积累先行先试的宝贵经验。三是创设浦东新区各法规涉外条款的统一管理规则。在《生物医药规定》《化妆品规定》《知识产权规定》《绿色金融规定》和《文物艺术品交易规定》等多部具有涉外内容的法规中包含有涉外条款,但这些条款之间缺少有机联系和统一管理,存在"孤岛化"和片面化的态势。应当以体系化的思维,系统梳理、统筹谋划,创设统一管理规则,加强对浦东新区法规中的涉外条款立、改、废、释集中管理,确保引领区涉外立法的体系化、系统化和协同化发展。四是聚焦重要改革,服务促进对外开放,谋划一批对接 RCEP(区域全面经济伙伴关系协定),对标 CPTPP(全面与进步跨太平洋伙伴关系协定)、DEPA(数字经济伙伴关系协定)等高水平国际经贸规则的高水准涉外法规。深度融入临港新片区建设,力求抓住 RCEP 机遇,积极推动 RCEP 高质量实施,在自贸试验区内的综合保税区先行先试相关措施,推进首批国家涉外创新试点改革,促进更大范围、更宽领域、更深层次对外开放。

2. 加快形成以浦东新区法规为中轴,地方性法规为依托,浦东管理措施为突出部的地方法治保障体系

一是更加注重发挥好浦东新区法规攻坚克难、先行先试的功能。浦东新区法规是立足于助力引领区实现高水平开发开放具有攻坚克难属性的新法规,要始终致力于为实现全面深化改革开放"啃最硬的骨头"。与此同时,还要高度重视浦东新区法规的制度设计要站在服务全市战略大局的高度展开,要及时把先行先试取得的行之有效的经验面向全市进行推广,还要自觉为国家立法工作计划所筹划的改革重点方向做好相关的经验积累。二是更加注重发挥好浦东管理措施先行探索、查漏补缺的功能。从浦东管理措施的制定层面出发,一方面要及时将现有措施中已经相对成熟的部分及时上升为新区法规,另一方面还要充分发挥好浦东管理措施的灵活性,对于立法过程中留有余地的部分做好补充性措施加以规范。从浦东管理措施执行层面出发,要加强对浦东新区法规执行具体成效的监督,如制定浦东新区法规实施情况跟踪措施、浦东新区法规实施成效定期考察、评估措施等。三是探索建立浦东新区法规与上海地方性法规、浦东管理措施共生共荣、互为倚仗的关系。新出台的 15 部浦东新区法规和 13 部浦东管理措施,与现行有效的 241 件上海地方性法规共同构成了可在浦东适用的地方性法治保障体系。上海地方性法规是高度成熟的法规,应致力于做好后勤保障,即可由上海地方性法规规定的事务就不由浦东新区法规专门作出规定,使后者聚焦于关键任务。浦东管理措施则是起到填补空白的作用,为充实立法项目动态储备库、挖掘可持续性立法需求和积累先行先试经验作贡献。三者之间形成以浦东新区法规为中轴、以上海地方性法规为倚仗和以浦东管理措施为突出部的"铁三角"关系,进一步完善法治赋能引领区建设格局,加快形成上海地方法治保障体系。

3. 以强化制度规则的执行成效为导向,深入推进浦东新区法规贯彻实施、落地见效

一是加强行政执法统筹协调,深化落实行政执法细节,在政策举措落地实施中加强相关部门的共同协作,形成政策合力。对于落实"生物医药"法规第 6 条中的细胞治疗、基因治疗多元化投资主体、"准入即准营"法规第 9 条中的"承诺即入制"等牵涉国家部委、市级部门较多的核心创新变通条款,充分发挥好市级部门与国家部委间沟通协调的快车道作用,进一步争取国家层面的政策支持和最大程度凝聚改革共识,全力保障引领区立法落地实施。市人大应进一步优化市、区两级人大相关部门之间"条线"双向的工作对接、功能对接、平台对接,通过创设定期协商、指导和交流机制,着力实现无缝衔接和有效联动。完善法规重点条款落地实施由市人大常委会分管副主任和市政府分管副市长担任"双组长"的工作专班推进机制,协调解决法条规定涉及的重大体制和重大利益调整等问题。二是有法必依,抓好人大执法监督检查。不断创新监督形式,丰富检查内容,切实加强对法律法规实施情况的执法检查力度。建立健全问责机制,以一抓到底的狠劲、常抓不懈的韧劲、敢于较真的严劲,使每项责任落实到人,每项制度落实到事。三是完善配套细则,增强法规可执行性。为保证法规的有效实施,各主要负责部门应推进配套机制的构建,致力打造"一项创新机制 + 一个配套制度"模式。四是加强与司法机关的沟通协调。司法审判机关与立法机关之间的沟通协调还有所不足,缺乏制度性的联系。浦东新区法规的落地执行离不开司法机关有力的司法保障,尤其是变通上位法的条款,更需要双方加强沟通合作。同样地,司法审判机关要更好地履行审判职能时,也需要新区法规提供法律依据。市人大可以通过联系市人民法院、浦东新区人民法院,讨论设立定期定向由立法部门有关负责人和司法审判部门有关负责人出席的联席会议,来完善双方之间制度性的沟通协调机制。

4. 加强理论研究,及时总结、提炼立法经验,以科学理论为指导

上海应在深入学习理解全国人大常委会授权决定精神的基础上,牵头组织高校院所、专家智库、政府法律团队和行业专家委员会等专业立法力量,加强浦东新区法规的位阶、权限等重大理论问题研究,加强释义学研究,提升条款适用的准确性和融贯性。进一步加强人大和政府的立法工作力量,加大法治人才的培训、交流、选拔、使用力度,善于运用专家智库等"外脑"资源,不断提升法治保障能力。

三、"大胆试、大胆闯、自主改"的立法保障体系构建①

习近平总书记对上海多次提出"大胆试、大胆闯、自主改"的要求。中共中央、国务院《引领区意见》在"强化法治保障体系"一项中,要求"建立完善与支持浦东大胆试、大胆闯、自主改相适应的法治保障体系",并指出了"浦东新区法规""浦东管理措施""调整适用法律法规"等具体路径。继而全国人大常委会作出《授权决定》,升级了上海的"立法工具箱"。截至 2022 年底,上海已出台 15 部浦东新区法规和 13 部浦东管理措施,成效斐然。

与此同时,也出现了对浦东新区法规的过度关注和使用,忽视了其他立法保障路径或与其他路径发生功能混淆,导致浦东新区法规的含金量被稀释的问题。而这又源于对"大胆试、大胆闯、自主改"的辨析不够深入,对中央立法授权的历史意义与逻辑缺乏自觉,对各项立法工具的功能定位和立法保障体系缺乏清晰完整的理解。因此需要作出澄清,以避免立法工具盲目得使用,确保立法的科学性,更好发挥立法对改革创新的引领、推动、规范和保障作用。

(一)立法授权逻辑:从"大胆试、大胆闯"到"大胆闯、自主改"

"大胆试、大胆闯、自主改"是中央对上海从建设自贸区到打造引领区的一贯要求。"大胆试、大胆闯、自主改"一般被理解为先行先试、改革创新,这种理解过

---

① 本节执笔人:俞海涛,上海社科院法学所助理研究员、法学博士。

于笼统。"改"固然也可归属于"试"的范畴,但如此一来,就没有做出有意义的区分。从修辞学的角度看,将"大胆试"与"自主改"并列,即意味着两者是不同的事物。不妨将"大胆试、大胆闯、自主改"分为两个层面:"大胆试、大胆闯"和"大胆闯、自主改"。其中,"大胆闯"是一种改革精神,而"大胆试"和"自主改"是改革的两种具体路径。

改革创新包含两种不同的路径:一是"从无到有"的"试",二是"从有到优"的"改"。这种理解为我国改革开放的历史与逻辑所证成。经济特区作为渐进式改革开放路线的"起点"所承担的使命,就是在全国性法律缺位的情形下,进行从无到有的先行性立法,为全国性的改革开放积累经验。然而,随着中国特色社会主义法律体系的形成和国家立法的愈加完善,加之《立法法》将先行立法权纳入地方职权立法,先行先试本身不再能凸显经济特区立法与一般地方立法的区别,新的历史条件下,特区立法重心需要从先行性立法向变通性立法转移。

在《授权决定》作出前,上海根据《立法法》已经具备了先行立法权,原本就可以进行"从无到有"的先行探索,而此次授权的最大亮点就是浦东新区法规的变通权,即在已有国家立法情况下的突破权。换言之,与浦东新区成为改革开放路线中的"突破点"相适应,《授权决定》赋予上海立法变通(突破)权,这解决的是上海"自主改"的合法性问题,而非"大胆试"的合法性问题。

(二)浦东引领区"大胆试"的立法保障路径

与"大胆试"相适应的立法保障路径有制定浦东管理措施、市政府规章、一般地方性法规,它们针对上位法缺位的情形,进行"从无到有"的先行性立法。

1. 路径一: 制定浦东管理措施

《引领区意见》指出,"对暂无法律法规或明确规定的领域,支持浦东先行制定相关管理措施,按程序报备实施"。《上海市人民代表大会常务委员会关于加强浦东新区高水平改革开放法治保障制定浦东新区法规的决定》(以下简称:《市人大常委会决定》)规定,"对暂无法律、法规或者明确规定的领域,支持浦东新区人民代表大会及其常务委员会和浦东新区人民政府先行制定相关管理措施,并按程序报备实施。"浦东管理措施的特点是位阶低,然而它可以更加灵活,更具有针对性,更好发挥试验功能,为形成更加稳定的法律法规作探索。因此,它的数量可以多一些。

2. 路径二：制定市政府规章

《立法法》(2023)第 93 条规定,"应当制定地方性法规但条件尚不成熟的,因行政管理迫切需要,可以先制定地方政府规章。"在没有法律、行政法规、地方性法规依据的情况下,市政府可以制定临时性行政措施,但需注意:一是基于行政管理的迫切需要,二是不得设定减损公民、法人和其他组织权利或增加其义务的规范。与浦东管理措施相比,它可以适用于全市范围,位阶更高。

3. 路径三：制定一般地方性法规

《立法法》(2023)第 82 条规定,"除本法第十一条规定的事项外,其他事项国家尚未制定法律或者行政法规的,省、自治区、直辖市和设区的市、自治州根据本地方的具体情况和实际需要,可以先制定地方性法规。"地方性法规较之前两者位阶高、稳定性强。如果上海想在浦东做先行探索,可以让浦东先制定管理措施,或者在制定一般地方性法规时采取"浦东专章"的形式(例如此前《上海市数据条例》第六章为"浦东新区数据改革"),不宜制定只针对浦东的一般地方性法规,要么直接在全市范围先行先试,否则将导致立法资源的浪费。

4. 路径转化机制

《引领区意见》指出,浦东管理措施"探索形成的好经验好做法适时以法规规章等形式固化下来。"《市人大常委会决定》规定"建立常态化工作机制,及时将管理措施探索形成的经验做法以法规形式固化。"《立法法》(2023)第 93 条规定地方政府"规章实施满两年需要继续实施规章所规定的行政措施的,应当提请本级人民代表大会或者其常务委员会制定地方性法规。"《立法法》(2023)第 82 条规定"在国家制定的法律或者行政法规生效后,地方性法规同法律或者行政法规相抵触的规定无效,制定机关应当及时予以修改或者废止。"这就形成了从浦东管理措施→市政府规章→一般地方性法规→行政法规(→法律)的转化链条,这是一个先行先试范围不断扩大、法律稳定性不断增强、成熟度不断提高的过程。需要注意的是,浦东管理措施与浦东新区法规具有不同的功能定位,浦东管理措施上升为地方性法规时,并非成为浦东新区法规,所以谈不上浦东新区法规与浦东管理措施的转化衔接。

(三)浦东引领区"自主改"的立法保障路径

与"自主改"相适应的立法保障路径有制定浦东新区法规和暂时调整或停止

适用部分法律法规,它们针对已存在国家立法的情形,进行"从有到优"(包括"从有到停")的变通性或调整性立法。

1. 路径一:制定浦东新区法规(变通性立法)

浦东新区法规虽然是地方人大制定的地方性法规,但因其是授权立法,带有国家立法的性质,极为特殊。如前所述,新的历史条件下,中央赋予了上海地方立法权的最高配置——立法突破权,浦东新区法规的本质特征在于"变通",浦东新区法规与变通权的关系是"名"与"实"的关系,中央没有必要赋予地方人大根据已有职权就能制定的一般地方性法规一个新的名称。制定浦东新区法规需遵循"无变通不立法"的原则,这才不至于稀释浦东新区法规的含金量,这才能让浦东新区法规在引领区立法保障体系中凸显自身定位和优势,发挥最大效用。然而,目前浦东新区法规的实践秉持泛化的创新理念,将一般地方性法规就能做到的执行性立法创新、先行性立法创新都包含在内,导致了浦东新区法规与其他立法保障路径的功能混淆与过度使用。因此,制定浦东新区法规需要采取更加审慎的态度。

2. 路径二:调整或停止适用法律法规(调整性立法)

"调整"与"变通"在某种程度上是同义词,"调整"部分法律法规与"变通"部分法律法规的效果是一样的,"调整"与"变通"都需要中止旧法的效力并实施新法。调整或停止适用又可分为根据授权和职权两种:

一是根据授权调整或停止适用。《立法法》(2023)第16条规定全国人大及其常委会可以就特定事项授权暂时调整或者停止适用部分法律规定,被授权主体一般认为是国务院,这是《授权决定》作出前上海能突破法律的唯一制度空间。例如,《全国人民代表大会常务委员会关于授权国务院在自由贸易试验区暂时调整适用有关法律规定的决定》(2021年4月29日第十三届全国人大常委会第二十八次会议通过)授权国务院在自由贸易试验区内暂时调整适用《中华人民共和国会计法》等7部法律的有关规定。然而,该项制度具有"一事一议""临时性"等特点,不能满足引领区建设在及时性、适用性、可操作性等方面的"个性化"需求,因此才有了浦东新区法规的"一揽子授权"。

在地方层面,《上海市人民代表大会常务委员会关于促进和保障浦东新区改革开放再出发实现新时代高质量发展的决定》(2019年7月25日上海市第十五届人民代表大会常务委员会第十三次会议通过)第3条规定,"浦东新区人民代表大会常务委员会可以围绕自贸试验区和科创中心构建等重点工作,依法决定在一定期限在浦东新区暂时调整或者暂时停止适用本市地方性法规的部分规定"。

二是根据职权调整或停止适用。国务院调整或停止实施行政法规,例如《国务院关于在上海市浦东新区暂时调整实施有关行政法规规定的决定》(国发〔2018〕29 号),暂时调整实施《医疗器械监督管理条例》、暂时停止实施《饲料和饲料添加剂管理条例》的有关规定;又如《国务院关于同意在天津、上海、海南、重庆暂时调整实施有关行政法规规定的批复》(国函〔2022〕104 号)。

在地方层面,《上海市人民代表大会常务委员会关于促进和保障浦东新区改革开放再出发实现新时代高质量发展的决定》第 1 条规定,"市人民代表大会常务委员会可以决定在一定期限在浦东新区暂时调整或者暂时停止适用本市地方性法规的部分规定。本市地方性法规的规定,凡与国家推进浦东新区改革开放有关法律、行政法规以及国务院有关决定不一致的,自动作相应调整"。

在实践中可以发现,国务院调整性立法的路径仍有其优势,在中央集权体制下,国务院通过调整性立法推进改革创新要比上海市制定浦东新区法规推动改革创新更容易达成共识、更容易付诸实施,其权威性更容易被承认。因此,关于针对法律法规个别条文的个别性变通,上海仍可积极提请国务院作调整性立法。

(四) 结语:找到使改革具备合法性的最好方式

协调法治与改革、做到重大改革于法有据的方式有很多种,除了常规的规范性文件制定主体自身的立改废释外,还有下级主体的先行性立法、变通性立法和调整性立法等。改革需要在法治的框架内进行,更重要的是,需要根据不同情形,找到使改革具备合法性、使法治最大程度激发改革创新的最好方式。引领区改革的法治保障体系由中央与地方共同构建(如表 8-1 所示),宪法、法律、行政法规、部门规章、国务院调整性立法构成了中央法治保障体系,而浦东新区法规与一般地方性法规、市政府规章、浦东管理措施、调整性立法等共同构成了地方法治保障体系。在地方法治保障体系构建过程中,首先要就改革事项详细梳理国家法律法规规章,这是选择何种立法工具的前提;其次要明晰不同立法工具的功能定位,根据先行还是变通选择不同的立法工具,注意工具与目的的匹配;再次要注意体系中不同成员就改革事项所作规定的内容衔接,发挥法治保障的合力;最终达到法治保障体系内成员各安其位、各尽其能、合力保障的良好局面。

表 8-1 引领区"大胆试、大胆闯、自主改"的立法保障体系构建路径

立法主体	"大胆试"的立法保障路径	"自主改"的立法保障路径	
	先行性立法	变通性立法	调整性立法
国务院	根据《立法法》第 9 条先行制定行政法规　↑ 转化		根据《立法法》第 13 条提请全国人大常委会暂时调整或停止适用部分法律规定
上海市人大及其常委会	根据《立法法》第 73 条先行制定地方性法规　↑ 转化	根据《授权决定》制定浦东新区法规	根据职权自动调整或停止适用本市地方性法规
上海市政府	根据《立法法》第 82 条先行制定地方政府规章　↑ 转化		根据职权自动调整或停止适用市政府规章、规范性文件
浦东新区人大及其常委会	根据《引领区意见》和《市人大常委会决定》先行制定浦东管理措施		根据授权调整或停止适用本市地方性法规
浦东新区人民政府	根据《引领区意见》和《市人大常委会决定》先行制定浦东管理措施		

下

评估篇①

① 2022 年度上海市人大常委会办公厅委托上海社科院完成的"浦东新区法规立法评估"课题的最终成果。

课题组顾问：阎锐（上海市人大常委会法工委主任）、王德忠（上海社科院院长）

课题组组长：姚建龙（上海社科院法学所所长、浦东新区法规研究中心主任）

课题组成员：于蕾（上海社科院智库处处长）、李建伟（上海社科院法学所副所长）、彭辉（上海社科院法学所研究员）、姚魏（上海社科院法学所助理研究员）、林圻（市人大常委会法工委立法三处）、俞海涛（上海社科院法学所助理研究员）、陈宇超（上海社科院法学所助理研究员）、朱玥（上海社科院法学所助理研究员）、孙祁（上海社科院法学所助理研究员）。

第九章　浦东新区法规的宏观评估报告[①]

宏观报告对 15 部浦东新区法规作了整体评估,共分为五部分:第一部分评估开展情况,对评估背景、对象、方式做了介绍;第二部分评估总体结论,分为四个层次论述:授权制定浦东新区法规的重要战略意义、对标对表《引领区意见》的积极作为、落实全国人大常委会《授权决定》的创新举措、贯彻习近平法治思想的生动实践;第三部分制度文本评估,将用足用好国家立法授权的立法文本特色概括为四个方面:突出引领性、追求高标准、体现标杆度、彰显牵引性;第四部分实施成效评估,将贯彻落实《引领区意见》的成效概括为五个方面:优化营商环境、促进产业升级、强化创新引擎、加快绿色转型、提升治理效能;第五部分对策建议,从立法全生命周期的角度提出四点建议:精准确定立法选题、整体谋划立法体系、不断完善立法机制、深入推进法规实施。

一、评估工作开展情况

(一)评估背景

新时代改革开放进入了一个新的阶段。《中共中央关于党的百年奋斗重大成就和历史经验的决议》指出,"我国改革开放走过波澜壮阔的历程,取得举世瞩目的成就。随着实践发展,一些深层次体制机制问题和利益固化的藩篱日益显现,改革进入攻坚期和深水区"。2020 年 11 月 12 日,习近平总书记在浦东新区开发开放 30 周年庆祝大会上发表重要讲话,在充分肯定浦东开发开放历史性成

---

① 浦东新区法规立法评估课题组。

就的同时,也擘画了浦东未来发展的新方位、新定位、新路径。

在全面建设社会主义现代化国家新征程上,为支持浦东新区高水平改革开放、打造社会主义现代化建设引领区,引领带动上海"五个中心"建设,更好服务全国大局和带动长三角一体化发展战略实施,2021年7月,中共中央、国务院发布了《关于支持浦东新区高水平改革开放打造社会主义现代化建设引领区的意见》(以下简称《引领区意见》),明确支持浦东勇于"挑最重的担子、啃最硬的骨头",努力成为更高水平改革开放的开路先锋、全面建设社会主义现代化国家的排头兵,要求建立完善与支持浦东大胆试、大胆闯、自主改相适应的法治保障体系。

2021年6月,根据重大改革于法有据的法治要求,十三届全国人大常委会第二十九次会议表决通过了《全国人民代表大会常务委员会关于授权上海市人民代表大会及其常务委员会制定浦东新区法规的决定》(以下简称《授权决定》),以决定的形式对浦东引领区建设的法治保障工作加以明确。最高国家权力机关授权制定浦东新区法规,既有对浦东开发开放实践经验的总结,也有对经济特区立法模式的借鉴,既适应了新时代高水平对外开放的需要,也有利于坚持在法治轨道上推进改革。

为承接和实施全国人大常委会的授权决定,2021年6月,上海市第十五届人大常委会第三十二次会议表决通过了《关于加强浦东新区高水平改革开放法治保障制定浦东新区法规的决定》。同年7月,上海市人大常委会主任会议表决通过了相关立法工作规程。截至2022年12月底,上海市已经制定了15部浦东新区法规。

2022年8月底上海市人大常委会办公厅正式委托上海社会科学院对已颁布的浦东新区法规进行立法后评估。上海社会科学院立即成立评估组,对浦东新区法规的立法及实施效果进行评估。评估工作旨在总结回顾浦东新区法规的实践探索和特色做法,深入研判浦东新区法规的实施状况及取得的成效,谋划展望进一步做好浦东新区法规立法工作的趋势和路径。

(二) 评估对象

本次评估的对象是已出台的15部浦东新区法规,详见表9-1。

表 9-1　上海市人大常委会制定浦东新区法规一览表

序号		法规名称	通过届次	通过日期	施行日期
优化营商环境立法（5 部）					
1	市场准入立法	《上海市浦东新区深化"一业一证"改革规定》（简称《"一业一证"规定》）	十五届三十五次	2021 年 9 月 28 日	2021 年 10 月 1 日
2		《上海市浦东新区市场主体确认登记制若干规定》（简称《登记确认制规定》）	十五届三十九次	2022 年 2 月 18 日	2022 年 3 月 15 日
3		《上海市浦东新区推进市场准营承诺即入制改革若干规定》（简称《承诺即入制规定》）	十五届四十一次	2022 年 6 月 22 日	2022 年 8 月 1 日
4	市场退出立法	《上海市浦东新区市场主体退出若干规定》（简称《市场主体退出规定》）	十五届三十五次	2021 年 9 月 28 日	2021 年 11 月 1 日
5		《上海市浦东新区完善市场化法治化企业破产制度若干规定》（简称《企业破产规定》）	十五届三十七次	2021 年 11 月 25 日	2022 年 1 月 1 日
强化创新引擎立法（2 部）					
6		《上海市浦东新区建立高水平知识产权保护制度若干规定》（简称《知识产权保护规定》）	十五届三十六次	2021 年 10 月 28 日	2021 年 12 月 1 日
7		《上海市浦东新区优化揭榜挂帅机制促进新型研发机构发展若干规定》（简称《新型研发机构规定》）	十五届四十五次	2022 年 10 月 28 日	2022 年 12 月 1 日
促进产业升级立法（4 部）					
8		《上海市浦东新区促进张江生物医药产业创新高地建设规定》（简称《生物医药产业规定》）	十五届三十八次	2021 年 12 月 29 日	2022 年 1 月 1 日
9		《上海市浦东新区化妆品产业创新发展若干规定》（简称《化妆品产业规定》）	十五届四十二次	2022 年 7 月 21 日	2022 年 8 月 1 日
10		《上海市浦东新区文物艺术品交易若干规定》（简称文物艺术品规定）	十五届四十三次	2022 年 8 月 27 日	2022 年 10 月 1 日

序号	法规名称	通过届次	通过日期	施行日期
11	《上海市浦东新区促进无驾驶人智能网联汽车创新应用规定》(简称《智能网联车规定》)	十五届四十六次	2022 年 11 月 23 日	2023 年 2 月 1 日
加快绿色转型立法(2 部)				
12	《上海市浦东新区绿色金融发展若干规定》(简称《绿色金融规定》)	十五届四十一次	2022 年 6 月 22 日	2022 年 7 月 1 日
13	《上海市浦东新区固体废物资源化再利用若干规定》(简称《固体废物再利用规定》)	十五届四十七次	2022 年 12 月 21 日	2023 年 2 月 1 日
提升治理效能立法(2 部)				
14	《上海市浦东新区城市管理领域非现场执法规定》(简称《非现场执法规定》)	十五届三十六次	2021 年 10 月 28 日	2021 年 12 月 1 日
15	《上海市浦东新区推进住宅小区治理创新若干规定》(简称《住宅小区治理规定》)	十五届四十四次	2022 年 9 月 22 日	2022 年 11 月 1 日

(三) 评估方式

课题研究过程采用"整、分、合"的推进思路,即在整体谋划的基础上,分层分工负责、合力推进。课题组经过多次酝酿,制定了调研工作方案,对课题研究的总体目标、工作要求、时间节点和调研力量作了具体安排,并通过召开调研工作部署会,统一认识、达成共识,明确责任。课题组注重理论与实践相联系、领会与创新相结合、问题与建议相衔接,围绕引领区立法重点,实地走访相关职能部门,与相关负责同志座谈,考察了浦东新区法规核心制度的制定实施情况。课题组开展立法评估研究,注重把握以下总体内容:

一是牢牢把握党中央、全国人大、国务院和上海市委对于浦东新区法规工作的部署要求。打造社会主义现代化建设引领区、授权制定浦东新区法规是中央在改革开放新阶段的重大决策部署。课题组注重提高政治站位,始终把握"建立完善与支持浦东大胆试、大胆闯、自主改相适应的法治保障体系",在法治轨道上推进引领区建设行稳致远的总体要求。

　　二是牢牢把握浦东新区法规的创制性、变通性,注重发挥立法对改革创新的引领、推动、规范和保障作用。立足立法实践,对已制定的 15 部浦东新区法规全面进行文本评估,对实施一段时间的 10 部做成效评估,重点分析立法创制变通情况。在此基础上,全面评估浦东新区法规对引领区创建的契合度与重要支撑作用。

　　三是牢牢把握立足实践、扎根实践、服务实践,坚持用事实、案例和数据说话。对浦东新区法规涉及的有关职能部门、企事业单位等进行广泛走访和深入调研,全面收集研究各种内部外部材料,形成多份专题实证调研报告,充分评估浦东新区法规客观的实施效果、社会认可度和综合影响力。

　　四是牢牢把握法治实践与理论提炼的综合统筹,发挥社科院国家高端智库所具备的第三方专业优势。以第三方视角,作出独立判断。注重用不同理论框架统摄经验材料,注重立法实践的特色凝练和实施成效的经验提炼与规律总结,注重从实践实施角度提出进一步完善浦东新区法规立法工作的对策建议。

　　课题组在多次修改、反复论证的基础上,形成了宏观、中观、微观评估报告,基本实现了既定调研目标:系统评估了高质量立法助力浦东打造社会主义现代化建设引领区的制度文本特色和立法实施成效,并对进一步深化拓展今后相关工作提出了思考和建议。

二、评估的总体结论

　　一年多来,上海市人大及其常委会在市委的坚强领导下,在全国人大常委会的指导与国务院、国家各部委的关心支持下,统筹把握"两个大局",坚持以习近平新时代中国特色社会主义思想为指导,深入践行习近平法治思想,贯彻落实引领区建设国家战略要求,积极履行中央立法授权,以锐意创新的勇气、敢为人先的锐气、蓬勃向上的朝气和强烈的责任感、使命感推进新时代引领区立法工作,为浦东经济社会高质量发展注入新动力、新活力。

(一)授权制定浦东新区法规是国家统筹"两个大局"为新时代深化改革开放提供法治保障的重要战略

　　立足于中华民族伟大复兴的战略全局和世界百年未有之大变局,习近平总书记强调要"准确识变、科学应变、主动求变","努力在危机中育先机、于变局中开新局"。在改革开放新阶段,习近平总书记交给上海三项新的重大任务,赋予浦东打造社会主义现代化建设引领区的历史重任,要求上海在新时代改革开放中发挥"开路先锋、示范引领、突破攻坚"的作用。一是引领区建设成为我国更高水平改革开放的"突破点"。浦东"社会主义现代化建设引领区"和深圳"中国特色社会主义先行示范区"已成为国家新战略布局。如果说对改革开放具有开创性贡献的经济特区是我国改革开放路线的"起点",那么浦东引领区就是新时代改革开放路线中的"突破点",承担着构建国内大循环中心节点和国内国际双循环战略链接,推进更高水平、更大力度、更深层次改革开放的重担。二是引领区建设的新任务赋予浦东新区法规创新变通的新使命。与引领区成为新时代改革开放的"突破点"相匹配,《授权决定》赋能上海地方立法权的最高配置——立法创新变通权,为浦东从"大胆试"走向"自主改"提供强有力制度保障。上海从而拥有了包括立法创制权和立法变通权在内的完备的立法工具箱,可以根据改革创新实践的需要,制定一般地方性法规、浦东新区法规和浦东管理措施,三者共同构成支持浦东"大胆试、大胆闯、自主改"相适应的地方法治保障体系。三是授权制定浦东新区法规开启了国家级新区立法的新篇章。国家级新区承担着国家重大发展和改革开放战略任务,浦东从新区到引领区再到立法授权,既有自上而下的顶层设计、统筹改革,又实现了地方改革的自主权和主动权。浦东新区法规集授权立法、变通立法、试验立法等性质于一身,是全国人大常委会为保障引领区建设创设的全新立法形式,是立法创制和立法变通的重要载体,是引领区立法创新的集大成者,为我国推动更深层次改革实行更高水平开放提供引领、推动、规范和保障作用。

(二) 制定实施浦东新区法规是对标对表《引领区意见》,推动高水平改革开放、建设引领区的积极作为

上海市人大常委会对标对表《引领区意见》,以服务保障浦东建设成为更高水平改革开放的开路先锋、自主创新发展的时代标杆、全球资源配置的功能高地、扩大国内需求的典范引领、现代城市治理的示范样板为战略定位,从以下五个方面引领推动社会主义现代化引领区建设,取得显著成效:

一是优化营商环境,5部法规创新企业全生命周期的服务管理方式,便利市场主体"进出"市场,形成优化营商环境法治保障"组合拳"。在市场进入方面,"一业一证"、市场主体登记确认制、市场准营承诺即入制,都是在全国领先的制度创新。"一业一证"改革切实降低了企业的制度性交易成本。以"开便利店"为例,传统申办法定时限为 95 个工作日,推行"一业一证"改革后只需 5 个工作日。市场主体登记确认制率先将商事登记由行政许可转变为行政确认,凸显了企业经营自主权,浦东新区通过登记确认制发展壮大市场主体,共受理登记 8000 余户。市场准营承诺即入制施行后,相关行业准营要求的场所、设备、人员等进行标准化集成,通过这一创新机制申办许可证,整个流程平均能够节约 1 个月左右时间。在市场退出方面,通过市场主体退出和企业破产制度创新,系统优化行政环节和司法环节的市场主体退出服务。创设四种市场主体退出方式,"简易注销"和"承诺制注销"提升了企业自主办理注销手续的便利化程度,通过公示时限的缩短,注销程序办理期限压缩了 80%。"强制除名"和"强制注销"机制的运行,使得浦东近 12 万户"吊销未注销"的"僵尸企业"依法得到有效处置,更好地维护了市场秩序。企业破产法规推动建立完善破产案件办理的府院协调机制,优化破产财产查封、处置等流程,保障破产管理人更好地依法履行职责,维护债权人、债务人等各方面的合法权益。在复制推广方面,2022 年 10 月,国务院办公厅印发《关于复制推广营商环境创新试点改革举措的通知》,决定在全国范围内复制推广一批改革创新举措,其中"探索建立市场主体除名制度""进一步便利破产管理人查询破产企业财产信息"等七项制度创新均在浦东新区法规中率先作出规定。另外,企业破产法规中的预重整制度、破产案件繁简分流制度等在2022 年 12 月底提请全国人大常委会审议的《企业破产法(修订草案)》中亦有体现。

二是促进产业升级,4 部法规持续深挖浦东产业优势和潜力,对标先进、对接国际,聚焦生物医药、化妆品、文物艺术品和智能网联车四个产业赛道,着力打通产业发展的堵点难点,分别从健全管理体制、推动改革突破、创新服务机制、促进产业融合、强化资源保障等方面开展相关制度创制和变通。生物医药法规拓展投资主体多元化,吸引各类资本投入生物医药产业;允许特定医疗机构自行研制国内尚无同品种产品上市的体外诊断试剂并在本单位内使用;推动开展部分药品和医疗器械的跨境电商零售业务,促进生物医药产业规模持续迈上新台阶。化妆品法规允许化妆品备案人根据消费者个性化需求,开展化妆品定制化生产,引领消费新模式。文物艺术品法规推动设立文物艺术品交易服务中心,在严守文物安全工作底线的前提下创新文物拍卖经营新机制。智能网联车法规顺应当前网联车减人化的发展趋势,率先规定无驾驶人的网联车创新应用,为高等级自动驾驶车辆上道路运行乃至开展商业化运营开辟空间,通过立法先行进一步激发了产业活力,引领网联车行业向高端发展。

三是强化创新引擎,2 部法规分别从激发科技创造活力和保护科技创新成果的角度,深化科技创新体制改革,进一步树立自主创新时代标杆。新型研发机构法规推动建立创新项目揭榜挂帅公共服务平台,运用赛马制等机制选育创新项目,建立科研项目经费包干制和负面清单管理制,营造新型研发机构良好的发展环境。知识产权法规紧扣《引领区意见》提出的"高水平保护"的要求,率先接轨国际高标准知识产权保护规则,在知识产权权利申请方面加快进度,建立专利预审机制,在知识产权侵权赔偿方面加大力度,抬高法定惩罚性赔偿上限,推进实现知识产权"严保护、大保护、快保护、同保护"四位一体。在复制推广方面,相关制度已被《海南自由贸易港知识产权保护条例》等借鉴。法规关于鼓励优化知识产权质押融资模式、建立融资担保风险分担机制的内容,也被国务院办公厅发文推广。

四是加快绿色转型,2 部法规践行绿色发展理念,围绕生态环境保护和绿色金融发展作出制度供给。固体废物资源化再利用法规聚焦"无废城市"建设,推动浦东新区率先形成与城市绿色发展相适应的固体废物处理模式,率先实现固体废物近零填埋,全面提升资源化再利用效率和水平。绿色金融法规首次明确组织制定国家绿色金融标准浦东新区配套制度或者补充性绿色金融地方标准,统一浦东新区绿色金融产品和项目评估、认定和分类标准,为绿色投融资提供更为清晰的指引。绿色金融法规施行后,相关部门推动产业端绿色评价标准的研究制定,统筹建立动态调整的绿色项目库,为产融对接提供"靶向"目标,为绿色金融活动提供了有力的法治保障。

五是提升治理效能,2 部法规践行"人民城市人民建、人民城市为人民"重要理念,紧扣城市治理现代化的目标,提高城市管理科学化、精细化、智能化水平,维护人民群众切身利益。非现场执法法规回应城市治理数字化转型需求,深入推进"互联网+"监管执法,以远程监管、移动监管、预警防控为特征,推动形成"智能发现、高效处置、非现执法、精准治理"的闭环管理模式。从实施成效看,非现场执法案件平均耗时小于 4 天,相比传统执法方式压缩时间超过 85％。住宅小区治理法规在《民法典》框架下积极创新,明确街镇可以按程序指定相关居民委员会在一定期限内暂时代行业主委员会的相关职责,破解特定情形下的社区治理僵局;推动畅通"一网统管"和"社区云"平台,动态更新实有人口、房屋等基础信息,建立依托大数据平台的执法协作机制,提高服务水平和管理效率。

（三）制定实施浦东新区法规是按照《授权决定》要求,建立完善与支持浦东大胆试、大胆闯、自主改相适应法治保障体系的创新举措

上海市人大常委会立足浦东改革创新实践需要,遵循宪法规定以及法律和行政法规基本原则,制定浦东新区法规,为建立完善与支持浦东"大胆试、大胆闯、自主改"相适应的法治保障体系创造了良好开端:

一是突出"引领性",用足用好立法创制权,积极进行"从无到有"的创制性立法创新,为浦东"大胆试、大胆闯"提供有效法治引领,具体包括创设新的制度、补充国家法律规定,创设新的治理手段、细化国家法律规定,将先行先试、行之有效的经验上升为法规等;用足用好立法变通权,积极稳妥进行"从有到优"的优化性立法创新,为浦东"大胆闯、自主改"提供有力法治支撑,具体包括积极稳妥行使立法变通权、创造了"纵向联动、横向协同"的立法经验,既有对制度进行整体协同创新,也有对法律规则的构成要素进行个别优化创新。

二是追求"高标准",注重在法治轨道上促进高水平开放、实现高效能治理、推动高质量发展、创造高品质生活。具体包括通过从商品要素流动到规则制度开放的转变促进高水平开放,通过促进城市治理体系与治理能力的现代化实现高效能治理,通过持续优化营商环境和实施创新驱动战略推动高质量发展,通过构建和谐优美生态环境和塑造审美风尚创造高品质生活,从而提升城市治理"软实力"、打造经济发展"硬支撑",发挥法治功效,积极推动浦东努力成为更高水平改革开放的开路先锋、全面建设社会主义现代化国家的排头兵、彰显"四个自信"的实践范例。

三是体现"标杆度",对标国际最高标准、最好水平,凸显新区法规特色。主要表现在:立法紧扣国家战略,如强化创新引擎立法和促进先导产业立法紧扣国家创新驱动发展战略,绿色金融法规、固体废物资源化再利用法规紧扣绿色发展战略。立法紧贴发展需要,聚焦各领域实际发展需求,15 部浦东新区法规内容涵盖优化营商环境、推动产业升级、助力自主创新、服务绿色生态、深化城市治理等五大板块,立法主题既有《引领区意见》明确的改革事项,也有根据总体部署要求确定。立法紧跟时代步伐,适应全球新一轮科技革命和产业变革,深化科技创新体制改革,加快科技成果向现实应用转化,培育产业新模式、新业态,推动战略性新兴产业融合集群发展等。

四是彰显"牵引性",浦东新区法规聚焦基础性和具有重大牵引作用的改革举措,以问题为导向,切口小、篇幅小,出台效率高、进入实施快,落点实、效果灵,坚持围绕中心、担当作为、锐意创新、敢为人先,坚持以小见大、以点带面,坚持以四两拨千斤的巧力打通关节、一通百通,快、准、稳地破解经济社会发展中的堵点难点痛点问题,引领推动经济社会发展,奏响新时代中国发展最强音。

(四)制定实施浦东新区法规是落实"重大改革于法有据",贯彻习近平法治思想的生动实践

习近平总书记指出,"科学立法是处理改革和法治关系的重要环节。要实现立法和改革决策相衔接,做到重大改革于法有据、立法主动适应改革发展需要。"上海市人大常委会牢牢把握重要战略机遇期,以引领区法治建设的确定性对冲外部复杂环境的不确定性,在法治轨道上打造社会主义现代化建设引领区,充分发挥浦东新区法规对高水平改革开放的引领、推动、规范和保障作用:

一是在"重大改革于法有据"思想引领下,积极推动浦东新区法规立法项目清单与改革措施清单有机衔接。习近平总书记指出,"我们要坚持改革决策和立法决策相统一、相衔接,立法主动适应改革需要,积极发挥引导、推动、规范、保障改革的作用,做到重大改革于法有据,改革和法治同步推进,增强改革的穿透力"。浦东新区法规坚持目标导向和需求导向,对标对表《引领区意见》改革措施清单,坚持立法决策和改革决策相衔接,主动适应经济社会发展需要,科学编排立法需求项目清单。"深化一业一证改革""探索试点商事登记确认制和市场准营承诺即入制""资源化再利用制度"等立法选题都直接来自于《引领区意见》明确的改革事项。浦东新区法规贯彻落实国家战略部署,以"改革开放先行者,创新发展排头兵"的责任担当,统筹推进重要领域和关键环节改革,确保浦东新区推进首创性改革、引领性开放和开拓性创新于法有据。

二是建立健全与改革创新实践需要相适应的浦东新区法规立法工作机制,

确保立法授权接得住、接得稳。《授权决定》作出后,市人大常委会表决通过《关于加强浦东新区高水平改革开放法治保障制定浦东新区法规的决定》,以法律性问题决定的形式对浦东新区法规的制定依据和原则遵循、浦东新区法规立法的工作机制以及浦东管理措施的转化机制等作出规定;通过《关于制定浦东新区法规相关立法工作规程的规定》,对浦东新区法规制定的各个环节分别作出细化安排。健全完善浦东新区法规立法工作格局,积极争取国家各部门指导支持,浦东新区法规在起草过程中对变通的制度安排,起草部门都加强与相关国家部委沟通汇报,形成草案稿后,市人大常委会法工委及时向全国人大常委会法工委汇报、请求指导。充分发挥市、区两级积极性形成整体工作合力,建立完善"双向进入、专班起草"的立法起草工作机制,持续发挥政府在立法项目提出、草案起草、调研论证、信息支持、配套措施制定等方面的重要作用,切实构建多方参与的多元化立法平台。

三是认真践行全过程人民民主重大理念,推动形成加强浦东引领区建设法治保障的整体合力。浦东新区法规制定与实施中注重拓展社会公众有序参与的途径和方式,建立了浦东新区法规立法需求向社会公众滚动征集机制,建设了浦东新区法规立法项目动态储备库,实行立法需求、项目分类管理机制;建立健全浦东新区法规实施情况跟踪机制,及时开展对浦东新区法规制度创新实施成效的总结评估,推动放大改革综合效用;充分发挥社会智库对浦东新区法规立法的服务功能,委托有关高校研究机构对重点立法项目开展前瞻性研究、法规实施情况开展成效性评估。通过建立健全一系列工作机制,有效保障了浦东新区法规立项、起草、审议、论证、评估、监督和实施等各个环节都能广泛汇聚民智,真正实现问需于民、问计于民、问效于民,真正把体现人民利益、反映人民愿望、维护人民权益、增进人民福祉放在第一位,最大限度凝聚立法共识、推动法规落地见效。浦东新区法规的制定实施,是贯彻全过程人民民主重要理念的生动实践。

四是与支持浦东大胆试、大胆闯、自主改相适应的法治保障体系逐步建立完善。制定实施浦东新区法规取得积极成效,实现良好开局。浦东新区法规的制定实施始终以习近平总书记"大胆试、大胆闯、自主改"的殷殷嘱托为指引,15部浦东新区法规制定实施有效实现了立法"同步"或者适度"前瞻"于改革发展,有效实现了浦东引领区建设"重大改革于法有据"的立法保障,支持浦东大胆试、大胆闯、自主改相适应的法治保障体系正在逐步建立完善。浦东新区法规不负国家立法授权的殷切期望,筑牢法治之基、彰显法治之力、厚积法治之势,为后续引领区法治保障体系建设创造了良好开端,有利于浦东实现在更高起点、更高层次、更高目标上推进改革开放的新使命新任务。新征程新起点上,市人大要在市委的坚强领导下,发挥好人大立法主导作用,进一步推进浦东新区法规的制定和实施工作。更加注重法规的贯彻实施,通过专题调研、执法检查、督促制定配套文件等方式积极推动浦东新区法规落地见效,确保浦东新区法规的制度创新优势转化为高质量发展的治理效能;更加注重提高立法与改革的协调衔接,根据《引领区意见》要求,按照中央和市委对浦东改革开放决策部署,加强前瞻性谋划、整体性布局,不断提升制度设计的精准性、及时性和实效性。

三、关于浦东新区法规的制度文本评估

浦东开发开放掀开了我国改革开放向纵深推进的崭新篇章,从"浦东新区"到"浦东引领区",体现了我国坚定不移推进全面深化改革开放的决心。浦东改革创新的法治保障体系由国家与地方共同构建,引领区立法属于中国特色社会主义法律体系的组成部分。浦东新区法规在国家法律的框架下,对浦东经济社会发展的各个方面进行创制性、变通性立法,与一般地方性法规、浦东管理措施共同构成引领区建设的地方法治保障体系。

(一) 突出引领性,奋力成为更高水平改革开放的开路先锋

新的历史条件下,浦东新区承担了引领创新的任务和使命,浦东新区法规的引领创新性集中体现在立法创制与立法变通上。创制是一种"从无到有"的创新,变通是一种"从有到优"的创新。浦东新区法规的制定既强调创制,也强调变通。强调创制是充分考虑浦东先行先试的改革实际,强调变通是严格对标国家改革突破的最高期待,两者发挥不同的功能。立法创制侧重于为浦东"大胆试、大胆闯"提供法治引领,立法变通侧重于为浦东"大胆闯、自主改"提供法治支撑。

1. 创制性立法创新为浦东"大胆试、大胆闯"提供有效法治引领

浦东新区法规积极进行"从无到有"的创制性立法创新,通过立法创制引领推动更高水平改革开放,为浦东"大胆试、大胆闯"提供有效法治引领:

一是创设新的制度,补充国家法律规定。除法律保留外的国家尚未制定法

律或者行政法规的事项,地方人大可以根据本地方的具体情况和实际需要先行制定法规,浦东新区法规积极探索创设新制度。例如,《企业破产规定》创设了企业破产办理组织保障的规定,创设了困境企业经营管理人的特别管理义务,创设了预重整制度,创设了破产重整企业信用修复机制等。又如,《知识产权保护规定》进一步探索知识产权司法创新,支持法院建立专家陪审员制度、探索"书状先行"的庭审模式,并支持检察机关探索开展公益诉讼等。

二是创新治理手段,细化国家法律规定。尤其是综合运用云计算、大数据、人工智能等新一代信息技术加快推动城市治理数字化转型,让数字技术更好服务于人民群众的美好生活。例如,《非现场执法规定》总体上是对《行政处罚法》第 41 条的执行性规定,是对上位法条文的细化,作为浦东新区城管部门率先探索的数字化城市治理实践成果,创新了执法模式、执法手段,是全国首部涉及"非现场执法"的专门性法规。又如,《承诺即入制规定》第 6 条规定,政府既提供行政许可的传统办理方式,又提供"一网通办"平台等在线办理方式,强调在自然灾害、公共卫生等突发事件应对处置期间,充分发挥"一网通办"平台作用。

三是将先行先试、行之有效的经验做法升级为法规。浦东是国家重大制度创新的试验田,从 20 世纪 90 年代初新区的设立到自由贸易试验区再到引领区,浦东开发开放积累了大量先行先试、行之有效的经验,需要以法规的形式予以固化升级。例如,《"一业一证"规定》升级了浦东首创的"六个一"集成服务机制,将《关于上海市浦东新区开展"一业一证"改革试点大幅降低行业准入成本总体方案的批复》(国函〔2020〕155 号)这一国务院规范性文件上升为浦东新区法规,提升了行业综合许可制的法律地位。又如,《市场主体退出规定》和《企业破产规定》将国家发改委、最高人民法院等 13 个部门联合印发的《加快完善市场主体退出制度改革方案》的相关举措上升为浦东新区法规。又如,《生物医药产业规定》第 13 条推动开展跨境电子商务零售进口部分药品和医疗器械业务,将国务院《关于推进自由贸易试验区贸易投资便利化改革创新若干措施的通知》(国发〔2021〕12 号)的相关规定上升为浦东新区法规。

2. 优化性立法创新为浦东"大胆闯、自主改"提供有力法治支撑

浦东新区法规积极进行"从有到优"的优化性立法创新,通过立法变通有效突破改革创新体制机制的束缚,为浦东引领区"大胆闯、自主改"提供有力法治支撑:

一是积极稳妥行使立法变通权。《授权决定》在法律、行政法规之外,增加部门规章为变通对象,是在吸取经济特区法规立法经验的基础上,对浦东改革试验的制度解绑。浦东新区法规遵循宪法规定以及法律和行政法规的基本原则,在与全国人大、国家部委积极沟通、广泛凝聚共识的前提下,对行政许可法、著作权法、专利法、商标法、公司法、企业破产法、海关法、市场主体登记管理条例及其实施细则、医疗器械监督管理条例、化妆品监督管理条例、食品经营许可管理办法、药品注册管理办法等法律、法规、规章作出了变通,积累了"纵向联动、横向协同"的立法工作经验。这使得立法变通权的行使不是单方面的任意突破,而是对浦东立法变通共识的事后确认与固化,积极稳妥突破体制机制束缚,推进国家赋予改革创新的使命任务。浦东新区法规用足用好立法变通权,具体表现在整体性或制度性变通、个别性或规则性变通以及程序性变通上。

二是对制度进行整体性优化创新。整体性或制度性优化创新的变通对象是构成某一制度的一整批法律规则。由于法律规范性文件众多,这批法律规则常以不完全列举的形式出现;又由于改革过程中各部门的非同步性,这种不完全列举只能以可动态调整的开放式清单呈现,直至最后新制度定型。制度性变通的系统集成度更高,需要打通部门条块壁垒,构建新的工作机制,因而实施难度也更大。例如,《"一业一证"规定》由"行政许可单轨制""统一有效期制""告知承诺制"等系统集成,用"综合许可制"取代了"分散许可制",它对既有行政许可制度的变通,不只是对某种行政许可、某部行政许可法律法规规章的个别条文的变通,而是对一批关于行业行政许可制度的法律规则的变通。又如,《市场主体退出规定》规定了"承诺制注销"与"强制除名、注销制",取代了公司法、企业所得税法、市场主体登记管理条例等诸多上位法规定的"清算注销制"。当然,制度性变通也是通过变通个别法律规则来实现的,因而也可以分解还原为对具体规则的变通。

三是对法律规则的构成要素进行个别性优化创新。个别性优化创新指的是对构成法律规则的某个要素——适用条件、行为模式、法律后果的变通。个别性变通常以变通"点"的形式体现,其系统集成度较低,对既有工作机制的调整力度不大,因而实施难度相对较低。其通过调整制度框架内个别法律规则的构成要素,来提升政府行政效能,更好地保障市场主体和公民权益。

(1)对适用条件的优化创新。适用条件规定法律规则在何时、何地、对何人适用。浦东新区法规设置了生效日期，并"在浦东新区实施"，从而悬置了被变通法在浦东的时间、空间效力。然而，浦东新区法规的空间效力不可一概而论，相较于城市管理活动附着于特定地面，因而《非现场执法规定》具有固定的效力空间，市场活动具有交流、扩张的性质，五部市场领域立法的空间效力也会有不同程度的溢出，《企业破产规定》更是直接将"住所地主义"变为了"主要利益中心主义"。浦东新区法规有意识地运用"属人""属地"等多种"客观连结点"，既依法确保了法规的适用范围限定在浦东新区，又促成了其实际效力向全市延伸。

（2）对行为模式的优化创新。其中又可分为：其一，对行为主体的优化创新。如《医疗器械监督管理条例》第 53 条明确规定，自行研制体外诊断试剂的具体管理办法由国务院药品监督管理部门会同国务院卫生主管部门制定，而《生物医药产业规定》将其变通为由本市药监局部门会同市卫健部门制定具体办法。对行为主体的变通实际上是地方通过与中央的积极沟通，获得了国家部委的支持，争取到了相关权力，并用立法变通权予以固化。其二，对行为方式的优化创新。如《市场主体登记管理条例》及其实施细则规定登记机关应当对市场主体设立、变更的申请材料进行形式审查，而《登记确认制规定》第 10 条将市场主体设立、变更的备案事项改为自主公示，从而推动"行政审批"模式向"行政确认"模式转变。对行为方式的变通实际上是政府部门主动放权，深化放管服改革以激发市场主体活力。其三，对行为期限的优化创新。如《市场主体登记管理条例》第 33 条规定简易注销登记的公示期为"二十日"，《市场主体退出规定》第 3 条将其变通为"十日"，这一变通对既有简易注销登记工作机制调整不大。又如，《承诺即入制规定》规定市场准营告知承诺"即入"，比当场办结的要求更高，将制度创新做到了极致，而与前者不同，要做到"即入"，需要重新塑造工作机制流程。对行为期限的变通往往不改变既有权力格局，政府部门通过自我加压提升了政府行政效能与服务水平。

（3）对法律后果的优化创新。例如，著作权法、专利法、商标法规定的侵权最高赔偿数额均为"五百万元"，而《知识产权保护规定》第 10 条规定了"一千万元"的最高惩罚数额。保护知识产权就是保护创新，《知识产权保护规定》规定了更大力度的惩罚性赔偿，符合国家法律原则和浦东发展实际，为浦东打造自主创新新高地提供了更为严密的制度保障。

四是侧重于提升放管服水平的程序性优化创新。浦东新区法规倾向于作

"刀刃向内"的改革,通过部门职能优化、实行流程再造,提升"放管服"水平,尽量不作实体上的主体资质或权利义务关系等的变动。当然,程序性变通不但提升了行政效能,也会产生实体上的有益影响。例如,《市场主体退出规定》将"清算注销制"变通为"承诺制注销""强制除名、注销制",然而其第12条第2款规定市场主体未经清算被依法注销的,其清算义务人承担的组织清算义务不变,有关利害关系人的民事权利义务关系不变。可见,变通并不消除清算要解决的民事权利义务问题,并不免除相关主体的实体法律责任,其实质是将清算程序后置,而这一程序后置释放了企业名称资源。又如,《承诺即入制规定》规定只要市场主体承诺其符合相关经营条件就授予其行政许可,这不是说不再对市场主体的相关资质、条件进行任何审查,而是通过加强事中事后监管来发挥同样的功能。其实质是建立了行政许可的"宽进严管"模式,可以说是审查或监管后置,这一后置激发了市场主体动力,有利于培育诚信、自治的法治社会。

(二) 追求高标准,为高水平改革开放提供有力的法治保障

浦东新区法规为超大城市的高效能治理、高水平开放、高质量发展、高品质生活提供有力法治支撑。高效能治理、高水平开放促进高质量发展,高质量发展带来高品质生活。高质量发展是前提,高品质生活是目标,高效能治理与高水平开放是保障,"四高"相互交融、相辅相成,共同打造社会主义现代化建设引领区。

1. 通过从商品要素流动到规则制度开放的转变,促进高水平开放

浦东新区法规对标国际最高标准、最好水平,对接国际规则,构建国内大循环中心节点、国内国际双循环战略链接,稳步扩大规则、规制、管理、标准等制度型开放,实行更大程度的压力测试,在重点领域率先探索突破。一是加快形成国际一流营商环境。相关五部法规根据国际营商环境评价标准,吸纳企业发展全生命周期理念,聚焦市场"进出"深化商事制度改革系统集成,形成前后衔接、相互促进的市场制度体系。二是从接轨、对标到相互衔接。例如,《知识产权保护规定》率先建立与国际通行规则相互衔接的开放型体制,率先构建高标准知识产权规则,实施与国际接轨的知识产权保护通行做法;《化妆品产业规定》提升化妆品企业贸易便利化水平,助力浦东"国际消费中心城市"建设;《生物医药产业规定》率先实现特殊物品及研发用物品通关便利化,助推浦东形成全球种类最多、综合能力最强的光子科学大科学设施群。三是全场景的全球合作竞争单元。例

如,《绿色金融规定》率先吸纳"绿色金融""转型金融"等国际新兴理念,在转型金融、绿色票据、绿色供应链金融、生物多样性金融、气候投融资等多个领域制定新标准、发展新业务,引领国内国际绿色金融发展,助力打造上海国际绿色金融枢纽。四是深度参与全球科技治理打造世界级产业集群。面对全球新一轮科技革命和产业变革,浦东新区法规进一步发挥浦东三大先导产业优势,通过加快关键技术研发,壮大生物医药、人工智能等战略性新兴产业,助力浦东打造世界级生物医药、智能网联车产业集群。五是从上海首发到全球首发。例如,《新型研发机构规定》最大限度吸引全世界科研人才,提升浦东自主创新能力和科技创新策源功能,助力浦东从"上海首发"向"全球首发"升级,打造具有全球影响力的科技创新中心。

2. 通过促进城市治理体系与治理能力的现代化,实现高效能治理

习近平总书记强调,"推进国家治理体系和治理能力现代化,必须抓好城市治理体系和治理能力现代化"。浦东新区法规大力推进市域社会治理体系和治理能力的现代化。一是构建职能优化、运行高效的政府负责体系。《非现场执法规定》规范城管部门非现场执法活动,打造"智能发现、高效处置、非现执法、精准治理"的街面秩序闭环管理体系。二是完善市域社会治理的自治体系。《住宅小区治理规定》创新社区自治模式,明确居委会临时代行业委会职责的条件以及相应的程序规范,扫除社区自治"盲点",建立健全议事协商机制,引导居民有序开展协商自治。三是提升基层困难解决能力。推动执法力量、专业力量、服务力量下沉基层,《住宅小区治理规定》建立健全常态化联系居民委员会工作机制,创建居民需求响应机制,夯实解决居民诉求的部门协同机制。四是提高科技服务群众能力。非现场执法、"一业一证"、企业破产、知识产权、承诺即入制、住宅小区治理等多部法规都规定了深入推进政务服务"一网通办",依托"一网统管"平台开展高效的信息共享和处理工作,运用现代科技手段推动社会治理创新,提高运用信息技术服务群众的能力。

3. 通过持续优化营商环境和实施创新驱动战略,推动高质量发展

浦东新区法规通过持续优化营商环境推动高质量发展。《"一业一证"规定》《承诺即入制规定》《登记确认制规定》便利市场主体"进入"市场,《市场主体退出规定》《企业破产规定》便利市场主体"退出"市场,聚焦"准入"和"退出"两个环节,为市场主体提供全生命周期法治保障。优化营商环境系列立法围绕市场发展中的瓶颈难点,以更大胆的"放"激发市场主体活力,以更智慧的"管"守住风险控制底线,以更优质的"服"促进政府职能转变,加强改革系统集成,创新政府服务管理方式,全力打造市场化、法治化和国际化营商环境,从而激活了高质量发展新动力。

浦东新区法规通过实施创新驱动战略推动高质量发展。强化创新引擎系列立法深化科技创新体制改革,为构建新发展格局、推动高质量发展提供有力法治支撑。例如,《知识产权保护规定》通过加强"快保护""严保护"建立高水平的知识产权保护制度,助力打造自主创新新高地;《新型研发机构规定》推动和保障新型研发机构的培育、发展、聚集,营造有利于创新的生态环境,助力浦东打造国际科技创新中心核心区;《生物医药产业规定》《智能网联汽车规定》聚焦生物医药、人工智能关键技术研发、应用,促进新兴产业高质量发展。

4. 通过构建和谐优美生态环境和塑造审美风尚,创造高品质生活

浦东新区法规通过构建和谐优美生态环境创造高品质生活。在新发展阶段,和谐优美生态环境成为人民对美好生活向往的重要内容。秉持"创新、协调、绿色、开放、共享"的城市可持续发展理念,浦东新区法规为保护生态环境作出制度创新。例如,《绿色金融规定》为绿色金融活动提供法治保障,助力打造上海国际绿色金融枢纽;《固体废物再利用规定》加快形成与城市绿色发展相适应的固体废物处理模式,推动浦东"无废城市"建设。

浦东新区法规通过塑造时代审美新风尚创造高品质生活。浦东新区法规从制度供给侧深挖改革力度,从群众需求侧满足精神追求,让更优质的商品、更艺术的产品走进大众生活,更好满足人民群众的审美需求。例如,《化妆品产业规定》致力于培育化妆品消费新模式新业态,鼓励化妆品精准研发,支持化妆品个性化服务,让消费者完成从"千人一面"到"千人千面"的美丽转变,同时保障用妆安全。又如,《文物艺术品规定》鼓励有条件的文物艺术品经营单位通过电子商务新业态新模式,开展文物艺术品在线展示、交易、定制服务等活动,提高全民美育素养,营造全民共享的城市艺术氛围。

(三) 体现标杆度,以首位担当擦亮具有浦东特色标志成果

浦东新区法规具有授权性、变通性和试验性,作为"法规家族新成员",既区别于一般地方性法规,又和民族自治地方法规、经济特区法规、海南自贸港法规等其他"法规家族成员"存在一定差异。浦东新区法规在规范内容上具有以下特点：

一是立法紧扣国家战略。浦东引领区是国家的引领区，而不只是上海的引领区，是制度引领区，而非制度特权区。浦东新区法规基于国家大局需要、站在国家整体立场进行制度探索，为国家的改革发展提供经验，具有立足上海、辐射全国的特点。例如，知识产权保护、生物医药产业、智能网联车、新型研发机构等法规，紧扣国家创新驱动发展战略，积聚力量进行原创性引领性科技攻关，坚决打赢关键核心技术攻坚战。又如，绿色金融、固体废物资源化再利用的两部绿色立法，紧扣国家创新、协调、绿色、开放、共享的新发展理念，推进绿色能源、低碳城市、绿色服务和战略性新兴产业的转型与升级，探索中国特色的绿色低碳高质量发展之路。又如，《知识产权保护规定》在国家知识产权局的指导支持下制定，这就不同于"根据本地方的具体情况和实际需要"制定的作为一般地方性法规的先行性立法，后者只是一种地方性的制度试验。

二是立法紧贴发展需要。15 部浦东新区法规内容涵盖优化营商环境、推动产业升级、助力自主创新、服务绿色生态、深化城市治理等五大板块，紧贴经济、社会、文化和生态等领域发展需要，聚焦破解发展堵点难点痛点问题，推动社会主义现代化建设全面展开。如将具有多重属性的法规也纳入统计，经济领域立法达 12 部。绿色金融法规是关于为绿色发展提供金融服务的立法，既属于金融领域，又属于生态领域。文物艺术品法规促进文化产业经济硬实力的同时，提升城市软实力，也属于文化领域立法。经济领域立法中最引人瞩目的是 5 部优化营商环境系列立法和 4 部产业创新、促进立法。经济领域立法占绝大部分，符合浦东新区的功能定位，符合上海与国家发展需要。

三是立法紧跟时代步伐。浦东新区法规率先吸纳新兴发展理念、实施与国际接轨的通行做法，率先运用先进科学技术手段提升行政效率和治理效能，达到促进高水平开放、实现高效能治理、推动高质量发展、创造高品质生活的效果。例如，"非现场执法模式"创新治理手段、治理模式，运用高科技手段零接触式破解城市管理执法难题，为其他地区提供了经验借鉴。又如，科技创新能力越来越成为综合国力竞争的重要因素，"揭榜挂帅"制度创新为科技创新营造良好环境，为招贤纳士创造有利条件。又如，人工智能的普及是未来时代发展的必然趋势，浦东新区法规直面无驾驶人智能网联汽车创新应用挑战，坚持鼓励创新、包容审慎、循序渐进的原则,确保"未来车"安全有序、风险可控。

(四) 彰显牵引性,精准回应浦东经济社会发展的迫切需要

引领区立法抓好用好国家战略叠加机遇,立足国家战略要求,聚焦基础性和具有重大牵引作用的改革举措,聚焦浦东经济社会发展的难点堵点痛点,坚持围绕中心、担当作为、锐意创新、敢为人先,坚持精准扣题、以小见大、以点带面,坚持以四两拨千斤的巧力打通关节、一通百通,开展了一系列高效工作,实现了一系列重大突破,取得了具有里程碑意义的开创性、阶段性立法成果。

浦东新区法规以问题为导向,找准"症结点",选取小切口,针对具体问题精准立法,对症下药,凸显靶向效应,因而具有鲜明的外在个性特征。与浦东新区法规作为试验性立法、变通性立法的性质相适应,其采用了"小快灵"的立法模式。所谓"小"就是指立法倾向于小切口、小篇幅、不追求体系性,但解决的问题依旧重大。从法规篇幅与结构来看,最长的 37 条,最短的 14 条,平均约 22.1条,做到了"有几条立几条",不求大而全。其短小精悍也反映于法规名称,不同于经济特区法规使用"条例",其使用"规定"或"若干规定"。所谓"快"就是进入立法项目快、立法速度快、进入实施快。市人大常委会采用立法滚动推进机制,保证每次常委会会议对 1—2 部浦东新区法规进行初次审议,同时对上一次上会的浦东新区法规草案修改完善、表决通过,做到了衔接有序、压茬推进,体现了制度供给的高效率。从中央立法授权起算,截至 2022 年 12 月底,已经制定了 15部浦东新区法规。浦东新区法规的"快"出台能够及时回应社会需求,发挥立法对经济社会发展的引领推动作用,然而其高效率并非一味追求立法速度,而是在扎实制度研究和试点改革探索的基础上进行的深化改革,是持续发力、久久为功的结果。所谓"灵"就是指解决实际问题、具有可操作性,不搞宣示性、景观性立法。从立法内容和成效上看,浦东新区法规具有针对性、实用性和可操作性,能够切实回应浦东经济社会发展的迫切需要,有效破解发展堵点难点痛点问题,有效突破改革体制机制束缚,为经济社会高质量发展注入了新动力、新活力。

总之,浦东新区法规"小切口""快出台""落点实""效果灵",条条切中要害,快、准、稳地破解经济社会发展中的难点堵点问题,充分凸显"小快灵"立法优势,注重打通关节、以点带面促进经济社会发展,彰显浦东新区法规的牵引性特征。

四、关于浦东新区法规的实施成效评估

一年多来，上海市人大常委会对标对表《引领区意见》制定浦东新区法规，引领推动落实中央赋予浦东的各项重大战略任务，从优化营商环境、促进产业升级、强化创新引擎、加快绿色转型、提升治理效能五个方面助力打造社会主义现代化建设引领区，取得了显著成效。

（一）优化营商环境，高质量发展新动力进一步激活

党的二十大报告指出，构建高水平社会主义市场经济体制需要完善市场经济基础制度，优化营商环境。习近平总书记指出，"要加快转变政府职能，培育市场化法治化国际化营商环境"，"营商环境只有更好，没有最好"。《引领区意见》要求浦东从企业发展全生命周期出发谋划设计改革，加强重大制度创新充分联动和衔接配套。对此，引领区立法先后推出 5 部法规，聚焦市场主体"生""死"大事，加强改革系统集成，创新政府服务管理方式，深化政府"放管服"改革，形成优化营商环境立法"组合拳"。

1. 以更大胆的"放"，进一步激发市场主体活力

便利市场主体"进入"市场。《引领区意见》明确要求浦东探索试点商事登记确认制和市场准营承诺即入制，率先建立行业综合许可和综合监管制度，引领区立法予以贯彻落实。一是深化"一业一证"改革，《"一业一证"规定》将市场主体进入市场原本需要申请的多张许可证整合为一张综合许可证；二是告知承诺即入制改革，《承诺即入制规定》通过一次性告知市场主体从事特定行业许可经营须具备的全部条件，由市场主体书面承诺其已经符合要求并提交必要材料，即可取得行政许可的改革措施；三是推进登记确认制改革，《登记确认制规定》明确由登记机关认定并公示市场主体资格及其法律效力，降低制度型交易成本，赋予市场主体更大的经营自主权。这些法规实施后，以"开便利店"为例，传统申办方式涉及食品经营、酒类商品零售等 5 项许可，法定时限 95 个工作日，推行"一业一证"改革后，5 个工作日就可以办结，承诺即入制改革后，1 个工作日即可办结。浦东新区 6 月份通过确认制方式新设各类市场主体 3079 户，是 5 月份的 4.2 倍，经济活力快速焕发。

便利市场主体"退出"市场。一是在行政环节畅通市场主体退出渠道,《市场主体退出规定》规定了"承诺制注销""强制除名、注销制",企业退出成本进一步降低,市场出清效率得到提高。法规实施后,从"简易注销制度"来看,市场主体简易注销公示时限变更为 10 日,相较原注销程序需要 45 日公示和 5 个工作日办理时限。截至 2022 年 7 月,浦东新区共有 1286 户企业通过简易注销登记实现快速退市,临港新片区也有 735 户企业通过简易注销程序高效退出。从"强制除名制度"来看,浦东市场监管局目前已先后完成两批次共计 435 户企业的强制除名程序,释放了休眠的名称资源,促进了要素优化配置。二是在司法环节推进企业破产市场化、法治化,《企业破产规定》全面打造支持重整、和解和清算的全流程制度链条,构建破解财产查控处置难题的完整体系,推动建立破产信息公示和信用修复制度以及支持和保障破产管理人履职,并运用变通权在创设董事高管启动破产重组义务、设置重整保护期和债权人失权制度、破产财产查封状态下的处置等 3 项具体制度上做出重大突破。法规实施后,上海浦东法院以"1 项创新性制度 + 1 项配套实施机制"模式确保法规的落地,达到节约时间和降低成本的效果。截至 2022 年 10 月,破产审判庭共受理破产、强制清算、衍生诉讼案件 649 件,受理破产清算案件共涉及债务人注册资本总额 46.9 亿元,申报债权总额 154 亿元,确认债权总额 96.9 亿元,共清理债务 427 万元,受理强制清算案件共涉及债务人注册资本总额 13.8 亿元。

2. 以更智慧的"管",进一步守住风险控制底线

浦东新区法规通过建立"宽进严管"模式,便利市场主体进入市场,激发市场活力。"宽进"是对市场主体准入条件、登记服务方式和行政审批制度进行改革,最大限度为投资主体松绑,释放其投资创业活力;"严管"重在实现部门间的信息实时传递和对接,加强信息公示,强化信用约束,完善社会诚信体系,完善长效监管机制。例如,《"一业一证"规定》实施"六个双"综合监管,对纳入"一业一证"改革的行业,依托"一网统管"平台,通过"双告知、双反馈、双跟踪"证照衔接机制和"双随机、双评估、双公示"协同监管机制,实现对市场主体全生命周期的动态监管、风险监管、信用监管和分类监管。又如,《承诺即入制规定》要求浦东新区有关行政机关按照分级分类监管原则,结合市场主体信用和风险状况,根据"双随机,一公开"的要求,在作出行政许可后两个月内对市场主体的承诺内容开展检查。又如,《登记确认制规定》将原先商事登记的行政许可性质转变为行政确认,将市场主体登记程序用时几乎缩短至零,使得许可型的实质审查彻底成为过去式。自该法规实施以来,浦东新区市场监管局还未因登记行为而受到过行政诉讼或复议,在提升市场效率的同时大幅节约了政府行政资源,实现了根本上的互利共赢。

3. 以更优质的"服",进一步促进政府职能转变

优化营商环境系列法规的实施对政府的服务管理职能提出更高的要求,通过促进政府各部门协同放权、放管衔接、联动服务,深入推动政府服务管理集成创新,提高专业化精细化水平。例如,《"一业一证"规定》施行后,浦东新区已在餐饮、便利店、健身房等10个行业试点实行综合许可单轨制和统一有效期制度,发出新版行业综合许可证330余张。"耗时更短""需要提交的材料更简化""跑的次数更少"是"一业一证"改革带给企业最强烈的感受。以"开便利店"为例,相较改革前,办理时限从95个工作日压缩至5个工作日,减少95%;申请材料从53份压缩到10份,压减81%;填报要素从313项压缩到98项,压减69%,办证效率大幅提升。而且,便利店只需一张行业综合许可证,通过扫描二维码即可查看各项许可信息,真正实现了一证迎检、一证营业。以"开健身房"为例,统一有效期制使《公共场所卫生许可证》的有效期从4年延长至5年,与《高危险性体育项目经营许可证》保持一致,大大便利了企业后期证件管理。在综合许可证有效期届满前,企业只需提交一份申请表、一套材料,即可获得一张新的行业综合许可证。

(二)促进产业升级,新兴产业融合集群进一步形成

党的二十大报告指出,推动战略性新兴产业融合集群发展,是新发展阶段的重要任务。习近平总书记要求,"加快推进数字经济、智能制造、生命健康、新材料等战略性新兴产业,形成更多新的增长点、增长极"。《引领区意见》要求浦东强化高端产业引领功能,打造世界级创新产业集群。对此,引领区立法先后推出4部法规,推动生物医药、智能网联车、化妆品、文物艺术品等四大产业集聚发展。

1. 聚焦"创新药",建设全球卓越的生物医药产业

《引领区意见》明确要求浦东聚焦生命科学加快建设张江综合性国家科学中心,研究对用于临床研究的药品免征进口环节税,允许有条件的医疗机构按照相关要求开展自行研制体外诊断试剂试点。《生物医药产业规定》着力打通生物医药产业发展的堵点难点,为发挥以张江为引领的生物医药科创策源和产业生态优势提供相适应的制度支撑。法规实施后,浦东形成了从靶点发现、药物筛选、临床研究、中试放大、注册认证到量产上市等完整的创新链条。一是允许体外诊断试剂自行研制使用(LDT)。根据第 11 条的变通规定,市药监局、市卫健委根据国家药监局要求积极开展 LDT 相关课题研究,并已将研究成果上报国家药监局审批,这一举措将有望解决自行研制体外诊断试剂市场化使用的合规问题,为患者开启医疗救济的生命通道。二是探索医药产品跨境电子商务零售。根据第 13 条的规定,市商务委牵头向国家商务部争取跨境电商零售进口药品政策落地。上海海关成立专班,形成与浦东新区、临港管委会对接机制,在全国率先开展生物医药特殊物品入境监管检疫改革试点,支持开展医药产品跨境进口试点,推动开展跨境电商零售进口部分药品及医疗器械业务。三是对生物医药创新产品提供政府采购支持。根据第 29 条的规定,疫情期间,浦东将芯超生物的抗原检测试剂盒纳入区疫情防控物资采购体系,在保障公平公正采购的前提下,体现了对生物医药创新产品的重视和支持。

2. 聚焦"化妆品",建设具有全球竞争力的化妆品产业

《引领区意见》要求浦东着力创造高品质产品和服务供给,不断提升专业化、品牌化、国际化水平,培育消费新模式新业态。《化妆品产业规定》在化妆品创新研发、新模式新业态培育、绿色共享发展、贸易便利创新等方面作出创新,辐射带动全市化妆品产业高质量发展。法规实施后,相关部门积极助力企业个性化生产项目尽早落地,制定相应的生产许可条件和监管要求,国内外化妆品企业高度关注法规的创新举措,消费新模式新业态正加快形成。一是化妆品品牌集聚效应不断扩大。在《化妆品产业规定》第 8 条的引领推动下,伽蓝集团旗下的自然堂品牌已进入吴淞国际游轮港的免税店,上海家化旗下的佰草集等品牌已进入上海浦东机场、首都大兴机场等机场免税店。浦东在支持免税店设立国产化妆品销售专区的同时,还支持在外高桥保税区"国别(地区)中心集中展示基地"推出化妆品专业展厅——"美妆馆"。该馆为国产品牌设置展示及销售专区,力推国产化妆品全球化、高端化。二是化妆品个性化服务试点稳步推进。根据第 10 条的变通规定,法国欧莱雅集团旗下的修丽可品牌专卖店正准备迎接两款为中国消费者量身定制的个性化产品——"高端个性化皮肤学配方仪"以及个性化香水。日本资生堂茵芙纱 IPSA 品牌也"铆牢"浦东新规,打算进军个性化美妆市场。路威酩轩集团下的娇兰香水,已经根据消费者的个性化需求开展包装服务,消费者在柜台可以挑选不同的包装,并能在香水瓶上镌刻名字,为国内首例。三是大型展会延伸交易逐渐成熟。根据第 14 条的规定,已有参展进口化妆品通过消费促进等推广活动进入零售终端。例如,在第四届中国国际进口博览会上备受关注的"口红打印机"圣罗兰智能调色仪,目前已从展品变为商品,在浦东新区国金中心化妆品柜台和消费者见面。

3. 聚焦"文物艺术品",建设文明充分交流互鉴的文化产业

习近平总书记强调,"要围绕国家重大区域发展战略,把握文化产业发展特点规律和资源要素条件,促进形成文化产业发展新格局"。《文物艺术品规定》在规范交易活动、丰富交易形式、培养文物鉴定人才、加强文物艺术品交易监管等方面做出细化、深入探索,助力打造"国际文物艺术品交易中心"。规定实施后,浦东依托规定制度创新,利用社会文物改革试点的实践创新和进博会"5 件免税"政策的叠加联动效应,已逐渐成为文物艺术品交易国际化参与的"主阵地"、规模化产业的"集聚地"、市场化经营"首选地"和改革性集成"新高地"。一是设立文物艺术品交易服务中心。根据第 6 条规定,中心为文物拍卖经营活动和艺术品交易提供场所、设施、鉴定等服务,并配合相关行政管理部门对通过服务中心开展文物拍卖经营活动的拍卖企业进行管理。二是铺设便捷高效文物艺术品进出境通道。根据第 11 条规定,常态化实施文物临时进境"6 个月 * N"制度,方便了在第五届进博会展期内达成购买意向的文物类展品完成后续留购、支付、清关、交割等一系列手续。三是支持文物艺术品保税展示交易。根据第 12 条规定,海关特殊监管区域内的企业在海关特殊监管区域外开展文物艺术品保税展示交易活动,不仅方便保税状态的文物艺术品在第五届进博会参展,同时也大幅提升保税、展示、交易全流程的工作效率,进而推动形成文物艺术品保税展示交易的新模式。

4. 聚焦"未来车",建设新能源引领智能驱动的汽车产业

习近平总书记指出,"加快发展新一代人工智能是我们赢得全球科技竞争主动权的重要战略抓手,是推动我国科技跨越发展、产业优化升级、生产力整体跃升的重要战略资源"。《智能网联车规定》增强智能网联车技术创新能力和产业竞争力,让"未来车"驶上"法治道",吸引集聚产业链上下游,带动人工智能、传感

器等新兴产业迅速发展。一是抢抓产业发展先机。充分发挥浦东既有优势,有效提振行业信心,吸引龙头企业和产业链上下游企业加大在沪布局。二是保障行驶安全、数据安全。明确企业申请开展无驾驶人智能网联车创新应用,需经交通部门审核同意。明确企业应建立健全全流程数据安全和个人信息保护管理制度,落实数据安全和个人信息保护责任。三是明确事故责任认定规则。无驾驶人智能网联车发生交通事故并造成损害,依法应由智能网联车一方承担赔偿责任的,由该无驾驶人智能网联车所属的企业先行赔偿,并可以依法向负有责任的自动驾驶系统开发者、汽车制造者、设备提供方等进行追偿。

(三)强化创新引擎,自主创新时代标杆进一步树立

党的二十大报告要求,坚持创新在我国现代化建设全局中的核心地位,完善科技创新体系,加快实施创新驱动发展战略。《引领区意见》要求浦东深化科技创新体制改革,全力做强创新引擎,打造自主创新新高地。对此,引领区立法先后推出 2 部法规,科技创新与制度创新双管齐下,生产力创新与生产关系创新同时发力。

习近平总书记指出,"创新是引领发展的第一动力,保护知识产权就是保护创新","提高知识产权审查质量和审查效率,引入惩罚性赔偿制度,显著提高违法成本"。《知识产权保护规定》加强知识产权"快保护""严保护",建立高水平的知识产权保护制度,为创新驱动提供动力源和制度保障。法规实施后,在加强"快保护"方面,2022 年 1—6 月著作权登记数量 129938 件,同比增长 16.8%,2022 年 1—5 月专利授权 15958 件,同比增加 16.62%。区知识产权局为落实专利快速审查服务创新专门制订实施办法,有效缩短专利授权周期,降低企业维权成本,提高维权效率。在加强"严保护"方面,浦东法院适用知识产权惩罚性赔偿的案件 12 件,其中最高单案赔偿倍数达基数的 5 倍,"南汇水蜜桃"地理标志保护获准筹建首批国家地理标志产品保护示范区,浦东新区成功入选"全国商业秘密保护创新试点"地区。在加强司法保护方面,浦东检察院将张江地区人民检察院职能调整为专门办理知识产权案件的检察院,成为全国首家实现知识产权刑事、民事、行政、公益诉讼检察职能四合一集中行使的基层检察院。

习近平总书记指出,"要坚持科技创新和制度创新'双轮驱动',以问题为导向,以需求为牵引,在实践载体、制度安排、政策保障、环境营造上下功夫","努力

成为世界主要科学中心和创新高地"。《新型研发机构规定》通过开展核心科研项目"揭榜挂帅"制、发出"英雄帖"、实行"赛马制"、选出"千里马",推动和保障新型研发机构的培育、发展、聚集,营造有利于创新的生态环境,助力浦东新区打造国际科技创新中心核心区。一是搭建"揭榜挂帅"公共服务平台。设立创新项目揭榜挂帅公共服务平台,明确其非营利性和公益性,规定其运营机构制定相关规则。二是创新"揭榜挂帅"运行机制。规定本市政府部门、国有企业、事业单位和其他企业和社会组织的创新项目可以在平台上公开发布,发布方可以采用赛马制方式,择优选择多个申报主体各自独立揭榜攻关。三是全方位支持新型研发机构聚集发展。鼓励引进和培育符合创新规律、提升创新效能、满足创新需求的新型研发机构,支持新型研发机构对使用财政科研经费的创新项目实行包干制和负面清单管理,规定对新型研发机构及相关人才提供全方位服务保障,进一步完善激励和容错机制,支持新型研发机构实行以任务为导向的绩效评价管理模式。

(四) 加快绿色转型,和谐优美生态环境进一步构建

党的二十大报告指出,加快发展方式绿色转型,推动经济社会发展绿色化、低碳化是实现高质量发展的关键环节。《引领区意见》要求浦东"构建和谐优美生态环境",引领区立法秉持"创新、协调、绿色、开放、共享"的城市可持续发展理念,先后推出2部绿色法规。

习近平总书记指出,"发展绿色金融,是实现绿色发展的重要措施,也是供给侧结构性改革的重要内容。要通过创新性金融制度安排,引导和激励更多社会资本投入绿色产业,同时有效抑制污染性投资"。《引领区意见》明确要求,"优化企业生态信息采集和评价标准,构建生态信用体系"。《绿色金融规定》创新为支持改善生态环境、应对气候变化、资源节约高效利用等经济社会活动提供金融服务的绿色金融制度,其直接作用在于为绿色金融活动提供法治保障,间接作用在于加快经济社会全面绿色转型。法规实施后,浦东新区政府构建全方位的绿色金融产品及服务体系。一是深化绿色金融国际合作,发挥金砖国家新开发银行总部效应,推动绿色金融国际合作项目在浦东新区落地;利用临港跨境资金流动先行先试优势,为跨境投融资服务提供便利;鼓励金融机构参与生物多样性投融资示范项目;开展气候投融资试点,以市场手段强化各类资金有序投入。二是丰

富和完善绿色金融产品和服务,依托在沪的全国性金融基础设施机构和境内外金融机构,发展绿色信贷、绿色票据、绿色债券、绿色保险、绿色融资租赁、绿色信托、绿色投资、绿色基金等,集聚金融资源优势。在保险业务方面,上海环境能源交易所与中国太保产险、申能集团、交通银行等部门开发了全国首笔碳排放配额质押贷款保证保险业务。在服务双碳方面,太保产险推出了碳资产损失类保险、减排设备损坏碳损失保险等产品。在碳中和指数发布方面,上海环境能源交易所综合参考各类国际低碳指数经验做法,与上海证券交易所、中证指数公司联合发布中证上海环交所碳中和指数,为市场参与者研究、投资绿色低碳上市公司提供有效工具。调研反馈,以第 31 条为例(鼓励浦东新区金融机构为碳积分高的企业和自然人提供优惠的金融产品或者服务),仅施行一周后,工商银行浦东支行就向一家绿色降能企业提供了一笔 500 万年化 2.2% 左右的贷款,没有该条规定,银行内部风控和审核不会同意这批贷款,可见《绿色金融规定》为绿色金融活动提供了有力的法治保障。

2018 年习近平总书记视察上海时指出,"垃圾分类工作是新时尚"。《引领区意见》明确要求,"严格落实垃圾分类和资源化再利用制度"。《固体废物再利用规定》是垃圾分类工作的 2.0 版。法规在实现原生生活垃圾零填埋的基础上,率先实现固体废物近零填埋,率先实现固体废物从源头分类到资源化再利用的全过程治理,加快形成与城市绿色发展相适应的固体废物处理模式,全面提升资源化再利用的效率和水平,致力于打造循环畅通、高效利用、生态友好、智慧创新的固体废物资源化再利用样板。一是分类提出要求,促进整体提质发展。聚焦工业固废、农业固废、建筑垃圾、生活垃圾四大领域,进一步强化、提升资源化再利用相关具体要求。二是完善园区要求,发挥整体协同效应。建设老港、黎明等资源化再利用园区,明确老港园区的功能定位,加强配套园区周边公用设施和道路交通设施,加大园区的支持保障力度。三是创新优化机制,提供多样化保障。鼓励创新优化供地方式,探索环评项目环评和排污许可"两证合一",探索治污设施"绿岛"模式,鼓励创新电力市场化交易模式,在碳减排、财政、金融、税收等方面提出相应保障措施。

(五) 提升治理效能,城市治理示范样板进一步打造

党的二十大报告要求,加快推进市域社会治理现代化,提高市域社会治理能

力,推进多层次多领域依法治理,提升社会治理法治化水平,提升社会治理效能。《引领区意见》要求浦东提高城市治理现代化水平,开创人民城市建设新局面,推动治理手段、治理模式、治理理念创新。引领区立法贯彻落实习近平总书记"人民城市人民建,人民城市为人民"理念,积极践行习近平总书记"城市是生命体、有机体"思想,先后推出2部法规,从畅通城市"血管"到培育城市"细胞",运用法治思维和法治方式破解街面治理与小区治理顽疾难题。

习近平总书记指出,"城市管理应该像绣花一样精细"。《非现场执法规定》致力于提升城市管理科学化、精细化、智能化水平,在《行政处罚法》第41条的制度框架下创新治理手段,深化智能场景建设,拓展非现场执法应用领域,实现从人力密集型执法模式到人机交互型执法模式的转变。法规实施后,城管部门已纳入跨门经营、占道设摊等5个非现场执法事项,形成"智能发现、高效处置、非现执法、精准治理"的街面秩序闭环管理。其实施成效主要体现在以下三方面。一是通过创新电子监控执法、信息数据共享,大大提高了执法效率。在传统执法方式下,一个案件从取证到处罚,平均需27天,而非现场执法的平均耗时小于4天;在简单案件中,从确认违法行为到当事人缴纳罚款1天内就能走完全流程。截至2022年8月,城管部门共办理非现场执法案件5649件,在案件比重上,以"超出门窗经营"为例,通过非现场执法手段办理的案件数是通过传统执法手段办理案件数的5.9倍。二是通过规范调查程序、畅通线上线下相结合的陈述申辩通道,充分保护了公民合法权益。街面类信访投诉同比下降了16%。例如,在一个"占道设摊售卖水果"的案例中,当事人仅通过微信小程序提交照片和理由,证明跨门行为系隔壁店家所为,经审核通过后即予以撤案,大大降低了其维权成本。三是非现场执法模式获得社会广泛认可。浦东非现场执法模式被列入《国家发展改革委关于推广借鉴上海浦东新区有关创新举措和经验做法的通知》(发改地区〔2021〕345号)推广借鉴的做法之一,30余个外省市单位到浦东城管局学习考察"智慧城管"建设经验,新华社、人民日报、解放日报等各级媒体都报道了浦东城市治理数字化转型建设成果。

习近平总书记指出,"社区是基层基础,只有基础坚固,国家大厦才能稳固","要加强和创新基层社会治理,使每个社会细胞都健康活跃"。《引领区意见》要求推动社会治理和资源向基层下沉,强化街道、社区治理服务功能,打通联系服务群众"最后一公里"。《住宅小区治理规定》在《民法典》框架下,创新浦东新区住宅小区治理机制,提升住宅小区公共服务和管理水平,提高住宅小区治理的社会效果。一是创新社区自治模式。建立健全议事协商机制,推进志愿服务机制创新,明确居民委员会可以在特殊情形下临时代行业委会职责的条件以及相应的程序规范。二是创新社区管理机制。建立居民需求响应机制,及时回应解决居民实际问题,统筹设立联勤联动站(点),完善联勤联动处置机制,建立住宅小区应急管理制度,完善平急转换机制,明确居委会在特定条件下依法落实临时性管理措施。三是完善社区治理特别规定。建立健全老旧小区更新改造投入机制和物业服务财政扶持机制,改善老旧小区居住条件和生活环境,推进城中村改造,加大对城中村整治力度。四是创新社区数字治理机制。规定畅通"一网统管"和"社区云"两个平台,实现信息共享,加强对相关信息和数据的分析研判与运用,建立依托大数据平台的执法协作机制。

五、进一步完善浦东新区法规的建议

引领区立法是在改革开放进入深水区的大背景下展开的,必须以巨大的政治勇气打响改革攻坚战,敢于突进深水区,敢于啃硬骨头、涉险滩,敢于面对新矛盾新挑战,突破利益固化藩篱,坚决破除各方面体制机制弊端,在改革开放中牢记嘱托,充分发挥"开路先锋、示范引领、突破攻坚"的作用。展望未来,浦东新区法规必然伴随社会主义现代化建设引领区的蓬勃发展而进一步完善,现从立法全生命周期出发,提出以下四点对策建议。

(一)以加强重点领域、新兴领域和涉外领域立法为指引,精准确定浦东新区法规布局

党的二十大报告指出,要加强重点领域、新兴领域、涉外领域立法,统筹推进国内法治和涉外法治,以良法促进发展、保障善治。浦东新区法规要始终坚持问题导向、需求导向和效果导向,实现立法的政治效果、法治效果和社会效果最大化。因此,我们建议:一是不断聚焦立法重点领域,着眼引领区经济社会发展中的核心问题。引领推动"全面深化改革""营商环境优化""生态文明建设""补齐民生领域短板"和"贯穿和融入中国式现代化"等五项重点领域实现立法突破,积极探索在重点内容重点环节上的创新,着力突出用制度建设解决改革发展中存

在的问题。二是不断聚焦立法新兴领域，守正创新提升改革效能。持续聚焦鼓励创新、保护创新，关注当前新技术新应用，不断跟进技术发展，完善科技创新制度，在数字经济、互联网金融、人工智能、大数据、云计算、生物医药等系列新业态新模式上率先探索法治保障体系。三是不断聚焦立法涉外领域，增强引领区制度型对外开放高地的功能性。服务促进高水平对外开放，谋划一批对接 RCEP（区域全面经济伙伴关系协定），对标 CPTPP（全面与进步跨太平洋伙伴关系协定）、DEPA（数字经济伙伴关系协定）等高水平国际经贸规则的高水准涉外法规，深度融入临港新片区建设，力求抓住 RCEP 机遇，积极推动 RCEP 高质量实施，在自贸试验区内的综合保税区先行先试相关措施，推进首批国家涉外创新试点改革，促进更大范围、更宽领域、更深层次对外开放。

（二）以建设引领区法治保障体系为目标，整体谋划浦东新区法规和其他法治保障措施

为了更好的形成支持浦东建设"大胆试、大胆闯、自主改相适应的法治保障体系"以及加快形成"一套衔接有效的运行机制、一批创新突破的法治成果"的目标。因此，我们建议：一是建立有弹性的容错机制，更好保障浦东新区法规发挥攻坚克难、先行先试的功能属性。浦东新区法规是立足于助力引领区实现高水平开发开放、具有攻坚克难属性的新法规，实行一年多虽已取得较为耀眼的成绩，仍有很大的成长和逐步完善的空间。一些基础性问题和最新实践经验还亟待深入研究、总结归纳、提炼规律。然而，新生的法规又肩负着为全面深化改革开放"啃最硬的骨头"的排头兵重任。因此，必须建立相对有弹性的容错机制，鼓励和支持浦东新区法规大胆试、大胆闯，对可能出现的局部认识偏差，要有更加宽容、辩证的态度。同时，浦东新区法规在制定和实施过程中还要高度重视先行先试的示范、积累作用：（1）法规制度的设计要站在服务全市战略大局的高度展开；（2）要及时把先行先试取得的行之有效的经验面向全市进行推广；（3）要自觉为国家立法工作计划所筹划的改革重点方向做好相关的经验积累。二是更加注重发挥好浦东管理措施先行探索、查漏补缺的功能。从浦东管理措施的制定层面出发，要时刻关注两点：（1）及时将浦东管理措施中已经相对成熟的部分及时上升为新区法规；（2）充分发挥浦东管理措施的灵活性，对于立法过程中留有余地的部分做好补充性措施加以规范。从浦东管理措施执行层面出发，要高度重视加强对浦东新区法规执行具体成效的监督，如制定浦东新区法规实施情况跟踪措施、浦东新区法规实施成效定期考察、评估措施等。浦东管理措施要针对各职能部门落实执行浦东新区法规制定相应的配套措施、细化操作手势，针对在联合执法过程中的衔接部分要制定有效的运行机制。三是探索建立浦东新区法规与上海地方性法规、浦东管理措施共生共荣、互为倚仗的关系。自《引领区意见》正式公布以来，已出台了 15 部浦东新区法规和 8 部浦东管理措施，与既有的 241 件上海地方性法规共同构成了可在浦东适用的地方性法治保障体系。市人大应进一步加强三者之间互为倚仗、共荣共生的关系。上海的地方性法规是高度成熟的法规，应致力于为浦东新区法规"啃最硬的骨头"做好后勤保障，即可由上海地方性法规规定的地方性事务就不由浦东新区法规专门作出规定，使后者聚焦于关键任务。浦东管理措施则是起到填补空白的作用，为充实立法项目动态储备库、挖掘可持续性立法需求和积累先行先试经验做贡献。三者之间形成以浦东新区法规为中轴、以上海地方性法规为倚仗和以浦东管理性措施为突出部的"铁三角"关系，从而进一步完善法治赋能引领区建设格局，促进上海地方法治保障体系内部的整体和谐有序。

（三）以健全地方立法工作格局为要求，不断完善浦东新区法规立项、起草等工作机制

健全地方立法工作格局是贯彻落实习近平法治思想的必然要求、是加强党对立法工作全面领导的应有之义，也是推动地方立法工作形成合力的重要基础。因此，我们建议：一是全力提升法规立项的质量和水平。建立健全浦东新区法规立法项目动态储备库，实行立法需求滚动征集、项目分类管理机制。目前已出台的 15 部浦东新区法规以《引领区意见》中的具体目标为牵引，严格落实全面优化营商环境、全力做强创新引擎、全方位提升城市治理效能等要求，以优异的表现完成了阶段性的任务。下一步引领区立法将根据习近平总书记重要讲话的精神、党的二十大重要会议精神以及《引领区意见》的原则性表述来提出新的立法项目，这必然会对立法者的智慧提出更高的要求。必须本着实事求是的态度，一切工作从浦东实际出发，着眼引领区经济社会发展中的突出问题矛盾。立法项目应具备下列条件：在实践中要有真实需求，具有客观价值；存在的问题已经或可能影响到浦东新区高水平开发开放或人民群众切身利益；前期已积累相当的

管理经验,亟需以立法的形式加以固定;尚无可以援用的法律法规,或法律法规滞后的。二是聚力提升法规调研的质量和水平。完善浦东新区法规立法调研工作机制,市人大有关委员会要牵头组建浦东新区人大、相关政府部门、人大代表、专家学者等参加的工作专班开展立法调研,"滚动推进"立法计划正式项目、预备项目和重点调研项目。综合运用座谈会、问卷调查、实地调研、民意直通车等多种途径摸清悟透实情,加强对市场主体意见的重视,围绕痛点堵点难点问题,总结出新区法规所需着力破解的制度体制机制瓶颈。三是协力提升法规草案起草的质量和水平。市相关部门和浦东新区相关部门应建立起"双向进入、专班起草"工作机制,协力提升浦东新区法规起草的质效。完善多渠道起草法规草案机制,市人大有关委员会应牵头起草综合性立法项目,进一步探索委托有关高校研究机构、国家高端智库单位等开展法规草案平行起草工作机制。四是合力提升法规草案审议的质量和水平。进一步健全完善市人大常委会一审前准备机制、一审后重点问题修改完善机制,充分发挥好专门委员会"专"的优势和法制委员会"统"的优势,以"有合法空间、有民意基础、有破题良策、有操作路径"为标准,实现浦东新区法规的政治效果、经济效果、法治效果和社会效果的有机统一。

(四)以强化制度规则的执行成效为导向,深入推进浦东新区法规贯彻实施、落地见效

"天下之事,不难于立法,而难于法之必行。"用足用好中央立法授权,确保每一部浦东新区法规都立得住、行得通、真管用,必须紧紧抓住强化浦东新区法规制度执行力这个关键。调研反馈,部分法规条款落地实施面临阻碍,存在在浦东新区空转的"小循环"现象。因此,我们建议:一是上海市级层面要做好顶层设计,积极研究制定支持浦东高水平改革开放的具体举措,共同推动各项政策落地见效。对于落实《生物医药法规》第6条、《承诺即入制法规》第9条、《市场主体退出法规》第3条等牵涉国家部委、市级部门较多的核心创新变通条款,必须充分发挥好市级部门与国家部委间沟通协调的快车道作用,进一步争取国家层面的政策支持、国家部委的协同配合,最大程度凝聚改革共识,全力保障引领区立法落地实施。二是加强行政执法统筹协调,深化落实行政执法细节、完善执法监督机制,在政策举措落地实施中加强相关部门的共同协作,形成政策合力。市人大应进一步优化市、区两级人大相关部门之间"条线"双向的工作对接、功能对

接、平台对接,通过创设定期会议机制、授权机制、协商机制、指导机制、交流机制等常态化制度,着力实现无缝衔接和有效联动。完善法规重点条款落地实施由市人大常委会分管副主任和市政府分管副市长担任"双组长"的工作专班推进机制,协调解决法条规定涉及的重大体制和利益调整等问题。三是有法必依,抓好人大执法监督检查。不断创新监督形式,丰富检查内容,切实加强对法律法规实施情况的执法检查力度。建立健全问责机制,以一抓到底的狠劲、常抓不懈的韧劲、敢于较真的严劲,使每项责任落实到人,每项制度落实到事。可以考虑创设执法落实指数,对每部法规职能部门执行落实情况进行量化评估,形成内部强反馈机制。四是完善配套细则,增强法规可执行性。为保证法规的有效实施,各主要职能部门应推进配套机制的构建,致力于打造"一项创新机制 + 一个配套制度"模式。

第十章　浦东新区法规的中观评估报告

　　中观报告对浦东新区法规作了分类评估,共分为四个部分,每部分的撰写思路为:一是立法背景或依据,二是立法目的或意义,三是立法特色或亮点,四是立法成效或反响。具体分类如下:第一部分"降低市场交易成本,推进法治化市场建设"是对深化"一业一证"、市场主体确认登记制、市场准营承诺即入制、市场主体退出、市场化法治化企业破产制度改革等法规的评估;第二部分"发挥法治的引领保障作用,推动世界级产业集群和国际消费中心建设"是对促进张江生物医药产业创新高地建设、化妆品产业创新发展、文物艺术品交易、无驾驶人智能网联汽车创新应用等法规的评估;第三部分"推进高水平制度型开放,加快科技成果向现实生产力转化"是对建立高水平知识产权保护制度、促进绿色金融发展、优化揭榜挂帅机制促进新型研发机构发展等法规的评估;第四部分"提高城市治理现代化水平,打造宜居宜业的城市治理样板"是对实现城市管理领域非现场执法、推进住宅小区治理创新等法规的评估。

一、降低市场交易成本,推进法治化市场建设[①]

(一) 优化营商环境领域立法是落实《引领区意见》部署的重要内容

　　中共中央、国务院颁布的《引领区意见》是为浦东引领区建设量身打造的总纲领、总蓝图、总规划书,为浦东更高水平改革开放指明了道路与方向,也为浦东新区法规的制定指明了方向。《引领区意见》意见明确要求健全优胜劣汰市场竞

---

① 本节执笔人:陈宇超,上海社科院法学所助理研究员、法学博士。

争机制,保障营商环境持续优化,全力打造市场化、法治化和国际化营商环境。引领区立法聚焦优化营商环境领域立法,加强改革系统集成度,探索开展综合性改革试点,从事物发展全过程、产业发展全链条、企业发展全生命周期出发谋划设计改革,加强重大制度创新充分联动和衔接配套,是落实《引领区意见》部署的重要内容。

(二)聚焦"准入"和"退出"两个环节,为市场主体提供全生命周期法治保障

引领区立法以"时时放心不下"的责任感,聚焦"准入"和"退出"两个环节,积极为市场主体诞生、发展、退出全生命周期提供立法保障,加大对国民经济的支持。一方面在市场主体"准入"立法方面,围绕"开业一件事"充分回应市场主体需求,实现从"一业一证"到"一证准营"、从行政"许可"到行政"确认"等重要改革创新,大幅降低行业准入成本,推动审批服务管理从"以政府部门供给为中心"向"以市场主体需求为中心"转向。另一方面在市场主体"退出"立法方面,优化简易注销登记程序、规范市场主体退出方式、健全清算注销制度、完善特殊类型市场主体退出和特定领域退出制度、完善市场主体退出关联权益保障机制、引导或强制低效无效市场主体依法有序退出,促进改善市场主体结构,提高市场主体活跃度。这种稳定、公开、规范的市场管理制度机制和行为规范,反映了浦东用好"立法试验田"、打造一流营商环境的发展决心,充分考虑市场主体创新创业实际需求,最大限度将企业经营自主权交还给企业和市场,彰显法治对于市场主体各种行为和活动具有"稳预期"的保障作用。

(三)以推动"放管服"改革为核心,营商环境系列法规的亮点纷呈

浦东新区法规从便利市场主体全生命周期着眼,以优化营商环境为目的,创新政府服务管理方式,深化政府"放管服"改革,注重政府职能转变和改革系统集成度,优化政府与市场关系,将政府外部成本内部化。一是以更大胆的"放"激发市场主体活力。建立行业综合许可制,《"一业一证"规定》将市场主体进入市场原本需要申请的多张许可证整合为一张综合许可证。推进市场准营承诺即入制,《承诺即入制规定》通过一次性告知市场主体从事特定行业许可经营须具备的全部条件,由市场主体书面承诺其已经符合要求并提交必要材料,即可取得行

政许可的改革措施。推行市场主体登记确认制,《市场主体登记确认制》规定由登记机关认定并公示市场主体资格及其法律效力,降低制度型交易成本,赋予市场主体更大的经营自主权。畅通市场主体退出渠道,《市场主体退出规定》对规范市场主体退出方式、健全清算注销制度、完善特殊类型市场主体退出和特定领域退出制度、健全市场主体退出甄别和预警机制、完善市场主体退出关联权益保障机制、完善配套政策等作了精细化规定。完善市场化法治化企业破产制度,《企业破产规定》完善市场化法治化企业破产制度,促进企业优胜劣汰和市场资源高效配置。二是以更智慧的"管"守住风险控制底线,比如《承诺即入制规定》要求浦东新区有关行政机关按照分级分类监管原则,结合市场主体信用和风险状况,根据"双随机,一公开"的要求,在作出行政许可后两个月内对市场主体的承诺内容开展检查。法规通过创设事后监管的规则,更智慧地守住风险控制底线。三是以更优质的"服"促进政府职能转变。优化营商环境系列法规的实施对政府的服务管理职能提出更高的要求,深入推动政府服务管理集成创新,提高专业化精细化水平。

(四) 优化营商环境系列法规"组合拳"效果初显

优化营商环境系列法规"组合拳"实施以来,获得了社会各界的热烈反响,权威新闻媒体和专家学者给予了高度认可和积极评价。中央电视台、人民日报、解放日报、新华社、中国新闻网等权威媒体纷纷进行持续跟踪报道。《解放日报》报道称,"目前已经出台的浦东新区法规,大部分都聚焦在市场主体上,从服务企业全生命周期着眼,让企业'进退自如'"。新民晚报指出,"去年的首批浦东法规到今年'上新'的浦东法规可以发现,对标世界顶尖城市,浦东推出一系列优化营商环境的制度创新,形成服务企业全生命周期的精准'闭环'"。今年全国两会,完善市场主体的退出机制成为代表委员们讨论的一个话题。受浦东新区法规启示,有代表委员建议修订破产法,拟定市场主体强制退出机制。

整体来看,优化营商环境系列法规效果初显,秉持"营商环境不进则退;慢进也退";"营商环境只有更好,没有最好"理念,全面深化"放管服"改革,为上海早日建成国际一流营商环境打出立法保障"组合拳"。

二、发挥法治的引领保障作用,推动世界级产业集群和国际消费中心建设①

(一) 产业发展和消费促进亟需法治的引领和推动

产业和消费,是推动经济高质量发展的两大重要引擎。中共中央、国务院印发《引领区意见》就此作出了重要部署。关于产业发展,《引领区意见》明确要求"打造世界级创新产业集群",要求浦东增强自主创新能力,强化高端产业引领功能,带动全国产业链升级,提升全球影响力。与此同时,《引领区意见》对浦东提出了"建设国际消费中心"的宏伟目标,指明了"培育消费新模式新业态,引领带动国内消费升级需求,打造面向全球市场的新品首发地、引领消费潮流的风向标"这一发展路径。

产业和消费,一头连着经营者,一头连着消费者,都离不开法治的引领和保障。只有经营者的蓬勃发展和业态创新,才能带来消费的丰富和繁荣;另一方面,消费的迭代升级,又成为产业发展的助推器和风向标。法治具有固根本、稳预期、利长远的重要功能,注重平衡经营者和消费者的合法权益,引领和保障着产业的发展和消费的繁荣。

(二) 以"小快灵"的立法形式直击产业和消费发展难题

自 2021 年 12 月 29 日市十五届人大常委会第三十八次会议通过《生物医药产业规定》以来,常委会又先后通过了《化妆品产业规定》《文物艺术品规定》和《智能网联车规定》,以法治的方式助力推动世界级产业集群和国际消费中心建设。

综观这四部法规,都具有"小快灵"的立法形式。条文上不求"大而全",突出一个"精"字。四部法规中条款最少的一部仅有 18 条,然而几乎条条"干货",对于现有法律资源能解决的,不再照抄照搬;对于可以在全市普遍适用的,原则上不作重复规定。内容上不求体系化,突出一个"准"字。四部法规坚持问题导向和效果导向,把行业内的急难愁盼问题作为立法的出发点,把精准有效的对策措施作为制度的供给点。

---

① 本节执笔人:朱玥,上海社科院法学所助理研究员、法学博士。

(三) 紧扣以理念创新和制度创新,打造法规亮点

理念创新是法规的灵魂。《生物医药产业规定》旨在转变监管理念,规定探索人体细胞、基因技术开发应用的多元化投资准入;探索生物医药研发保税监管,允许相关重点生物医药企业开展"两头在外"保税维修业务。《化妆品产业规定》推动转变消费理念,规定了现场包装、分装以及"前店后厂"模式,满足消费者的化妆品个性化需求。

制度创新是法规的生命力。《文物艺术品规定》创新性地规定了在浦东设立国际文物艺术品交易服务中心,为文物拍卖经营活动和艺术品交易提供场所、设施、鉴定等服务,并确立了一系列运行机制,规范和促进文物艺术品交易,增强上海文物艺术品全球资源配置能力,建设社会主义文化大都市。《智能网联车规定》聚焦"无人驾驶"这一"无人区",前瞻性地设计无人驾驶车辆和装备开展道路测试、示范应用、示范运营乃至商业化运营的基础法律架构,让那些具备高度自动驾驶或者完全自动驾驶功能、车内不配备驾驶人和测试安全员的智能网联汽车驶上法治的轨道,为科技企业开辟新赛道、争抢新赛道拓展了法制空间。

(四) 蹄疾步稳,世界级产业集群、国际消费中心发展"强引擎"已经启动

四部浦东新区法规实施以来,促进产业集群和消费中心建设的效果正在逐渐显现。浦东生物医药产业规模连续迈上新台阶,获批上市 1 类新药 10 个以上,获批创新医疗器械 15 个以上,2—3 个全球首创产品(First-in-class)获批上市并进入主流市场等。个性化化妆品的"首发"为引领区化妆品产业发展和国际消费中心城市建设再添新的活力。不少国际知名化妆品企业的新科技、新产品已进入浦东新区商场专柜,从展会走进消费者生活,进入消费零售终端。国际文物艺术品交易的"上海指数""上海价格"正在推动形成,文物艺术品市场高质量发展的"上海标准""上海方案"正在持续打造。

三、推进高水平制度型开放,加快科技成果向现实生产力转化[①]

截至 2022 年底,上海对标对表中央《引领区意见》,出台了《绿色金融规定》《知识产权保护规定》以及《新型研发机构规定》三部关于浦东建设自主创新新高地的法规,在推进高水平制度开放,加快科技成果向现实生产力转化方面取得显著成效。

(一) 助力浦东建设自主创新新高地是落实《引领区意见》部署的基本体现

《引领区意见》赋予浦东新的战略定位——全力做强创新引擎,打造自主创新新高地,从全力做强创新引擎、加强改革系统集成、深入推进高水平制度型开放等方面,赋予浦东新区改革开放新的重大任务。《引领区意见》提出,浦东要加快关键技术研发,加快建设张江综合性国家科学中心,聚焦集成电路、生命科学、人工智能等领域,加快推进国家实验室建设。从"中国芯"到"智能造"再到"创新药",浦东新区内一大批世界级创新产业集群,正在加速成型;以改革为引领,以创新为动力,以开放为推动,在打造社会主义现代化建设引领区的宏伟蓝图的征程上,浦东正在推进高水平制度型开放,在知识产权、绿色金融、自主创新研发等领域持续发力。

(二) 从"开发开放"向"制度开放"转变是浦东创新发展的必要要求

浦东开发开放至今大致经过三个阶段,一是 20 世纪 90 年代的开发开放,二是 2013 年开始的上海自贸试验区建设,三是社会主义现代化建设引领区。20 世纪 90 年代有一个稳定的全球经济治理体系,中国当时的开放主要是融入全球经济。现在是全球经贸规则的重新构建阶段,在全球治理中没有中国的参与已经不行了,所以我们要进行制度性改革,提高相容性。基于这个要求,浦东的改革开放要再翻开新的崭新篇章。在新征程上,要有一些地区先行探索、打造样板,为广大区域的现代化建设提供实现路径和经验做法,充分发挥引领示范作

---

① 本节执笔人:孙祁,上海社科院法学所助理研究员、法学博士。

用;要有一些地区强劲活跃、积蓄动能,为广大区域的现代化建设事业和缩小地区差距,提供动能支持、基础保障,充分发挥辐射带动作用。这一历史重任,必然落在浦东身上。

(三) 释放功能要素领域内的制度型开放体现浦东全场景的全球衔接

一是,从接轨、对标到相互衔接。《知识产权保护规定》率先建立与国际知识产权通行规则相互衔接的开放型体制。在全球资源配置功能高地方面,特别提出了率先构建高标准知识产权规则体系。

二是,全场景的全球合作竞争单元。《绿色金融规定》中提到的"转型金融",就是近两年欧盟等发达国家和地区,为了支持高碳产业、高环境影响产业的绿色转型,从绿色金融体系中剥离出来的新兴金融的概念,更加具有创新性以及落地性和可操作性。在全球气候议程的构建中,离不开中国标准和中国方案,浦东《绿色金融规定》在绿色增长方面就可以为我国构建国际高标准的绿色规则提供引领示范作用。

三是,从上海首发到全球首发。《引领区意见》提出七方面重大举措,第一个便是"全力做强创新引擎,打造自主创新新高地",包括加快关键技术研发、打造世界级创新产业集群、深化科技创新体制改革三个方面。《新型研发机构规定》根据浦东重点产业科创需求,培育建立一批新型研发机构,提升浦东自主创新能力和科技创新策源功能,从"上海首发"向"全球首发"升级。

(四) 制度型开放向全域开放,释放"1+1>2"的整体开放效能

浦东建设自主创新新高地领域的三部浦东新区法规公布实施以来,达到了预期立法目的与效果。新华社、人民日报、中新网、解放日报、上海电视台东方财经浦东频道632观察、澎湃新闻、新民晚报、新民网、网易新闻、新浪网、上观新闻等各级媒体相继报道了法规的征询意见、公布及制定实施新闻,给予了高度评价与认可。一年来,浦东利用引领区立法权限,在特定的空间区域,实施特殊开放政策,强化开放型经济集聚功能。在知识产权、绿色金融等领域实施开放后,特殊经济功能区从临港新片区覆盖到浦东全域,对于引领区的建设会带来重大影响。在特殊经济功能区建设的一盘棋下,强调引领区法治保障,不断拓展法规权限,在对标对表开放中涉及到国家事权,浦东不断充分利用浦东法规的权限,拓

展制度空间,使得各个区块实施更加有效的空间分工协同,不断做大做强各个功能板块的专业化集聚力和影响力,取得了"1＋1＞2"的整体开发效能。

四、提高城市治理现代化水平,打造宜居宜业的城市治理样板①

截至目前,上海对标对表中央《引领区意见》,出台了《非现场执法规定》和《住宅小区治理规定》两部城市治理领域的法规,在提高城市治理现代化水平,打造宜居宜业的城市治理样板方面取得显著成效。

(一) 城市治理领域立法助力浦东打造现代城市治理的示范样板

《引领区意见》赋予浦东新的战略定位——现代城市治理的示范样板,要求浦东构建系统完备、科学规范、运行有效的城市治理体系,打造宜居宜业的城市治理样板;到 2035 年,全面实现治理现代化,到 2050 年,建设成为城市治理能力和治理成效的全球典范。在具体建设路径上,《引领区意见》指出,浦东需要加快建设智慧城市,把全生命周期管理理念贯穿城市管理全过程各环节,深入推进城市运行"一网统管";推动社会治理和资源向基层下沉,强化街道、社区治理服务功能,打通联系服务群众的"最后一公里"。

(二) 畅通"血管"培育"细胞",促进城市"有机体"健康发展

道路是城市四通八达的"血管",住宅小区是城市的最基本"细胞"。保持城市"有机体"的健康活力、欣欣向荣,需要畅通城市"血管",培育城市"细胞"。《非现场执法规定》旨在畅通城市"血管",通过规范城市管理领域非现场执法工作,提高城市管理科学化、精细化、智能化水平,提升城市治理能力和治理成效;《住宅小区治理规定》旨在培育城市"细胞",通过推进浦东新区住宅小区治理创新,提高基层治理能力和水平,营造安全有序、美丽和谐的高品质生活环境。两部城市治理领域立法在区位上实现了社会面的全覆盖。

(三) 城市治理领域立法大力推进社会治理体系和能力的现代化

社会治理现代化包括社会治理体系和治理能力的现代化。习近平总书记强

---

① 本节执笔人:俞海涛,上海社科院法学所助理研究员、法学博士。

调,"推进国家治理体系和治理能力现代化,必须抓好城市治理体系和治理能力现代化"。市域层面具有较为完备的社会治理体系,具有解决社会治理中重大矛盾问题的资源能力,是将风险隐患化解在萌芽、解决在基层的最直接、最有效力的治理层级。

大力推进市域社会治理体系的现代化。一是优化市域社会治理的法治体系。制定实施《非现场执法规定》与《住宅小区治理规定》,运用法治思维和法治方式破解街面治理与小区治理顽疾难题。二是构建职能优化、运行高效的政府负责体系。规范城管部门非现场执法活动,《非现场执法规定》打造"智能发现、高效处置、非现执法、精准治理"的街面秩序闭环管理体系。三是完善市域社会治理的自治体系。创新社区自治模式,扫除社区自治"盲点",《住宅小区治理规定》建立健全议事协商机制,引导居民有序开展协商自治,明确居委会临时代行业委会职责的条件以及相应的程序规范。

大力推进市域社会治理能力的现代化。一是加强社区常态化疫情防控能力。推动执法力量、专业力量、服务力量下沉基层,推动数字治理应用场景建设,《住宅小区治理规定》建立健全常态化联系居民委员会工作机制,创新志愿服务机制,将志愿者队伍纳入社区统一调度和管理。二是提升破解难题能力。提升街面秩序管理能力,《非现场执法规定》运用现代科技手段破除街面管理顽疾;提升小区困难解决能力,《住宅小区治理规定》创建居民需求响应机制,夯实解决居民诉求的部门协同机制,居委会帮助居民解决问题的"腰杆"更硬了。三是提高创新驱动能力。运用现代科技手段推动社会治理创新,提高运用信息技术服务群众的能力。《非现场执法规定》完善电子技术监控执法制度,创新信息数据共享与保护制度;《住宅小区治理规定》创新社区数字治理机制,畅通"一网统管"和"社区云"两个平台,建立依托大数据平台的执法协作机制。

(四)从街头到小区,城市治理领域立法开创人民城市建设新局面

城市治理领域的两部浦东新区法规实施以来,道路环境得到极大改善,小区治理顽症得以有效破解,达到了预期立法目的与效果。新华社、人民日报、中新网、解放日报、上海电视台东方财经浦东频道 632 观察、澎湃新闻、新民晚报、新民网、网易新闻、新浪网、上观新闻等各级媒体相继报道了法规的制定实施,给予了高度评价与认可。一年来,浦东引领区立法贯彻落实"人民城市人民建,人民

城市为人民"重要理念,从"街面"管理创新到"小区"治理创新,从畅通城市"血管"到培育城市"细胞",从"管理"迈向"治理"到"科技"赋能"治理",全力营造高品质和谐宜居的美好生活环境,从而有效提高了城市治理现代化水平,开创了人民城市建设新局面。

第十一章　浦东新区法规的微观评估报告

　　微观报告是对前 10 部浦东新区法规的个别评估,在评估报告中处于底层的位置,发挥基础的作用,微观评估是中观与宏观评估的前提,没有对每部法规进行解剖麻雀式的掌握,中观与宏观评估就只能剩下空洞词藻的堆砌。分报告在形式上不拘泥于一般立法后评估的合法性、合理性、适应性、可操作性、适应性、实效性等的结构布局;在内容上,注重先行性条款、变通性条款、执行性条款等规范构成的分析,并结合实地调研与参考浦东自评报告,考察每部法规核心条款的实施成效。十部法规的分报告遵循以下框架:一是与引领区建设要求的契合度考量,二是法规文本的规范分析,三是核心制度的实施成效考察,四是社会认可度和影响力评估。

一、《上海市浦东新区深化"一业一证"改革规定》评估报告[①]

　　2021 年 9 月 28 日,上海市第十五届人大常委会第三十五次会议通过《上海市浦东新区深化"一业一证"改革规定》(简称《"一业一证"规定》),自 2021 年 10 月 1 日起正式施行。该法规是中央作出《引领区意见》和《授权决定》后,上海市人大常委会制定的首部浦东新区法规,具有样板意义。值此周岁之际,有必要及时对该法规的立法成效进行评估,以进一步促进法规实施,总结经验亮点。

---

① 本节执笔人:俞海涛,上海社科院法学所助理研究员、法学博士。

(一)《"一业一证"规定》与引领区建设要求的契合度

一是符合《引领区意见》指出的,更高水平改革开放的开路先锋需要坚持系统观念,加强改革举措的有机衔接和融会贯通,推动各项改革向更加完善的制度靠拢。这不仅体现在行业综合许可制度本身需要"单轨制""统一有效期制""承诺即入制""综合监管制""'六个一'集成服务机制"等的有机衔接和融会贯通,还体现在行业综合许可制是企业发展全生命周期的开端,是经济体系现代化的重要组成部分。

二是符合《引领区意见》指出的,加强改革系统集成需要聚焦基础性和具有重大牵引作用的改革举措,探索开展综合性改革试点,从事物发展全过程、产业发展全链条、企业发展全生命周期出发谋划设计改革,加强重大制度创新充分联动和衔接配套,推动各方面制度更加完善。正是基于长时间的试点改革和自主创新探索,上海市以浦东新区法规的形式将"一业一证"改革的制度设计予以固化,实现了"小快灵"立法。该法规从"企业发展全生命周期"出发,降低企业市场准入门槛,减轻企业准入负担,便利企业持续经营,激活企业经营动力。

三是符合《引领区意见》指出的,创新政府服务管理方式需要加强各部门各领域协同放权、放管衔接、联动服务。探索市场准营承诺即入制,深化"一业一证"改革,率先建立行业综合许可和综合监管制度。表面上看,"一业一证"改革不过是将多张许可证变为一张综合许可证,但是在这张综合许可证的背后是政府职能部门之间的持续协调、整合、功能优化,推动政府审批服务向以市场主体需求为中心转变,达到优化营商环境的效果。

(二)《"一业一证"规定》的规范分析

1. 法律地位的提升

《"一业一证"规定》旨在通过优化审批流程和集中审批程序,建立并完善行业综合许可制度及其配套制度。虽然此前国务院作出《关于上海市浦东新区开展"一业一证"改革试点大幅降低行业准入成本总体方案的批复》(国函〔2020〕155号),同意在上海市浦东新区开展"一业一证"改革试点,原则同意《上海市浦东新区开展"一业一证"改革试点大幅降低行业准入成本总体方案》(以下简称《总体方案》),方案中就有行业综合许可"单轨制""统一有效期制""告知承诺制"

"综合监管制"等较为完整的内容,但是"批复"属于国务院规范性文件,不是行政法规,法律地位不高。而且,批复试点期为自批复之日(2020 年 11 月 14 日)起至 2022 年底,试点期满何去何从犹未可知。上海市人大常委会积极行使全国人大常委会授权,首次将行业综合许可制上升为特殊的地方性法规,以浦东新区法规形式固化试点改革成果,使得行业综合许可制及其配套制度的法律地位和权威性得到极大提升。立法固化改革成果,凝聚改革共识,保持政策的延续性和可预期性,满足人们对政策稳定的信赖需求。

2. 文本的结构与内容

《"一业一证"规定》共 15 条,其中,有四条是原则性和技术性条款,包括:第 1 条展现了立法目的与依据(承接了《授权决定》);第 2 条第 1 款规定了适用范围,第 2 款是"一业一证"改革的定义条款;第 3 条是基本原则条款(承接了《引领区意见》);第 15 条是生效条款。

除此,用十一条规定(第 4 条至第 14 条)建立了行业综合许可制度,包括运行机制和配套制度的具体内容。其中,第 7、8、9 是深化"一业一证"改革的核心条款,也是突破了中央立法(法律、行政法规、部门规章)的变通性条款,其他条款则是围绕核心条款实施的配套规定。其中,第 4 条、第 5 条和第 13 条规定了实施主体或实施部门的职责;第 6 条规定了综合许可证的线上线下办理机制;第 7 条规定了行业综合许可"单轨制"(核心条款);第 8 条规定了"统一有效期制"(核心条款);第 9 条规定了"告知承诺制"(核心条款);第 10 条规定了综合监管制;第 11 条规定了改革长效机制;第 12 条规定了政务信息共享机制;第 14 条规定了争议解决机制。

以《立法法》(2023)第 82 条对地方立法权限的规定以及《授权决定》的规定为分类标准,《"一业一证"规定》的规范构成如表 11 - 1 所示。

表 11 - 1　《"一业一证"规定》规范构成表

法条性质 浦东新区法规	执行性条款(执行法律、行政法规的规定)	自主性条款(地方性事务)	先行性条款(国家尚未制定法律和行政法规)	变通性条款(国家已制定法律、行政法规或部门规章)	其他条款的说明
《"一业一证"规定》				第 7 条、第 8 条、第 9 条	其他条款是围绕核心变通性条款的配套规定

3. 变通创新情况与变通性条款

《"一业一证"规定》不只是对某一法律、行政法规、部门规章的某一具体条文、具体规则的构成要素的变通,而是对一批关于行业行政许可制度的法律规则的变通,因而可以说是对行业行政许可制度的整体性或制度性变通。《"一业一证"规定》将此前的各项行政许可证单独申请、单独审批、单独管理、单独出示的行业许可制度,变通为行业综合许可制度,具体由第 7 条、第 8 条、第 9 条的规定及其配套规定来实现,具体变通情况如表 11－2 所示。

表 11－2　《"一业一证"规定》变通创新情况表

序号	《"一业一证"规定》	变 通 对 象
1	第 7 条行业综合许可证是"一业一证"改革行业经营活动涉及的多项行政许可的效力集成,是确认市场主体取得相关行政许可、获得行业准营资格的证明。 各有关国家机关应当对行业综合许可证的效力予以认可,对有关行业准入涉及的单项行政许可不再单独受理、发证;在相关管理服务活动中,不得要求市场主体提供单项行政许可证件。	法律、行政法规、部门规章中对申请、审批、提供单项行政许可的规定。例如,《食品经营许可管理办法》(部门规章)第 26 条第 2 款规定,食品经营者应当在经营场所的显著位置悬挂或者摆放食品经营许可证正本。
2	第 8 条对纳入"一业一证"改革的行业,浦东新区应当建立行业综合许可证统一有效期制度。单项行政许可设定的有效期,整合为行业综合许可证后可以取消或者延长。 行业综合许可证所整合的单项行政许可变更或者失效的,相关行政审批部门应当同步调整该行业综合许可证的相应信息。	法律、行政法规、部门规章中对行政许可有效期的规定。例如,《行政许可法》第 50 条规定,被许可人需要延续行政许可有效期的,应当在届满前三十日提出申请;《食品经营许可管理办法》第 19 条规定,食品经营许可证发证日期为许可决定作出的日期,有效期为 5 年。
3	第 9 条对纳入"一业一证"改革的行业涉及的场所、设备、人员、资金、管理制度等审批条件,可以实行告知承诺制,允许申请人以告知承诺书替代证明符合相关审批条件的材料,但是直接涉及国家安全、国家秘密、意识形态安全、公共安全、金融业审慎监管、生态环境保护、人身健康、生命财产安全的除外。 支持浦东新区探索实行基于"一业一证"改革的市场准营承诺即入制。	法律、行政法规、部门规章中要求申请人出具证明符合审批条件的材料的规定。例如,《行政许可法》第 31 条规定,申请人申请行政许可,应当如实向行政机关提交有关材料和反映真实情况;《食品经营许可管理办法》第 12 条、第 13 条、第 16 条规定了申请食品经营许可所需的材料及对材料的审查核实。

（三）《"一业一证"规定》核心条款的实施成效

"一业一证"改革实施以来,行政许可平均审批时限压减近90％,申请材料压减近70％,填表要素压减超60％,简化了申办流程,减少了申办资料,充分展现了简政放权,营商环境得到明显改善,企业的满意度、获得感显著提升。《"一业一证"规定》核心条款的实施效果如下。

1. 行业综合许可"单轨制"（第7条）

行业综合许可"单轨制"要解决的是单项许可证的碎片化问题及综合许可证的效力问题。"一业一证"改革通过分类分层开展试点,首先在便利店、超市等10个高频行业开展首批行业综合许可单轨制工作,如将经营便利店所需办理的5张行政许可证整合成了1张综合许可证。自2021年10月1日法规施行以来,10个试点行业发放综合许可证300多张。各方通过扫描行业综合许可证二维码即可查看各项许可信息,行业综合许可证的法律效力得到了各政府部门的认可,实现了综合许可证一证营业、一证迎检的目标。

2. 行政综合许可"统一有效期制"（第8条）

行政综合许可"统一有效期制"要解决的是被整合进一张综合许可证的各单项许可证的有效期不一致,从而影响综合许可证效力稳定的问题。取消或者延长单项许可证有效期限,破解了综合许可和单项许可有效期难以匹配的问题,增加了综合许可证的效力稳定性,减少了对企业正常生产经营的干扰,大幅提升了企业经营全生命周期的便利度。

3. 行政综合许可"告知承诺制"（第9条）

行政综合许可"告知承诺制"要解决的是审批条件繁多、程序复杂、耗时耗力等企业市场准入难的问题。"告知承诺制"以信用为导向,允许申请人在除特定领域外,以告知承诺书替代证明符合相关审批条件的材料。行政许可审批部门一次性告知市场主体从事特定行业许可经营须具备的全部要求,符合条件的市场主体作出承诺并提交必要材料,即可取得行政许可,开门营业。与之相配套的是第10条综合监管机制的规定,"告知承诺制"由以往的"重审批轻监管"转变为"轻审批重监管",大幅缩减了企业开办的时间和成本,进一步激发了市场主体活力,为扩大消费和有效投资创造了有利条件。

在深入推进改革过程中,市场准营承诺即入制已经从《"一业一证"规定》的一个条文演化升级为单独一部浦东新区法规。2022 年 6 月 22 日,市人大常委会通过《上海市浦东新区推进市场准营承诺即入制改革若干规定》,自 2022 年 8 月 1 日起施行。

4. 行业综合许可"一帽牵头制"(第 4、5 条)

行业综合许可"一帽牵头制"要解决的是职能部门在行政许可审批、监管、服务等过程中各行其是、效能低下的问题。职能部门的确定是"一业一证"改革得以推进落实的重要组织保障。《"一业一证"规定》第 4 条确定了浦东新区人民政府及各有关审批部门的职责,第 5 条明确了牵头管理部门和协同管理部门,为各职能部门的分工合作的工作机制奠定了框架基础。

以开宾馆为例,涉及市场监管局、卫健委、文体旅游局等 7 个部门。按照国民经济行业分类,宾馆行业的主管部门是文体旅游局,由此确定文体旅游局为宾馆行业综合许可制的牵头管理部门,负责协调指导该行业"一业一证"改革中的审批、监管、服务等工作,组织制定统一适用于该行业的综合许可细则,建立健全行业综合许可全流程管理和综合监管制度。

5. 行业综合许可"一网通办"(第 6 条)

行业综合许可"一网通办"机制要解决的是线下办理的各种不便问题。建设完善"一业一证"网上申办系统,落实推行"互联网 + 政务服务"要求,着力提高在线办理率和全程网办率,是数字政府建设的一部分。"一网通办"聚焦便捷查询、精准匹配、智慧填表等功能,旨在持续提升网上申办系统智能化水平,全面实现行业综合许可证电子化。

"一网通办"目前已形成"在线申请""统一收件""并联审批、限时办结"和"统一制作、送达行业综合许可证"的线上申办全流程。以"我要开便利店"为例,登陆"一网通办",进入申办模块,选择"我要开便利店",在智能问答页面勾选申办要素。根据勾选情况,即可定制化生成申请材料和申请表。同时,远程身份核验的智能应用在疫情防控期间收获了意外效果,不仅提高了办事效率,又避免了办理现场人员聚集,降低交叉感染风险,成效明显。

6. 政务信息共享机制(第 12 条)

政务信息共享机制要解决的是各职能部门间的信息壁垒问题。政务信息共享机制旨在实现跨地区、跨部门、跨层级的政务信息共享,是实现行业综合许可"单轨制""综合监管制"等必需的配套措施。对纳入"一业一证"改革试点的行业,有关部门和单位将市场主体的电子证照、年报、许可、处罚、信用等政务信息,及时准确共享至浦东新区有关部门,为审批和监管提供有力数据支撑。区审改办已建立起市、区联动工作机制,组织区各有关部门积极与市级部门汇报沟通,聚焦改革难点堵点问题,深入推进许可信息归集、领证通知、发放证书等环节流程再造以及相应的信息化建设工作。

(四)《"一业一证"规定》的社会认可度和影响力

1. "面"的反响:媒体中的评价

《"一业一证"规定》自实施以来,获得了社会各界的热烈反响,新闻媒体和专家学者们均给出了高度认可和积极评价。"一业一证"改革受到众多权威新闻媒体及时、持续的关注和聚焦。新华社、中国新闻网、新民晚报、文汇报、中国市场监管报、央视新闻频道、东方网、中工网讯、浦东时报、浦东新闻、央视财经频道、央视网、建筑时报、界面新闻微信公众号、浦东发布微信公众号、经济日报、界面新闻、文汇客户端、澎湃新闻、中国发展网等新闻媒体对《"一业一证"规定》作了正面报道,对其取得的改革成果予以肯定。

受访专家纷纷公开表示,"一业一证"改革对降低行业准入成本、激发市场主体活力、优化营商环境具有积极作用。"一业一证"改革为市场主体松绑,有效推动个体经济、私营经济的服务供给,有利于有效投资和扩大消费,为社会提供更多的高质量就业机会,从而推进市场化改革,推进国内市场一体化,促进国内大循环。"一业一证"改革对全国具有示范推广作用。

2. "点"的感受:个案中的评价

其一,从"开办便利店"案例看行业综合许可单轨制。

在"一业一证"改革之前,开一家便利店需要申请办理5张许可证,办理法定时限95个工作日,申请材料共有53份,填表要素有313项;在改革之后,仅需申办1张行业综合许可证,办理时限压缩至5个工作日,较法定时限减少95%,申请材料压减至10份,减少81%,填表要素压减98项,减少69%。便利店在取得行业综合许可证之后,在往后的经营过程中,不再需要展示例如食品经营许可证等单项行政许可证,各方通过扫描行业综合许可证二维码即可查看各项许可信息,真正实现一证迎检、一证营业。

可见,无论是对于事前的申办审批活动,还是对于事后的经营管理活动来说,行业综合许可单轨制度大大提高了市场主体开办便利店等进入市场的积极性,激发了市场主体新动力,也大大提升了政府部门的行政效率和质量,实现了政府与社会的"双赢"。

其二,从"一兆韦德"案例看行业综合许可证统一有效期制。

"一兆韦德"是一家健身连锁企业,据其负责人反映,过去"一业一证"改革加快了开店的速度,但企业在后续经营中还遇到了各单项行政许可证有效期不一致的问题。在《"一业一证"规定》出台前,企业需要按期分别办理《消防安全检查合格证》《公共场所卫生许可证》和《高危险性体育项目经营许可证》等的延期手续,以免综合许可证失效。《"一业一证"规定》出台后,浦东新区统一确定健身房行业综合许可证的有效期为五年,相应将《公共场所卫生许可证》有效期从"4年"延长至"5年"。行业综合许可证有效期届满前,企业只需提交一份申请表、一套材料、跑一次窗口,获取一张新的行业综合许可证即可持续经营,大幅提升企业经营全生命周期便利度。

"一业一证"改革的核心逻辑是整合一个行业内的审批事项,属于以行业为边界的行政许可权的有限整合,克服了行政审批服务中心模式过于松散与行政审批局过于集中的问题,推动了从碎片政府朝着为公众提供整合性公共服务为核心的整体政府方向发展,走出了相对集中行政许可权改革的第三条道路。将来,"一业一证"改革需要进一步加强部门联动、打破数据壁垒、实现数据对接、加速数据流转,进一步提升"一业一证"法规在社会面的普及度和认可度,进一步依托长三角区域合作机制,实现改革的龙头辐射作用。

二、《上海市浦东新区市场主体退出若干规定》评估报告[①]

2021 年 9 月 28 日,上海市第十五届人大常委会第三十五次会议通过《上海市浦东新区市场主体退出若干规定》(简称《市场主体退出规定》),自 2021 年 11 月 1 日起正式施行。该法规是中央作出《引领区意见》和《授权决定》后,上海市人大常委会制定的首批第二部浦东新区法规。值此周岁之际,有必要及时对该

---

① 本节执笔人:俞海涛,上海社科院法学所助理研究员、法学博士。

法规的立法成效进行评估,以进一步促进法规实施,提升立法质量,助力浦东新区打造成为社会主义现代化建设引领区。

(一)《市场主体退出规定》与引领区建设要求的契合度

《市场主体退出规定》旨在畅通市场主体退出渠道,完善优胜劣汰的市场机制,优化营商环境,高度契合中央对浦东的引领区建设要求。《引领区意见》是浦东打造社会主义现代化建设引领区的总纲领和总蓝图。《引领区意见》指出,从事物发展全过程、产业发展全链条、企业发展全生命周期出发谋划设计改革,加强重大制度创新充分联动和衔接配套;创新政府服务管理方式,加强各部门各领域协同放权、放管衔接、联动服务;到2035年,全面构建浦东现代化经济体系。《市场主体退出规定》从企业发展全生命周期出发,创新政府服务管理模式,简化优化注销程序,畅通了市场主体退出渠道,释放了企业名称资源,促进了市场的新陈代谢。

市场主体退出制度是现代化经济体系的重要组成部分。2014年,《国务院关于促进市场公平竞争维护市场正常秩序的若干意见》就明确要求"完善市场退出机制"。2018年11月,习近平总书记主持召开中央全面深化改革委员会第五次会议,会议审议通过了《加快完善市场主体退出制度改革方案》。会议强调,完善市场主体退出制度,对推进供给侧结构性改革,完善优胜劣汰的市场机制、激发市场主体竞争活力、推动经济高质量发展具有重要意义。2019年,国家发展改革委等十三部委联合印发《加快完善市场主体退出制度改革方案》,提出了"规范市场主体退出方式""研究建立市场主体强制退出制度"等要求。从《方案》到《市场主体退出规定》,体现了我国中央到地方持续探索改良市场机制,优化营商环境,促进经济发展的一贯努力。

(二)《市场主体退出规定》的规范分析
1. 法律地位的提升

在法规出台之前,为畅通市场主体退出渠道,降低市场主体退出成本,激发市场主体竞争活力,完善优胜劣汰的市场机制,推动经济高质量发展,经国务院同意,国家发改委、最高院、工信部、民政部、司法部、财政部、人社部、人民银行、国资委、税务总局、市场监管总局、银保监会、证监会等13部门于2019年6月22日联合印发了《加快完善市场主体退出制度改革方案》(以下简称《方案》)。该方案对规范市场主体退出方式、健全清算注销制度、完善特殊类型市场主体退出和特定领域退出制度、健全市场主体退出甄别和预警机制、完善市场主体退出关联权益保障机制、完善配套政策等作了要求。

相较于该《方案》,《市场主体退出规定》呈现出两方面的不同:一是《方案》的规定较为原则,例如要求"进一步探索简化普通注销程序""研究建立市场主体强制退出制度"等。《市场主体退出规定》则具体规定了简易注销、强制退出等制度的实施机制,是对《方案》的细化与深化。二是《方案》属于部门规范性文件,位阶不高。《市场主体退出规定》作为授权立法,带有国家立法的性质,位阶要高于部门规章、行政法规。总之,《市场主体退出规定》与《方案》的精神和要求一致,既是对国家部委《方案》的贯彻落实,又将该制度上升为特殊的地方性法规,具有了更高的法律权威和地位。

2. 文本的结构与内容

《市场主体退出规定》共 14 条,其中,有三条是技术性条款,包括:第 1 条规定了立法目的与依据(承接了《授权决定》);第 2 条第 1 款规定了适用范围,第 2 款是市场主体退出的定义条款;第 14 条是生效条款。

除此,用十一条规定完善了市场主体退出制度。其中,第 3 条规定了"简易注销"的适用情形与适用程序;第 4 条与第 5 条规定了"承诺制注销"的适用情形与适用程序;第 6 条与第 7 条规定了"强制除名"的适用情形与法律后果;第 8 条、第 9 条与第 10 条规定了"强制注销"的适用情形、适用程序与法律后果;第 11 条规定了"代位注销";第 12 条规定了相关法律责任;第 3 条规定了组织保障工作。

以《立法法》(2023)第 82 条对地方立法权限的规定以及《授权决定》的规定为分类标准,《市场主体退出规定》的规范构成如表 11-3 所示。

表 11-3 《市场主体退出》规范构成表

法条性质 / 浦东新区法规	执行性条款(执行法律、行政法规的规定)	自主性条款(地方性事务)	先行性条款(国家尚未制定法律和行政法规)	变通性条款(国家已制定法律、行政法规或部门规章)	其他条款的说明
《市场主体退出规定》		第 11 条		第 3 条、第 4 条、第 5 条、第 6 条、第 7 条、第 8 条、第 9 条、第 10 条	技术性规定或配套规定

3. 变通创新情况与变通性条款

《市场主体退出规定》主要规定了"简易注销制""承诺注销制""强制除名制""强制注销制"和"代位注销制"。其中"简易注销制"缩短了《市场主体登记管理条例》对简易注销公示期的规定,这是一个明显的变通点。然而,关于"承诺注销制""强制除名制""强制注销制",在该法规的备案说明中用了"创设"一词而非"变通",应该说,这几项制度也是"变通"(尽管"变通"也有"创设"的特征)。因为根据《公司法》《企业所得税法》《市场主体登记管理条例》等上位法的规定,可以概括出"市场主体须经清算方能注销"的法律规则,而《市场主体退出规定》用承诺注销制、强制除名、注销制取代了"清算注销制"(见表 11 - 4),其实质是将清算程序后置了。《市场主体退出规定》中真正属于"创设"的是第 11 条"代位注销制",对此上位法没有规定。

表 11 - 4　《市场主体退出规定》变通创新情况表

序号	《市场主体退出规定》	变 通 对 象
1	第 3 条第 2 款规定注销公示期为"十日"。	《市场主体登记管理条例》第 33 条规定符合相关条件的市场主体可以按照简易程序办理注销登记,"市场主体应当将承诺书及注销登记申请通过国家企业信用信息公示系统公示,公示期为 20 日。"
2	第 4 条、第 5 条规定了"承诺制注销"。	《公司法》第 188 条规定"公司解散的,应当依法办理公司注销登记"。第 197 条规定"公司清算结束后,清算组应当制作清算报告……并报送公司登记机关,申请注销公司登记,公告公司终止。" 《企业所得税法》第 55 条规定:"企业应当在办理注销登记前,就其清算所得向税务机关申报并依法缴纳企业所得税。" 《市场主体登记管理条例》第 32 条规定:"市场主体注销登记前依法应当清算的……清算组应当自清算结束之日起 30 日内向登记机关申请注销登记。"
3	第 6 条、第 7 条规定了"强制除名"。	《公司法》第 188 条、第 197 条;《企业所得税法》第 55 条;《市场主体登记管理条例》第 32 条;等。
4	第 8 条、第 9 条、第 10 条规定了"强制注销"。	《公司法》第 188 条、第 197 条;《企业所得税法》第 55 条;《市场主体登记管理条例》第 32 条;等。

(三)《市场主体退出规定》核心条款的实施成效

自法规施行以来,有关部门认真落实法规规定,制定法规实施细则(如《中国(上海)自由贸易试验区临港新片区市场监督管理局关于落实市场主体退出举措的操作细则》),不断强化业务学习,持续开展宣传培训,有效开展简易注销、承诺制注销、强制除名和注销等各项工作。

1. 简易注销制(第 3 条)

市场主体未发生债权债务、已将债权债务清偿完结或者具有国家规定的其他情形的,可以适用简易注销程序快速退出市场。简易注销制度通过市场监管局与税务、人社等部门更深层次的配合协同,优化注销流程,为企业开辟注销"绿色通道",使得市场主体退市效率更高、手续更简、成本更低。根据《市场主体登记管理条例》,简易注销登记的公示期为 20 日,《市场主体退出规定》对此作出变通,将其缩短为 10 日。从企业发布简易注销公示之日起计算,到登记机关核准企业注销登记,只要相关材料完备,原则上最快仅需 11 日,即可完成全部流程。相较原注销程序需要 45 日公示和 5 个工作日办理时限,时间压缩了 80%。自法规实施以来,截至 2022 年 7 月 31 日,浦东新区共计 1286 户企业通过简易注销登记实现快速退出;截至 2022 年 7 月 31 日,临港新片区已有 735 户市场主体通过简易注销高效退出。

2. 承诺制注销(第 4、5 条)

承诺注销制破解了企业"想退却难退"的困境。由于上位法确立了"清算注销制",对于一些已长期未开展经营活动、存在人员流动、账册遗失等情况无法开展清算的,企业注销陷入僵局。承诺制注销在不免除企业清算义务的前提下,提供了新的注销方式。相关责任主体只要作出承诺,向社会公示满 45 日,没有利害关系人及相关政府部门提出异议的,即可向登记机关提出注销登记申请,材料齐全的当场核准,1 个工作日内即可办结。这为解散后因客观原因短期内无法完成清算的非公司企业法人、合伙企业增加了先行申办注销的渠道,也充分保障了债权人等相关利益主体的合法权益。自法规实施以来,截至 2022 年 7 月 15 日,浦东新区已有 3 户企业通过承诺制注销登记顺利进行注销。

3. 强制除名制(第 6、7 条)

强制除名制破解了企业"应退却不退"的问题。市场主体被吊销营业执照、责令关闭或者撤销,清算义务人应当依法组织清算,清算义务人满六个月未办理清算组公告或者申请注销登记,登记机关可以作出强制除名决定。自法规实施以来,截至 2022 年 7 月 15 日,浦东新区市场监管局先后完成两批次,共计 435 户企业的强制除名程序。首批是对从事贸易、化工等领域的 100 户吊销营业执照企业和 35 户撤销登记企业的强制除名程序;第二批是对从事食品经营、咨询等领域在内的 300 户吊销营业执照企业的强制除名程序。截至 2022 年 8 月,临港新片区向洋山特殊综合保税区内 10 户市场主体寄送强制除名决定。

4. 强制注销制(第 8—10 条)

强制注销制破解了企业"应退却不退"的问题。强制除名决定生效届满六个月,市场主体仍未办理清算组公告或者申请注销登记的,登记机关应当通过公示系统或者政府网站催告,并启动强制注销程序。目前尚未产生符合启动强制注销程序的企业,故暂无强制注销的相关数据或案例。

5. 代位注销制(第 11 条)

针对实践中由于部分企业或者国家机关、事业单位等已经注销或者撤销,导致其管理或者出资的企业、分支机构无法办理变更登记、注销登记等情形,建立代位注销机制,畅通特定市场主体注销时的制度瓶颈。目前尚未产生符合代位注销程序的企业,故暂无代位注销的相关数据或案例。

(四)《市场主体退出规定》的社会认可度和影响力

1. "面"的反响: 整体的评价

法规自实施以来,在社会上获得了良好的反响,文汇报、解放日报等新闻媒体和受访专家学者均给出了高度认可和积极评价。受访专家表示,"三无"(无财产、无人员、无账册)企业的"退出"应当在行政程序中解决,避免司法程序的"空转",法规对强制除名、强制注销的创新探索,有助于系统解决市场主体"退出难"。受访人大代表表示,站在债权人角度,法规落实落细一系列兜底保障机制,真正体现了"该快的快,该严的严"。

《市场主体退出规定》产生了溢出效应。今年全国两会,完善市场主体的退出机制成为代表委员们讨论的一个话题。受法规启示,有代表委员建议修订破产法,拟定市场主体强制退出机制。法规还给其他省市起到了示范效果与带头作用。2021 年 12 月 1 日,海南省六届人大常委会第三十一次会议审议通过了

《海南自由贸易港市场主体注销条例》,自2022年3月1日起施行。该条例的体例与《市场主体退出规定》大致相当,分别规定了对简易程序的优化、建立除名制度、依职权注销制度。值得注意的是,其变通上位法关于简易注销公示期的规定,将其缩短为7日,较之《市场主体退出规定》更短。

2. "点"的感受:个案中的评价

从上海某实业公司案例看承诺制注销。上海某实业公司是一家1993年成立的非公司企业法人,属于浦发集团下属企业,已多年未开展经营活动。为更好地整合名下资产,推动集团产业进一步转型升级,投资人希望尽快办结该企业注销手续。但由于该企业成立时间早,缺失大量关键性文件资料,导致办理注销手续前的"清算"环节很难开展,不仅耗费审计成本,耗时可能达到半年到一年。法规实施后,通过承诺制注销登记改革举措,该公司按照法定流程进行公示和提交申请材料,于2021年12月31日顺利办结注销手续,大大节约了其时间成本和商务成本。

《市场主体退出规定》的核心逻辑是简化、优化注销程序,将原本需要在注销前完成的清算程序后置,将"清算注销制"变通为"承诺注销制"和"强制除名注销制",解决了企业"想退却难退""应退却不退"的难题,释放了有限的企业名称资源,促进了市场主体的新陈代谢和"自我更新"。将来,市场主体退出制度需要进一步完善配套信息系统建设,进一步健全政府部门内部信息沟通、线上协同机制,以更好地保持市场主体退出渠道畅通高效,持续优化营商环境。

三、《上海市浦东新区建立高水平知识产权保护制度若干规定》评估报告[①]

2021年10月28日,上海市第十五届人大常委会第三十六次会议通过《上海市浦东新区建立高水平知识产权保护制度若干规定》(简称《知识产权保护规定》),自2021年12月1日起正式施行。《知识产权保护规定》在知识产权保护层面对接国际标准,承接国家试点,同时充分体现了浦东特色,在全国知识产权制度体系建设层面具有示范先导意义。

---

① 本节执笔人:孙祁,上海社科院法学所助理研究员、法学博士。

（一）《知识产权保护规定》与引领区建设要求的契合度

《知识产权保护规定》充分接轨国际规则。《知识产权保护规定》是上海市人大常委会根据全国人大常委会授权、依据浦东新区改革创新实践制定的浦东新区法规之一。《知识产权保护规定》充分接轨国际知识产权保护规则和要求，如出台优化侵权举证责任的规定，将法律规定的只适用于诉讼程序的著作权、商业秘密举证责任转移规则变通为适用于行政执法程序。规范商标申请注册行为，提高恶意申请商标行为的处罚幅度，如针对恶意申请人无违法所得的，处罚幅度最高较原来提高了 3 倍。

《知识产权保护规定》强化浦东特色。一是，《知识产权保护规定》强调"快保护"和"严保护"，尤其在商标、著作权等知识产权统一管理体制和综合执法方面展开探索。创设专利重复侵权行为的行政处罚，并将惩罚性赔偿上限从 500 万提高至 1000 万。二是，通过聚焦浦东重点产业发展需求，在国内首创对会展活动举办方违法行为的行政处罚，明确未履行保护义务的会展活动举办单位的法律责任，探索破解会展活动知识产权保护难问题。三是，浦东充分承接国家知识产权局有关改革试点，在地方立法上，首创地理标志违法行为的法律责任。协助配合国家知识产权局开展集成电路布图设计行政执法，开展专利复审无效案件优先审查、专利无效案件远程视频审理等快速确权服务。

（二）《知识产权保护规定》的规范分析

1. 法规的特点

《知识产权保护规定》在接受评估的所有新区法规中，具有比较明显的特殊性，是浦东新区改革创新实践制定的第一批浦东新区法规之一，实施以来，为浦东新区在知识产权领域大胆试、大胆闯、自主改提供强有力的法治保障。主要体现于以下几个方面。其一，浦东新区知识产权保护首创举措。第一，地方立法中首创地理标志违法行为的法律责任，明确地理标志的五种违法情形；第二，国内首创对会展活动举办方违法行为的行政处罚，明确未履行保护义务的会展活动举办单位的法律责任；第三，国内首创专利实施调查制度。其二，知识产权保护领域新增试点。第一，开展集成电路布图设计行政执法；第二，开展专利复审无效案件优先审查、专利无效案件远程视频审理等快速确权服务，推进专利确权案件与行政裁决案件联合审理。其三,在深化知识产权管理体制机制改革、强化知识产权保护、完善知识产权服务等方面,《知识产权保护规定》均提出了一系列的创新举措。第一,先行先试国家知识产权局正在制定的相关规定,明确了地理标志的五种违法情形,在地方立法中首创了地理标志违法行为的法律责任,进一步深化知识产权综合管理和综合执法改革;第二,明确了浦东新区知识产权部门负责知识产权保护工作的统筹协调和组织实施,综合行使相关部门在知识产权领域的行政执法权。

2. 文本的结构与内容

《知识产权保护规定》是全国进一步深化知识产权综合管理和综合执法改革,也是首部知识产权领域的浦东新区立法,它明确了浦东新区知识产权部门负责知识产权保护工作的统筹协调和组织实施,综合行使相关部门在知识产权领域的行政执法权等。《知识产权保护规定》属于"小快严"特征较强的立法,法规条文共计十六条,不分章节,"有几条立几条",不搞"大而全""小而全"。一般而言,法规按照内容和功能,大致可以区分为组织规范、根据规范和规制规范。就《知识产权保护规定》的主要内容来看,它包含根据规范与规制规范(目的规范+程序规范),其中又以规制规范中的程序规范为主。可以说,它明确了浦东新区知识产权保护中心建立健全"一站式"保护机制,推动国家知识产权事务在浦东新区"一网通办"。

第一,在知识产权"快保护"方面,《知识产权保护规定》提出相关创新举措,具体包括推行专利快速预审服务、创新专利侵权责任判断规则、建立履行调解协议后处罚适当减免的特别规定等。

第二,在知识产权"严保护"方面,《知识产权保护规定》加大惩戒力度,加大"不以使用为目的的恶意商标注册行为"的处罚力度;加强地理标志和商业秘密保护力度;进一步压实会展举办单位知识产权保护责任;在国家有关知识产权法律的基础上,结合浦东发展的实际情况规定了更大力度的惩罚性赔偿。比如,《知识产权保护规定》明确,故意侵犯知识产权,情节特别严重的,人民法院可以按照权利人因被侵权所受到的实际损失、侵权人因侵权所获得的利益、许可使用费或者权利使用费倍数的五倍以上十倍以下确定赔偿数额。权利人的实际损失、侵权人因侵权所获得的利益、许可使用费或者权利使用费难以计算的,由人民法院根据侵权行为的情节,判决给予一千万元以下的赔偿。

第三,在知识产权司法保护方面,《知识产权保护规定》探索创新举措,具体包括支持法院建立专家陪审员制度,探索"书状先行"的庭审模式和支持检察机关探索开展公益诉讼等。

3. 创新情况和创新性条款

《知识产权保护规定》列举了十数条建立高水平知识产权保护制度的要求,强化知识产权全链条保护,率先构建制度完备、体系健全、环境优越的国际知识产权保护高地,体现了立法整体的创新性,其条款也多具有创新性,不存在对上位法进行照抄照搬的现象。此种创新性主要是变通性创新。具体表现为:

第一,将法律规定的只适用于诉讼程序的著作权、商业秘密举证责任转移制度变通为适用于行政执法程序,提高恶意申请商标行为的处罚幅度;

第二,对商业秘密领域权利人、涉嫌侵权人的证明责任,商业秘密载体和相关产品的处理作变通;

第三,惩罚性赔偿上限从 500 万提高至 1000 万,创设专利重复侵权行为的行政处罚;

第四,落实调解优先原则,创制履行调解协议后处罚适当减免。

表 11 - 5　《知识产权保护规定》变通创新情况表

序号	《知识产权保护规定》	变通创新情况
1	第 5 条、第 8 条第 1 款(著作权和商业秘密行政保护程序的证据规则)	将《中华人民共和国著作权法》第 59 条第 2 款、《中华人民共和国反不正当竞争法》第 32 条规定的诉讼程序证据规则拓展至行政保护程序,助推解决知识产权保护"举证难"的困境。
2	第 6 条(恶意申请商标注册的处罚)	变通《规范商标申请注册行为若干规定》中恶意申请商标行为的处罚幅度,进一步有效维护商标注册的管理秩序。
3	第 7 条(地理标志保护)	创制地理标志领域违法行为的处罚,明确了违反地理标志保护的若干违法情形。
4	第 10 条(突破最高赔偿数额)	在《著作权法》第 54 条、《专利法》第 71 条、《商标法》第 63 条对"情节严重的"侵权行为设定法律责任的基础上,进一步创设"情节特别严重的"侵权行为,最高可以按照相关基数的十倍或者一千万元确定赔偿数额。

（三）贯彻实施总体情况

浦东新区各实施主体高度重视《知识产权保护规定》的贯彻实施工作,着力从体制机制、队伍力量、配套规定、载体平台等方面加以保障,确保有关规定落实到位。

浦东新区知识产权局加大法规宣传普及力度,制作了《知识产权保护规定》动漫宣传短片,并将《知识产权保护规定》作为"大调研、大排查"走访宣传的重要内容;制定了《上海市浦东新区专利预审服务备案主体管理办法》等配套规定并实施运行。积极运用新执法事权、新证据规则查办地理标志、著作权领域案件,深入开展知识产权质押融资创新。

浦东新区人民法院第一时间组织研究相关创新性条款的落地实施事宜,发布《上海市浦东新区人民法院关于服务保障浦东新区高水平改革开放打造社会主义现代化建设引领区的实施办法》,积极适用更大力度惩罚性赔偿,进一步加强对故意侵权行为的打击。

浦东新区人民检察院将院派出机构——张江地区人民检察院职能调整为专门办理知识产权案件的检察院,成为全国首家实现知识产权刑事、民事、行政、公益诉讼检察职能四合一集中行使的基层检察院。

浦东新区市场监管局积极推进商业秘密保护,成功入选"全国商业秘密保护创新试点"地区。上海新昇半导体科技有限公司、亮风台(上海)信息科技有限公司、上海芯联芯智能科技有限公司等7家企业获评区级商业秘密保护示范点。

（四）核心条款具体实施情况

1. 专利快速审查服务创新（第3条）

该条实施以来,区知识产权局制定了《上海市浦东新区专利预审服务备案主体管理办法》,对备案请求主体的条件进行调整,对备案流程、所需提交材料等进行细化。浦东新区知识产权保护中心共受理预审案件933件,进审381件,授权295件,缩短专利授权周期,有效提高了创新主体的市场竞争力;举办3场专利无效案件远程视频审理,有效降低企业维权成本、提高维权效率。

2. 创新专利侵权责任判断规则（第4条）

该条出台后得到了很好的反馈。企业和服务机构普遍认为,以法规形式推动国际通行做法在国内普及,一方面,大大增强了企业主动进行专利实施调查报告、规避侵权风险的意识,起到了很好的导向作用;另一方面,也促进了相关知识产权服务机构的业务能力的成长和服务能力的提升,专业领域的开拓和创新不断增强。

3. 著作权行政保护特别规定（第 5 条）

该条实施以来,浦东新区知识产权局在查办的 3 件涉及迪士尼相关著作权案件中,要求涉嫌侵权方提供证据证明已经取得权利人的许可,或者具有法律规定的不经权利人许可而可以使用的情形,对未提供取得许可证据的当事人,直接认定其侵权违法,减轻了权利人举证责任。

4. 加大商标恶意申请注册的惩戒力度（第 6 条）

该条实施以来,浦东新区知识产权局根据国家知识产权局《关于依法打击恶意抢注"冰墩墩""谷爱凌"等商标注册的通告》,进行了线上专项监测,未发现浦东新区单位和个人有恶意抢注上述商标的行为。

5. 加大地理标志保护力度（第 7 条）

该条实施以来,浦东新区知识产权局直接适用本条规定,对 1 家违反地理标志保护规定的企业作出行政处罚决定,对 1 家使用地理标志专用标志不规范的企业予以行政指导纠正。同时,通过制定本条规定,提升了地理标志保护力度,也推动实现了地理标志的进一步宣传推广和更大领域拓展价值,如 2022 年,南汇水蜜桃地理标志专用标志合法使用人在原 13 家的基础上增加了 36 家;2021年,浦东新区"南汇水蜜桃"获准筹建首批国家地理标志产品保护示范区。

6. 加大商业秘密的保护力度（第 8 条）

该条实施以来,尚未有相关案件发生。区市场监管局启动商业秘密保护创新试点工作,上海新昇半导体科技有限公司、亮风台（上海）信息科技有限公司、上海芯联芯智能科技有限公司等 7 家企业获评区级商业秘密保护示范点。2022年 7 月 14 日,全国商业秘密保护创新试点启动会在浙江省杭州市举行,浦东新区成功入选"全国商业秘密保护创新试点"地区。

7. 强化会展举办单位知识产权保护责任（第 9 条）

该条实施以来,区知识产权局起草了《会展举办单位行政处罚裁量基准》和《会展知识产权合规承诺（模板）》,并联合浦东新区商务委、会展办召集新国际博览中心和世博展览馆两个会展展馆方相关负责人进行法治宣传教育。

8. 更大力度的惩罚性赔偿和多次违法处罚（第 10 条）

该条实施以来,浦东法院积极适用更大力度惩罚性赔偿,进一步加强对故意侵权行为的打击。2021 年 12 月 1 日至 2022 年 6 月 30 日,浦东法院适用知识产权惩罚性赔偿的案件 12 件。其中,"原告青岛尚美数智科技集团有限公司与被告象山区骏怡商务酒店等侵害商标权及不正当竞争纠纷案"单案赔偿倍数达基数的 5 倍,为浦东法院适用知识产权惩罚性赔偿判赔倍数最高案件。

9. 履行调解协议后处罚适当减免的特别规定（第 11 条）

该条实施以来,浦东新区知识产权局已有 3 件"千里香"商标侵权纠纷案件通过调解优先机制以"不予立案"结案,案均耗时 0.5 天,相较于三年来查办的"千里香"商标侵权行政处罚案件平均办案周期 49.5 天缩短了 99%,另有 1 件立案后调解成功依法从轻处罚、5 件主动申请调解。可以看出,在处理事实清楚、案情简单的知识产权纠纷时,适用本条,既能实现快速维权、审慎执法、节约行政保护资源,又能减轻小微企业经济、人力成本,还能减少冲突对抗、促进社会和谐,具有非常现实的经济社会意义。

10. 知识产权审判保护的创新规定（第 12 条）

该条实施以来,浦东法院推出了"积极构建专家陪审、专家鉴定、专家咨询、专家辅助、专家调解'五位一体'的知识产权审判专家支持机制"的具体落实举措。积极着手落实专家支持机制的构建,邀请了各领域专家积极报名参与专家陪审员的选聘工作。目前知识产权专家库已经初步建立,浦东法院也将加快推进落实相关聘任程序,力争早日实现专家支持机制全面运行。

11. 知识产权检察职能及公益诉讼领域创新（第 13 条）

该条实施以来,浦东检察院将院派出机构——张江地区人民检察院职能调整为专门办理知识产权案件的检察院,成为全国首家实现知识产权刑事、民事、行政、公益诉讼检察职能四合一集中行使的基层检察院。目前,浦东检察院正在办理全市首例知识产权公益保护案——南汇 8424 西瓜地理标志集体商标侵权案。

12. 科创板知识产权服务创新（第 14 条）

该条实施以来,区知识产权局积极推进科创板知识产权服务,依托中国(浦东)知识产权保护中心提供快速审查,缩短拟上市企业发明专利授权周期。在保护中心服务企业中有 24 家成功在科创板上市,快审专利授权 178 件。依托与国家专利局审查协作江苏中心的协作机制,为 11 家上市企业提供问询辅导咨询、上市规则等培训服务。建立科创板知识产权分级制储备企业培育库,目前已有 512 家企业入库。加强科创企业知识产权能力提升,与同济大学合作开展第一期科创企业知识产权精英训练营项目,举办科创板拟上市企业知识产权总监训练营。在上海市知识产权局的指导下,起草形成《关于推进科创板拟上市企业知识产权服务站的行动方案》。

13. 支持知识产权金融创新(第 15 条)

该条实施以来,得到了金融机构的积极响应和落实。2021 年 11 月,上海农商银行基于"南汇水蜜桃"地理标志,对合作社自有注册商标予以质押融资,落地全市首单"地理标志"赋能商标质押融资业务。2021 年 12 月,杭州银行浦东支行成功为上海港城开发(集团)有限公司质押融资 8 亿元,成为全市单笔知识产权质押融资放款额最高的贷款。2022 年 5 月 31 日下午,浦东新区知识产权局联合上海银行浦东分行,在线举办企业知识产权融资交流对接会,推出规模 10 亿元的"浦东新区知易贷"知识产权质押融资新产品,以低成本、快审批等优势全力支持区域中小微企业抗疫情、稳发展。

(五)社会认可度和社会影响力

《知识产权保护规定》实施以来,总体上获得了社会各界的正面回应,给予积极评价。

1. 宣传报道情况

2021 年 12 月 3 日,《中国知识产权报》刊发《以立法促保护做改革先行者》的报道。文章指出,在全面建设社会主义现代化国家新征程中,上海先行先试出台《知识产权保护规定》,在全国知识产权制度体系建设层面具有示范先导意义,将为知识产权强国建设贡献更多地方智慧。据不完全统计,《知识产权保护规定》实施后的两周内,电视、报刊和网络媒体共进行各类报道 40 余次。

2. 复制推广情况

自《知识产权保护规定》出台后,已经在全国范围内产生了一定的社会影响力,其中的制度创设已经在部分地区推广复制。如 2021 年 12 月 1 日发布、2022 年 1 月 1 日施行的《海南自由贸易港知识产权保护条例》,其部分规定,如:第 31 条关于"禁止侵犯地理标志的行为"和第 57 条关于"侵犯地理标志的处罚",以及

第 32 条关于"举办展览、交易等展会活动"的知识产权保护和第 58 条关于"展会举办单位违反本条例的处罚",在内容上可以看出主要借鉴了《知识产权保护规定》第 7 条和第 9 条的规定。可见,《知识产权保护规定》出台后,在全国范围内的示范效应已经开始逐步显现,这为浦东新区知识产权保护经验的"可复制、可推广"打下了坚实的基础。

四、《上海市浦东新区城市管理领域非现场执法规定》评估报告①

2021 年 10 月 28 日,上海市第十五届人大常委会第三十六次会议通过了《上海市浦东新区城市管理领域非现场执法规定》(简称《非现场执法规定》),该法规自 2021 年 12 月 1 日起施行。《非现场执法规定》是全国人大常委会授权上海市人大及其常委会制定浦东新区法规后制定的第 4 部新区法规,也是此次立法后评估所涉 10 部法规中唯一一件涉及城市管理领域的立法,而其他九部法规多为经济立法,其中又以优化营商环境的立法为主。时至今日,该法规颁布已有一年,实施也十个月有余,有必要对其规范文本和实施情况做总结和梳理。

(一)《非现场执法规定》与引领区建设要求的契合度

《非现场执法规定》与中央和上海市对浦东新区建设社会主义现代化建设引领区所设定的目标要求高度一致,也与宪法规定、国家政策以及法律、行政法规的基本原则保持一致,还与浦东新区自身的经济社会发展水平与制度需求相一致。

一是,《非现场执法规定》符合党中央、国务院对浦东的引领区建设要求。习近平总书记在浦东开发开放 30 周年庆祝大会上说:"浦东要在改革系统集成协同高效上率先试、出经验";"率先构建经济治理、社会治理、城市治理统筹推进和有机衔接的治理体系。"可见,在总书记眼中,浦东新区的引领性不仅体现在经济领域,也反映于社会发展和城市管理领域,更表现为多个方面的统筹协调。中共中央、国务院在《引领区意见》中进一步要求浦东"推动治理手段、治理模式、治理理念创新,加快建设智慧城市"。也就是说,浦东新区不仅要实现高水平改革开放和经济发展,也要在城市治理上作出引领性示范。《非现场执法规定》就是一

---

① 本节执笔人:姚魏,上海社科院法学所助理研究员、法学博士。

次有益的尝试,它在城管执法领域率先规定"非现场执法",对相关实体和程序问题作出明确,使数字法治政府和建设智慧城市的理念相得益彰。

二是,《非现场执法规定》是对国家有关纲领性文件的贯彻实施,无违法立法的情况,且与上位法无抵触。一方面,浦东新区作为社会主义现代化建设引领区,虽然承担着国家赋予的特殊任务,但也必须服从党中央、国务院的整体性重大决策部署,不能与国家重大改革方向不一致。《法治政府建设实施纲要(2021—2025年)》和《国务院关于加强数字政府建设的指导意见》明确提出,要深入推进"互联网+"监管执法,探索推行以远程监管、移动监管、预警防控为特征的非现场监管。《非现场执法规定》在很大程度上遵从了上述要求,为其他地方的非现场执法提供了制度经验。另一方面,尽管浦东新区法规可以对上位法作出变通,但它仍然属于社会主义法律体系中的一部分,《授权决定》要求其符合宪法规定及法律法规的基本原则,而这项要求本身就是《引领区意见》中的核心内容。《非现场执法规定》的条文完全符合上位法的原则,与现有法律的规定也无不一致的地方,甚至说,它未动用"变通权",即以创制性立法的方式实现了试验性改革的目的。

三是,《非现场执法规定》是上海市人大常委会从浦东新区具体情况和实际需要出发制定的一部规范行政行为的立法。浦东新区法规带有中央立法和地方立法双重基因,一方面它是接受全国人大常委会授权进行试验性规定的立法形式,在位阶和权限上有别于地方性法规;另一方面它是由地方人大制定的法规,必须遵守地方立法所应接受的限制,一般不得突破中央专属立法事项。全国人大授权制定浦东新区法规的目的,既在于利用浦东的自然禀赋、区位优势、经济社会基础为国家整体改革开放做先行者,但又不会无视浦东新区本身的地方利益与发展需求,否则也是违背《引领区意见》的。浦东新区作为特大型城市的市辖区,行政管理的任务繁重,面对的情况错综复杂,而城市管理一旦失策、失效,影响面甚广、后果严重,所以市人大选取这个小切口但非常重要的领域率先进行立法,是符合本地实际的,也是与引领区建设要求吻合的。时任市委书记李强和区委书记朱芝松都表示,要切实扛起引领区建设的重大责任,全力构筑高质量发展新优势,更好统筹全年发展和安全工作,继续勇当标杆、敢为闯将,以奋发有为的精神状态创造新奇迹、展现新气象。这既符合国家利益,也满足了地方需要。

（二）《非现场执法规定》的规范分析

1. 法规的特点

《非现场执法规定》在接受评估的所有新区法规中,具有比较明显的特殊性,主要体现于以下几个方面。其一,如上所述,该法规属于城市管理领域的立法,立足于特大型城市的社会管理,而其他九部法规基本属于经济立法,尤其以规范市场主体全生命周期活动为主,重在提升营商环境。此外,这部法规是最典型的行政法,且多数规范属于程序性规范,而其他法规虽属经济管理法规,但私法规范也占相当的比重。其二,该法规的规范对象存在中央立法与地方立法事项交叉的情况,它由城市管理和执法程序两个要素构成。根据《立法法》的规定,城乡建设与管理事项的立法权已经被授予设区的市,某种意义上是承认地方对其有较大的自主权,而行政程序虽不属于中央专属立法权,地方可以进行先行性立法,但根据学者(杨登峰)的分析,行政程序应当具有全国统一性,不应因地区差别而有差异,程序问题只取决于行政事务的繁简而非地区经济文化差异。因此对于具有中央立法与地方立法双重基因的新区法规来说,选取这个立法项目具有恰当性。其三,该法规尚未使用全国人大常委会授予的变通立法权,而其他九部法规或多或少都使用了变通权。这部法规总体上属于执行性立法,即市人大根据浦东新区实际情况对《行政处罚法》的有关条款作具体规定,当然"执法"的概念外延大于"处罚",因此有的条款亦可归入先行性立法的范畴,但所有条文都未对上位法做"非原则性变动"。严格来说,上海市人大常委会仅利用一般地方立法权就足矣。不过,浦东新区法规并无"必须使用变通权"的规定,因此出现权限竞合与交叉的现象,但基于制定法规目的之考量,将其归入新区法规范畴更合适。

2. 文本的结构与内容

《非现场执法规定》是全国首部涉及"非现场执法"的专门性法规,也是首部社会治理领域的浦东新区立法,它规定了非现场执法的适用范围、执法事项、工作原则、具体程序和相关工作要求以及当事人的权益保护与救济等。《非现场执法规定》属于"小快灵"特征较强的立法,法规条文共计十八条,不分章节,"有几条立几条",不搞"大而全""小而全"。一般而言,法规按照内容和功能,大致可以区分为组织规范、根据规范和规制规范。就《非现场执法规定》的主要内容来看,它包含根据规范与规制规范(目的规范＋程序规范),其中又以规制规范中的程序规范为主,即使涉及相对人权利保护,也基本上是赋予程序性权利。可以说,它是一部小型的行政程序法。该法规大致可以区分为如下几个板块。

一是总则性制度,包括《非现场执法规定》的第 1 条至第 6 条以及第 17 条。该部分明确了立法目的、适用范围、概念、职责分工、非现场执法原则等内容。首先,《非现场执法规定》将行政法学中的学理概念("非现场执法"和"自动化行政")转化为法律概念,具有新颖性和创新性,即使是刚通过的《江苏省行政程序条例》也未涉及这一领域。其次,它对"非现场执法"的定义具有完整性,"执法"不仅针对非现场处罚决定的作出,还涉及与处罚有关的检查、取证、命令、执行等内容,甚至包含某些并不以处罚为目的或结果的执法行为,因此它不只是对《行政处罚法》第 41 条的具体化。再次,它对可以采取"非现场执法"的违法行为进行了目的与程序控制,不仅将非现场执法的范围限定于城管领域中多发易发、直观可见、轻易辨别、易于判断等条件下的违法行为,而且规定非现场执法事项清单必须由区政府编制,变更了原先草案中由执法机关自行决定的条文。最后,该条例注重部门间的配合与区政府的统筹协调,并积极依托较为成熟的"一网通办"平台,真正实现非现场监管的效能。

二是电子技术监控执法制度,对应《非现场执法规定》第 7 条。浦东新区对"非现场执法"中的电子技术监控设备的质量要求、设置、使用和程序等作出全面规定,实现了确保采用非现场执法方式于法有据,把住"法律依据关";确保电子技术监控设备质量过关、性能完备,把住"质量关";确保电子技术监控设备符合标准;确保电子技术监控设备的设置科学合理、公开透明,把住"设置关";确保电子技术监控设备记录内容准确无误、客观全面,把住"记录关";确保电子技术监控设备记录信息有效告知当事人,把住"告知关"。然而,有学者(李德旺、叶必丰)认为,该条有违法变通上位法的嫌疑,因为它删除了《行政处罚法》中"应当经过法制和技术审核"内容,从而降低了执法过程中"利用电子技术监控设备收集、固定违法事实"的合法性和正当性要求。我们认为,尽管两者在条文结构与表述上不完全一致,但审核程序并未减少。即使有未完整规定的情况,《行政处罚法》的相关规定依然有效,它和《非现场执法规定》共同构成执法行为的法律基础,不存在"立法放水"的情况。

三是信息共享制度,对应《非现场执法规定》第 8 条和第 16 条。《非现场执法规定》创新性地增加了"必要合理原则",从立法角度体现了对于执法相对人个人信息权与隐私权的保护,与《个人信息保护法》和《上海市数据条例》的立法精神保持一致;创新性地将街道办事处、镇人民政府的基层治理机制纳入信息采集共享机制中,探索了各部门联合执法的新制度新方案,发挥了数字法治政府的优势。在信息保护制度方面,《非现场执法规定》首次将"信息数据安全管理机制"和"信息数据查询制度"的建立纳入上海市非现场执法的制度规定中,这和我国持续推进个人信息保护立法的动态相统一,明确了执法人员对于个人信息、隐私或者商业秘密的保护职责,以及相应的法律责任,对于行政相对人的信息保护具有必要性和重要性。

四是非现场执法规范制度,涉及《非现场执法规定》第 9 条至第 15 条。《非现场执法规定》通过对证据审查、送达、陈述申辩的要求等,规范了执法人员的执法工作,突出了保障执法相对人合法权益的特色;同时,《非现场执法规定》对于行政执法中的信息化建设进行了创新性的安排,设置了电子公章、电子签名、经过当事人同意开展的信息化送达、当事人电子缴纳罚款,以及在线完成对当事人的前置教育程序等,为行政规范执法的信息化程度提供了创新思路和高效解决方案。总体而言,城管领域非现场执法做到了行政权力与公民权利的基本平衡,不单纯追求公共利益至上而忽视对公民权利的保障。

3. 创新情况和创新性条款

《授权决定》对浦东新区法规提出的要求是"报送备案时,应当说明对法律、行政法规、部门规章作出变通规定的情况"。有人指出,从措辞上看,似乎浦东新区法规必须作出变通,否则就和上海市人大制定的地方性法规没有区别了。我们认为,全国人大常委会授权制定浦东新区法规的目的并不在于形成一种新的立法形式,也不在于是否一定要进行立法变通,而是在于推动浦东新区"实现高水平改革开放与打造社会主义现代化建设引领区",那么上海市人大为实现此目标可以按照"就高不就低"的原则选择立法形式。经评估,我们认为《非现场执法规定》并不存在明显的变通法律、行政法规的情况,更多的是体现了立法的创新性。需要说明的是,创新性立法并不等同于创制性立法(或称先行性立法),执行性立法也可能具有创新性,比如《上海市机动车道路交通事故赔偿责任若干规定》就是对《道路交通安全法》第 76 条做执行性规定,但其创新性获得普遍认同。

李德旺和叶必丰认为,《非现场执法规定》对《行政处罚法》第 41 条、第 55 条、第 61 条进行变通规定。我们经比对认为:其一,《非现场执法规定》第 7 条和

第 12 条基本对应于《行政处罚法》第 41 条,前者是对后者的复述与执行性细化,涉及电子监控设备设置条件与相对人陈述申辩权保障两个方面,都未有变通之处。其二,《行政处罚法》第 55 条规定的是执法人员当场制作询问笔录的程序规则,而《非现场执法规定》第 9 条却规定视频、音频资料可以代替询问笔录,两者似乎存在不一致。但是前者是《行政处罚法》第五章中"普通程序"内的规则,必然只针对现场执法,而后者却是同一章"一般规定"中允许非现场执法情形(第 41 条)下的特殊规则。调整的对象不同,也就谈不上变通。其三,《非现场执法规定》第 13 条对《行政处罚法》第 61 条所规定的法律文书送达手段做了补充规定,即增加了短信和互联网应用程序等,其本质是对前者条文中的"等"做了外延拓展,依然属于执行性规定。因此,《非现场执法规定》并未对《行政处罚法》等上位法作出变通,而仅仅是使用执行性立法方式进行制度创新。

我们认为,《非现场执法规定》是全国首部涉及"非现场执法"的专门性法规,体现了整体的创新性,其条款也多具有创新性,不存在对上位法进行照抄照搬的现象。并且,此种创新性主要是执行性创新,较少有自主性立法与先行性立法的特征。尽管这部法规在"立法依据"条款中写了"根据法律、行政法规的基本原则,结合浦东实际,制定本规定",但具体是依据何部法律法规并不明晰。我们发现,《非现场执法规定》所细化执行的法律法规并不仅为《行政处罚法》第 41 条,还涉及该法中的其他有关条款,以及《民法典》《个人信息保护法》《优化营商环境条例》等法律法规。具体可参见表 11-6。

表 11-6　《非现场执法规定》创新情况表

序号	《非现场执法规定》	执行性创新的对象
1	第 2 条	《行政处罚法》第 41 条,《优化营商环境条例》第 56 条
2	第 6 条、第 11 条、第 12 条	《行政处罚法》第 41 条、第 45 条
3	第 7 条	《行政处罚法》第 41 条
4	第 8 条、第 16 条	《民法典》第 1035 条、第 1039 条,《个人信息保护法》第 2 章第 3 节
5	第 13 条	《行政处罚法》第 61 条
6	第 15 条	《行政处罚法》第 6 条

(三)《非现场执法规定》核心条款的实施成效

截至 2022 年 6 月底,浦东新区城管执法局共计审核办理非现案件 5017 起,其中审核不通过 1958 件,审核通过 3004 件(通过案件中有 1589 起根据自由裁量作出不予处罚决定),另有 55 起案件因“一事不二罚”撤案。受理陈述申辩案件 149 件,采纳 60 件。从案件分类上看跨门营业有 2933 件、占道洗车 36 件、乱设摊 31 件、未密闭或未覆盖 4 件。《非现场执法规定》贯彻落实后主要带来了以下两点改变:一是执法效能进一步提升。从人工拍照取证,到制作《现场检查笔录》、立案、制作《询问笔录》,再到开具《行政处罚决定书》平均需要 27 天;而非现案件从发现到审核到履行完毕平均耗时小于 4 天,相比传统办案模式效率大幅度提升。二是执法方式进一步转变。初步实现了由人力密集型向人机交互型的转变。

1. 在电子技术监控执法制度方面(第 7 条)

在《非现场执法规定》实施后,浦东新区城管执法局确定了固定电子技术监控告示牌样式并完成安装;确定了移动电子技术监控设备样式并完成涂装;且根据《非现场执法规定》中“固定电子技术监控设备设置的地点应当有明显可见的标识标志,并向社会公布。移动电子技术监控设备应当安装在统一标识的车辆上,监控区域应当向社会公布”的要求,浦东新区城管执法局在其微信公众号“浦东城管”中对固定电子技术监控设备设置的地点与移动电子技术监控设备监控区域进行了公布公示。对于电子技术监控设备获取的相关电子数据,浦东新区城管执法局设置了两个分属不同领导的部门对其内容进行二次审核,并确保其后相应电子数据方可作为证据使用。通过法制审核,浦东新区城管执法局在审核办理的 5017 起非现案件中,有 1958 件审核不通过,占非现场执法案件总数的39.03%。这就说明合法性审查发挥了很大作用。

2. 在信息共享制度方面(第 8 条、第 16 条)

浦东新区城管执法局为开展非现场执法的信息共享,与浦东新区公安分局进行了沟通,正在将部分公安探头接入城管执法局服务器,通过上述监控设备查处相关违法行为;并尝试与新区大数据中心就企业的注册、注销等数据进行对接,拟建立互通机制,及时掌握沿街商户的生命周期。目前通过交警卡口接入3000 路,对其中部分数据进行了非现场执法立案处理。在信息保护制度方面,浦东新区城管执法局于 2021 年 12 月 1 日制定了《浦东新区城市管理行政执法局非现场执法系统数据安全管理办法》，依照《非现场执法规定》要求建立了信息数据安全管理机制和信息数据查询制度；在非现场执法实践中由相关部门、科室专人负责，其中对于数据分类、权限分配、安全分级、安全检查、数据保护等要点按法条要求作出了详细的规范。同时，在电子数据系统的建设中，浦东新区城管执法局依照法规要求设置了登录权限、查询权限、查询痕迹，有效落实了《非现场执法规定》中对数据安全的相关要求，保护了行政相对人的信息、隐私安全。

3. 在非现场执法规范制度方面（第 9—15 条）

浦东新区城管执法局制定了《浦东新区城市管理行政执法局非现场执法实施细则》，该细则于 2021 年 12 月 1 日施行。细则共十一条，将法规中的概括性表述转为具有实操性的规定，对于非现场执法办案的流程、时限、权责等作出进一步明确，为执法实践提供了明确依据。对于非现场执法的调查制度，浦东新区城管执法局在非现办案系统中明确设置了电子数据审核机制和流程，落实对电子数据的"真实、清晰、完整、准确"的审核要求，做到可溯源可查询；将传统案件办案系统与非现场执法办案系统进行了对接，从源头上避免了"一事再罚"出现的可能性。对于保障当事人陈述、申辩权利的措施，浦东新区城管执法局优化了陈述申辩的线上处理渠道，在系统中加入了操作指南，更好的引导行政相对人参与网上陈述申辩。同时，按照《非现场执法规定》的要求，设置了执法局本部、浦东北片、浦东南片三个线下陈述申辩窗口，并正在研究进一步拓展窗口数量的可能性；开通了微信公众号线上陈述申辩通道，切实落实对当事人的权益保护。

（四）《非现场执法规定》的社会认可度和影响力

1. "面"的反响：媒体中的评价

自《非现场执法规定》实施以来，人民群众普遍认为，城管执法部门的执法效率和能力得到较大提高，相关违法行为的发生率大幅度降低，城市形象获得提升；当事人合法权益也依法得到维护，法规的实施达到了预期立法目的与效果。新华社、人民日报、中新网、解放日报、上海电视台东方财经浦东频道 632 观察、澎湃新闻、新民晚报、新民网、网易新闻、新浪网、上观新闻等各级媒体相继报道了法规的制定实施，并给予了高度评价与认可。《中国建设报》就报道称，《上海市浦东新区城市管理领域非现场执法规定》实施 8 个月初见成效。新华社以《非

现场也能管上海　浦东探索城管执法新模式》为题,也对该法规实施情况作了深度报道。

2. "点"的感受:个案中的评价

一是提升执法效率。2021年12月8日10时19分,非现场执法办案系统发现金杨路783号门前人行道上,当事人任某疑似存在占道设摊售卖水果的行为。经浦东新区城管执法局证据审核后,确认违法行为存在,遂向当事人推送了相关法律文书。当日,当事人在线上签收了电子版的法律文书并放弃陈述申辩,浦东新区城管执法局遂依法作出罚款50元的行政处罚。该案件从确认违法行为到当事人缴纳罚款不到1天,有效体现了非现场执法的快捷性。

二是严把法制审核关。2021年12月11日19时15分,非现场执法办案系统发现在芳甸路199弄前有一设摊点位疑似贩卖烧烤。经浦东新区执法局法制审核后,认为违法照片抓拍不够清晰,不满足内部要求的2张清晰照片,遂不予通过,转为勤务工单,由属地中队进行核实并劝阻。该案例体现出了法制审核中对于电子技术监控证据的重视,对于不符合电子技术监控证据要求的案件,从保护当事人权利的角度不予通过,但是从维护市容市貌的角度,由属地中队在现场进行整改。既保护了当事人,又维护了市容市貌。

三是自由裁量体现执法人性化。2022年3月10日9时57分,非现场执法办案系统通过交警共享探头,发现罗山路高科西路南约20米有一辆渣土车未密闭运输。浦东新区城管执法局通过管理部门导入的数据库发现该车辆属于"上海某建筑机械有限公司",经审核后,发现该违法行为的确存在,遂通过网络推送了相关法律文书。根据系统显示,当事人系初次违法,根据自由裁量对其"首违免罚"。该案例从发现违法行为,到比对车辆归属,都是通过数据共享完成的,充分体现出了非现场执法的信息化,同时按照自由裁量作出了"首违免罚"也体现了人性化。

四是保障相对人申辩陈述权。2022年2月26日10时33分,非现场执法办案系统发现惠东路621号门前人行道上,当事人张某疑似存在占道设摊售卖水果的行为。经浦东新区城管执法局审核后,确认违法行为存在,遂向当事人推送了相关法律文书。28日,当事人通过网络的方式提出陈述申辩,表示该跨门行为系隔壁店家所为并提供了相关照片,审核部门遂联系属地中队进行复核,经查当事人申辩理由属实遂撤销该案件,并将相关电子证据移交属地中队对隔壁店家进行线下处置。当事人未前往窗口,仅通过微信小程序提交了照片和理由,经审核通过后予以撤案,维权成本较低,且有效的保护了当事人的合法权益。

五、《上海市浦东新区完善市场化法治化企业破产制度若干规定》评估报告①

2021 年 11 月 25 日,上海市第十五届人民代表大会常务委员会第三十七次会议通过了《上海市浦东新区完善市场化法治化企业破产制度若干规定》(简称《企业破产规定》),自 2022 年 1 月 1 日起施行。检验效益成果,总结经验亮点,改进问题不足,以进一步提升立法质量,促进法规实施,就贯彻实施《企业破产规定》的成效情况进行评估。

(一)《企业破产规定》与引领区发展要求的契合度

为深入贯彻党中央推进浦东高水平改革开放的决策部署,健全优胜劣汰市场竞争机制,保障营商环境持续优化,《企业破产规定》从进一步加强浦东企业破产工作,完善市场化、法治化的企业破产制度出发,促进企业优胜劣汰和市场资源高效配置,支持浦东加快推进高水平改革开放、打造社会主义现代化建设引领区,持续优化营商环境。

1. 有利于深入贯彻浦东高水平改革开放战略,推动浦东率先形成适应高质量发展需要的制度创新体系

习近平总书记在出席金砖国家工商论坛开幕式并发表主旨演讲时,明确指出:"中国将继续提高对外开放水平,建设更高水平开放型经济新体制,持续打造市场化、法治化、国际化营商环境。"与此同时,国务院颁布《关于开展营商环境创新试点工作的意见》(国发〔2021〕24 号),指定北京、上海、重庆、杭州、广州、深圳 6 个试点城市,率先建成市场化法治化国际化的一流营商环境,形成一系列可复制可推广的制度创新成果,为全国营商环境建设作出重要示范。据此,此次浦东新区颁布《企业破产规定》,可以视作《试点意见》相关创新制度在试点城市的尝试,浦东新区的实践经验将对其他试点城市乃至《破产法》的修订工作提供有益

---

① 本节执笔人:陈宇超,上海社科院法学所助理研究员、法学博士。

的实践经验和借鉴。

《企业破产规定》对现行的破产审判法律制度进行了突破和创新，同时授权浦东法院管辖部分破产案件，开展先行先试。浦东法院对各项创新机制正积极探索研究，制定具体的、操作性强的实施细则，在审判实践中强化适用，努力为企业"破产难"的解决和国家《企业破产法》的修改积累经验。

2. 推动建立健全行政、司法、市场一体推进困境企业救治的破产工作格局

以习近平同志为核心的党中央高度重视企业破产工作，党的十九届四中全会明确要求健全破产制度，《中共中央、国务院关于新时代加快完善社会主义市场经济体制的意见》等重要文件对健全优胜劣汰市场化退出机制、进一步完善企业破产法律制度作出了战略部署。在全国人民代表大会常务委员会执法检查组关于检查《中华人民共和国企业破产法》实施情况的报告中也明确提出，各级政府和法院要加强统筹协调，在破产案件中密切配合并指出当前"府院联动"机制未能有效落地的问题。

根据《企业破产规定》，目前已初步建立区政府和浦东法院共同牵头、相关部门参加的企业破产工作府院协调机制。另一方面，《企业破产规定》中有关企业临近破产管理义务、重整保护期制度等，对推动企业高管及时挽救困境企业、督促债权人积极行使权利等具有积极意义。通过三管齐下的法制建构，从制度上保障破产程序快捷启动、快速办理、有序推进。

3. 有效构建完备的市场主体退出机制，提高市场资源配置效率

习近平总书记在主持召开中央全面深化改革委员会第五次会议时发表重要讲话，要求"完善市场主体退出制度，对推进供给侧结构性改革、完善优胜劣汰的市场机制、激发市场主体竞争活力、推动经济高质量发展具有重要意义。要遵循市场化、法治化原则，坚持约束与激励并举，尊重和保障市场主体自主经营权，有效保护各方合理权益，创新调控、监管、服务方式，合理运用公共政策给予引导和支持，提高市场重组、出清的质量和效率。"

《企业破产规定》在《市场主体退出规定》的基础上，建立健全繁简分流机制、破产财产快速变价机制、破产财产快速解封和处置机制等，切实提升破产办理的效率，进一步畅通市场主体的"出口"。目前浦东法院已有 4 起案件适用简易破产程序审理，快速推进企业破产进程。

（二）《企业破产规定》的规范分析

《规定》共 20 条,虽然篇幅不长,但直面我国企业破产制度实施中的许多重点难点问题,特别是在打造市场化、法治化的破产制度上,利用浦东新区法规可以对法律、行政法规作出变通规定的优势,在制度层面作出了许多创新。

1. 文本的结构与内容

《规定》共 20 条,其中,有三条是原则性和技术性条款,包括:第 1 条确立了其立法目的与原则(承接了《授权决定》),相较于《破产法》关于"公平清理债权债务及保护债权人、债务人合法权益"的立法目的,《规定》侧重强调了"市场化、法治化的破产制度完善及优化营商环境",由此可见,《破产法》实施 15 年后,破产制度迫切需要继续深化、革新,以适应经济发展的需求;第 2 条聚焦《规定》的适用范围,原上海市范围内破产案件管辖系由上海市高级人民法院通过《关于企业破产案件集中管辖若干具体问题的通知》予以规定,《规定》通过后,上述管辖将相应予以调整;第 20 条是生效条款。

第 3 条、第 10 条、第 16 条、确立了"企业破产工作府院协调机制",并依据这三条制定了《浦东新区关于构建企业破产工作府院协调机制的实施方案(试行)》和构建破产信息共享公示平台的配套措施。目前,依托府院协调机制,与区发改委等部门协商,已完成平台搭建;第 5 条、第 6 条、第 8 条和第 16 条,确立了"困境企业救治机制",并依据这四条已经制定《上海市浦东新区人民法院关于简易破产程序的实施意见》,正在抓紧制定《破产案件预重整工作指引》和《关于规范破产重整案件债权申报若干问题的意见》等配套措施;第 10 条、第 11 条和第 13条,确立了"破产财产快速查控机制",并依据这三条搭建破产财产信息线上查询平台,制定《关于解除破产案件债务人财产保全和相关执行措施的暂行办法》《建筑工程"证明替代"实施细则》等配套措施;第 7 条确立了"破产案件繁简分流机制";第 9 条确立了破产衍生诉讼调解机制,并制定《破产衍生诉讼调节工作规则(试行)》;第 17 条、第 18 条确立了"创新管理人选任机制",并制定《提名管理人申请书》《提名管理人告知书》等相关文本样式,建立规范申请、审查的工作规则。

2. 创新变通情况与创新变通性条款

《企业破产规定》不仅是对某一法律、行政法规、部门规章的某一具体条文、具体规则的构成要素的变通,而是对一整套关于企业破产制度的法律规则的创新和变通,可以说是对企业破产制度的整体性或制度性创新变通。《企业破产规定》在党中央、国务院和全国人大常委会对企业破产法工作的指导基础上,通过深化、创新、变通创设了"府院协调机制""困境企业救治机制""破产财产快速查控机制""破产案件繁简分流机制"等一系列新机制,具体情况如表 11 - 7 所示。

表 11 - 7 《企业破产规定》深化、创新、变通情况表

序号	《企业破产规定》	深化、创新、变通对象	深化、创新、变通意义
1	第 2 条 适用范围	《关于企业破产案件集中管辖若干具体问题的通知》(沪高法民二 20171 号)	将管辖原则由"住所地主义"更改为"主要利益中心"。
2	第 4 条 企业临近破产管理义务制度创新	现行《破产法》无规定	从立法的周延性角度而言,目前,《公司法》对于清算义务人及时申请公司清算已有非常具体而明确的规定,那么对于债权债务关系更为复杂、矛盾更为突出的概括清偿的破产程序,毋庸置疑,更应要求公司的相关人员在公司出现破产原因的情形下采取合理的措施,避免公司财务状况或经营状况的进一步恶化、避免清算工作无法开展。从立法的导向性而言,"企业临近破产管理义务"的确立,其立法目的是督促企业经营者积极处理困境企业或完成对僵尸企业的出清,本质上是优化社会资源配置、解放生产要素,对于经济生产活力的激发是有益且必要的。
3	第 5 条 庭外重整和预重整的制度创新	国家发改委等十三部委《加快完善市场主体退出制度改革方案》和最高人民法院《全国法院民商事审判工作会议纪要》等政策性文件	此次《规定》的颁布,可谓率先完成了顶层设计,但仅有原则性条文,缺乏具体规定,司法实践必将受阻。浦东新区人民法院应尽快参照各地关于"预重整"制度的相关内容,就预重整的申请、临时管理人的选任、续任等重要问题作出具体、细化的规定,以便于重整制度在浦东新区的尽快落地。

序号	《企业破产规定》	深化、创新、变通对象	深化、创新、变通意义
4	第6条 重整保护 制度创新	《企业破产法》第92条，经人民法院裁定批准的重整计划，对债务人和全体债权人均有约束力。 债权人未按照本法规定申报债权的，在重整计划执行期间不得行使权利；在重整计划执行完毕后，可以按照重整计划规定的同类债权的清偿条件行使权利。	本条属于重整制度重大创新举措。在以往，囿于《破产法》对于未申报债权人权利的保护，及债权人基于对其他连带债务人/其他担保责任人追索的需要，部分债权人可能选择不申报债权、不参与重整程序，而选择在重整计划执行完毕后要求重整后企业按同等条件进行清偿，这便导致原先在重整计划中框定的重整投资成本增高，致使投资人投资风险加剧和重整后企业的经营风险增加。实践中，对于账面记载的负债，若未申报参与重整程序，重整案件管理人一般以预留偿债资源的方式来解决未申报债权的追索问题，此外，部分企业还可能存在未入账的隐性债务，若重整完成后按照法律规定进行同等条件清偿，将极大地危害重整后企业的正常经营。为此，针对"已知债权人"，《规定》创设性地规定失权机制并规定了一年的重整保护期间，以便重整执行完毕后不至直接面临重整前债权人的追索。
5	第17条 管理人确定方式的创新	《企业破产法》第22条第1款管理人由人民法院指定。债权人会议认为管理人不能依法、公正执行职务或者有其他不能胜任职务情形的，可以申请人民法院予以更换。	本条属于《规定》重大创新举措之一，现行《破产法》及各地方出台的审判业务文件或工作指导文件，对于管理人的选任，基本遵循轮候、抽签、摇号等随机方式为一般情形、邀请竞争方式为特殊情形的规则（排除清算组模式、金融机构的推荐模式及预重整模式），上述选任方式均是在人民法院主持下的、以公权机关为主导的选任模式，以上海市地区为例，根据上海市第三中级人民法院发布的《上海破产法庭2020年审理数据》，以随机方式选任管理人的案件占全年受理案件的99.4%，而通过邀请竞争方式选任管理人的案件仅有0.6%。对此，《规定》在现行管理人选任制度的基础上，增加了债权人、债务人提名选任管理人的方式，由此，管理人选任的权利部分分配至债务人及债权人手中，尊重了商事主体间的意思自治，是迈向"债权人意思中心主义"的重要一步，更是破产制度市场化的重要举措。

（三）《企业破产规定》的总体成效及具体条款的实施成效

《企业破产规定》共二十条，基本上每条都有创新和亮点，在加强企业破产办理组织保障、创设困境企业经营管理人的特别管理义务、规范庭外重组制度衔接、创设重整制度、创设重整保护、恶意不申报债权失权制度、完善破产案件繁简分流制度、完善破产财产快速查控、解封、处置制度、完善破产信息共享公示和信用修复制度、创新管理人指定、更换制度等层面均做出重大的具有建设意义的规定。总体来看,《企业破产规定》的实施,将进一步加强浦东企业破产工作,完善市场化、法治化的企业破产制度,促进企业优胜劣汰和市场资源高效配置,支持浦东加快推进高水平改革开放、打造社会主义现代化建设引领区,持续优化营商环境。

1. 加快企业破产办理组织保障(第2、3条)

《企业破产规定》第2、3条从法规适用范围、破产审判组织机构、府院协调机制方面,进一步加强浦东新区企业破产办理的组织保障。《企业破产规定》第2条规定:"本规定适用于在浦东新区办理企业破产以及相关的管理、保障活动。"作为浦东新区地方性法规,《企业破产规定》适用于浦东新区,该条同时彰显出《企业破产规定》内容全面,不仅包含司法审判活动规则,也包含了与企业破产相关的政府管理、政府保障等一系列活动规则。司法审判保障上,《企业破产规定》第2条规定:"浦东新区人民法院设立破产审判内设机构,集中管辖市高级人民法院指定的破产与强制清算案件。"明确要求建立专业化的破产审判机构,以提升破产审判专业性。府院联动机制保障上,《企业破产规定》第3条规定:"浦东新区应当建立区人民政府和区人民法院共同牵头、相关部门参加的企业破产工作府院协调机制,统筹推进企业破产相关工作,加强企业破产信息共享,协同研究解决企业破产办理的重大问题。……"企业破产过程涉及的产权变更、资产处置、职工安置、信用修复等事务,并非单纯法律问题,需要政府协同处置。由于《企业破产法》缺少政府对企业破产办理相关事务管理、服务的制度性安排,近年来,各省、市地方政府纷纷通过构建府院协调机制以协同解决企业破产中的各类问题。此次《企业破产规定》以地方性法规的形式,明确了浦东新区企业破产工作府院协调机制中区政府、区各政府职能部门、区法院的各自职能,明确区政府指定相关部门承担协调机制的日常工作,为协调机制常态化运行提供有力保障。

2. 创设困境企业经营管理人的特别管理义务(第4条)

《企业破产规定》第4条规定:"企业董事、高级管理人员知道或者应当知道本企业出现《中华人民共和国企业破产法》第2条情形的,应当及时采取启动重组、向债权人披露经营信息、提请企业申请预重整或者破产重整、和解、清算等合理措施,避免企业状况继续恶化和财产减损。企业董事、高级管理人员因故意或者重大过失违反前款规定造成企业财产损失,管理人或者债权人主张其在造成损失范围内向企业承担赔偿责任的,人民法院应当予以支持。"这条创设了企业出现破产原因、陷入困境时经营管理人的特别管理义务。现行《企业破产法》和《公司法》等相关法律制度均未涉及企业出现破产原因时经营管理人的相关义务。当企业产生破产原因时,不少企业经营者基于某些自身利益或者怠于履职,未积极采取挽救措施,导致企业错失拯救时机;或者未及时提起破产申请,导致企业资产进一步缩水,待企业进入破产程序时已经账册灭失、无产可破,损害了债权人的利益。《企业破产规定》创设此义务,有助于激励面临困境的企业尽快采取融资、重整等救济措施,保护债权人合法利益。鉴于经营管理者的特别管理义务系一项新设义务,《企业破产规定》将义务主体限定为"董事、高级管理人员";合理措施包括"启动重组、向债权人披露经营信息、提请企业申请预重整或者破产重整、和解、清算等"多种方式;违反义务承担赔偿责任的主观因素限定为"故意或者重大过失";赔偿范围为"造成企业财产损失范围内",既对实际经营管理人形成有效激励和约束,又不过度干涉经营管理人的自主经营管理权。

3. 规范庭外重整制度衔接、创设预重整制度(第 5 条)

《企业破产规定》第 5 条第 1 款创新了庭外重组与庭内重整衔接机制,规定:"鼓励和引导企业在向人民法院申请破产重整前通过与债权人、出资人等利害关系人进行谈判协商,拟定重组方案。重整程序启动后,可以以重组方案为依据拟定重整计划草案提交人民法院依法审查批准。"

第 5 条第 2、3 款创设预重整制度,并对预重整效力、预重整与庭内重整衔接进行明确。规定:"对于具有挽救价值,且在短期内有实现重组可能的债务人,经债务人或者主要债权人申请,人民法院可以决定对企业进行预重整。申请人可以请求人民法院给予法律指导和监督,并协调政府有关部门依法给予必要的支持。预重整中债务人与部分债权人已经达成的有关协议,与重整程序中拟定的重整计划草案内容一致的,该部分债权人对协议的同意视为对重整计划草案表决的同意。"完善的企业破产制度应是市场化、法治化的制度体系。当前,《九民纪要》对庭外重组与庭内重整机制衔接进行了简要规定,但《企业破产法》等法律对相关规定依旧缺位。《企业破产规定》创设预重整机制,能充分发挥法院司法指导功能和府院协调机制功能,以支持市场主体自主盘活不良资产;同时完善庭外重组、预重整与庭内重整机制的相互衔接,有助于提升市场主体自主拯救积极性,降低重整成本,提高破产重整的效率和成功率。

4. 创设重整保护期、恶意不申报债权失权制度（第 6 条）

《企业破产规定》第 6 条通过创设重整保护期以及重整程序中恶意不申报债权失权制度,以更好的保护重整企业维持生产经营,发挥重整机制功能。《企业破产规定》第 6 条第 1 款创设了重整保护期,规定:"在企业破产重整程序中,债权人未在人民法院确定的期限内申报债权的,不得在重整计划执行期间及重整保护期内行使权利。重整保护期为重整计划执行完毕后的一年期间。"根据《企业破产法》规定,债权人如果在破产重整程序中未依法申报,债权人在重整计划完毕后,可按照重整计划规定的同类债权的清偿条件行使权利,实体权利并不消灭。导致投资人因无法预计重整企业的全部债务范围而踟蹰不前,重整无法顺利进行;或者因未申报债权人在重整计划执行完毕后立即主张清偿,企业重新陷入破产边缘。因此《企业破产规定》设定一年重整保护期,在此期间补充申报债权人不能要求清偿,待重整保护期届满后方能主张权利,给予重整企业持续发展提供休整时间。第 6 条第 2 款规定:"破产重整案件的已知债权人收到债权申报书面通知和失权后果告知后,无正当理由未在人民法院确定的期限内申报债权的,视为放弃债权,债务人不再向该债权人承担清偿责任。"该款对《企业破产法》有较大突破,针对重整程序中债权人恶意不申报行为,即明确收到债权申报书面通知和失权后果告知后无正当理由不申报债权的,视为债权人放弃债权,债权实体权利灭失。

5. 完善破产案件繁简分流制度（第 7、8 条）

《企业破产规定》第 7、8 条进一步完善简易破产程序、创设简易重整程序,促进破产审判繁简分流,降低程序成本,提升审判效率。《企业破产规定》第 7 条对破产程序繁简分流机制进行完善,规定:"破产案件事实清楚、债权债务关系明确、财产状况清晰且具备下列情形之一的,应当先行适用简易破产程序:(一)债务人账面资产为一千万元以下;(二)已知债权人为三十人以下;(三)已知债务总额为一百万元以下。"最高人民法院《关于推进破产案件依法高效审理的意见》中规定破产案件适用简易程序的标准为"债权债务关系明确、债务人财产状况清楚、案情简单",该标准过于原则。第 7 条对破产案件简易程序适用标准进行细化、量化,有助于统一司法实践操作,提升简易程序适用率。《企业破产规定》第 8 条参照第 7 条中关于破产清算快速审理程序,创新性地设置了简易重整程序,规定："破产重整案件符合本规定第七条情形的,应当适用简易破产重整程序,债务人可以在管理人的监督下自行管理财产和营业事务。债务人或者管理人应当自人民法院裁定债务人重整之日起三个月内,同时向人民法院和债权人会议提交重整计划草案。人民法院应当自收到重整计划草案之日起十五日内召开债权人会议对重整计划草案进行表决。债权人会议可以采用非现场方式召开。"简易重整程序缩短了提交重整计划草案和人民法院召开债权人会议表决的期限,简化了表决程序和会议召开方式,有助于提高重整效率。

6. 完善破产财产快速查控、解封、处置制度（第 10—13 条）

《企业破产规定》立法过程中,针对破产审判中"查控难""解封难""处置难"三大难题,以解决问题为导向,首次以法规形式落实 2021 年《国务院关于开展营商环境创新试点工作的意见》中相关部署,作了具有操作性的详细规定。

《企业破产规定》第 10 条规定了破产财产快速查控机制:"破产案件受理后,管理人可以申请通过人民法院执行网络查控系统查询、控制债务人的存款、车辆、不动产、证券、对外投资等财产,人民法院应当于收到结果反馈之日起二日内将财产查控情况告知管理人。需要采取保全措施的,人民法院应当于收到申请之日起五日内作出裁定并执行,情况紧急应立即开始执行。"该条解决了管理人需要前往多个部门逐一多次查询的问题,授权管理人可以申请利用法院执行网络查控系统查询、控制破产企业的存款、车辆、不动产、证券、对外投资等财产,进一步提升了管理人查控、处置财产的效率。

《企业破产规定》第 11 条规定了破产财产快速解封和处置机制:"人民法院受理破产申请后,应当向已对债务人财产采取保全措施的有关单位发出解除通知,并附破产受理裁定书及指定管理人决定书。有关单位收到通知或者知悉破产申请受理后七日内未解除的,财产处置方案经债权人会议同意和人民法院审核后,管理人可以先行处置被查封债务人财产,处置后依据人民法院出具的法律文书办理解封和资产过户、移交手续。"该条明确当有关单位不及时解封破产财产时,破产案件受理法院可以自行解封,在全国首次规定管理人对于破产财产可以"先处置、后解封",这对于破解破产财产"解封难、协调难"问题具有积极意义。

《企业破产规定》第 12 条规定了破产财产快速变价机制:"处置破产财产时,经债权人会议同意可以直接变价处理,不适用拍卖程序。确需进行拍卖的,由债权人会议自行确定或者授权管理人确定起拍价,并优先通过网上拍卖平台进行。拍卖应在规定的最短期限内完成。法律法规对特定财产处置方式有特别规定的,从其规定。"该条明确破产财产经债权人会议同意可以直接变价处理,不需经过拍卖程序;确需拍卖的,由债权人会议自行确定或者授权管理人确定起拍价,优先通过网上拍卖平台进行,进一步简化了破产财产处置程序,提升处置效率。

《企业破产规定》第 13 条规定了两类特殊破产财产处置问题。第 1 款破解了破产企业建筑工程处置难题,规定:"处置破产财产时,破产企业的在建建筑工程符合竣工验收条件,但因材料缺失、相关单位不配合等原因导致无法办理竣工验收手续的,管理人可以委托有资质的专业机构鉴定。鉴定意见认为符合建筑工程质量标准的,视为完成竣工验收,并由管理人办理竣工验收备案手续。"实践中,当企业资不抵债,设计、施工、监理等相关单位不配合在建建筑工程竣工验收时,后续产权登记手续无法继续推进,建筑工程价值将大幅贬值。该条款解决了建筑工程竣工验收报告证明替代问题,有助于维护债权人合法权益、推动企业重整顺利进行。第 2 款破解了破产企业机动车交通违法计分核销难题,规定:"破产企业的机动车交通违法的罚款作为破产债权在破产程序中依法处理,累计记分予以核销。"有利于破产财产依法处置,确保破产程序顺利推进。

7. 完善破产信息共享公示和信用修复制度(第 15、16 条)

企业进入破产程序关系到企业信用状况变化,也直接影响债权人、投资人等不特定主体的合法权益,为此《企业破产规定》第 15 条规定:"浦东新区建立完善破产信息共享和破产状态公示机制。浦东新区人民法院应当将企业破产、强制清算程序中的下列重要信息及时与浦东新区社会信用主管部门共享,并由浦东新区社会信用主管部门按照规定向社会公示……"该条不仅要求浦东新区建立破产信息共享和破产状态公示机制,还进一步明确了破产信息来源和归集的责任主体、具体公示信息类型、信息共享公示的基本流程,进一步推动破产办理信息化建设。《企业破产规定》第 16 条针对企业信用修复难问题,创设了破产重整企业信用修复机制,规定:"浦东新区建立完善破产重整企业信用修复机制。浦东新区人民法院裁定批准重整计划或者认可破产和解协议后,管理人可以通过'一网通办'平台或者直接向原失信信息提供单位申请信用修复。"虽然目前我国信用修复存在多部门并存、修复标准不完全统一的状况,但该条对信用修复一般原则进行了积极探索,规定了申请信用修复的时间节点、申请平台和方式,便于重整企业及时申请信用修复。同时,该条还规定:"重整计划执行期间及执行完毕后,不得因破产重整直接排除其参与招投标、融资等市场行为的资格,不得限制其参与评优评先以及在政府审批、公共服务中享受容缺受理、证明替代等便利措施,法律、行政法规另有规定的除外。"为破产企业通过重整恢复经营、积极参与市场提供有利的制度环境。

8. 创新管理人指定、更换制度（第 17 条）

管理人是破产程序的主要推动者和破产事务的具体执行者,管理人的能力和素质不仅影响破产审判工作的质量,还关系到破产企业的命运与未来发展。此次《企业破产规定》对标国际先进经验,对管理人的选任和更换进行了制度创新。

《企业破产规定》第 17 条赋予了破产案件申请人对管理人的提名权,规定:"债权人或者债务人提出破产申请的,可以向人民法院书面提名一名管理人人选。被提名人选符合任职条件并事先作出相关书面承诺的,人民法院应当指定其担任若干破产案件管理人。"关于管理人选任方式,根据《最高人民法院关于审理企业破产案件指定管理人的规定》第 20 条相关规定,目前法院一般按照管理人名册所列名单采取轮候、抽签、摇号等随机方式公开指定管理人。此次《企业破产规定》不仅给予申请人提名权,而且充分尊重申请人提名权,明确当被提名管理人符合任职条件并事先作出相关书面承诺的,法院应指定其为管理人。对数名申请人同时提出破产申请且提名的管理人人选不一致时,《企业破产规定》规定:"人民法院应当组织全体申请人协商,协商一致的,人民法院应当指定其担任破产案件管理人;协商不成的,人民法院应当直接指定管理人。"《企业破产规定》第 18 条对更换管理人制度进行创新,规定:"债权人会议可以作出更换管理人的决议,并由人民法院指定新的管理人。人民法院召集第一次债权人会议时,可以组织债权人就是否更换管理人进行讨论和表决。债权人会议确定了符合任职条件的管理人人选的,人民法院应当指定其担任破产案件管理人。"该条赋予了债权人会议更换、选任新的管理人的主导权,只有债权人选任的管理人不符合任职条件,法院才能否定更换,亦彰显了法院对债权人决定权的保护。管理人提名、选任、更换方式的创新,体现了申请人、债权人作为最密切联系方选择管理人的自主权,有利于敦促管理人尽职履职,维护债权人的利益最大化。

（四）《企业破产规定》的社会认可度和影响力

《企业破产规定》实施以来，获得了社会各界的正面回应，新闻媒体和专家学者给予高度认可和积极评价。

1. "面"的反响：媒体中的评价

根据不完全统计，截至 9 月 30 日，各类主要媒体对浦东贯彻实施《企业破产规定》的相关报道计 30 余条，其中不乏中央电视台、东方卫视、新华网、人民网、中国新闻网、新浪网、新民晚报、文汇报等权威媒体。例如，中国新闻网提到，"《企业破产规定》是一部深入贯彻浦东高水平改革开放的要求，健全优胜劣汰的市场竞争机制，保障营商环境持续优化的重要法规。制定《企业破产规定》，是以法治思维和法治方式推动浦东打造社会主义现代化建设引领区的重要内容"；新民晚报指出，"去年的首批浦东法规到今年'上新'的浦东法规可以发现，对标世界顶尖城市，浦东推出一系列优化营商环境的制度创新，形成服务企业全生命周期的精准'闭环'"。从各媒体的报道主题看，总体上抓住了贯彻实施中的亮点与创新点，进一步说明《企业破产规定》的出台对提升我国破产法治完善探索具有很强的创新引领意义，不少制度、机制都在相关领域具有示范效果。

作为《企业破产规定》主要实施者，浦东法院通过《浦东法院破产审判专刊》，及时发布和总结实践成果，现已刊发 11 期，刊发各类信息、情况、专报 18 篇。

2. "点"的感受：个案中的评价

案例一：悠宜公司破产清算案（〔2022〕沪 0115 破申 1 号）。2022 年 1 月 10 日，上海悠宜信息技术有限公司因经营不善，不能清偿到期债务，且资产不足以清偿全部债务向浦东法院申请破产清算，系浦东法院破产审判庭成立后立案登记的第一起申请破产案件。根据《企业破产规定》，本案实现了：一是信息实时共享。根据第 15 条破产信息共享与公示机制，依托搭建的破产信息公示平台，浦东法院将该案的受理案号、立案时间、申请人信息以及后续的结案信息进行同步推送，在"信用浦东"网站下的破产信息公示专栏实时查询案件进展。二是适用简易破产程序快速高效办理。立案后，浦东法院考虑到案件事实清楚，财产状况清晰，账面资产少，债权人人数较少等因素，符合第 7 条适用简易破产程序的条件，故决定该案适用简易破产程序审理。法院努力缩短办案时间、并联破产事项、简化办理流程，如债权申报期间由 90 天缩短为 30 天，将受理通知、指定管理人、债权人会议召开通知等信息进行合并公告等。经过依法快速审查，浦东法院于7月6日裁定确认债权，7月8日裁定宣告债务人破产，并于7月22日裁定终结破产程序，6个月内便走完了企业的破产清算流程，跑出了办理破产的"浦东速度"，切实提高企业退出市场的效率。三是实现企业低成本退市。经过破产审计、全面清算，至破产程序终结前，仅产生破产费用12902元，相较于普通破产清算程序，大大降低了企业退出市场的成本。

案例二：生南实业公司破产重整案。2022年1月27日，债权人上海承宣电子科技有限公司向浦东法院申请对上海生南实业发展有限公司进行破产重整，系浦东法院破产审判庭成立后首例申请破产重整案件。法院经审查认为，生南实业已具备破产原因，但具备重整价值，因此于2月8日裁定生南实业进入破产重整程序。根据《企业破产规定》，本案实现了：一是创新管理人指定方式。根据第17条的创新规定，申请人提名了上海市方达律师事务所担任本案管理人，系全国首例申请人提名管理人的企业破产案件。为细化第17条的操作规则，浦东法院破产审判庭拟定了《提名管理人申请书》《提名管理人告知书》《承诺书》等格式文本，建立了规范的审查工作机制。经过审查和听取利害关系人的意见，浦东法院指定该律所担任本案管理人。在指定管理人决定作出后的1周内，管理人即完成了与债务人的印章、建设工程许可证等材料的交接、向各意向审计评估机构寄送投标邀请书等多项工作。此前，破产案件主要通过摇号的方式确定管理人，如今增加了申请人提名的选任方式，一方面避免了摇号选出的管理人难以胜任较为复杂的破产案件，让具有相应能力的人选办理破产事务，提高破产办理的质量和效率；另一方面，充分尊重申请人的意愿，体现破产办理的市场化原则。二是运用重整保护创新机制。浦东法院细化第6条重整保护期适用规则，在生南实业重整案件审理中，解读法规中对于"法院指定期限"的立法本意，在受理公告中明确逾期申报的债权需在重整计划执行完毕一年后再进行清偿。同时，法院制作了《债权申报通知及失权后果告知书》，由管理人向23户已知债权人发送告知书，告知已知债权人如无正当理由未按期申报债权，将面临债权不再获清偿的后果，最大限度降低恶意不申报债权对企业重整再生的影响。三是根据第16条推进信用修复助力重整企业重返市场。上海市高院、浦东法院正与相关政府部门共同推进构建重整企业信用修复平台。生南实业重整成功后管理人可通过信用修复平台申请信用修复，无需分别前往各个部门逐一提出申请。另外，根据

第 16 条规定,生南实业在重整计划执行期间,可以平等参与招投标、融资等市场行为、可以正常参加评优评先,也可在政府审批、公共服务中正常享受容缺受理、证明替代等便利措施,不会被"区别对待",为生南实业创造了平等参与市场、顺利脱困重生的机会。

六、《上海市浦东新区促进张江生物医药产业创新高地建设规定》评估报告[①]

2021 年 12 月 29 日上海市第十五届人民代表大会常务委员会第三十八次会议通过了《上海市浦东新区促进张江生物医药产业创新高地建设规定》(简称《生物医药产业规定》),自 2022 年 1 月 1 日起施行。现按照市人大工作指示,对照《首批浦东新区法规和管理措施立法成效评估方案》要求,深入分析《生物医药产业规定》贯彻成效、存在问题,形成评估报告。

(一)《生物医药产业规定》与引领区发展要求的契合度

中共中央、国务院印发《引领区意见》,支持浦东"大胆试、大胆闯、自主改"。为充分释放国家政策红利,进一步促进浦东新区张江生物医药产业创新高地建设,市经济信息化委联合浦东新区政府牵头为浦东新区量身定制了《上海市浦东新区促进张江生物医药产业创新高地建设规定》,为实现产业跨越式发展提供强有力的法制保障。

1. 全链条立法促进生物医药产业发展,有利于浦东引领区树立自主创新发展的时代标杆

《引领区意见》指出,要充分发挥新型举国体制的制度优势和超大规模市场优势,找准政府和市场在推动科技创新、提升产业链水平中的着力点,建设国际科技创新中心核心区,增强自主创新能力,强化高端产业引领功能,带动全国产业链升级,提升全球影响力。习近平总书记指出:"要聚焦关键领域发展创新型产业,加快在集成电路、生物医药、人工智能等领域打造世界级产业集群。"

《生物医药产业规定》针对生物医药产业链的基础研究、生产制造、产品流通等各环节进行全链条立法,对现行部分法律法规进行变通或填补空白,形成全产

业链创新,体现了国家、上海市对新区生物医药产业创新发展的支持。《生物医药产业规定》在立足本市基础和浦东改革创新需要基础上大胆探索、亮点频出,包括支持符合条件的多元化投资主体开展人体细胞、基因技术、在浦东新区设立人类遗传资源管理服务机构、推动国家支持国家药械长三角分中心等。

2. 促进生物医药产业制度创新,有利于浦东引领区全力做强创新引擎,打造自主创新新高地

《引领区意见》明确指出,要"面向人民生命健康,加强基础研究和应用基础研究,打好关键核心技术攻坚战,加速科技成果向现实生产力转化,提升产业链水平""加快建设张江综合性国家科学中心,聚焦生命科学领域""布局和建设国家临床医学研究中心等国家科技创新基地""研究对用于临床研究的药品免征进口环节税。允许有条件的医疗机构按照相关要求开展自行研制体外诊断试剂试点"。

《生物医药产业规定》在包括上市许可持有人委托生产、优化药品经营许可条件等围绕企业发展痛点、难点、堵点,紧扣制约发展的"高频事项",以"减负、放权、赋能"为举措,着力破解制约本市产业发展的工作难题。以特殊物品出入境便利化、医企协同临床试验加速器、环评审批管理、细胞治疗、基因治疗多元化投资主体等方面为切口,大力推动产业制度的创新,破除生物医药产业发展体制机制障碍,对标国际、改革创新、先行先试,着力打通理顺堵点难点,发挥以张江为引领的生物医药科创策源和产业生态优势,实施国家战略要求。

3. 促进浦东新区形成世界级生物医药产业集群,有利于浦东引领区深入推进高水平制度型开放,增创国际合作和竞争新优势

习近平总书记考察上海时指出:"要以全球视野、国际标准推进张江综合性国家科学中心建设,集聚建设国际先进水平的实验室、科研院所、研发机构、研究型大学,加快建立世界一流的重大科技基础设施集群。"

生物医药产业是上海市贯彻落实习近平总书记要求,集合精锐力量、加快发展突破的三大先导产业之一,也是浦东新区最具特色、最具优势的六大硬核产业之一。自《生物医药产业规定》实施以来,一系列推动产业创新和改革监管的措施有力地为产业链上下游企业争取了更大的发展机遇。以细胞治疗、基因治疗多元化投资主体为例,《生物医药产业规定》实施后,包括罗氏制药、武田制药等国际知名企业均表达了借助浦东制度突破,投资该前沿领域的意愿。一批国内外知名企业加大在浦东投资力度或选址浦东。外资方面,罗氏制药在浦东设立大企业开放创新中心,目前已经向社会征集项目;勃林格殷格翰生物加大启动"远东计划",并加大在浦东投资力度;内资方面,齐鲁制药、东方基因等工业百强企业、细分领域头部企业均选址在浦东设立研发中心和商业化总部。世界级的生物医药产业集群正在形成,有利于浦东引领区增创国际合作和竞争新优势。

(二)《生物医药产业规定》的规范分析

1. 文本的结构与内容

《生物医药产业规定》共 34 条,其中,有四条是原则性和技术性条款,包括:第 1 条昭示了立法目的与依据(承接了《授权决定》);第 2 条规定了法规适用范围和领域,是《生物医药产业规定》的定义条款;第 3 条是基本原则条款;第 34 条是生效条款。

第 4 条规定政府职责、第 5 条规定部门职责、第 6 条规定专家委员会,上述 3 条旨在完善管理体制,为浦东新区生物医药产业发展提供组织保障。第 7 条规定人体细胞、基因技术开发、第 8 条规定保税研发及维修、第 9 条规定临床阶段申请生产许可、第 10 条规定多点委托、第 11 条规定体外诊断试剂自行研制使用、第 12 条规定进口药械应急使用、第 13 条规定药械流通供给,上述 7 条旨在推动改革突破,持续营造全国领先、世界一流的发展环境。第 14 条规定实验动物保障与实验室备案、第 15 条规定通关便利化、第 16 条规定人遗资源管理服务机构、第 17 条规定药械注册服务、第 18 条规定优化审评检验服务、第 19 条规定支持创新产品入院,上述 6 条旨在创新服务机制,提升浦东新区生物医药产业行政指导和服务效率。第 20 条规定产学研医融合、第 21 条规定医疗数据共享与开放、第 22 条规定生物样本库、第 23 条规定大科学设施、第 24 条规定新型研发机构、第 25 条规定创新创业孵化载体、第 26 条规定产业链协同发展、第 27 条规定研发与制造协同发展,上述 8 条旨在强化研发制造协同、推动浦东新区生物医药产业成果加快实现转化。第 28 条规定产业用地支持、第 29 条规定政府采购支持、第 30 条规定加强金融服务、第 31 条规定生态环境管理、第 32 条规定人才激励与保障、第 33 条规定生物安全保障,上述 6 条旨在加强政策保障,完善多角度激励和促进生物医药产业发展措施。

2. 创新变通情况与创新变通性条款

《生物医药产业规定》不仅是对某一法律、行政法规、部门规章的某一具体条文、具体规则的构成要素的变通,而是对一整套关于生物医药产业发展法律规则的创新和变通,可以说是对生物医药产业制度的整体性或制度性创新变通。《生物医药产业规定》在《引领区意见》和上海"五大中心""四个放在"战略规划的指导基础上,通过深化、创新、变通创设了多元化投资、进口药械特许使用、跨境研发保研监管、国电委托生产、进口药械跨境电子商务等事项。

表 11-8　《生物医药产业规定》深化、创新、变通情况表

序号	《生物医药产业规定》	深化、创新、变通对象
1	第 6 条　设立专家委员会	现行无规定
2	第 7 条　细胞治疗、基因治疗多元化投资主体	《外商投资准入特别管理措施(负面清单)(2021 年版)》《(国家发展和改革委员会、商务部令第 47 号)、《自由贸易试验区外商投资准入特别管理措施(负面清单)(2021 年版)》(国家发展和改革委员会、商务部令第 48 号)
3	第 8 条　保税研发及维修	细化落实《国务院关于开展营商环境创新试点工作的意见》(国发〔2021〕24 号)中关于"探索开展科研设备、耗材跨境自由流动,简化研发用途设备和样本样品进出口手续"
4	第 9 条　临床试验阶段申请药品生产许可	《药品注册管理办法》(2020 年)第 63 条
5	第 10 条　多点委托生产	《药品管理法》(2019 年)第 32 条
6	第 11 条　体外诊断试剂自行研制使用(LDT)	《医疗器械监督管理条例》(2021 年)第 53 条、《体外诊断试剂注册与备案管理办法》(2021 年)第 123 条
7	第 12 条　进口药械特许使用	《药品管理法》第 65 条、《医疗器械监督管理条例》第 50 条第 3 款
8	第 13 条　医药产品跨境电子商务零售	现行无规定
9	第 14 条　实验动物保障与实验室备案	细化落实《中华人民共和国生物安全法》《实验动物管理条例》(2017 修订版)、《病原微生物实验室生物安全管理条例》(2018 修订版)
10	第 15 条　特殊物品及研发用物品通关便利化	现行无规定

序号	《生物医药产业规定》	深化、创新、变通对象
11	第 16 条　人类遗传资源管理服务机构	《中华人民共和国生物安全法》《中华人民共和国人类遗传资源管理条例》
12	第 17 条　生物医药产业注册指导服务工作站	现行无规定
13	第 18 条　优化评审检验服务	细化落实《上海市人民政府关于促进本市高新技术产业开发区高质量发展的实施意见》(沪府规〔2021〕9 号)
14	第 19 条　支持创新产品入院	落实工业和信息化部、国家发展和改革委员会、科学技术部等九部门印发的《"十四五"医药工业发展规划》(工信部联规〔2021〕217 号)
15	第 20 条　产学研医融合	遵循《上海市人民政府办公厅关于促进本市生物医药产业高质量发展的若干意见》(沪府办规〔2021〕5 号)
16	第 21 条　医疗数据共享与开放	贯彻落实《国务院办公厅关于促进和规范健康医疗大数据应用发展的指导意见》(国办发〔2016〕47 号)《关于加强全民健康信息标准化体系建设的意见》(国卫办规划发〔2020〕14 号)
17	第 22 条　生物样本库	落实《上海市人民政府关于推进本市健康服务业高质量发展加快建设一流医学中心城市的若干意见》(沪府发〔2018〕25 号)
18	第 23 条　大科学设施	细化《中华人民共和国国民经济和社会发展第十四个五年规划和 2035 年远景目标纲要》
19	第 24 条　新型研发机构	现行无规定
20	第 25 条　创新创业孵化载体建设	现行无规定
21	第 29 条　政府采购支持	细化落实《国务院关于推动创新创业高质量发展打造"双创"升级版的意见》(国发〔2018〕32 号)
22	第 30 条　加强金融服务	贯彻落实《要素市场化配置综合改革试点总体方案》(国办发〔2021〕51 号)
23	第 31 条　生态环境管理	遵循《关于实施"三线一单"生态环境分区管控的指导意见》(环环评〔2021〕108 号)
24	第 32 条　专业职称评审委员会	落实《关于深化职称制度改革的意见》《国务院关于开展营商环境创新试点工作的意见》(国发〔2021〕24 号)《关于深化工程技术人才职称制度改革的指导意见》(人社部发〔2019〕16 号)

（三）《生物医药产业规定》的总体成效及具体条款的实施成效

《生物医药产业规定》共 34 条,基本上每条都有创新和亮点,在设立专家委员会、细胞治疗、基因治疗多元化投资主体、保税研发及维修、临床试验阶段申请药品生产许可、多点委托生产、体外诊断试剂自行研制使用等层面均做出重大的具有建设意义的规定。总体来看,《生物医药产业规定》的实施,将更好地发挥张江生物医药科创策源和产业生态优势,推动浦东新区形成世界级生物医药产业集群,更好地满足人民群众对健康生活的需求。

1. 设立专家委员会（第 6 条）

生物医药产业具有专业性强的特点,《生物医药产业规定》通过设立专家委员会,由行业专家就浦东新区生物医药产业发展、项目规划、重点布局等事项开展科学论证,提出意见建议。专家委员会意见建议作为生物医药产业发展决策的重要依据。

目前已制定《关于成立浦东新区生物医药产业发展专家委员会的工作方案》并多次讨论,初步遴选了一批长期从事生物医药及相关专业工作、有扎实的专业理论基础和丰富实践经验、在本专业领域有较高知名度的专家。按照科技组、药品产业组等细分领域分组,约 60 人。专家委员会人选拟通过提名方式进行,区科经委会同相关部门确定名单后,报区政府审定,已在 2022 年度生物医药产业周张江生命科学国际创新峰会主论坛上予以聘任。

2. 细胞治疗、基因治疗多元化投资主体（第 7 条）

该条款立足落实《引领区意见》相关任务,推动改革举措先行先试要求,对《外商投资准入特别管理措施（负面清单）（2021 年版）》（国家发展和改革委员会、商务部令第 47 号）《自由贸易试验区外商投资准入特别管理措施（负面清单）（2021 年版）》（国家发展和改革委员会、商务部令第 48 号）作了变通规定。根据《外商投资准入特别管理措施（负面清单）（2021 年版）》（国家发展和改革委员会、商务部令第 47 号）第 19 条"禁止投资人体干细胞、基因诊断与治疗技术开发和应用",外资企业不能参与细胞治疗、基因治疗等前沿领域的研究和产业化。考虑到细胞治疗、基因治疗是产业发展的前沿方向,《生物医药产业规定》在该条款上做了大胆突破,支持多元化主体投资相关领域,引导国内外高能级企业在浦东布局。

3. 保税研发及维修（第8条）

该条款对《国务院关于开展营商环境创新试点工作的意见》（国发〔2021〕24号）中关于"探索开展科研设备、耗材跨境自由流动,简化研发用途设备和样本样品进出口手续"部分予以细化落实,有利于大幅度提升新区生物医药产业发展国际化程度。保税研发政策是指海关特殊监管区内企业可以有形件、试剂、耗件及样品等开展研发业务的政策,具有研发设备免税,研发料件保税,研发过程中使用的进口消耗性材料据实核销的特点。研发企业从境外进口的货物、物品,免许可证,并通过设立专用保税研发电子账册,自主备案研发料件和成品,根据实际研发耗用情况办理报核手续。保税研发大大降低研发设备投入成本(至少20%),简化了进口研发的申报手续(进口货物、物品无法申领许可证,或申领耗时长、手续繁琐的问题),缩短研发耗材的核销时限。目前浦东新区的综保区(外高桥综保区、金桥综保区)内可以开展生物医药研发保税业务。该条款主要探索在综保区外开展保税研发试点。

4. 临床试验阶段申请药品生产许可（第9条）

根据《药品管理法》规定,经所在地省、自治区、直辖市人民政府药品监督管理部门批准,取得药品生产许可证。上海市原来做法一般为在临床三期予以核发许可证。该条款对《药品注册管理办法》(2020年)规定的药物临床试验期间可以申请附条件批准药品上市许可的情形进行了变通规定。《药品注册管理办法》(2020年)第63条规定的情形包括治疗严重危及生命且尚无有效治疗手段的疾病的药品、公共卫生方面急需的药品,以及应对重大突发公共卫生事件急需的疫苗或者国家卫生健康委员会认定急需的其他疫苗。该条款对上述三种情形进行了扩展,借鉴外省市的做法(如《湖北省药品监督管理局进一步发挥监管职能促进医药产业高质量发展若干措施》(鄂药监发〔2021〕14号)明确,对启动创新药物临床试验的,根据注册申报需要,可采取承诺制提前核发《药品生产许可证》),对具备药品商业化规模生产条件并且符合药品生产质量管理规范的生物医药企业,药物临床试验阶段申请药品生产许可的,在承诺临床样品的生产条件与申请上市许可阶段的生产条件一致的情况下,市药品监管部门可以核发《药品生产许可证》。

5. 多点委托生产（第10条）

该条款对《药品管理法》(2019年)第32条作了变通规定,是对现有药品上市许可持有人制度的拓展和深化。《药品管理法》（2019 年）规定了药品上市许可持有人可以自行生产药品,也可以委托药品生产企业生产,但没有明确规定是否允许药品上市许可持有人进行多点委托生产。《药品管理法》（2019 年）实施后,地方上已经开始积极进行多点委托生产的有益尝试。该条款明确允许经国家药品监管部门核准后,浦东新区药品上市许可持有人在本市范围内可以开展多点委托生产。根据该条款,浦东新区药品上市许可持有人可以委托本市范围内一家以上符合条件的药品生产企业生产。考虑到生物医药企业在发展的过程中,会随着市场的扩大逐步增加工厂布局,多点委托有利于企业继续将药品持有人放在浦东新区。

6. 体外诊断试剂自行研制使用（LDT）（第 11 条）

体外诊断试剂自行研制使用也是引领区文件的重点任务之一（允许有条件的医疗机构按照相关要求开展自行研制体外诊断试剂试点）。该条款承继了《医疗器械监督管理条例》（2021 年）第 53 条及《体外诊断试剂注册与备案管理办法》（2021 年）第 123 条,是对《医疗器械监督管理条例》（2021 年）第 53 条"对国内尚无同品种产品上市的体外诊断试剂,符合条件的医疗机构根据本单位的临床需要,可以自行研制,在执业医师指导下在本单位内使用。具体管理办法由国务院药品监督管理部门会同国务院卫生主管部门制定"的明确。此外,该条款对体外诊断试剂自行研制使用的管理办法的制定进行了变通,将原先由国务院药品监督管理部门会同国务院卫生主管部门制定,变通为由市药品监管部门会同市卫生健康部门制定。

7. 进口药械特许使用（第 12 条）

进口药械特许使用在《药品管理法》第 65 条及《医疗器械监督管理条例》第 50 条第 3 款的基础上,参考博鳌（《国务院关于在海南博鳌乐城国际医疗旅游先行区暂时调整实施〈中华人民共和国药品管理法实施条例〉有关规定的决定》（国发〔2018〕43 号）第 36 条:对先行区内医疗机构因临床急需进口少量药品（不含疫苗）的申请,由海南省人民政府实施审批）和大湾区（《粤港澳大湾区药品医疗器械监管创新发展工作方案》）做法,有利于吸引外资企业（如罗氏制药、武田制药）等将国外先进产品引进到国内。进口药械特许使用的落地及实施对于推进新区药品医疗器械监管创新发展,满足医疗机构急需药械需求具有重要意义。

8. 医药产品跨境电子商务零售（第 13 条）

该条款主要为落实中央重要改革创新任务。2021 年 9 月 4 日,国务院印发《关于推进自由贸易试验区贸易投资便利化改革创新若干措施的通知》,其中提出"允许具备条件的自贸试验区开展跨境电商零售进口部分药品及医疗器械业务",为"跨境电商进口＋药品及医疗器械零售"模式提出了政策指导与支持。该条款在相关区域内试点推动符合条件的浦东新区药品和医疗器械交易平台开展跨境电子商务零售进口部分药品和医疗器械业务。

2019 年 12 月 30 日,北京跨境电商销售医药产品试点政策正式获得国家药监局批复,是国家对跨境药品在电商领域的首次尝试和重大突破。2021 年 5 月 8 日,国务院下发《国务院关于同意在河南省开展跨境电子商务零售进口药品试点的批复》(国函〔2021〕51 号),河南正式获批成为全国唯一跨境电商零售进口药品试点,并于 2022 年 4 月 11 日在网购平台完成首单交易。鉴于跨境电商销售医药产品是生物医药领域扩大开放的重要内容,浦东新区可以发挥自贸区和保税区的优势,参考河南、北京等省市做法,建立国外药品的流通机制,解决部分患者对海外药品的需求。

9. 实验动物保障与实验室备案（第 14 条）

本条款明确提出在上海布局和建设进境非人灵长类等实验动物隔离检疫场,填补上海市在相关环节的产业链短板。在目前疫情情况下,疫苗研发、生物制品研发迅速崛起,对用猴量大幅增加,导致生物医药企业出现"用猴荒"和"一猴难求"的现象,试验猴价格出现暴涨。为缓解这一难题,《生物医药产业规定》作出了针对性部署。

本条款同时明确了新区动物生物安全二级实验室备案主管部门。在新药研发,特别是细胞治疗、基因治疗产品开展的动物实验中,普遍采用复制缺陷型(失去复制能力,无传染性或传染性风险很低)的病毒等病原微生物在实验动物设施内进行过表达靶基因的研究。在首创新药(First In Class)早期研发的靶点验证中,这是最快速有效的验证方法,也是非常关键的一步。根据《中华人民共和国生物安全法》《实验动物管理条例》(2017 修订版)的规定,我国对实验动物分为四级,对不同等级的实验动物,按照相应的微生物控制标准进行管理。国家根据对病原微生物的生物安全防护水平,对病原微生物实验室实行分等级管理。根据《病原微生物实验室生物安全管理条例》(2018 修订版),新建、改建或者扩建一级、二级实验室,应当向设区的市级人民政府卫生主管部门或者兽医主管部门备案。《生物医药产业规定》的条款里明确由区卫健委牵头,会同区农业农村委负责该事项,遵循了法律法规的要求。

10. 特殊物品及研发用物品通关便利化(第15条)

本条款规定的生物医药特殊物品出入境联合监管机制和研发用物品进口试点联合推进机制为上海市首创的联合管理模式,主要解决研发中需要的特殊制品和研发用物品便利化通关问题。

其中特殊物品是对浦东新区试点特殊物品"白名单"制度的法制化。2021年4月16日发布的《上海市人民政府办公厅关于促进本市生物医药产业高质量发展的若干意见》(沪府办规〔2021〕5号)指出为"推动研发用物品及特殊物品通关便利化",要"建立本市生物医药试点企业和物品'白名单'",该条款旨在固化浦东新区"白名单"制度试点工作成效。人血液及其制品、细胞、组织等作为医药研发中的质控品及对照材料,主要用于药物研发初期的方法学开发和方法学验证以及整个试验过程中多个环节,是新药研发过程中的必需品。因此,保证其长期稳定的进口至关重要,一旦供应中断,不仅关乎企业的生存,而且还影响到国内生物产业的创新药研发。研发用物品便利化通关主要解决研发过程中需要的非药物品(如中间体、药品辅料等)难以办理《进口药品通关单》的问题,破解长期困扰和阻碍新药研发的瓶颈。

11. 人类遗传资源管理服务机构(第16条)

人类遗传资源包括人类遗传资源材料和人类遗传资源信息。人类遗传资源材料是指含有人体基因组、基因等遗传物质的器官、组织、细胞等遗传材料。人类遗传资源信息是指利用人类遗传资源材料产生的数据等信息资料。根据《中华人民共和国生物安全法》《中华人民共和国人类遗传资源管理条例》要求,采集、保藏、利用、对外提供我国人类遗传资源,应当经国务院科学技术行政部门批准。浦东新区作为国内创新药械企业最集中的区域,每年申请人遗相关事项占全市一半以上,主要包括临床试验、国际合作项目等。设立浦东人类遗传资源管理服务站,开展人类遗传资源行政审批事项申报指导和人遗传培训等业务,有助于进一步推动研究机构和企业规范人遗资源活动,加快新区生物医药科技创新和产业发展,形成可复制、可推广的制度经验,为上海乃至全国推进设立人类遗传资源管理服务机构探索经验。

12. 生物医药产业注册指导服务工作站（第 17 条）

生物医药产业注册指导服务工作站是根据市经信委、市药监局要求，在全市建成一批服务专业、运行良好、成绩突出、经验可出的产品注册指导服务工作站，全面构建"企业主体、政府推动、专家指导、园区服务"的创新服务体系，指导推动区域内企业产品注册、缩短产品上市周期。

13. 优化评审检验服务（第 18 条）

该条款对《上海市人民政府关于促进本市高新技术产业开发区高质量发展的实施意见》（沪府规〔2021〕9 号）中提出的"服务长三角一体化发展战略"的要求予以细化落实。该条款主要依托国家药品监管局药品审评核查长三角分中心、医疗器械技术审评检查长三角分中心，进一步深化药品医疗器械审评审批制度改革，鼓励药品医疗器械创新，提高长三角区域药品医疗器械产业国际竞争力，有利于推动长三角成为全世界最具活力的药品医疗器械创新高地，更好满足人民群众对药械安全和创新研发的新期待。

14. 支持创新产品入院（第 19 条）

该条款落实工业和信息化部、国家发展和改革委员会、科学技术部等九部门印发的《"十四五"医药工业发展规划》（工信部联规〔2021〕217 号）中提出的"推动创新药和高端医疗器械产业化与应用"的重要战略规划，主要为破解注册上市的创新药品医疗器械入院难问题。市和浦东新区有关部门对浦东新区医疗机构采购和使用的创新药品和医疗器械不纳入药品（耗材）收入所占比例、药品品种规格总数、采购比例限制等考核，支持创新产品入院。

15. 产学研医融合（第 20 条）

本条款遵循了《上海市人民政府办公厅关于促进本市生物医药产业高质量发展的若干意见》（沪府办规〔2021〕5 号）中提出的"提升产医融合创新能力"的高质量发展要求，注重产学研医深入融合，支持国家级和市级医药临床研究中心。同时通过由上海市经信委、科创办、申康医院发展中心共同创建的临床加速器，通过建立常态化工作对接机制，搭建起产业牵头部门与市级医院管理部门的桥梁，形成企业——产业牵头部门——市级医院管理部门——医院的链条式对接，有效降低沟通成本，嫁接企业、医院的需求和资源，提升产医融合质量效率的作用。

16. 医疗数据共享与开放（第 21 条）

医疗大数据分析已经成为了临床研究、药物研发过程中不可或缺的一环，并扮演着越发重要的角色。该条款贯彻落实了《国务院办公厅关于促进和规范健康医疗大数据应用发展的指导意见》(国办发〔2016〕47号)、《关于加强全民健康信息标准化体系建设的意见》(国卫办规划发〔2020〕14号),通过建立健康医疗数据共享与开放机制,制定健康医疗数据开放分类分级标准,推动健康医疗数据有序开放,为本市生物医药创新研发提供数据支撑。特别是2021年,我国《数据安全法》《个人信息保护法》及上海市《上海市数据条例》相继出台,对数据处理以及涉及生物识别、医疗健康等方面的敏感个人信息保护提出了更高的监管要求。

17. 生物样本库(第22条)

生物样本资源对生命科学的研发及其应用至关重要,生物样本库是构建和管理用于临床研究所需的生物资源,也是探索疾病发生、发展、转归、诊断和治疗,以及药物研发、健康预防等研究与转化应用的重要基础。高质量生物样本库是基础与临床研究关键源头,实施大样本验证、快速实现转化医学的核心环节,对研究型医院、国家精准医疗战略及创新型国家建设至关重要,已列为国家战略资源、涉及国家安全的重大基础工程。《生物医药产业规定》具体落实了《上海市人民政府关于推进本市健康服务业高质量发展加快建设一流医学中心城市的若干意见》(沪府发〔2018〕25号)提出的"建立集中式生物样本资源库、生物信息数据库和生物活体库"有关要求,针对样本库做了战略性的规划和部署,支持企业牵头或者参与制定样本库建设管理标准。同时明确医疗卫生机构的生物样本,可以委托有相关资质的第三方机构集中存储和管理。该条款的贯彻实施有助于加快培育国际一流的精准医疗服务企业,推动有序发展前沿医疗服务。

18. 大科学设施(第23条)

大科学设施在浦东已初步形成集群之势,是浦东提升科创策源功能的重要依托和保障。截至目前,浦东在建、建成国家重大科技基础设施项目10个,全球规模最大、种类最全、功能最强的光子大科学设施集群初步成型。依托这些项目,浦东将有望率先形成全球种类最多、综合能力最强的光子科学大科学设施群。《生物医药产业规定》细化了《中华人民共和国国民经济和社会发展第十四个五年规划和2035年远景目标纲要》提出的"建设北京怀柔、上海张江、大湾区、安徽合肥综合性国家科学中心"的重要战略目标,创新型的提出完善设施使用保护,严格设施周边管理,为生物医药产业发展提供基础性研究和保障。

19. 新型研发机构（第 24 条）

《生物医药产业规定》结合新区正在推进的大企业开放中心等新型研发机构建设,对新型研发机构的管理模式、成果转化、体制机制改革等方面给予支持。

20. 创新创业孵化载体建设（第 25 条）

该条款支持各类市场主体建设众创空间、孵化器、加速器等生物医药共享公共服务平台,同时为载体内的孵化培育企业提供运营管理和专业服务。

21. 产业用地支持（第 28 条）

本条款明确在现有产业用地的基础上,对符合生物医药产业发展导向的重点项目,市和浦东新区有关部门按照规定对土地用途、容积率、建筑高度等予以优化。

22. 政府采购支持（第 29 条）

该条款对《国务院关于推动创新创业高质量发展打造"双创"升级版的意见》(国发〔2018〕32 号)中关于"完善创新创业产品和服务政府采购等政策措施"的意见予以细化,在现有政府采购的基础上,明确提出优先使用生物医药创新产品的政府采购政策,加大生物医药创新产品政府采购力度,促进生物医药创新产品研发和示范应用。

23. 加强金融服务（第 30 条）

本条款贯彻落实了国务院办公厅印发的《要素市场化配置综合改革试点总体方案》(国办发〔2021〕51 号)中"大力促进技术要素向现实生产力转化,推进技术和资本要素融合发展"的改革要求,强调金融服务对生物医药产业的促进作用,包括支持生物医药企业在科创板等资本上市、加大对供应链金融的指导等,助力生物医药企业发展。

24. 生态环境管理（第 31 条）

该条款遵循了生态环境部制定的《关于实施"三线一单"生态环境分区管控的指导意见》(环环评〔2021〕108 号),旨在立足于新区实际、因地制宜。不同于传统的小分子药物,生物制品,特别是细胞治疗、基因治疗产品,对环评影响较小、污染较小。现有的环评体系对生物制品等新兴领域发展具有一定影响。该条款通过对现有条款变通,明确对抗体、疫苗、血液制品等生物制品领域建设项目,根据所在区域环境敏感程度、建设项目可能产生的环境影响和环境风险,制定细分行业的生态环境管理措施,实行差异化监管。新区生物制品领域建设项目环评准入差异化管理的制度,提高了生态环境管理系统化、精细化水平,有利于"三线一单"生态环境分区管控制度的实施和落地应用。

25. 专业职称评审委员会(第 32 条)

该条款基于中共中央办公厅、国务院办公厅《关于深化职称制度改革的意见》《国务院关于开展营商环境创新试点工作的意见》(国发〔2021〕24 号),以及人力资源社会保障部、工业和信息化部《关于深化工程技术人才职称制度改革的指导意见》(人社部发〔2019〕16 号),为浦东新区持续优化市场化法治化国际化营商环境提供法治保障。该条款属于市级事权下放,由浦东新区组建生物医药专业职称评审委员会,对区域内非公领域生物医药产业专业技术人才开展职称评价。

(四)《生物医药产业规定》的社会认可度和影响力

《生物医药产业规定》实施以来,获得了社会各界的正面回应,新华社、第一财经、上观新闻、文汇报、新民晚报、澎湃新闻等新闻媒体予以报道,并给出积极评价。普遍认为,浦东生物医药立法允许多点委托、解决用猴荒、加速自研 IVD 试剂应用等,牵住"牛鼻子"、涌动"创新潮",布局新赛道、优化新动能,助推张江生物医药产业创新高地建设,走出一条开放条件下的自主创新之路。例如,2021 年 12 月 31 日,新华社刊发《聚焦生物医药产业! 浦东新区法规"上新"》的报道。文章指出,《生物医药产业规定》将助力浦东加快建设具有全球影响力的生物医药产业创新高地。同时,这部地方立法进一步聚焦群众健康生活需要和"急难愁盼"问题,规定上海市人民政府在国家授权范围内,可以批准浦东新区符合条件的医疗机构进口少量临床急需的药品和医疗器械。据不完全统计,《生物医药产业规定》实施后的两周内,包括新华社、学习强国客户端等权威媒体对法规进行了持续跟踪和报道。

七、《上海市浦东新区市场主体登记确认制若干规定》评估报告①

2022 年 2 月 18 日,上海市第十五届人民代表大会常务委员会第三十九次

---

① 本节执笔人:姚魏,上海社科院法学所助理研究员、法学博士。

会议通过了《上海市浦东新区市场主体登记确认制若干规定》(简称《登记确认制规定》),于2022年3月15日起开始实施。它是上海市人大常委会制定的第七部浦东新区法规,是以深化"放管服"改革、服务市场主体、优化营商环境、降低制度性交易成本为立法目的的第四部法规。该法规甫一实施,便受到疫情封控措施影响,上海市域范围内市场主体的经济活动受到抑制,法规的常态运行遭到一些干扰,法规实施情况评估的难度也有所提高。

(一)《登记确认制规定》与引领区建设要求的契合度

一是,《登记确认制规定》符合党中央、国务院对浦东的引领区建设要求。习近平总书记说:"浦东要提供高水平制度供给、高质量产品供给、高效率资金供给,……对标最高标准、最高水平,实行更大程度的压力测试,在若干重点领域率先实现突破。"中共中央、国务院《引领区意见》提出了更具体的要求:"探索试点商事登记确认制和市场准营承诺即入制,制定浦东放宽市场准入特别措施清单,深化'一业一证'改革,率先建立行业综合许可和综合监管制度。深化行政体制改革,按程序赋予浦东在统筹使用各类编制资源方面更大自主权。"此处的"商事登记确认制"就是指"市场主体登记确认制"。上海市人大常委会牢记总书记的嘱托,积极对标、对表中央的具体要求,在最短的时间内完成了最紧的任务,对市场主体全生命周期的管理服务事项作出了全面规定,而市场主体登记确认制则主要聚焦于市场主体的"出生证"和"身份证"——营业执照的颁发与记载事项的变动。

二是,《登记确认制规定》是对国务院《优化营商环境条例》和《市场主体登记管理条例》(以下简称《市登条例》)的执行性立法,而仅对《市登条例》的个别条文做了变通。然而,变通的目的并不在于维护地方利益和地区性营商环境,而是根据全国人大常委会的《授权决定》和中央的《引领区意见》对上位法"做非原则性的变动",以实现浦东新区先行先试、实现经济高质量发展、承担社会主义现代化建设引领区任务的目的。这种做法既没有违反法制统一的原则,也完全符合引领区建设的要求。《市场主体登记管理条例》第19条第1款规定:"登记机关应当对申请材料进行形式审查。对申请材料齐全、符合法定形式的予以确认并当场登记。"《登记确认制规定》完全符合该行政法规的相关原则,也与《公司法》等民商事法律的精神相一致。

三是,《登记确认制规定》符合上海市主要领导提出的引领区建设的目标和要求。在市第十五届人民代表大会第六次会议上,时任市委书记李强在参加浦东新区代表团审议时指出,要切实扛起引领区建设的重大责任,全力构筑高质量发展新优势,更好统筹全年发展和安全工作,继续勇当标杆、敢为闯将,以奋发有为的精神状态创造新奇迹、展现新气象;注重预期引导,打造改革发展热点,保持经济发展热度,提振市场主体信心,促进更多项目落地、更多人才集聚。时任市委常委、浦东新区区长朱芝松也提出,我们的工作理念就是"一切服务围着市场主体转,一切制度创新围着市场需求转";让企业从各种行政审批等事务中解脱出来,少交材料少跑路,加快速度不折腾;还要实施市场主体登记确认制,对市场主体登记不再实施行政许可,而是改为行政确认。可见《登记确认制规定》的制定完全符合市委领导提出的工作目标。

(二)《登记确认制规定》的规范分析

1. 法规的特点

《登记确认制规定》具有如下几个特点。一是,市场主体登记确认制的实践早于法规的制定时间,某些规范直接来自于以往的规范性文件。2022 年 1 月,上海市市场监管局就出台了《关于发展壮大市场主体的若干措施》,推出 32 条支持企业"硬核"措施,其中就包括在浦东试点市场主体登记确认制。其实早在 2020 年,临港新片区就探索了市场主体登记确认制,公司登记效率大幅度提高。此现象说明登记确认制的整体做法并不抵触国家的法律法规,在《市登条例》出台前具有先行性。二是,与其他同类法规相比,《登记确认制规定》主要针对市场主体设立登记和变更登记,规范的对象是营业执照,因而区别于《"一业一证"规定》《承诺即入制规定》等主要针对许可证管理事项的法规;《登记确认制规定》主要规定市场主体的"出生",因而有别于《市场主体退出规定》《企业破产规定》等规定市场主体"退出"的法规。虽然立法上"证照分离""生死有别",但它们构成一套组合拳,让企业"进退自如"。三是,虽然国务院《市登条例》是《登记确认制规定》的制定依据之一,也是其直接上位法,但是两者的规范对象不完全一致,前者所称的"市场主体"范围大于后者,而且前者规定了市场主体的设立、变更、注销等三种登记形式,后者只规范设立登记和变更登记两种类型。然而,这并不妨碍《登记确认制规定》整体上归属于执行性立法,这就和《"一业一证"规定》有所区别,因为后者是法规整体对《行政许可法》做了变通。

2. 文本的结构和内容

《登记确认制规定》一共十八个条文,不分章节,其设置的制度种类较多,且部分制度与登记确认制无直接关联,系优化营商环境、降低交易成本的配套举措,但又确与商事登记有关,因此使用"若干规定"的名称比较恰当。该法规大致可以分为如下几个板块。

一是总则性规定,包括第1—3条。第1条规定的是立法目的和依据,与其他几部涉及市场主体经营活动的法规一样,其显示了《引领区意见》的具体要求,阐明其立法宗旨在于深化"放管服"改革和优化营商环境,但在立法依据部分却并未说明所依据的具体法律法规的名称。第2条规定了法规的执行部门和对"登记确认制"定义,该法规的执行机关明晰且单一,即浦东新区的市场监督管理部门,不涉及其他部门和街镇,对"登记确认制"的定义也较为明确,突出了登记行为具有行政确认的属性,但所划定的"市场主体"的范围明显小于《市登条例》的规定,体现出制度试验的谨慎性。第3条规定了登记确认制遵循的原则,即尊重意思自治、贯彻形式审查、全程公开透明、智慧便捷高效等原则,同时强调申请人需要对提交材料的真实性、合法性、有效性自负其责。

二是具体的登记制度,包括第4—14条,涵盖设立登记确认、名称登记确认、经营范围登记确认、"一照多址"规定、"一址多照"规定、股东登记确认、市场主体信息公示、事中事后信用监管、市场主体托管机制、登记服务的优化举措、营业执照信息优化服务等内容。其亮点条文为:(1)经营范围登记确认制(第6条)扩大了企业经营自主权。市场主体仅需将主营项目、许可项目以及涉及外商投资准入特别管理措施的项目申请登记;市场主体超越登记的经营范围开展非许可类经营活动的,登记机关不予处罚。(2)"一照多址"规定(第7条)打破了原登记机关限制壁垒,即市场主体母体在浦东新区,其拟设立的分支机构也在浦东新区的,不管母体与拟设立分支机构是否属于同一登记机关,均可进行经营场所备案。(3)"一址多照"规定(第8条、第12条)降低了市场主体交易成本,涉及两种情形。一是市场主体之间有控制关系、有共同投资方或者隶属于同一集团的,可以将同一地址作为住所登记;二是符合住所托管要求的市场主体,可以将指定的场所登记为住所,托管服务机构包括专业服务机构和有关行业协会两大类。(4)市场主体信息公示制度(第10条、第11条)将《市登条例》规定的部分备案事项改为自主公示。市场主体在设立以及"董监高"、市场主体登记联络员、外商投资企业法律文件送达接受人发生变动时,不再需要另行准备纸质材料递交到登记机关进行备案,而是由企业自主公示即可。(5)简化措施(第9条、第13条)符合行政确认的内涵。一是股权转让后,免于向登记机关提交转让协议等材料;二是,除登记法定代表人(执行事务合伙人)外,登记机关不再收取股东会决议、董事会决议、任免职文件等材料。

三是保障性制度,包括第15、16条。第15条规定了信用惩戒和法律责任,即市场主体未及时公示有关材料和事项,或者公示的信息违法、虚假、遗漏的,先责令改正,若不改正,再给予罚款,情节严重的进行信用惩戒,同时还对托管机构违法责任及撤销登记做了规定。第16条规定了保障机制,创新之处在于,法规按照2021年11月25日国务院发布的《关于开展营商环境创新试点工作的意见》要求,规定了登记确认制改革创新容错机制。

经过比对,《登记确认制规定》中的多数条文属于《市登条例》的执行性立法,但其功能不是具体化不确定法律概念和制定裁量规则,而是具有较大程度创新性的执行性立法(设置了新的权利义务,属于执行性创新),盖因它们都能找到上位法中的依据性条款(主要是《市登条例》第19条)。然而,若按照"具体事项"而非"整体领域"的标准看,也有部分条文找不到明确的上位法依据,如托管机制,那么它就应属于先行性立法,可望将来被法律、行政法规吸收。还有个别条款与上位法规定有不一致的地方,但没有突破其原则性规定,如主动公示制度及配套保障措施,则可视为变通性规定。该法规的规范构成情况如表11-9。

表11-9　《登记确认制规定》规范构成表

法条性质 浦东新区法规	执行性条款(执行法律、行政法规的规定)	自主性条款(地方性事务)	先行性条款(国家尚未制定法律和行政法规)	变通性条款(国家已制定法律、行政法规或部门规章)	其他条款的说明
《登记确认制规定》	多数条款为《市登条例》的执行性立法		第7条、第8条、第12条	第10条、第11条、第15条第1款	

3. 变通情况与变通性条款

《登记确认制规定》是一部融创新与变通为一体的浦东新区法规,符合全国人大常委会《授权决定》的要求,但其中的创新性条款占据主要部分,包括执行性创新和先行性创新,而变通上位法的条文只占很小比例,主要集中在自主公示制度上。具体来讲,《登记确认制规定》第10条对市场主体应当向社会公示的材料和事项进行了规范,由此变更了《市登条例》第9条的部分内容。设置第10条的目的在于维护商事登记行为的行政确认属性,进一步强化行政机关的形式审查义务,为市场主体减负,而该立法目的与《市登条例》的立法宗旨是吻合的,而且更加有利于实现这项上位法的基本原则,所以《登记确认制规定》是"非原则性地变动"了上位法,属于立法变通。需要注意的是,这是一种局部变通,不仅下位法不是整体性地变通上位法,而且被变通法也不是被大面积地变通,其只涉及少量具体制度,对法制统一原则的影响甚微。此外,第11条和第15条第1款是附属于第10条的配套性保障措施条款,即对市场主体未按规定进行公示的行为设定了惩戒措施,形成事中事后监管的完整链条,它们也属于变通性条款。需要说明的是,《授权决定》将可变通对象扩大到部门规章,那么国家市场总局制定的《市场主体登记管理条例实施细则》中的基本原则也须遵循,但是该规章作为执行性规章,其基本原则蕴藏于《市登条例》,《登记确认制规定》与其也无抵触。经比对,该实施细则第7条(该条是对《市登条例》第19条的具体化)所规定的备案规则也是被变通的对象。

表 11-10 《登记确认制规定》变通情况表

序号	《登记确认制规定》	变通的对象
1	第 10 条、第 11 条、第 15 条第 1 款	《市登条例》第 19 条、《市登条例实施细则》第 7 条

(三)《登记确认制规定》核心条款的实施成效

《登记确认制规定》已经实施年余,虽然其中有两个多月处于疫情封控期,但其实施效果依然让人满意。正是因为该法规强调智慧便捷高效的原则,多数流程都可以线上操作,市场主体的设立及变更登记都可以在线完成。按照自主公示制度的规定,某些登记事项的变动是通过"一网通办"平台与国家企业信息公示系统进行社会公示,因而部分市场主体的内部治理和组织变动没有受到疫情的影响,显示出这部法规的优越性。《登记确认制规定》在实施之初,浦东新区市场监管局就在区政府门户网站上刊载政策解读文件,详细介绍法规的具体内容和亮点条款,2022年7月份,该局还专门针对"自主公示制度"以"小课堂"视频的形式进行二次政策解读,广大公众对这部浦东新区法规的认知程度得到很大提高,为其顺利实施提供了条件。以下将介绍核心条款的实施成效。

1. 总则性制度条款(第1—3条)

《登记确认制规定》的前三条是市场主体登记确认制的"灵魂",是相关具体制度的原则性指引,是商事登记制度理念转变的集中体现。该法规的核心制度就是将原先商事登记的行政许可性质转变为行政确认属性。据浦东新区市场监管局的同志介绍,区内市场主体的各类登记流程一直在优化,不断压缩审查的时间,但这部立法将登记程序用时几乎缩短至零,使得许可型的实质审查完全不可能,这就迫使政府的管理理念必须转变,即不再将市场主体的设立视作政府的赋权,而是其与生俱来的权利,政府只是对其主体资格和登记事项予以认定并公示其效力。因此该法规实施的最大成效在于转变了政府和市场主体双方的固有观念,使得浦东新区的营商环境在主观方面获得了改善。其实,在国家层面这种观念还没有获得共识,比如2021年修订的《行政处罚法》依然将营业执照视为许可证的一种,其背后还是登记就是许可的理念。我们还获悉,浦东新区市场监管局自法规实施以来,未因登记行为而受到行政复议和行政诉讼。这就说明登记不是赋权性行政行为,而是仅仅对法律实施的确认,那么一旦发生民商事纠纷,政府就不会成为当事人。

2. 登记确认制所包含的具体制度条款(第4—6条等)

登记确认制其实是一个制度群,它以总则性条款,尤其是定义条款和基本原则条款为规范核心,汇集了设立登记确认、名称登记确认、经营范围登记确认、股东登记确认、登记服务的优化举措等分支制度。这些具体制度各负其责、各守一方,共同实现了从许可制向确认制改革的目标。在《登记确认制规定》实施的过程中,每一项制度都发挥了各自的作用,社会各界都给予了认同,也积极配合执行。据报道,自3月15日实施以来,截至6月份,浦东新区通过确认制方式共受理登记各类市场主体7000余户,6月份新设各类市场主体3079户,是5月份的

4.2 倍,已基本恢复至常态水平,经济活力正快速焕发。另有数据显示,截至 7月底,浦东通过确认制方式,共受理登记各类市场主体设立、变更 12929 户次。

3. 住所登记制度条款(第 7 条、第 8 条、第 12 条)

《登记确认制规定》所设定的住所登记制度条款,并不是标准意义上的确认登记制组成部分,这是因为它不涉及登记制度的确认制转型。易言之,不管在许可制还是在确认制下,市场主体住所登记的要求都可宽可紧,无论将商事登记赋予何种行为属性,对市场主体的实体权利义务没有影响。《登记确认制规定》创新性地规定了两种住所登记新方式,即"一照多址"和"一址多照",大大降低了企业的经营性成本。以"一照多址"为例,该新政使得企业的获得感满满。例如,上海 ABB 工程有限公司成为首批获益企业之一,法规实施当天就取得跨浦东新区和中国(上海)自由贸易试验区两个登记机关的经营场所备案通知书。作为注册在浦东新区康桥镇的企业,以前若碰到这种情况,需要去自贸区新设一个分支机构,费时费力,现在只要申请经营场所备案,当场就可以拿到备案通知书。

4. 自主公示制度条款(第 10 条、第 11 条、第 15 条第 1 款)

严格来说,市场主体信息自主公示制度也不是登记确认制的内容,因为《市登条例》所规定的多数事项备案制才属于行政登记之一种(确认制行政登记),而商事登记信息由备案制改为自主公示,则步伐又往前走了一步,它是登记确认制改革的更高形式,所以将这项制度纳入法规,符合改革的宗旨,也符合立法的目的,而且它确实成为《登记确认制规定》中唯一的变通性规定,将改革推向了深入。目前这项制度实施良好,给市场主体提供了很大便利。注册在浦东新区的有限责任公司,非公司企业法人及其分支机构,个人独资企业、合伙企业及其分支机构在设立以及董事是登记联络员有限公司的财务负责人,外商投资企业法律文件送达接受人发生变动时,不再需要另行准备纸质材料递交到登记机关进行备案,而是由企业自主公示即可。原启生物科技(上海)有限公司行政部经理孙巍巍说:"没想到通过确认制可以这么快完成股权架构及经营范围等变更事项,让我们顺利拿到第二轮 8 亿元的融资,新药临床试验审批的申报也同步启动了。"

(四)《登记确认制规定》的社会认可度和影响力

优化营商环境系列法规"组合拳"实施以来,获得了社会各界的热烈反响,权威新闻媒体和专家学者给予了高度认可和积极评价。中央电视台、人民日报、解放日报、新华社、中国新闻网等权威媒体纷纷进行持续跟踪报道。《解放日报》报道称,"目前已经出台的浦东新区法规,大部分都聚焦在市场主体上,从服务企业全生命周期着眼,让企业'进退自如'"。新民晚报指出,"去年的首批浦东法规到今年'上新'的浦东法规可以发现,对标世界顶尖城市,浦东推出一系列优化营商环境的制度创新,形成服务企业全生命周期的精准'闭环'"。在实务部门看来,市场主体登记确认制改革,主要是针对营业执照方面的改动,而"一业一证"改革,主要是针对许可证的改革,通过这些法规的落地实施,各个职能部门从点突破,以点带面,解决了市场主体一个个实际问题,而集成起来就助力了引领区营商环境的优化,也在改革协同高效上率先试出了经验。

目前普遍认为,《登记确认制规定》的施行对进一步转变政府职能,打造市场化、法治化、国际化的一流营商环境具有重要意义,对正在打造社会主义现代化建设引领区的浦东新区来说至关重要。上海市司法局副局长罗培新说,市场主体登记行为从行政许可走向行政确认,在充分尊重企业主体自治权利的同时,强化了市场主体的责任,强化了事中事后监管。华东政法大学法学教授虞浔在接受采访时表示,浦东新区聚焦"市场主体"这一个热点,充分体现出立法及时呼应浦东新区经济高质量发展的需求。"可以这么说,浦东新区法规先行一步,起了破冰探路的效果,将来必将为上海市推进完善市场主体的体系做出积极的贡献和有益的探索。"

八、《上海市浦东新区绿色金融发展若干规定》评估报告①

2022 年 6 月 22 日,上海市第十五届人大常委会第四十一次会议通过《上海市浦东新区绿色金融发展若干规定》(简称《绿色金融规定》),自 2022 年 7 月 1 日起正式施行。《绿色金融规定》突出了特色优势,深化了开放创新,构建了全方位的绿色金融产品及服务体系,彰显了浦东打造上海国际金融中心核心区的决心与信心,为上海服务于国家绿色转型、低碳转型提供了重要的制度保障。

---

① 本节执笔人:孙祁,上海社科院法学所助理研究员、法学博士。

（一）《绿色金融规定》深度体现浦东立法创新性、落地性和可操作性

《绿色金融规定》的推出恰逢我国绿色金融改革创新试验区建设 5 周年之际，吸收了其他地区绿色金融改革创新的成果和经验，也包括国际上关于绿色金融发展的最新动向，比如《绿色金融规定》中提到的"转型金融"，就是近两年欧盟等发达国家和地区，为了支持高碳产业、高环境影响产业的绿色转型，从绿色金融体系中剥离出来的新兴金融的概念，更加具有创新性以及落地性和可操作性，主要体现在：

一是充分结合上海浦东对外开放程度高的特点，通过上海自贸区的跨境资金优势，开展跨境投融资业务，推动绿色金融国际合作。上海浦东新区是社会主义现代化建设引领区，《绿色金融规定》自 2021 年 6 月全国人大常委会授权上海市人大及其常委会制定浦东新区法规以来，上海市首次运用立法变通权在金融领域的一次有益尝试。气候投融资需要应对的是全球气候变化的问题，因此气候投融资试点需要体制机制上的创新与突破，浦东新区的特点就非常契合气候投融资试点需求。

二是利用国际绿色金融合作框架，参与生物多样性投融资示范项目，探索生物多样性金融实施路径的上海机制和落地模式。《绿色金融规定》突出特色优势，深化开放创新，构建全方位的绿色金融产品及服务体系，彰显浦东打造上海国际金融中心核心区的决心与信心，围绕绿色金融发展以及产业绿色转型初期对政策激励支持的需求，发挥立法的引领作用，明确了上海市和浦东新区政府及其相关部门的绿色金融发展工作职责，并在对各项绿色金融工作开展提出合理要求的同时，提供法律保障。

三是依托浦东气候投融资试点，探索差异化的投融资模式，以市场手段引导各类资金投向应对气候变化领域。《绿色金融规定》明确要推动浦东新区在发挥绿金总部效应、绿色开放效应以及开展气候投融资试点等方面先行先试，其本质就是要全面提升绿色金融的竞争力，并借以提升上海国际金融中心的核心竞争力。

四是探索建立企业和个人碳账户，加强与全市碳普惠平台的衔接，推动自愿减排市场发展。"双碳"发展和其他的经济领域的发展存在很多区别，既要满足经济增长的需要，又要满足生态环境保护，即带有公共产品和公共服务的性质。

这给传统的金融体系带来很大的挑战,因此要在体制机制上进行新的探索,而《绿色金融规定》正是在这方面作出尝试,以期最大程度激发社会资本投入"双碳"领域,为上海服务于国家绿色转型、低碳转型提供了重要的制度保障。

(二)《绿色金融规定》的规范分析

1. 法规的特点

《绿色金融规定》在接受评估的所有新区法规中,具有比较明显的特殊性,主要体现于以下几个方面。其一,如上所述,该法规属于绿色金融领域的立法,立足于"双碳"目标,《绿色金融规定》的出台是"站在巨人的肩膀上"。《绿色金融规定》的推出正好是在我国绿色金融改革创新试验区建设 5 周年之际,吸收了其他地区绿色金融改革创新的成果和经验,也包括国际上关于绿色金融发展的最新动向,比如《绿色金融规定》中提到的"转型金融",就是近两年欧盟等发达国家和地区,为了支持高碳产业、高环境影响产业的绿色转型,从绿色金融体系中剥离出来的新兴金融的概念。其二,该法规更加具有创新性以及落地性和可操作性。主要体现在:一是充分结合上海浦东对外开放程度高的特点,通过上海自贸区的跨境资金优势,开展跨境投融资业务,推动绿色金融国际合作;二是利用国际绿色金融合作框架,参与生物多样性投融资示范项目,探索生物多样性金融实施路径的上海机制和落地模式;三是依托浦东气候投融资试点,探索差异化的投融资模式,以市场手段引导各类资金投向应对气候变化领域;四是探索建立企业和个人碳账户,加强与全市碳普惠平台的衔接,推动自愿减排市场发展。其三,《绿色金融规定》中还把上海市环境能源交易所,即全国碳排放权交易市场的建设成果纳入其中,特别提到环境权益的担保登记,碳排放权价值变化后的处理方式,以及碳排放权的法律地位问题,对现在所开展的实践提供了很好的法制上的保障。

2. 文本的结构与内容

《绿色金融规定》是落实国家统一部署,贯彻新发展理念,构建新发展格局,助力实现"碳达峰碳中和"目标,促进高质量发展的一项重要立法成果。它突出特色优势,深化开放创新,构建全方位的绿色金融产品及服务体系,彰显浦东打造上海国际金融中心核心区的决心与信心。围绕绿色金融发展以及产业绿色转型初期对政策激励支持的需求,发挥立法的引领作用,明确了上海市和浦东新区政府及其相关部门的绿色金融发展工作职责,并在对各项绿色金融工作开展提出合理要求的同时,提供法律保障。《绿色金融规定》属于"小快灵"特征较强的立法,法规条文共计 37 个条款,《规定》共 37 条,除施行条款和用语含义外,其余 35 条主要分为 5 类:目标与责任(4 条)、制度与标准(3 条)、产品与服务(19 条)、信息披露(3 条)、支持与保障(6 条)。《绿色金融规定》分为总纲、绿色金融市场、标准与监管、绿色金融信披、绿色金融国际合作、绿色金融政策保障以及绿色金融产融对接等 7 大板块,具有五大特色,具体表现为:

第一,《绿色金融规定》明确了市和浦东新区政府及其相关部门的绿色金融发展工作职责;

第二,《绿色金融规定》为转型金融专设条款,并提出鼓励支持为碳密集型、高环境风险的项目或者市场主体向低碳、零碳排放转型提供金融服务;

第三,《绿色金融规定》在顶层设计上大胆突破,提出了人人享有"碳账户"的理念,由此充分调动起社会参与热情;

第四,《绿色金融规定》针对绿色保险、绿色融资租赁、绿色信托、绿色投资等都一一专设条款,并厘清相关主体和鼓励试点方向;

第五,《绿色金融规定》明确,浦东新区人民政府探索将符合条件的重大清洁低碳能源项目等纳入地方政府专项债券支持范围,支持区域绿色项目建设。这样一来,绿色项目能大大降低发债成本。

3. 创新情况和创新性条款

继湖州和深圳两地之后,上海是第三个推出地方性绿色金融条例的城市。相较于湖州和深圳,上海的金融基础建设更为完善、本国及外资金融机构更为汇集、绿色创新意愿更为强烈、经济体量更为庞大、商业环境更为友善、全球布局前景更具优势。该《绿色金融规定》注重碳市场和碳金融在绿色金融体系中的地位,把推动金融市场和碳市场的联动发展摆在至关重要位置,《绿色金融规定》的发布进一步为碳市场和碳金融发展提供了支持和保障。一是在碳金融产品和服务创新层面,《绿色金融规定》明确提出支持开展环境权益担保融资、回购、拆借等业务,尤其对碳排放权质押做出了详细规定;二是在参与主体层面,《绿色金融规定》提出推动金融机构依法参与创设、交易碳衍生品等相关业务,这对于有效提升碳金融市场活跃度具有重要意义;三是在监督管理层面,《规定》强调深化金融管理、发展改革、生态环境、财政等部门协作机制,同时要引导金融机构建立内部风险管理制度;四是,对提供碳排放核算、资信评级、环境信息披露报告核查等服务的第三方机构提出专业化要求,以进一步规范市场行为。协同监管机制的建立和风险管理体系的完善,将为碳市场安全、平稳、有效运行提供坚实保障。

表 11-11　《绿色金融规定》变通创新情况

序号	《绿色金融规定》	变通创新情况
1	第 16 条	变通《再保险业务管理规定》(银保监会令 2021 年第 8 号)第 26 条"直接保险公司开展再保险分入业务的,应当由总公司统一办理,除银保监会另有规定外,分支机构不得办理再保险分入业务"
2	第 17 条	变通《环境保护法》第 52 条"国家鼓励投保环境污染责任保险"和《保险法》第 11 条第 2 款"除法律、行政法规规定必须保险的外,保险合同自愿订立"
3	第 8 条、第 25 条、第 26 条	支持金融机构等为碳密集型、高环境影响的项目或者市场主体的低碳、零碳排放转型提供金融服务;支持开展碳排放权等环境权益担保融资、回购、拆借等业务,支持浦东新区金融基础设施机构和金融机构等开展绿色相关衍生产品和业务。
4	第 28 条、第 29 条	强化企业环境信息提供义务,相关企业向资金融出方提供相关环境信息;规定企业重大环境信息提供义务;规范银行业金融机构法人环境信息披露,浦东新区内的银行业金融机构法人应当按照中国人民银行有关要求,发布年度环境信息报告。

(三)《绿色金融规定》的贯彻实施总体成效

浦东新区各实施主体高度重视《绿色金融规定》的贯彻实施工作,着力从体制机制、队伍力量、配套规定、载体平台等方面加以保障,确保有关规定落实到位。

上海市地方金融监督管理局同人民银行上海总部广泛征求意见,为后续各项工作开展奠定良好基础。此后,在立法机关的指导下,经与浦东新区等多方反复研究、不断打磨,《绿色金融规定》顺利出台,为推动浦东新区绿色金融创新发展,为上海加快打造国际绿色金融枢纽、进一步提高国际金融中心核心竞争力注入新动能。7 月 1 日施行以来,各方密切配合、协调联动,推动《绿色金融规定》全面有效贯彻实施。

上海市及浦东新区人民政府高度重视气候投融资工作,积极组织开展全国首批气候投融资试点方案编制及申报工作,围绕《上海加快打造国际绿色金融枢纽服务碳达峰碳中和目标的实施意见》所提出的"建设上海绿色金融改革创新试验区",积极推动申建各项工作,进一步深化绿色金融改革创新,优化上海市绿色金融区域布局,为服务国家实现"双碳"目标、促进经济社会发展全面绿色转型作出新的更大贡献。

上海环境能源交易所与中国太保产险、申能集团、交通银行等部门开发了全国首笔碳排放配额质押贷款保证保险业务。在这笔业务中,通过"碳配额+质押+保险"模式,申能集团下属申能碳科技公司可以质押碳排放配额从交通银行获得贷款,如果借款人到期无法偿还贷款,银行即可向保险公司索赔。这种在贷款中引入保险公司风险对冲机制的创新,为碳资产持有人提供了增信,也保障了金融机构的权益,极大提高了碳资产的流动性,提升了碳资产价值,更为后续多方合作服务碳排放配额交易提供了全新思路。

(四)《绿色金融规定》的核心条款的实施成效

1. 建立改革试验机制,实施金融科技创新监管(第3—7条)

该条实施以来,上海市和浦东新区政府及其相关部门不断明确工作职责的同时,一方面要求市生态环境等部门研究制定绿色企业和项目认定条件或标准,据此统筹建立绿色项目库,为绿色金融服务提供"靶向"目标。另一方面支持国家金融管理部门在沪机构在浦东建立改革试验机制,完善绿色金融评价机制,实施金融科技创新监管,引导金融机构等制定绿色金融发展规划,建立内部激励约束及风控机制,开展业务创新。

2. 突出特色优势,深化开放创新(第9—20条、第22条)

该条实施以来,浦东区政府依托上海金融要素市场集聚优势,构建全方位的绿色金融产品及服务体系:一是深化绿色金融国际合作,发挥金砖国家新开发银行总部效应,推动绿色金融国际合作项目在浦东新区落地;利用临港跨境资金流动先行先试优势,为跨境投融资服务提供便利;鼓励金融机构参与生物多样性投融资示范项目;开展气候投融资试点,以市场手段强化各类资金有序投入。二是依托在沪的全国性金融基础设施机构和境内外金融机构,发展绿色信贷、绿色票据、绿色债券、绿色保险、绿色融资租赁、绿色信托、绿色投资、绿色基金等,丰富和完善绿色金融产品和服务,集聚金融资源优势,服务浦东新区高质量发展。

例如,在服务双碳方面,太保产险推出了碳资产损失类保险、减排设备损坏碳损失保险等产品。碳资产损失类保险包括清洁能源项目及林木碳汇项目的碳损失保险,保障承保风险造成营业所使用的物质财产遭受损失,导致被保险人营业受到干扰或中断,由此产生的赔偿期间内的碳资产损失,以及自然灾害等导致被保险人所拥有或管理的林木碳汇价值灭失。

3. 推动改革突破,引领绿色转型(第 8 条、第 25—28 条)

该条实施以来,不断围绕产业绿色转型升级需求,创新开展环境权益交易,突出立法引领作用:一是支持金融机构等为碳密集型、高环境影响的项目或者市场主体的低碳、零碳排放转型提供金融服务;支持国家金融管理部门在沪机构结合产业实际和区域特征,制定补充性转型金融标准、分类和管理规则。二是支持金融机构开展环境权益抵质押融资、回购、拆借等业务,推动金融机构成为上海环境能源交易所直接交易主体,并支持浦东新区金融基础设施机构和金融机构开展绿色相关衍生产品和业务。三是明确市场主体可以办理环境权益质押登记,并保障碳排放权质押权人权益,规范碳排放权质押处置方式,为碳排放权交易提供法治保障。

例如,在服务产业绿色转型方面,上海保险交易所积极建设新能源车险交易服务系统,为新能源车险提供数字化综合交易服务,已发布标准接口并实现与16 家机构的对接上线,覆盖市场份额超九成。该系统探索推动了行业数据共享并链接新能源汽车大数据,为风险管理、产品创新及线上化承保理赔提供数据支持,助力保险公司专业化、精细化、集约化发展;布局连接大数据平台、主机厂、电池、充电相关服务商等新能源汽车上下游产业链,并规划延伸覆盖碳交易等全方位服务,推动构建新能源车险新生态。

4. 强化信息披露,助力资源配置(第 29—31 条)

该条实施以来,上海市金融管理局及浦东区政府通过对标国际通行规则,加强环境信息披露制度建设:一是在国家法定要求基础上,强化区内涉及温室气体重点排放等企业的环境信息提供义务。二是规定获得绿色金融服务的区内企业发生突发生态环境事件等,应当及时告知资金融出方相关信息。三是明确浦东新区银行业金融机构法人按照要求发布年度环境信息报告。

5. 加强公共供给,健全保障体系(第 23 条、第 24 条、第 32—34 条、第 37 条)

该条实施以来,上海市和浦东新区政府及其相关部门基于绿色金融发展对政策激励支持的需求,多角度增强市场主体获得感:一是发挥各类基金作用。利用政府引导基金撬动作用,通过经费补助、财政支持等措施,促进浦东新区绿色金融发展。二是优化金融数据信息服务。明确浦东新区人民政府建立绿色金融数据服务专题库,实现区内绿色企业、环境权益等信息归集、整合、查询、共享,支持市场主体使用该专题库,推动金融资源精准服务绿色企业或者项目。三是推进绿色金融与普惠金融融合。发挥市级政府性融资担保机构作用,为中小微企业开展绿色项目提供融资担保;浦东新区探索建立企业与个人碳账户,鼓励区内金融机构提供普惠金融服务。四是规范第三方机构服务。鼓励提供绿色认证、环境咨询、碳排放核算、环境信息披露报告核查等服务的第三方机构依法开展专业化业务活动。

例如,在助力期货产品上新方面。上交所制定并发布《上海证券交易所公司债券发行上市审核规则适用指引第 2 号——特定品种公司债券》,设置"绿色公司债券"专章,规范绿色债券募集资金用途、信息披露要求及评估认证安排。

(五)《绿色金融规定》的社会认可度和社会影响力

《绿色金融规定》实施以来,总体上获得了社会各界的正面回应,社会各界给予积极评价。

1. 宣传报道情况

2022 年 6 月 23 日,新华社《上海浦东新区新规:促进绿色金融发展》的报道指出,上海市十五届人大常委会第四十一次会议表决通过《上海市浦东新区绿色金融发展若干规定》,对引导金融资源更多投向绿色发展领域,推动浦东新区更好融入和服务新发展格局,具有重要意义。2022 年 6 月 26 日,第一财经《浦东新区法规"上新",健全绿色金融制度体系》的报道指出,《绿色金融规定》构建了全方位的绿色金融产品及服务体系,聚焦金融资源优势,服务浦东新区高质量发展。据不完全统计,《绿色金融规定》实施后的两周内,电视、报刊和网络媒体共进行各类报道 40 余次。

2. 服务地区发展情况

自《绿色金融规定》出台后,已经在长三角地区范围内产生了一定的社会影响力,其中的制度创设已经在部分地区推广复制,对上海市及长三角地区低碳经济发展和绿色金融服务产生积极影响。

第一,绿色低碳转化为"真金白银"。自《绿色金融规定》出台后,大力发展绿色信贷、绿色票据、绿色债券、绿色投资、绿色基金等,帮助企业实行节能减排,转型升级。很多绿色信贷的利率相对更低,审批流程更快。《绿色金融规定》共三十七条,围绕金融市场、金融监管、金融创新等多方面提出了相关措施,其中提出,鼓励浦东新区金融机构为绿色低碳型企业提供金融服务,并提出了人人享有"碳账户"的理念。通俗地说,就是将企业碳排放表现信息和个人绿色低碳活动信息等纳入碳账户,形成碳积分,并据此提供优惠的产品或服务,让个人或企业的低碳积分更好更快地转化为"真金白银"。因为符合《绿色金融规定》中绿色信贷的支持范围,从事智慧节能照明领域的顺舟智能很快申请到了工商银行浦东开发区支行 500 万元的贷款,并享受到了较低的贷款利率。

第二,用浦东"金融活水"润上海"发展绿洲"。上海环境能源交易所综合参考各类国际低碳指数经验做法,与上海证券交易所、中证指数公司联合发布中证上海环交所碳中和指数,为市场参与者研究、投资绿色低碳上市公司提供有效工具。6 月 28 日,跟踪该指数的首批 8 只碳中和 ETF(交易型开放式指数基金)正式获批,标志着市场迎来首批真正的碳中和 ETF。7 月,包括易方达、汇添富、广发、富国基金等发行挂钩中证环交所碳中和指数的 ETF 首期募资超过 160 亿元,分别在上海证券交易所和深圳证券交易所上市交易,成为市场同类规模最大基金。上海股交中心先后上线碳中和指数、"绿色 Q 板",进一步发挥股权交易市场优势,推动绿色发展。

九、《上海市浦东新区推进市场准营承诺即入制改革若干规定》评估报告[①]

2022 年 6 月 22 日,上海市十五届人大常委会第四十一次会议表决通过了《上海市浦东新区推进市场准营承诺即入制改革若干规定》(简称《承诺即入制规定》),自 2022 年 8 月 1 日起施行。这部法规从法律层面上保障和固化了浦东新区前期对市场准营承诺即入制的有益探索,与前几部法规配合打出优化营商环境的"组合拳",标志着引领区"放管服"改革已进入"深水区"。对此,有必要及时对该法规进行立法后评估,扫描立法亮点,把握实施成效,为加强改革系统集成、促进政府服务管理方式创新提供前进动力,让政府履职效能不断迈上新台阶。

---

① 本节执笔人:朱玥,上海社科院法学所助理研究员、法学博士。

(一)《承诺即入制规定》与引领区建设要求的契合度

1. 贯彻落实了"强化王牌意识，拿出王牌担当，展现王牌作为"的建设要求

从推出行政审批事项告知承诺审批方式到进行市场准营承诺即入制改革试点，再到《承诺即入制规定》落地落实，浦东始终走在全国前列，凭借"敢为人先"的闯劲充分发挥"王牌"作用，在创新政府服务管理方式方面取得显著成效。一是让"政策找企业"，主动推送市场准营信息，用好"一网通办"平台，再造一体化智能申办流程，使企业获证更轻松、更便捷，实现制度精准供给。二是让"企业敢承诺"，对报批材料进行删繁就简，对法定许可条件进行标准化集成，对告知承诺书进行通俗化文本填充，确保市场主体看得懂、敢签字、做得到。三是让"监管变智慧"，实行与市场承诺即入制相适应的事中事后监管机制，依托"公共信用＋行业信用"二元筛查机制，实现放管结合、宽进严管，让改革红利惠及更多诚信企业。这种从"以政府部门供给为中心"向"以市场主体需求为中心"的视角切换，凝聚了浦东深化政府职能转变、打造服务型政府的不懈努力，展现了浦东的"王牌意识""王牌担当"和"王牌作为"。

2. 深入推进了"突出改革系统集成，形成高质量发展制度支撑"的建设部署

改革是融入浦东血脉的基因，浦东始终紧紧围绕国家赋予的战略使命，以加强改革系统集成为抓手，大力推进市场准营承诺即入制改革，用好"引领区"这一重大改革平台。一是充分运用大胆试、大胆闯、自主改的有利条件，在上海自贸试验区"先照后证"改革的基础上，进一步推进简政放权，不断深化商事制度改革，大幅降低市场进入成本。二是充分发挥系统集成思维的协同优势，确保《承诺即入制规定》与前几部法规配合打出法治保障"组合拳"，贯通准入和准营环节，实现"一业一证"到"一证准营"，完成再造"放管服"流程的重大改革任务。三是充分把握更高水平改革开放的市场需求，推动从"政府侧"的单个事项改革，转向"企业侧"的围绕一个行业的系统集成改革，助力企业高质高效办好"开业一件事"，让市场主体拥有更多获得感。这种侧重在改革的集成性上用劲使力的建设谋划，极大地激活了各类市场主体活力，为高质量发展提供了制度支撑，描摹了浦东"吃改革饭、走开放路、打创新牌"的生动图景。

3. 生动具化了"面对困难要富于创造，迎接挑战要勇于担当"的建设谋略

早在 2001 年，浦东已经推出行政审批事项告知承诺审批方式，并逐步在基础设施建设等领域扩大告知承诺的适用范围。此次市场准营承诺即入制改革实现了对告知承诺制的再升级，走出了"富于创造、勇于担当"的引领区法治建设之路。一是在市场准营承诺即入制试点初始阶段，立足实际大力解放思想，将告知承诺的适用范围从单个审批事项拓展到一个行业经营涉及的多个审批事项，保证企业开门营业不用等。二是在市场准营承诺即入制试点攻坚阶段，针对改革试点工作做好市场调研，注重对市场主体意见的汇聚、感知和解决，不断提升企业满意度。三是在市场准营承诺即入制试点相对成熟阶段，及时总结经前期改革探索形成的好经验好做法，制定《承诺即入制规定》，切实将创新探索成果以浦东新区法规的形式固化了下来。这种深耕"立法试验田"、打造一流营商环境的法治化路径，彰显浦东矢志不渝地牢记嘱托、砥砺奋进，更好地向世界展示了中国理念、中国精神、中国道路。

（二）《承诺即入制规定》的规范分析

1. 文本的结构与内容

《承诺即入制规定》共 18 条，其中，有 5 条是原则性和技术性条款，包括：第 1 条指明了立法目的和立法依据；第 2 条界定了市场准营承诺即入制的定义和适用范围；第 3 条说明了市场准营承诺即入制的基本要求；第 4 条明确了推进市场准营承诺即入制改革的职责分工；第 18 条规定了法规的生效日期。

除此，第 5—12 条提出了市场准营承诺即入制改革有效推进和运行的各项机制创新。其中，第 5 条确立了改革事项的推进机制；第 6 条创新了准入和准营的衔接机制；第 7 条实现了行业许可条件标准化集成；第 8 条创新了告知承诺方式；第 9 条明确了市场主体应当作出书面承诺；第 10 条建立了全流程指导和服务机制；第 11 条规定了承诺即获准营资格；第 12 条要求承诺内容公开。需要指出的是，第 6 条第 3 款和第 10 条第 4 款针对突发事件应急处置做出了灵活性规定。

第 13—17 条强化了相关支撑保障机制，做到与市场准营承诺即入制相适应。其中，第 13 条建立了事中事后监管机制；第 14 条建立了信用约束机制；第 15 条建立了数据交换机制；第 16 条要求各方积极支持配合改革；第 17 条规定了市场主体的相关法律责任。

2. 变通创新情况

《承诺即入制规定》聚焦于破解"照后"办理相关行政许可存在的"准入不准营"难题,只要许可申请人作出符合许可条件的书面承诺,行政许可机关便不需要再进行实质审查,某种程度上改变了《行政许可法》第34条、第37条设定的形式审查与实质审查的二元构造及其法定程序装置。此外,《承诺即入制规定》紧盯市场需求,以市场主体自愿签署的告知承诺书为依据,确立了稳妥审慎、风险可控的监管方式,实现了对《行政许可法》第61条设置的监督机制的更新。这种对传统行政许可制度的简化与再造,主要涉及以下变通创新性条款:

表 11 - 12 《承诺即入制规定》变通创新情况表

序号	《承诺即入制规定》	变通创新对象
1	第9条 市场主体从事许可经营项目应当符合许可条件和标准。市场主体向浦东新区行政审批局提交市场准营告知承诺书以及符合要求的有关材料后,即可取得行政许可。	《行政许可法》第34条 行政机关应当对申请人提交的申请材料进行审查。 申请人提交的申请材料齐全、符合法定形式,行政机关能够当场作出决定的,应当当场作出书面的行政许可决定。 根据法定条件和程序,需要对申请材料的实质内容进行核实的,行政机关应当指派两名以上工作人员进行核查。 《行政许可法》第37条 行政机关对行政许可申请进行审查后,除当场作出行政许可决定的外,应当在法定期限内按照规定程序作出行政许可决定。
2	第13条 市场主体告知承诺书的内容,构成行政机关实施事中事后监管的依据。 市场主体在告知承诺书约定的期限内未提交材料、提交的材料不符合要求的,浦东新区有关行政机关应当依法注销相关行政许可。 浦东新区有关行政机关应当按照分级分类监管原则,结合市场主体信用和风险状况,根据"双随机、一公开"的要求,在作出行政许可后两个月内对市场主体的承诺内容开展检查。	《行政许可法》第61条 行政机关应当建立健全监督制度,通过核查反映被许可人从事行政许可事项活动情况的有关材料,履行监督责任。 行政机关依法对被许可人从事行政许可事项的活动进行监督检查时,应当将监督检查的情况和处理结果予以记录,由监督检查人员签字后归档。公众有权查阅行政机关监督检查记录。 行政机关应当创造条件,实现与被许可人、其他有关行政机关的计算机档案系统互联,核查被许可人从事行政许可事项活动情况。

（三）《承诺即入制规定》的实施成效

《承诺即入制规定》是浦东勇毅前行，不断开创社会主义现代化建设引领区新局面的现实明证。该法规的正式出台意味着"市场准营承诺即入制"改革接续"一业一证""市场主体登记确认制"改革在法律层面上落地，贡献了自中央立法授权以来首个系统设计、前后衔接、相互促进的立法案例。这不仅破解了"准入不准营"尴尬局面，实现"证照衔接"，而且形成了"稳预期、强信心、促发展"合力，推动浦东在持续加强改革系统集成、深化"放管服"改革、优化营商环境等方面取得了新成就。

1. 创新准营与准入的衔接机制（第 6 条）

该条实施以来，为进一步提升政策举措的便利度，由区审改办牵头，大数据中心、行政审批局（行政服务中心）协同着力探索人工智能、大数据在政务服务领域的创新应用，从信息化系统方面打造了线上线下一体化智能申办系统。市场主体通过智能申办系统进行登记后，系统将根据其经营范围主动推送"一网通办"线上链接和企业服务中心线下专窗信息。如果市场主体选择线上办理，就可以在家中或公司里随时按照智能导引进行在线申请，还可以选择邮寄材料和许可证，不用再到办事窗口进行现场办理。由此，整个申办流程可以实现无接触服务、不见面办理，办理进度可以通过企业专属网页、短信提醒等方式实时推送。这种"零跑动"申办模式帮助许多中小微企业度过了疫情难关，广大市场主体纷纷点赞"直达帮办"服务高效便民。

2. 创新告知承诺方式（第 7、8 条）

该条实施以来，区审改办组织研究形成告知承诺书模板，经区司法局合法性审查后，区市场监管局、文体旅游局两个牵头部门会同协同部门按此编制了 10 个行业的告知承诺书，并向社会公布。区行政审批局通过告知承诺书一次性告知企业从事特定行业经营活动涉及的行政许可事项、许可条件、法律法规依据以及所需材料目录、提交方式、提交期限等，告知内容力求全面、准确、易懂，不含模糊表述，不含兜底性条款。

拿到针对自身情况而量身打造"定制版"告知承诺书，便利店、饭店、饮品店、面包房、咖啡馆等 10 个高频行业已经可以坐享"极速"开业体验，平均能够节约 1 个月左右的时间即可完成整个开业流程的申办工作。上海艾恰、红宝石等多家企业表示市场准营承诺即入制落实之后,极大压缩了材料准备时间,降低了行业准入成本。不仅不需要花大量时间反复去每一个政府机构跑腿盖章,而且也不用担心看不懂许可条件,花费高昂费用委托代办机构申办许可证。

3. 承诺后即获准营资格（第 11 条）

该条实施以来,区审改办牵头编制了市场准营承诺即入制流程图,建立以"信息推送、审前服务、申请受理、即入联审、当场决定、证件发放"为主要程序的线上、线下一体化办理路径,推动实现"承诺即入"。企业可以通过线上、线下方式预先提交申请信息和材料,由窗口人员作形式审查,审批人员对内容把关,通过"双岗负责"指导企业在咨询阶段就形成准确、完备的申请材料,免去审批时退回补正的麻烦。

企业在明确知晓并签署定制的市场准营告知承诺书之后,相关材料将通过单窗系统分发至各部门当场完成审查。结果汇交后,由区行政审批局统一向企业发放许可证。政府部门不再现场核验、当场办结,让企业开业不用等,大大节约租金、人力等开业成本。

在《承诺即入制规定》实施当天召开的新闻通气会上,上海艾恰餐饮服务有限公司(M Stand 咖啡)等 5 家企业现场提出申请并取得许可。艾恰的相关负责人表示,受惠于市场准营承诺即入制改革,只要在网上提出申请,按照申办系统的提示在线提交全部材料就能取得行政许可、开门营业。到今年底,艾恰在浦东的门店有望增加至 25 家。截至目前,已经近四十余家企业(包含饭店、便利店等)成功以"承诺即入"的方式办理了许可证,这些关乎城市"烟火气"的企业都享受到了政策红利。

4. 事中事后监管机制（第 13 条）

该条实施以来,为实现放管结合、宽进严管,区审改办会同区市场监督管理局建立了与市场准营承诺即入制相适应的事中事后监管制度。以食品经营为例,在企业取得营业许可后,属地市场监督管理所将会在两个月内对承诺内容开展全覆盖检查,违反承诺的,依法进行处罚、记入诚信档案并予以重点监管。目前尚未发生有企业不符合相关承诺情况被处罚的案例。

5. "公共信用＋行业信用"二元筛查机制（第 14 条）

该条实施以来,在区发改委支持下,"一网通办"平台通畅对接"公共信用信息服务平台"开发信用筛选功能。企业利用"一网通办"平台办理在线申请时,需输入统一的社会信用代码,勾选要办理的证照类型。此时后台会对接信用平台,参照禁止性清单自动筛查。如果办事企业属于严重违法失信企业,将被"一票否决"。只有经信用筛查未列入经营异常名录、也不存在严重违法失信行为的企业,才能拿到市场准营承诺即入制的"门票"。

6. 数据交换机制(第 15 条)

该条实施以来,在区审改办的有力协调下,各部门在系统对接、数据共享、流程设计等工作方面形成了改革共识。市、区大数据中心持续强化数据技术赋能,致力于开发有关功能模块和数据接口,推动与市场准营承诺即入制申办系统对接,不断提升服务能级。目前,各相关行政部门已经可以在"一网通办"后台实时并联,无需二次输入有关数据、材料,最大程度压减了审批环节和时限,跑出引领区"新速度"。

(四)《承诺即入制规定》的社会认可度和影响力

《承诺即入制规定》实施以来,不仅获得广大市场主体的积极响应和高度评价,新华社、中国新闻网、解放日报、光明日报、文汇报、中国证券报、新民晚报、潇湘晨报等近三十家权威新闻媒体也纷纷报道了这项改革红利。

新华社报道称,根据《承诺即入制规定》,市场主体书面承诺其已经符合要求并提交必要材料的,即可取得准营的行政许可,实现证照衔接。上海红宝石食品有限公司相关负责人在接受采访时表示,在来窗口办理前,她在"一网通办"平台,选择"我要开烘焙坊/面包房"业务,通过简单几步操作,即可在当天完成行业综合许可证办理。"以前开新店,要提前 1 个月左右准备材料,现在只要 1 天就能完成。"

中国新闻网报道称,《承诺即入制规定》是对告知承诺制的再升级。浦东新区打造了线上线下一体化智能申办系统,全面梳理申请填报、材料预审、收件联审、制证发证等流程环节,办理进度通过企业专属网页、短信提醒等方式实时推送。市场主体完成在线申请后,还可以选择邮寄材料和许可证,不需要到窗口就把证办好,实现无接触服务、不见面办理,进一步提升市场主体准营的便捷度、感受度和满意度。在《承诺即入制规定》正式施行当天,已有多家餐饮企业提出申请并取得了许可。

《解放日报》报道称,目前已经出台的浦东新区法规,大部分都聚焦在市场主体上,从服务企业全生命周期着眼,让企业"进退自如"。其中《承诺即入制规定》有利于破解"准入不准营"难题。浦东新区司法局局长接受采访时表示,"紧紧围绕中央和市委的要求,这些法规都重在为市场主体松绑,既是进一步推动政府服务管理方式创新,也是为打造社会主义现代化引领区建设、持续深化'放管服'改革、优化营商环境打好法治保障'组合拳'。"

《光明日报》报道称,市场准营承诺即入制改革是浦东新区推出的全国首创性改革举措,是加快打造社会主义现代化建设引领区的重要内容之一。浦东新区在前期改革试点基础上,进一步加大改革力度,让更多企业享受改革红利;进一步提升便利度,打造了线上线下一体化智能申办系统;进一步引导企业自律,营造守信受益、失信受限的营商环境。

《文汇报》报道称,此次改革成效"力度很大"。一位电影院负责人原先预留了一个月的开业筹备期,专门用来跑证照,没想到实测下来仅花费了一天。有一家书店店主本在纠结是否要花费数千元找中介服务机构代办,最终按照政府部门主动推送的提示信息"一看即懂",一步步将流程操作了下来。

其他权威新闻媒体也都谈及,此次市场准营承诺即入制改革,不仅准营行政许可的一体化、智能化、专业化申办流程便捷透明,而且行政审批和行政执法工作做到了放管结合、宽进严管,在助力企业快速开门营业的同时,引导企业自律诚信经营。从整体上看,《承诺即入制规定》的实施取得了良好的社会反响,为在全国推广市场准营承诺即入制改革,推动政府服务管理方式创新,优化市场化、法治化、国际化、便利化营商环境积累了宝贵经验,起到了社会主义现代化国家窗口的示范引领作用。

十、《上海市浦东新区化妆品产业创新发展若干规定》评估报告[①]

2022 年 7 月 21 日,上海市十五届人大常委会第四十二次会议表决通过了《上海市浦东新区化妆品产业创新发展若干规定》(简称《化妆品产业规定》),自 2022 年 8 月 1 日起施行。这是我国首次用地方立法形式将化妆品产业研发创新、个性化服务、新模式新业态培育以及贸易便利等核心功能固化下来,实现以

---

① 本节执笔人:朱玥,上海社科院法学所助理研究员、法学博士。

法治创新推动产业升级。对此,有必要及时对该法规进行立法后评估,全面梳理变通创新性条款,客观评价若干创新性举措的实施成效,为浦东进一步发挥引领区功能,辐射带动全市化妆品产业高质量发展,助力上海国际消费中心城市建设注入新动力。

(一)《化妆品产业规定》与引领区建设要求的契合度

1. 坚定贯彻了"强化四大功能、打响四大品牌,推进国际消费中心城市建设"的决策部署

化妆品产业是建设"国际消费中心城市""国际时尚之都"的强大驱动力。《化妆品产业规定》为提升研发创新能力、推动消费新模式发展提供了有力法治保障。一是充分挖掘引领区"四大功能",在合理配置全球资源、加强科技创新策源、突出高端产业引领、做好开放枢纽门户等方面攻坚克难,助推化妆品领域科技成果转化。二是全力推出引领区"四大品牌",着眼于"上海服务""上海制造""上海购物""上海文化"精准发力,支持国货品牌与国际美妆大牌同场竞技。三是着意积聚"三大先导产业"丰富资源,通过整合化妆品研发、原料制造、生产经营企业、医疗、科研等资源,不断优化服务,促进化妆品产业健康发展。这种发挥区域研发优势、利用化妆品品牌积聚效应、培育化妆品领域新模式新业态的发展路径,为浦东加快建设国际消费中心城市提供了更多活力和更大动力,为"东方巴黎"经济提速发展掀开"美丽一页"。

2. 准确锚定了"构建国内大循环中心节点、国内国际双循环战略链接"的战略定位

上海是全国化妆品产业发展最为活跃的地区之一,浦东是上海化妆品产业发展的核心区之一。浦东进口化妆品备案量约占全市的50%,占全国的25%,进口化妆品境内责任人占全市的33%。《化妆品产业规定》立足这一先发优势,为化妆品销售模式创新提供法治保障。一是立法内容突出"先行先试",在精准研发、个性化服务、原料供应服务平台等方面率先探索,强调市场主体的相关经营行为发生在浦东新区,不要求市场主体必须在浦东新区注册登记。二是监管机制突出"包容审慎",建立化妆品风险信息交换机制,实现化妆品风险信息的共享、预警和及时处置,针对相关违法行为设定了相应的法律责任。三是交易流程突出"自由便利",围绕企业对进口产品的包装与贴标、进口化妆品样品通关、大型展会延伸交易等作出明确规定,助力提升化妆品企业贸易便利化水平。这种在保证产品质量安全的基础上"主动求变"的一系列创新举措,让浦东"于变局中开新局",更好发挥龙头辐射作用,牢牢掌握住了"构建国内大循环中心节点、国内国际双循环战略链接"的发展主动权。

3. 深入践行了"着力创造高品质生活,更好满足人民对美好生活向往"的发展要求

党的十九大报告指出,新时代我国社会主要矛盾是人民日益增长的美好生活需要和不平衡不充分的发展之间的矛盾。而化妆品产业正是满足人民群众对高品质生活追求和美好生活向往的"美丽经济"。《化妆品产业规定》坚持以人为本理念,把最好的资源留给人民,用优质的供给服务人民。一是运用好"产学研医"优势,支持化妆品企业与高校、科研院所、医疗机构合作,通过增强高校、科研院所创新策源作用,提升行业创新能力和新产品研发能力。二是培育好"绿色共享"模式,支持产业园区管理机构、第三方机构建立化妆品原料供应服务平台,为浦东新区化妆品注册人、备案人、受托生产企业提供原料供应和质量管理等服务。三是把关好"安全生产"阀门,通过市场监督管理局制定相应生产许可标准、化妆品备案人进行生产质量管理体系自查的双重审查方式,确保"个性化""定制款"化妆品在迎合消费者喜好的基础上,也做到健康安全、风险可控。这种正确把握人民城市"五个人人"努力方向的立法工作,充分体现了人民主体地位,充分彰显了人民城市的根本属性、价值追求和时代风采。

(二)《化妆品产业规定》的规范分析

1. 文本的结构与内容

《化妆品产业规定》共 19 条,其中,有 2 条是原则性和技术性条款,第 1 条明确了立法目的和立法依据,第 19 条规定了法规的生效日期。

除此,第 2—4 条,以及第 17 条完善了管理机制,形成工作合力。其中,第 2 条和第 3 条明确了市政府和浦东新区人民政府及其相关部门在化妆品产业发展方面的职责;第 4 条建立了市区两级会商机制,对浦东新区化妆品产业创新发展工作中跨部门、跨领域的事项共同协商研究;第 17 条深化了部门协同联动与风险信息共享,建立了包容审慎监管机制。

第 5—8 条提出了培育化妆品领域新模式新业态的工作方案。其中,第 5 条明确了科技引领,促进产学研医深度融合;第 6 条强调了数字化技术在化妆品产业的应用;第 7 条规定了加强品牌示范,建设化妆品品牌孵化基地;第 8 条指出了支持数字消费模式,在免税店设立国产化妆品销售专区的新模式新业态。

第 9—14 条积极创新变通,努力破解化妆品产业发展中的堵点问题。其中,第 9 条鼓励化妆品产业精准研发适合消费者个性化需求的化妆品;第 10 条明确了化妆品个性化服务及管理制度;第 11 条规定了园区管理机构、第三方机构可以建立化妆品原料供应服务平台;第 12 条允许化妆品企业可以对符合监管条件、要求的进口化妆品进行包装和贴标;第 13 条优化了进口化妆品样品通关流程;第 14 条保障了大型展会延伸交易的顺利进行。

此外,第 15 条创新化妆品领域标准,强化知识产权保护,建立了化妆品专利快速审查服务机制;第 16 条提出了行业人才保障需求,探索第三方评估机制;第 18 条就相关违法行为设定了相应的法律责任。

2. 变通创新情况

为满足产业发展创新需求,《化妆品产业规定》对相关行政法规作了针对性变通,对暂无上位法或者明确规定的领域积极先行先试,在化妆品创新研发、新模式新业态培育、绿色共享发展、贸易便利创新等方面提出了若干创新性举措,规定了现场包装、分装以及“前店后厂”模式,满足消费者的化妆品个性化需求。主要涉及以下变通创新性条款:

表 11‐13　《化妆品产业规定》变通创新情况表

序号	《化妆品产业规定》	变通创新对象
1	第 10 条　本市化妆品备案人、境内责任人可以在浦东新区设立的经营场所,根据消费者的个性化需求,对其备案的普通化妆品(不含儿童化妆品、眼部护肤类化妆品、使用新原料的化妆品等)现场提供包装、分装服务,或者自行、委托本市化妆品生产企业生产。 现场提供包装、分装服务且涉及直接接触化妆品内容物的化妆品备案人、境内责任人应当对化妆品质量安全	《化妆品监督管理条例》第 35 条第一款化妆品的最小销售单元应当有标签。标签应当符合相关法律、行政法规、强制性国家标准,内容真实、完整、准确。

序号	《化妆品产业规定》	变通创新对象
	进行风险评估,并向浦东新区市场监督管理部门申请生产许可。符合条件的,核发化妆品生产许可证。化妆品备案人、境内责任人应当建立相应的化妆品生产质量管理体系,定期向浦东新区市场监督管理部门提交生产质量管理体系自查报告。 具体生产许可条件和管理要求由市药品监督管理部门制定。	
2	第11条　本市支持产业园区管理机构、第三方机构建立化妆品原料供应服务平台,为浦东新区化妆品注册人、备案人、受托生产企业提供原料供应和质量管理等服务。 提供化妆品原料供应服务的平台运营机构应当建立原料进货查验记录制度,加强原料的检验检测、贮存和运输管理,并做好原料采购、供应记录。	《化妆品监督管理条例》第29条　化妆品注册人、备案人、受托生产企业应当按照国务院药品监督管理部门制定的化妆品生产质量管理规范的要求组织生产化妆品,建立化妆品生产质量管理体系,建立并执行供应商遴选、原料验收、生产过程及质量控制、设备管理、产品检验及留样等管理制度。 化妆品注册人、备案人、受托生产企业应当按照化妆品注册或者备案资料载明的技术要求生产化妆品。
3	第12条　本市支持相关企业依法开展进口化妆品的包装和贴标服务,促进贸易便利化。 在进口化妆品直接接触内容物的包装已完成标注标签并可追溯的情况下,境外化妆品注册人、备案人或者其境内责任人可以在浦东新区符合相关监管要求的区域内自行或者委托其他企业,在直接接触内容物的包装上标注中文名称和使用期限,并按照国家化妆品标签的相关规定进行包装和加贴中文标签,但不得接触或者暴露化妆品内容物。	《化妆品监督管理条例》第35条第2款　进口化妆品可以直接使用中文标签,也可以加贴中文标签;加贴中文标签的,中文标签内容应当与原标签内容一致。 《化妆品标签管理办法》第7条　化妆品中文标签应当至少包括以下内容:(一)产品中文名称、特殊化妆品注册证书编号;(二)注册人、备案人的名称、地址,注册人或者备案人为境外企业的,应当同时标注境内责任人的名称、地址;(三)生产企业的名称、地址,国产化妆品应当同时标注生产企业生产许可证编号;(四)产品执行的标准编号;(五)全成分;(六)净含量;(七)使用期限;(八)使用方法;(九)必要的安全警示用语;(十)法律、行政法规和强制性国家标准规定应当标注的其他内容。 具有包装盒的产品,还应当同时在直接接触内容物的包装容器上标注产品中文名称和使用期限。 《海关法》第28条第1款　进出口货物应当接受海关查验。海关查验货物时,进口货物

序号	《化妆品产业规定》	变通创新对象
		的收货人、出口货物的发货人应当到场,并负责搬移货物,开拆和重封货物的包装。海关认为必要时,可以径行开验、复验或者提取货样。
4	第13条　对于通过浦东新区进口用于注册或者备案检验的化妆品样品,以及用于企业研发、非试用或者非销售的展览展示化妆品,符合相关要求的,可以免予提供进口特殊化妆品注册证或者进口普通化妆品备案信息,并免予进口检验。	《海关法》第28条第2款　海关在特殊情况下对进出口货物予以免验,具体办法由海关总署制定。
5	第14条　中国国际进口博览会和本市其他化妆品专业会展的参展商,经过海关等部门批准,可以在会展结束后将原进口化妆品转为浦东新区行政区域内的海关特殊监管区域的保税货物,举办消费促进等推广活动,符合条件的可以按照跨境电商方式销售。	《海关法》第32条　经营保税货物的储存、加工、装配、展示、运输、寄售业务和经营免税商店,应当符合海关监管要求,经海关批准,并办理注册手续。保税货物的转让、转移以及进出保税场所,应当向海关办理有关手续,接受海关监管和查验。
6	第15条第2款　浦东新区知识产权部门应当运用专利快速审查服务机制,根据国家相关规定,为企业申请涉及化妆品的相关技术专利提供预审服务。	《专利法》第34条　国务院专利行政部门收到发明专利申请后,经初步审查认为符合本法要求的,自申请日起满十八个月,即行公布。国务院专利行政部门可以根据申请人的请求早日公布其申请。

(三)《化妆品产业规定》的实施成效

《化妆品产业规定》通过"小快灵"的立法模式,进一步放大了浦东在化妆品产业研发创新、进出口贸易、国内国际双循环战略链接等诸多方面的区域优势,致力培育消费新业态、增强研发创新能力、推动创造高品质产品供给。该法规提出了一系列创新性举措,不仅有力促进化妆品产业的创新发展和消费升级,而且能够吸引大批跨国化妆品集团通过本项改革在浦东扎根、落地,全面提升了世界对上海的投资信心。不少国际知名化妆品企业的新科技、新产品已进入浦东新区商场专柜,从展会走进消费者生活,进入消费零售终端。

1. 化妆品品牌集聚（第8条）

该条实施以来,伽蓝集团旗下的自然堂品牌已进入吴淞国际游轮港的免税店,上海家化旗下的佰草集等品牌则已进入上海浦东机场、首都大兴机场等机场免税店。浦东在支持免税店设立国产化妆品销售专区的同时,还支持在外高桥保税区"国别(地区)中心集中展示基地"推出化妆品专业展厅——"美妆馆"。该馆除国际知名化妆品集团进驻展厅外,还将为国产品牌设置展示及销售专区,力推国产化妆品全球化、高端化。

2. 精准研发化妆品(第 9 条)

该条实施以来,化妆品企业高度评价这一立法动态,认为立法准确把握了行业发展需求,小批量、多品种、高灵活度的生产模式与当前消费趋势高度契合。资生堂中国新兴品牌事业部相关负责人表示,对消费者来说,找到符合自己肌肤个性化需求的产品,而非随大流购买化妆品,这越来越成为一种消费趋势。为满足市场主体需求、回应市场主体呼声,区市场管理局药化处积极作为,紧锣密鼓地配合市药监局制定具体备案要求,同时报国家药监局把关,发挥好兜底监管职能,守住守牢安全生产红线。

3. 个性化服务及其管理(第 10 条)

该条实施以来,包括法国欧莱雅、娇兰,日本资生堂等国际知名品牌正蓄势待发,计划在中国首发个性化美妆新品。法国欧莱雅集团旗下的修丽可品牌专卖店正虚席以待,准备迎接两款为中国消费者量身定制的个性化产品——"高端个性化皮肤学配方仪"以及个性化香水。日本资生堂茵芙纱 IPSA 品牌也"铆牢"浦东新规,打算进军个性化美妆市场。路威酩轩集团下的娇兰香水,已经根据消费者的个性化需求开展包装服务,消费者在柜台可以挑选不同的包装,并能在香水瓶上镌刻名字,这在国内尚无先例。

为保证消费者享受个性化产品的同时能确保安全,区市场管理局药化处积极配合市药监局制定相应的生产许可条件和监管要求,多次参与市药监局组织的征求意见座谈会,力争提前介入服务,从选址到布局,从设备到产品,严把产品安全关,积极助力企业个性化生产项目尽早落地;与相关重点企业开展面对面的指导座谈,加快培育个性化服务这一新模式;在经营环境、操作规程、售后服务等各个环节,监管部门也将做进一步的研判。

4. 畅通进口渠道(第 12、13 条)

2021 年,上海口岸货物贸易总额保持全球城市首位,上海港集装箱吞吐量超过 4700 万标箱,连续 12 年位居世界第一。该条实施以来,浦东进一步发挥口岸功能,为进口化妆品样品通关按下"加速键"。

一方面,2022 年 5 月 1 日起实施的《化妆品标签管理办法》规定:"直接接触内容物的包装容器上需标注产品中文名称和使用期限。"而大部分境外生产企业无法专门为中国市场开辟包装线,使得内包装加贴中文标签成为进口化妆品进入中国市场的一个重要关口。《化妆品产业规定》明确回应了进口化妆品的包装与贴标问题,给众多化妆品企业提供了极大的进出口贸易便利。路威酩轩集团娇兰品牌负责人表示:"中国已成为法国化妆品的第一出口市场,我们品牌一直以来都很重视中国市场。这部浦东化妆品法规帮我们打通了进口环节的诸多渠道,进一步坚定了我们在中国投资的信心。"

另一方面,2017 年,浦东率先在全国开展进口非特殊用途化妆品备案试点,为全国范围推动进口非特殊用途化妆品由注册改备案奠定基础。《化妆品产业规定》明确,对于通过浦东新区进口用于注册或者备案检验的化妆品样品等,符合相关要求的,可免于进口检验。不少化妆品企业认为,这充分体现出"分类监管"的特点,有利于缩短新品上市周期,让更多创新企业"赢在起跑线"上。

5. 大型展会延伸交易（第 14 条）

该条实施以来,在第四届中国国际进口博览会上备受关注的"口红打印机"圣罗兰智能调色仪,目前已从展品变为商品,进入浦东新区国金中心化妆品柜台和消费者见面。欧莱雅北亚总裁表示,现在消费者特别是年轻人的要求越来越高,美妆公司一定要更加靠近消费者,来满足他们新的需求。"对于欧莱雅而言,进博会已然成为展品变商品、商品变爆品的'加速器',欧莱雅每年大约会把 4 到 5 个新品牌带到中国,带到进博会。"

（四）《化妆品产业规定》的社会认可度和影响力

《化妆品产业规定》实施以来,不仅获得众多化妆品企业的积极响应和高度评价,新华社、中国新闻网、解放日报、文汇报、人民网、新民晚报等众多权威新闻媒体也纷纷报道了这项事关"美丽经济"的立法。

新华社报道称,《化妆品产业规定》刚施行一周时,部分创新举措就已经落地惠及消费者。记者在浦东一家商场化妆品专柜看到,商家正根据消费者需求,现场选瓶、分装、包装一瓶香水。区市场管理局副局长在接受采访时表示:"将以规定实施为新的起点,通过推动浦东新区化妆品产业高质量发展,培育化妆品领域新模式新业态,助力上海国际消费中心城市建设。"

中国新闻网报道称,上海市药监局将探索监管创新,培育新业态与新模式发展,实行包容审慎监管。该局鼓励化妆品企业开展皮肤科学基础研究,精准研发适合消费者个性化需求的化妆品,建立精准研发标准,探索与之相适应的监管方式;支持产业园区管理机构、第三方机构建立化妆品原料服务供应平台,为企业提供原料供应、原料进出口和质量管理等服务,培育绿色共享新模式。该局还将发挥浦东口岸功能,为企业进口化妆品包装和贴标,提供便利服务。

《解放日报》报道称,在浦东的一些化妆品门店,个性化服务的大门已经敞开。圣罗兰"口红打印机"已进入国金中心化妆品柜台,吸引了众多消费者的目光。路威酩轩集团下的娇兰香水现能根据消费者的个性化需求开展包装服务,并能根据消费者需求,在香水瓶上镌刻名字。娇兰品牌还在着手筹备在店铺内提供个性化分装服务,届时消费者从试香到选瓶到外包装,能够全过程按照自己的个性化喜好,当场拿到"独一无二"的专属商品。

《文汇报》报道称,《化妆品产业规定》的实施让消费者像喝咖啡一样,购买化妆品也能"定制加工"。从包装、气味到颜色,消费者均可根据个人喜好下单,并进行现场包装。此外,原料短缺或价格上涨,成为美妆品牌遭遇的"现实之难"。《化妆品产业规定》将"建立原料供应服务平台"写入条文,提升了生产端的弹性空间,加速国产原料替代步伐,实现互惠共赢的优生态。

其他权威新闻媒体也都谈及,《化妆品产业规定》将推动个性化美妆产品进入中国,实现从"千人一面"到"一人千面"的巨大转变。浦东以《化妆品产业规定》正式实施为新的起点,通过推动浦东新区化妆品产业高质量发展,培育化妆品领域新模式新业态,协同促进全市、带动全国化妆品产业升级,强势助力上海建设成为国际消费中心城市、国际时尚之都。

附 录 一

首届浦东新区法规研讨会会议综述^①

　　2021 年 9 月 17 日，由上海社会科学院法学研究所主办的"浦东新区法规研究中心成立仪式暨首届浦东法规研讨会"在上海社科院总部举行。会议由上海社会科学院法学研究所所长姚建龙主持，上海市人大法制委主任委员陆晓栋和上海社会科学院院长王德忠共同为研究中心揭牌。上海交通大学凯原法学院讲席教授沈国明，华东师范大学长三角研究院院长刘平，上海市人民政府参事、上海政法学院教授关保英，上海社科院法学所民商法室主任孟祥沛、国际法室主任王海峰，上海市人大法制委员会副主任委员阎锐、法工委立法三处副处长林圻，浦东新区人民法院院长吴金水、司法局副局长黄爱武，市人大代表、君悦律师事务所首席合伙人刘正东，浦东新区人大代表、协力律师事务所合伙人马晨光等近三十位专家出席会议。与会专家就浦东新区法规的时代价值和意义、立法思路和模式、立法需求和建议、争议焦点和对策等展开了热烈研讨，现就主要研讨成果综述如下：

一、浦东新区法规的时代价值和意义

　　2021 年 4 月，中共中央、国务院发布了《关于支持浦东新区高水平改革开放、打造社会主义现代化建设引领区的意见》。其后，全国人大常委会作出了《关于授权上海市人大及其常委会制定浦东新区法规的决定》。这一战略部署对于

---

① 执笔人：姚建龙，上海社科院法学所所长、浦东新区法规研究中心主任；俞海涛，上海社科院法学所助理研究员、法学博士。

浦东、上海乃至全国的改革开放事业有着重大意义。

（一）授权制定浦东新区法规的国内外形势

浦东新区法规的授权决定与国内外形势密切相关。沈国明指出，从国外来说，在面临美国等西方国家的全面打压下，我国要积极探索出一条自己的路，实现经济持续增长；从国内来说，选择浦东是因为浦东最具备试验田条件，从体量上来说最合适。沈国明认为，浦东新区法规授权决定具有合法性，浦东新区法规成为专有名词，市人大常委会专门设立立法三处，这是一个很好的开局架构。

（二）优化营商环境推动经济高质量发展

浦东新区法规首先要服务和保障引领区建设，刘正东认为，目前一个重要的方向是优化上海营商环境，提升市场主体体验感、获得感。随着世界银行营商环境评估这个推手的弱化，可以加强浦东新区法规这一推手。

孟祥沛认为，从浦东新区的设立到各项制度措施的完善，都以大力发展经济作为最重要和最直接的目标。此次授权的关键在于变通，这等于为浦东新区的经济发展松绑。浦东新区法规因而可以因地制宜，根据上海特殊的经济发展需求来制定。

（三）为浦东新区高水平改革开放提供法治保障

浦东新区法规为浦东"大胆试、大胆闯、自主改"提供了强有力的法律保障，是对习近平法治思想"重大改革于法有据"的贯彻与落实。关保英认为，浦东新区法规强化了改革开放中的法治思维，改革开放经历了"无法有办法"到"有法无办法"的阶段，高水平阶段需要做到"有法有办法"。

孟祥沛认为，浦东新区法规有助于加强、完善浦东新区各领域、全方位的立法。例如民生立法，目前民生立法仍难以满足人民日益增长的需要；民法典一方面为地方立法划界，另一方面需要借助地方立法来落实；另外，可以借此机会加快社会主义核心价值观入法入规。

（四）为上海乃至全国提供立法创新经验

浦东新区是社会主义现代化建设的引领区，浦东新区法规的制定实施有利于形成一批可复制、易推广的新经验和做法。陆晓栋指出,上海地方性法规家族中多了一个浦东新区法规,它不仅为浦东改革开放提供了强大法治保障,更重要的是,新的法规形式将给上海的立法工作,给整座城市的法治建设带来一个创新,带来一个不一样的法治探索舞台。

二、浦东新区法规的立法思路和模式

浦东新区法规在立法思路和模式上要针对改革瓶颈、体现引领精神,紧扣中央提出的战略定位,促进已有研究成果和实践经验的转化,统筹运用好浦东新区法规和管理措施,并加强合作与公关等保障工作。

(一)针对改革瓶颈,体现引领精神

浦东要勇于挑最重的担子、啃最硬的骨头。沈国明认为,浦东新区立法需要聚焦经济发展中的热点、难点问题,思想要更解放一点,步子要更大一点,要做别人做不了,只有浦东可以做、也应该做的事情,发扬浦东敢闯敢做精神。在这方面可以对标深圳,借鉴其立法经验。

刘平认为,浦东新区要紧扣中央在《引领区意见》中提出的战略定位。浦东引领区与深圳示范区、海南自由贸易港各有优势、各有差异,引领区要具备国际视野、对标国际标准。

黄爱武、刘正东等认为,市人大积极推动浦东新区法规落地落实,相对而言有的政府部门反而偏保守,这种现象值得研究。

(二)促进研究成果、实践经验的转化

关保英认为,目前已经有大量关于五大城区、自贸区、"一带一路"的研究成果,需要搭建法律理论界和实务界的合作平台与机制,将先进的、可行的研究成果转化为制度实践。另外,可以将浦东自贸区改革已经取得的成功的、可复制、可推广的经验以浦东新区法规的形式固定下来,在整个浦东新区推行。

(三)"小切口,不搞大部头""不求量,精准保质"

陆晓栋指出,目前浦东立法秉持"小切口,不搞大部头"的思路。立法模式

上,完善市区两级工作衔接机制,由浦东根据现实需求提出立法动议,市人大做好对接工作,提一部议一部,"不求量,精准保质"。

(四) 统筹运用好浦东新区法规和管理措施

刘平认为要统筹运用好两种制度变通权:一是立法突破权,上海市人大及其常委会可以在遵循宪法规定以及法律行政法规基本原则的前提下,对法律、行政法规、部门规章作出变通规定;二是先行先试立法权,浦东新区人大及其常委会和浦东新区政府对暂无法律、法规或者明确规定的领域,先行制定相关管理措施。

浦东人大及政府需建立健全管理措施的执行评估机制,及时提出管理措施转化为法规的建议。市人大常委会需建立常态化工作机制,及时将管理措施探索形成的经验做法以法规形式固定下来。

(五) 加强合作与公关

浦东立法需要加强人大、政府、智库等各部门的合作,加强法学、经济学等各学科的合作。另一方面,需要加强沟通协调工作。沈国明指出,全国人大常委会作出授权决定,不一定代表全国已经形成共识,立法过程中还需要与全国人大、国务院各部委等保持密切沟通。于此,陆晓栋认为此次知识产权立法模式——"纵向联动、横向协同"值得推广,国家、市、区的知识产权局上下通力合作,实现了中央与地方的高度统一。

三、浦东新区法规的立法需求和建议

与会专家在知识产权保护、市场闭合、创新多元纠纷解决机制、打造离岸区和数据区以及加强智力支持等方面提出了具体的立法需求和建议。

(一) 关于知识产权保护

吴金水认为,目前知识产权保护中存在周期长、举证难、成本高,新型知识产权(如人工智能创造的作品)保护难等问题。建议:可以借助浦东新区法规将侵犯知识产权的赔偿金上调到 1000 万,突破上位法规定的 500 万;加强知识产权协同保护,明确行政机关和司法机关的协同机制;人工智能、区块链等新兴产业的知识产权保护先行先试。

(二)关于完善市场闭合机制

吴金水认为,目前破产法不适应经济发展:完整性不够,个人破产制度缺失;激励制度不足,缺乏鼓励重整的税制安排;组织保障不足,需要相关政府部门协调配合。建议破产制度对标国际先进:一是借鉴破产程序,明确破产程序义务主体以及个人破产涉及的重要事项;二是完善激励保障制度,明确破产时的管理义务主体,适当简化流程,为小型企业提供更多的机会;三是加强组织保障,包括支持设立专门的破产事务机构。

(三)关于创新多元纠纷解决机制

吴金水建议推进诉源治理,加强源头治理的有效性和针对性,充分发挥矛盾纠纷排查机制的作用,针对案件量最大的金融纠纷、知识产权纠纷等,明确打造一站式多元纠纷平台;打造与国际接轨的涉外案件纠纷解决机制,明确境外仲裁机构的法律地位,允许境外知名仲裁机构在浦东开展仲裁业务;建立浦东特色中介评估机制,由专业评估能力的专家和其他第三方评估机构,规定其评估报告可作为调解的参考。

(四)关于打造离岸区和数据区

王海峰认为,此次授权制定浦东新区法规是自贸区的再扩区过程,从 1.0 版、2.0 版、临港 3.0 版到这次 4.0 版。浦东立法要体现引领精神,打造引领区的两个表现就是打造离岸区和数据区。

王海峰认为,自贸区在离岸贸易和离岸金融方面的立法还比较欠缺。银行对一些离岸公司的单据审查过于严格,银行的综合审查不能对离岸贸易起到促进作用。离岸金融还仅仅局限在离岸银行,离岸的账户管理,诸如证券市场、保险市场等离岸业务完全没有展开。由于没有离岸信托,一些富人就到其他国家去设立离岸家族信托公司。在这些方面,便利化法律法规制定还不够,需要有突破。马晨光认为,构建离岸金融体系,使人民币国际化,这不是单靠上海就能完成的,但上海能够挖掘突破点,现实抓手是 QDLP、QFLP、ODI 等的落地,将多头管理集中到浦东并制定相应办法。

王海峰认为,需要进一步完善数据条例,目前上海市数据条例草案只涉及数据权益,仍然没有规定数据权属。马晨光认为,在数据合规方面,亟需制定金融数据出境的操作流程管理办法。

(五) 关于加强智力支持

黄爱武提出,浦东新区干部从执行者转变为立法的深度参与者,存在身份转换困难,需要加强各机构之间的合作机制,加强对浦东的智力支持和人才支持。

四、浦东新区法规的争议焦点和对策

浦东新区法规是一项新生事物,立法模式、程序和技术等还不成熟,变通的范围和程度、位阶和优先适用规则、立法正当性衡量等还存在争议,需要加强研究,凝聚共识。

(一) 立法变通的范围与程度

最大的争议焦点是立法变通的范围和程度。浦东新区法规与一般地方性法规的不同在于,在遵循宪法规定以及法律行政法规的基本原则的前提下,可以突破上位法的规定,但是可以突破的范围有多大、程度有多深? 是否包括政治、经济、社会、文化等各领域? 如何把握变通的底线? 如何认定基本原则,如何判断是否违背基本原则?

关保英认为,有了变通权之后,需要重新审视上海市规范性文件不能设行政许可、行政处罚的问题。沈国明、刘正东等建议加强打破思想禁区的研究,要用好变通权,敢于变、善于变。

(二) 浦东新区法规的位阶与优先适用规则

法律的位阶与适用紧密相关,位阶高优先适用。林坼提出,浦东新区法规是中央立法还是地方立法? 浦东新区法规的授权由全国人常委会作出,在《立法法》上缺乏定位,《立法法》上关于经济特区法规的规则能否适用于浦东新区法规?

黄爱武认为,虽然浦东新区法规"在浦东新区实施",但"一市两法"可能导致法律适用困难。行政诉讼案件等的受理机构不一定在浦东,可能导致同一行为在浦东合法在浦西不合法,同一行为在同一法院出现不同的判决。林圻等建议研究确定法律的优先适用规则。

(三)价值冲突与浦东新区法规的立法评估

阎锐提出,在浦东新区法规立法中要重视衡量立法的正当性,平衡公平与效率、私权与公权等价值问题。黄爱武提出,法规制定后可能出现各种效果,例如知识产权法规制定后,知识产权活动集聚到浦东,企业退出制度制定后,公司不到浦东注册等,如何衡量实施效果?对此,黄爱武等建议加强立法前和立法后评估工作。

(四)加强浦东改革创新法治保障体系研究

浦东改革创新的法治保障体系包括党和国家的政策、全国人大常委会的授权决定、上海市人大常委会的授权决定、浦东新区法规、地方性法规的专章、上海市政府的决定、浦东新区人大和政府的管理措施、规范性文件等,黄爱武等建议研究明确这些法律表现形式的性质、权限和关系。

附 录 二

上海市浦东新区深化"一业一证"改革规定

上海市人民代表大会常务委员会公告
(〔十五届〕第八十四号)

《上海市浦东新区深化"一业一证"改革规定》已由上海市第十五届人民代表大会常务委员会第三十五次会议于 2021 年 9 月 28 日通过,现予公布,自 2021 年 10 月 1 日起施行。

上海市人民代表大会常务委员会

2021 年 9 月 28 日

第一条 为了持续深化"一业一证"改革,推动政府审批服务向以市场主体需求为中心转变,优化营商环境,根据有关法律、行政法规的基本原则,结合浦东新区实际,制定本规定。

第二条 本规定适用于浦东新区在市场主体注册登记后深化"一业一证"改革的相关管理服务活动。

本规定所称的"一业一证"改革,是指通过优化审批流程和集中审批程序,将市场主体进入特定行业涉及的多张许可证整合为一张行业综合许可证的改革举措。

第三条 浦东新区深化"一业一证"改革,应当坚持需求导向,再造审批管理服务流程,创新制度供给;坚持系统集成,建立市场主体全生命周期集成服务机制,落实放管结合;坚持重点突破,激发市场主体发展活力,助力产业发展。

第四条 浦东新区人民政府应当加强深化"一业一证"改革的组织领导,建立健全深化改革的统筹推进工作机制。

浦东新区审批制度改革部门负责组织协调"一业一证"改革工作,开展改革满意度社会评价,总结提炼改革创新举措。

浦东新区有关审批部门依据职权或者接受委托,负责具体有关行政许可的受理、审查、决定以及相应的事中事后监管等工作。

浦东新区行政审批局负责行业综合许可证的具体办理工作。

第五条 浦东新区应当根据国家和本市改革部署,编制"一业一证"改革行业清单。

对纳入"一业一证"改革的行业,浦东新区人民政府应当确定牵头管理部门和协同管理部门。牵头管理部门负责协调指导该行业"一业一证"改革中的审批、监管、服务等工作,组织制定统一适用于该行业的综合许可细则,建立健全行业综合许可全流程管理和综合监管制度。

第六条 浦东新区应当深入推进政务服务"一网通办",开设"一业一证"线上专栏和线下专窗。申请人可以通过"一网通办"平台,查询"一业一证"改革行业,获取集成该行业全部准入条件的告知单和申请表,并进行线上办理。

申请人的申请由浦东新区行政审批局统一收件后,各有关审批部门应当并联审批、限时办结,并由行政审批局统一制作、送达行业综合许可证等文书。

第七条 行业综合许可证是"一业一证"改革行业经营活动涉及的多项行政许可的效力集成,是确认市场主体取得相关行政许可、获得行业准营资格的证明。

各有关国家机关应当对行业综合许可证的效力予以认可,对有关行业准入涉及的单项行政许可不再单独受理、发证;在相关管理服务活动中,不得要求市场主体提供单项行政许可证件。

第八条 对纳入"一业一证"改革的行业,浦东新区应当建立行业综合许可证统一有效期制度。单项行政许可设定的有效期,整合为行业综合许可证后可以取消或者延长。

行业综合许可证所整合的单项行政许可变更或者失效的,相关行政审批部门应当同步调整该行业综合许可证的相应信息。

第九条 对纳入"一业一证"改革的行业涉及的场所、设备、人员、资金、管理制度等审批条件,可以实行告知承诺制,允许申请人以告知承诺书替代证明符合相关审批条件的材料,但是直接涉及国家安全、国家秘密、意识形态安全、公共安全、金融业审慎监管、生态环境保护、人身健康、生命财产安全的除外。

支持浦东新区探索实行基于"一业一证"改革的市场准营承诺即入制。

第十条 对纳入"一业一证"改革的行业,应当依托"一网统管"平台,通过"双告知、双反馈、双跟踪"证照衔接机制和"双随机、双评估、双公示"协同监管机制,实行对市场主体全生命周期的动态监管、风险监管、信用监管和分类监管。

行业监管部门与市场监督管理部门应当做好业务系统对接和工作衔接,方便市场主体在公示信息时一并填报经营活动的有关信息。

第十一条 浦东新区应当建立深化"一业一证"改革长效机制,针对行业综合许可单轨制、行业综合许可证统一有效期制度、市场准营承诺即入制等改革举措,结合改革创新实践编制改革举措清单,及时动态调整,并向社会公布。

第十二条 本市建立与"一业一证"改革相适应的政务信息共享机制。对纳入"一业一证"改革的行业,有关部门和单位应当将市场主体的许可、年报、处罚、信用、电子证照等信息,及时、准确共享至浦东新区有关部门,不得要求市场主体重复填报。

涉及"一业一证"改革的市级相关部门,应当优化完善相关业务应用系统,及时与浦东新区"一业一证"申办系统对接,建立数据交换机制,保障"一业一证"改革的深化实施。

第十三条 市人民政府及其有关部门应当积极争取国家有关部门对浦东新区深化"一业一证"改革的支持,加大赋权力度,帮助解决改革中的问题,及时总结推广改革经验。

第十四条 纳入"一业一证"改革的行业,不改变该行业行政许可实施的法律关系。浦东新区行政审批局应当建立行政复议和行政诉讼咨询服务机制,将行政复议被申请人和行政诉讼被告告知相关当事人。

第十五条 本规定自 2021 年 10 月 1 日起施行。

上海市浦东新区市场主体退出若干规定

上海市人民代表大会常务委员会公告

(〔十五届〕第八十五号)

《上海市浦东新区市场主体退出若干规定》已由上海市第十五届人民代表大会常务委员会第三十五次会议于 2021 年 9 月 28 日通过,现予公布,自 2021 年 11 月 1 日起施行。

上海市人民代表大会常务委员会

2021 年 9 月 28 日

第一条 为了深化"放管服"改革,畅通市场主体退出渠道,完善优胜劣汰的市场机制,优化营商环境,根据有关法律、行政法规的基本原则,结合浦东新区实际,制定本规定。

第二条 本规定适用于在浦东新区的市场监督管理部门(以下称"登记机关")注册登记的有限责任公司、非公司企业法人、合伙企业和个人独资企业等市场主体退出及相关管理活动。

本规定所称的市场主体退出,包括简易注销、承诺制注销,以及登记机关依职权作出的强制除名和强制注销。

第三条 市场主体未发生债权债务、已将债权债务清偿完结或者具有国家规定的其他情形的,可以适用简易注销程序。

市场主体申请简易注销登记的,应当通过国家企业信用信息公示系统(以下称"公示系统")或者政府网站公示拟申请简易注销登记以及全体投资人承诺等信息,公示期为十日。

市场主体注销依法须经批准或者市场主体存在股权(财产份额)被冻结、出质,有正在被立案调查或者采取行政强制、司法协助以及国家规定的其他情形的,不适用简易注销程序。

第四条　市场主体决议解散后无法完成清算,具备下列条件的,可以适用承诺制注销:

(一)非公司企业法人主管部门(出资人)、合伙企业全体合伙人等承诺对市场主体的所有债务依法承担责任,并对因市场主体未清算造成的损害承担连带责任;

(二)市场主体的债务有担保的,担保人承诺继续承担责任。

市场主体有本规定第三条第三款所列情形的,不适用承诺制注销。

第五条　市场主体拟申请承诺制注销的,应当通知债权人,并通过公示系统或者政府网站公示承诺事项,公示期为四十五日。登记机关应当同时将市场主体拟申请承诺制注销的相关信息推送至同级税务、人力资源社会保障等部门。

有关利害关系人及相关政府部门在公示期内未向登记机关提出异议的,市场主体可以提出承诺制注销申请。登记机关应当对申请材料进行形式审查。申请材料齐全、符合法定形式的应当当场作出准予注销登记的决定;不能当场作出的,应当在三个工作日内作出决定;情形复杂的,经登记机关负责人批准,可以再延长三个工作日。

第六条　市场主体被吊销营业执照、责令关闭或者撤销的,清算义务人应当依法组织清算;满六个月未办理清算组公告或者申请注销登记的,登记机关可以作出强制除名决定。

强制除名决定应当向市场主体的住所地或者先行确认的送达地送达,并可以通过公示系统或者政府网站公告送达,公告期为六十日。

第七条　强制除名决定生效后,产生以下法律后果:

(一)市场主体的营业执照(正本、副本)作废;

(二)以统一社会信用代码(注册号)代替市场主体的名称;

(三)除统一社会信用代码(注册号)、被强制除名时间和原因等信息外,市场主体的其他信息不再向社会公示;

(四)不再作为市场主体统计基数;

(五)市场主体状态作相应标记。

第八条　强制除名决定生效届满六个月,市场主体仍未办理清算组公告或者申请注销登记的,登记机关应当通过公示系统或者政府网站催告,并启动强制注销程序。

登记机关应当通过登记系统查询市场主体是否存在股权(财产份额)被冻结、出质以及投资设立其他市场主体的情况,并向同级人民法院、人力资源社会保障、税务部门和自然资源确权登记部门征询市场主体是否涉及审理、办理或者执行中的案件、拖欠职工工资、欠缴社会保险、欠缴税款及未结涉税事项等情形以及不动产权利登记情况。相关部门收到征询意见函后应当于十五个工作日内书面答复。

第九条　市场主体不存在本规定第八条第二款所列情形或者相关部门收到征询意见函后未作答复的,登记机关应当通过公示系统或者政府网站发布拟作出强制注销决定的公告。公告应当载明市场主体名称(统一社会信用代码)、债权人等利害关系人提出异议的方式、强制注销的后果等,公告期为六十日。

公告期满,登记机关应当作出强制注销决定,并向社会公布,但是公告期内有下列情形之一的除外:

(一)市场主体办理清算组公告或者申请注销登记的;

(二)利害关系人或者相关政府部门提出异议的。

强制注销决定可以通过公示系统或者政府网站公告送达,公告期为六十日。

第十条　强制注销决定生效后,市场主体资格终止。除因登记机关违反本规定的条件和程序作出决定外,强制注销决定不予撤销。

登记机关应当同步向同级人民法院、人力资源社会保障、税务和自然资源确权登记部门推送市场主体强制注销的信息。人力资源社会保障、税务等有关部门应当根据登记机关的推送信息,及时更新社会保险和税务登记等信息。

第十一条　因市场主体已经注销导致其分支机构或者其出资的市场主体无法办理注销等相关登记的,可以由该已经注销市场主体的继受主体或者投资人代为办理。

因市场主体之外的其他主体已经撤销或者注销导致其管理或者出资的市场主体无法办理注销等相关登记的,可以由该已经撤销或者注销主体的继受主体或者上级主管单位代为办理。

第十二条　市场主体在简易注销、承诺制注销程序中提交虚假材料或者采取其他欺诈手段隐瞒重要事实的,登记机关应当根据情形作出撤销注销登记等处理,并依法追究相应的法律责任。

市场主体未经清算被依法注销的,其清算义务人承担的组织清算义务不变。有关利害关系人认为其合法权益受到侵害的,有权通过民事诉讼向市场主体的投资人或者清算义务人等追究民事责任;构成犯罪的,依法追究刑事责任。

第十三条 市场监督管理部门负责组织协调全市市场主体退出改革推进工作,加强对浦东新区市场主体退出工作的支持。

浦东新区的市场监督管理部门负责实施优化市场主体退出登记程序,通过"一网通办"平台,推动市场主体退出全程线上办理。人力资源社会保障、税务、自然资源确权登记、大数据管理等相关部门应当落实信息共享、程序对接和协同办理等工作。

人民法院作出终结强制清算程序或者终结破产程序的裁定的,登记机关应当依据申请办理注销登记。

第十四条 本规定自 2021 年 11 月 1 日起施行。

上海市浦东新区建立高水平
知识产权保护制度若干规定

上海市人民代表大会常务委员会公告

(〔十五届〕第八十九号)

《上海市浦东新区建立高水平知识产权保护制度若干规定》已由上海市第十五届人民代表大会常务委员会第三十六次会议于 2021 年 10 月 28 日通过,现予公布,自 2021 年 12 月 1 日起施行。

上海市人民代表大会常务委员会

2021 年 10 月 28 日

第一条 为了贯彻落实在浦东新区建立高水平知识产权保护制度的要求,强化知识产权全链条保护,率先构建制度完备、体系健全、环境优越的国际知识产权保护高地,根据法律、行政法规的基本原则,结合浦东新区实际,制定本规定。

第二条 浦东新区人民政府应当加强对知识产权保护工作的领导,统筹协调推进知识产权保护工作中的重大事项,整合优化知识产权保护工作资源,完善知识产权统一管理的体制机制和综合服务平台建设,全面推进知识产权领域综合执法,加强知识产权保护的教育宣传和经费保障。

浦东新区知识产权部门负责知识产权保护工作的统筹协调和组织实施,开展国家知识产权部门相关业务在浦东新区的综合受理,依据职权或者接受委托综合行使相关部门在知识产权领域的行政执法权,配合国家知识产权部门开展集成电路布图设计行政执法。

浦东新区知识产权保护中心建立健全知识产权事务"一站式"保护机制,对接国家知识产权保护平台，推动国家知识产权事务在浦东新区"一网通办"，并可以依托"一网统管"平台协助开展前款规定的相关行政执法工作。

　　第三条　浦东新区知识产权部门应当对生物医药、高端装备制造、新一代信息技术等领域拟报请加快审查的专利申请，根据国家知识产权部门的规定提供预审服务。

　　浦东新区知识产权部门应当配合国家知识产权部门开展专利复审无效案件优先审查、专利无效案件远程视频审理等快速确权服务，推进专利确权案件与行政裁决案件联合审理。

　　第四条　单位和个人在实施专利、进入国外市场前或者拟上市等阶段，委托专业机构对产品或者技术是否侵犯他人专利权进行专利实施调查并获取专利实施调查报告的，可以作为判断是否故意侵权的参考依据。

　　第五条　在涉及公共利益的著作权侵权行政执法程序中，被投诉人主张其不承担侵权责任的，应当提供证据证明已经取得权利人的许可，或者具有法律规定的不经权利人许可而可以使用的情形。被投诉人不能提供或者提供的证据不足以推翻投诉人提供的侵权证据的，可以认定被投诉人的行为构成侵犯著作权。

　　第六条　单位和个人恶意申请商标注册的，应当对申请人给予警告，有违法所得的，可以并处违法所得五倍最高不超过五万元的罚款；没有违法所得的，可以并处三万元以下的罚款。

　　第七条　禁止任何单位和个人实施下列违反地理标志保护规定的行为：

　　（一）通过使用地理标志产品名称或者产品描述，使公众误认为该产品来自获得保护的地理标志产地范围的；

　　（二）在产地范围之外的相同或者类似产品上使用获得保护的地理标志产品名称或其意译、音译、字译，或者同时使用"类""型""式""仿"等表述的；

　　（三）未经批准擅自在产品上使用地理标志专用标志的；

　　（四）在产品上使用与地理标志专用标志相似的标志，使公众误认为是地理标志专用标志的；

　　（五）销售上述产品的。

　　违反前款规定的，责令立即停止违法行为，没收、销毁违法生产、销售的产品和伪造地理标志专用标志的工具；违法经营额五万元以上的，可以处违法经营额五倍以下的罚款，没有违法经营额、违法经营额难以计算或者违法经营额不足五万元的,可以处二十五万元以下的罚款。销售不知道是违反前款规定的产品,能够证明该产品是自己合法取得并说明提供者的,责令停止销售。

第八条 在商业秘密行政执法程序中,商业秘密权利人提供初步证据,证明其已经对所主张的商业秘密采取保密措施,且合理表明商业秘密被侵犯,涉嫌侵权人应当证明权利人所主张的不属于商业秘密或者其不存在侵犯商业秘密的行为。

对于侵犯商业秘密的行为,除依据《中华人民共和国反不正当竞争法》的规定处理外,还应当责令侵权人返还或者销毁载有商业秘密的图纸、软件或者其他有关载体,不得继续披露、使用或者允许他人使用商业秘密。侵权人利用权利人的商业秘密生产的产品,尚未销售的,应当监督侵权人销毁,但是权利人同意收购或者同意侵权人继续销售的除外。

权利人向人民法院请求返还或者销毁载有商业秘密的图纸、软件或者其他有关载体,清除其控制的商业秘密信息的,人民法院应予支持。

第九条 会展活动举办单位不得允许未提交知识产权合规承诺或者相关知识产权权属证明的参展方参加展会。

参展项目被权利人投诉侵权的,会展活动举办单位应当立即要求参展方在限定时间内提供未侵权证明;参展方无法提供的,会展活动举办单位应当立即采取遮盖、下架展品或者取消参展资格等措施。

会展活动举办单位违反本条第一款、第二款规定的,给予警告,并可以处三万元以上十万元以下的罚款。

第十条 故意侵犯知识产权,情节严重的,人民法院可以根据规定按照权利人因被侵权所受到的实际损失、侵权人因侵权所获得的利益、许可使用费或者权利使用费倍数的一倍以上五倍以下确定赔偿数额;情节特别严重的,人民法院可以按照权利人因被侵权所受到的实际损失、侵权人因侵权所获得的利益、许可使用费或者权利使用费倍数的五倍以上十倍以下确定赔偿数额。权利人的实际损失、侵权人因侵权所获得的利益、许可使用费或者权利使用费难以计算的,由人民法院根据侵权行为的情节,判决给予一千万元以下的赔偿。

专利侵权纠纷司法判决、行政裁决生效后,再次侵犯同一专利权的,没收违法所得,并处违法经营额一倍以上五倍以下的罚款;没有违法经营额、违法经营额难以计算或者违法经营额不足五万元的,处五万元以上二十五万元以下的罚款。

因侵犯商业秘密被司法判决或者行政处罚,自司法判决、行政处罚决定生效之日起二年内再次侵犯商业秘密的,可以对侵权人从重处罚。

第十一条 浦东新区知识产权部门在知识产权纠纷立案前或者立案后,可以自行、委托或者移交相关组织进行调解,但是涉嫌犯罪的案件除外。

知识产权行政案件立案前达成调解协议并履行完毕的,可以不予立案。立案后达成调解协议并履行完毕的,可以从轻或者减轻处罚;没有损害第三人合法权益和公共利益的,可以免除处罚。

第十二条 浦东新区人民法院应当明确相关审判组织统一审理管辖范围内的知识产权民事、行政和刑事案件。

高等院校、科研机构、知识产权服务机构等单位具有专门知识的人,经遴选可以担任知识产权案件的专家陪审员。

支持浦东新区人民法院在知识产权案件办理中探索书状先行模式。

第十三条 浦东新区人民检察院应当明确相关检察办案部门统一履行知识产权刑事、民事、行政和公益诉讼检察职能。

支持浦东新区人民检察院在地理标志、集体商标、药品专利等涉及公共利益的知识产权领域探索开展公益诉讼。

第十四条 支持浦东新区设立科创板拟上市企业知识产权服务站,依法为全国拟上市企业提供知识产权问询辅导、知识产权评估评价等服务。

第十五条 鼓励金融机构优化知识产权质押融资模式,建立融资担保风险分担机制,加大对中小企业、科技创新企业、文化创意企业的增信服务力度。

鼓励企业以高价值知识产权组合为基础构建底层知识产权资产,在能产生稳定现金流的前提下探索知识产权证券化模式。

第十六条 本规定自 2021 年 12 月 1 日起施行。

上海市浦东新区城市管理领域非现场执法规定

上海市人民代表大会常务委员会公告

(〔十五届〕第九十号)

《上海市浦东新区城市管理领域非现场执法规定》已由上海市第十五届人民代表大会常务委员会第三十六次会议于 2021 年 10 月 28 日通过,现予公布,自 2021 年 12 月 1 日起施行。

上海市人民代表大会常务委员会

2021 年 10 月 28 日

第一条　为了规范城市管理领域非现场执法工作,提高城市管理科学化、精细化、智能化水平,提升城市治理能力和治理成效,根据法律、行政法规的基本原则,结合浦东新区实际,制定本规定。

第二条　本规定适用于浦东新区城管执法部门运用非现场执法方式对违法行为进行查处的相关工作。

本规定所称的非现场执法,是指运用现代信息技术手段收集、固定违法事实,采用信息化等方式进行违法行为告知、调查取证、文书送达、罚款收缴等的执法方式。

第三条　浦东新区人民政府负责统筹协调有关部门推进非现场执法工作。

浦东新区城管执法部门负责非现场执法具体推进以及业务指导和监督,依托"一网统管"平台推动非现场执法工作。浦东新区发展改革、科技经济、公安、财政、人力资源社会保障、规划自然资源、市场监管等部门在各自职责范围内履行相关职能,为非现场执法工作提供协助与保障。

浦东新区街道办事处、镇人民政府负责完善本辖区社会各方共同参与的共建共治共享基层治理格局,开展城市管理领域非现场执法工作。

第四条 浦东新区城管执法部门查处城市管理领域多发易发、直观可见且依托信息化设备设施能够辨别、易于判断的违法行为,可以实施非现场执法。

浦东新区人民政府应当编制非现场执法事项清单,在政府网站公布,并及时动态调整。

第五条 浦东新区城管执法部门开展非现场执法工作应当依法行政,规范执法流程,坚持公平公正,做到高效与便民相一致、处罚与教育相结合、法律效果与社会效果相统一。

第六条 浦东新区城管执法部门开展非现场执法工作应当为当事人政策查询、陈述申辩、权利救济、责任履行等活动提供便利,充分保护当事人的合法权益。

第七条 浦东新区城管执法部门可以在道路、广场等公共场所以及具备条件的社区公共区域,利用电子技术监控设备收集、固定违法事实。

电子技术监控设备的安装使用应当经过法制审核和技术审核,确保电子技术监控设备符合国家标准或者行业标准。电子技术监控设备应当定期维护、保养、检测,保持功能完好。

电子技术监控设备分为固定式和移动式。固定电子技术监控设备设置的地点应当有明显可见的标识标志,并向社会公布。移动电子技术监控设备应当安装在统一标识的车辆上,监控区域应当向社会公布。

第八条 浦东新区城管执法部门应当建立相关信息数据库和信息平台,与区公安、市场监管、民政、住房管理等部门建立信息互通共享机制。

浦东新区城管执法部门应当依据必要合理原则,依法规范采集行政相对人的相关主体身份信息,并对采集的个人信息按照有关法律、法规进行处理。

浦东新区街道办事处、镇人民政府应当发挥基层治理机制作用,协助城管执法部门落实基层信息规范采集和依法按需共享制度。

第九条 浦东新区城管执法部门可以通过视频、音频等方式开展询问调查。视频、音频询问时,应当表明执法人员身份,告知被询问人相关权利和义务。

视频、音频资料可以替代书面询问笔录。必要时,浦东新区城管执法部门应当对视频、音频资料的形成时间和关键内容等作文字说明。

第十条 浦东新区城管执法部门应当审核视听资料、电子数据记录的内容是否符合真实、清晰、完整、准确的要求。未经审核或者经审核不符合要求的,不得作为行政处罚的证据。

第十一条 浦东新区城管执法部门依据审核确认的证据,拟作出行政处罚的,可以采用电子邮件、短信、互联网应用程序、"一网通办"平台等信息化方式将违法事实、拟处罚内容、陈述申辩途径等告知当事人,要求其在指定时间内接受处理。

第十二条 浦东新区城管执法部门应当设置指定处理窗口,并采取信息化等方式为当事人陈述、申辩提供便利。

浦东新区城管执法部门应当及时对当事人提出的事实、理由和证据进行复核。当事人提出的事实、理由或者证据成立的,应当予以采纳,不得因当事人陈述、申辩而给予更重的行政处罚。

第十三条 浦东新区城管执法部门在非现场执法案件中制作的法律文书,可以使用电子公章和电子签名。

经当事人同意并签订确认书的,浦东新区城管执法部门可以采用电子邮件、短信、互联网应用程序等信息化方式送达行政处罚决定书等相关法律文书。

第十四条 当事人可以通过电子支付系统缴纳罚款。浦东新区城管执法部门应当开通电子支付系统缴纳罚款的途径,并出具财政部门统一制发的专用电子票据。

第十五条 对当事人的违法行为,浦东新区城管执法部门应当通过短信告知或者语音电话等方式进行劝阻教育,责令及时改正;当事人及时改正且违法行为轻微的,不予处罚。

第十六条 浦东新区城管执法部门应当制定信息数据保护规范,建立信息数据安全管理机制和信息数据查询制度,明确本单位工作人员的查询权限和查询程序,加强信息数据安全保护。

对于履行职责中知悉的当事人的个人信息、隐私或者商业秘密,浦东新区城管执法部门及其工作人员应严格保密,不得泄露、出售或者非法向他人提供。

违反前款规定的,责令改正,并对直接负责的主管人员和其他直接责任人员依法给予处分。

第十七条 市城管执法部门应当加强对浦东新区城市管理领域非现场执法

工作的监督和支持,制定处罚裁量基准,开展业务指导和执法监督。

浦东新区城管执法部门应当加强与相关部门的协同联动,完善前端管理、普法教育、街区包干、行业自治、小区自我管理等多元化治理机制,充分发挥基层组织、社区、物业服务企业等的积极作用,提升城市管理效能。

浦东新区城管执法部门应当加强非现场执法工作的宣传,增强市民自觉遵守城市管理规定的意识,共同维护城市管理秩序。

第十八条 本规定自 2021 年 12 月 1 日起施行。

上海市浦东新区完善市场化法治化企业破产制度若干规定

上海市人民代表大会常务委员会公告

(〔十五届〕第九十六号)

《上海市浦东新区完善市场化法治化企业破产制度若干规定》已由上海市第十五届人民代表大会常务委员会第三十七次会议于 2021 年 11 月 25 日通过,现予公布,自 2022 年 1 月 1 日起施行。

上海市人民代表大会常务委员会

2021 年 11 月 25 日

第一条 为了进一步加强企业破产工作,完善市场化、法治化的企业破产制度,促进企业优胜劣汰和市场资源高效配置,持续优化营商环境,根据有关法律、行政法规的基本原则,结合浦东新区实际,制定本规定。

第二条 本规定适用于在浦东新区办理企业破产以及相关的管理、保障活动。

浦东新区人民法院设立破产审判内设机构,集中管辖市高级人民法院指定的破产与强制清算案件。

第三条 浦东新区应当建立区人民政府和区人民法院共同牵头、相关部门参加的企业破产工作府院协调机制,统筹推进企业破产相关工作,加强企业破产信息共享,协同研究解决企业破产办理的重大问题。

浦东新区人民政府应当切实发挥在企业破产工作中的公共管理和服务职能,保障破产工作所需相关经费,完善破产企业财产快速处置和职工合法权益保障等机制,并指定相关部门承担企业破产府院协调机制的日常工作。浦东新区发展改革、建设交通、市场监管、公安、商务、税务、金融工作、人力资源社会保障、规划资源、司法行政等部门应当按照各自职责,建立破产信息平台和查询中心,健全破产案件财产处置联动机制,保障破产管理人依法规范履职,协同做好企业破产办理相关行政事务。

浦东新区人民法院应当推进破产审判专业化建设,完善支持企业庭外重组、预重整等破产拯救机制,完善破产案件繁简分流、简易程序快速审理等破产审判机制,提高破产案件办理的质量和效率。

第四条 企业董事、高级管理人员知道或者应当知道本企业出现《中华人民共和国企业破产法》第二条情形的,应当及时采取启动重组、向债权人披露经营信息、提请企业申请预重整或者破产重整、和解、清算等合理措施,避免企业状况继续恶化和财产减损。

企业董事、高级管理人员因故意或者重大过失违反前款规定造成企业财产损失,管理人或者债权人主张其在造成损失范围内向企业承担赔偿责任的,人民法院应当予以支持。

第五条 鼓励和引导企业在向人民法院申请破产重整前通过与债权人、出资人等利害关系人进行谈判协商,拟定重组方案。重整程序启动后,可以以重组方案为依据拟定重整计划草案提交人民法院依法审查批准。

对于具有挽救价值,且在短期内有实现重组可能的债务人,经债务人或者主要债权人申请,人民法院可以决定对企业进行预重整。申请人可以请求人民法院给予法律指导和监督,并协调政府有关部门依法给予必要的支持。

预重整中债务人与部分债权人已经达成的有关协议,与重整程序中拟定的重整计划草案内容一致的,该部分债权人对协议的同意视为对重整计划草案表决的同意。

第六条 在企业破产重整程序中,债权人未在人民法院确定的期限内申报债权的,不得在重整计划执行期间及重整保护期内行使权利。重整保护期为重整计划执行完毕后的一年期间。

破产重整案件的已知债权人收到债权申报书面通知和失权后果告知后,无正当理由未在人民法院确定的期限内申报债权的,视为放弃债权,债务人不再向该债权人承担清偿责任。

第七条 破产案件事实清楚、债权债务关系明确、财产状况清晰且具备下列

情形之一的,应当先行适用简易破产程序:

（一）债务人账面资产为一千万元以下;

（二）已知债权人为三十人以下;

（三）已知债务总额为一百万元以下。

第八条 破产重整案件符合本规定第七条情形的,应当适用简易破产重整程序,债务人可以在管理人的监督下自行管理财产和营业事务。

债务人或者管理人应当自人民法院裁定债务人重整之日起三个月内,同时向人民法院和债权人会议提交重整计划草案。人民法院应当自收到重整计划草案之日起十五日内召开债权人会议对重整计划草案进行表决。债权人会议可以采用非现场方式召开。

第九条 破产衍生诉讼案件登记立案前,人民法院可以先行委派特邀调解组织或者特邀调解员进行调解。委派调解达成协议的,当事人可以依法申请司法确认。

当事人明确拒绝调解的,人民法院应当依法登记立案。登记立案后或者在审理过程中,人民法院认为破产衍生诉讼案件适宜调解,经当事人同意,可以委托特邀调解组织、特邀调解员或者由人民法院专职调解员进行调解。委托调解达成协议的,经审查后依法出具调解书。

第十条 破产案件受理后,管理人可以申请通过人民法院执行网络查控系统查询、控制债务人的存款、车辆、不动产、证券、对外投资等财产,人民法院应当于收到结果反馈之日起二日内将财产查控情况告知管理人。

需要采取保全措施的,人民法院应当于收到申请之日起五日内作出裁定并执行,情况紧急的应立即开始执行。

第十一条 人民法院受理破产申请后,应当向已对债务人财产采取保全措施的有关单位发出解除通知,并附破产受理裁定书及指定管理人决定书。有关单位收到通知或者知悉破产申请受理后七日内未解除的,财产处置方案经债权人会议同意和人民法院审核后,管理人可以先行处置被查封债务人财产,处置后依据人民法院出具的法律文书办理解封和资产过户、移交手续。

第十二条 处置破产财产时,经债权人会议同意可以直接变价处理,不适用拍卖程序。确需进行拍卖的,由债权人会议自行确定或者授权管理人确定起拍价,并优先通过网上拍卖平台进行。拍卖应在规定的最短期限内完成。法律法规对特定财产处置方式有特别规定的,从其规定。

第十三条 处置破产财产时,破产企业的在建建筑工程符合竣工验收条件,但因材料缺失、相关单位不配合等原因导致无法办理竣工验收手续的,管理人可以委托有资质的专业机构鉴定。鉴定意见认为符合建筑工程质量标准的,视为完成竣工验收,并由管理人办理竣工验收备案手续。

破产企业的机动车交通违法的罚款作为破产债权在破产程序中依法处理,累计记分予以核销。

第十四条 企业被人民法院宣告破产后,管理人应当依法组织清算并拟定破产财产分配方案,财产分配方案经人民法院裁定认可后予以执行。

企业应当清算而未及时清算的,主管机关或者利害关系人可以申请人民法院指定有关人员组成清算组强制清算。强制清算执行本规定有关破产办理的规定。强制清算过程中,清算组发现企业财产不足以清偿债务,但企业具有挽救价值和重整可能的,应当注重维护企业运营价值,及时申请破产重整。

第十五条 浦东新区建立完善破产信息共享和破产状态公示机制。浦东新区人民法院应当将企业破产、强制清算程序中的下列重要信息及时与浦东新区社会信用主管部门共享,并由浦东新区社会信用主管部门按照规定向社会公示:

(一)企业破产、强制清算程序的受理、办理、终结的相关基本信息;

(二)管理人的名称、指定程序、履职情况等信息;

(三)企业董事、监事、高级管理人员违反忠实义务和勤勉义务,承担相关法律责任等信息;

(四)其他重要信息。

第十六条 浦东新区建立完善破产重整企业信用修复机制。浦东新区人民法院裁定批准重整计划或者认可破产和解协议后,管理人可以通过"一网通办"平台或者直接向原失信信息提供单位申请信用修复。

重整计划执行期间及执行完毕后,不得因破产重整直接排除其参与招投标、融资等市场行为的资格,不得限制其参与评优评先以及在政府审批、公共服务中享受容缺受理、证明替代等便利措施,法律、行政法规另有规定的除外。

第十七条 破产案件管理人由人民法院指定。债权人或者债务人提出破产申请的,可以向人民法院书面提名一名管理人人选。被提名人选符合任职条件并事先作出相关书面承诺的,人民法院应当指定其担任破产案件管理人。

数名申请人同时提出破产申请且提名的管理人人选不一致的,人民法院应当组织全体申请人协商,协商一致的,人民法院应当指定其担任破产案件管理人;协商不成的,人民法院应当直接指定管理人。

第十八条 债权人会议可以作出更换管理人的决议,并由人民法院指定新的管理人。

人民法院召集第一次债权人会议时,可以组织债权人就是否更换管理人进行讨论和表决。债权人会议确定了符合任职条件的管理人人选的,人民法院应当指定其担任破产案件管理人。债权人会议确定的人选不符合任职条件或者未确定新的人选的,人民法院可以直接指定新的管理人。

第十九条 浦东新区司法行政部门在市主管部门指导下会同有关部门支持破产管理人协会在浦东新区开展活动,推行管理人职业规范、履职评价、投诉处理、行业信用等常态化的行业监管制度。

浦东新区人民法院应当建立管理人履职情况的个案监督和指导机制。债权人会议和债权人委员会应当督促管理人勤勉履职。人民法院、债权人会议和债权人委员会对管理人的个案履职评价信息及时向社会公布。

发现虚假破产、妨碍清算、侵占公司财物或者虚假诉讼的犯罪线索的,管理人可以依法向有关机关控告或者举报。有关机关对管理人的控告、举报应当依法处理。

第二十条 本规定自 2022 年 1 月 1 日起施行。

上海市浦东新区促进张江生物医药产业创新高地建设规定

上海市人民代表大会常务委员会公告

(〔十五届〕第一百零一号)

《上海市浦东新区促进张江生物医药产业创新高地建设规定》已由上海市第十五届人民代表大会常务委员会第三十八次会议于2021年12月29日通过,现予公布,自2022年1月1日起施行。

上海市人民代表大会常务委员会

2021年12月29日

第一条 为发挥以张江为引领的生物医药科创策源和产业生态优势,实施国家战略要求,促进浦东新区生物医药产业高质量发展,推动浦东新区形成世界级生物医药产业集群,更好地满足人民群众对健康生活的需求,根据有关法律、行政法规的基本原则,结合浦东新区实际,制定本规定。

第二条 本规定适用于在浦东新区行政区域内从事生物医药研发、生产、经营、使用以及相关促进保障活动。

第三条 本市坚持制度引领、改革创新、以人为本、开放合作、风险预防、科学规范的原则,推进浦东新区生物医药产业高质量发展。

第四条 市人民政府应当加强对浦东新区生物医药产业发展工作的领导,建立和完善促进生物医药产业发展议事协调机制,深化与国家有关部门的协作,统筹协调浦东新区生物医药产业发展中的重大事项。

浦东新区人民政府应当建立浦东新区生物医药产业发展促进工作机制,加强以张江为引领的生物医药产业发展工作,推动浦东新区生物医药产业创新发展。

浦东新区相关镇人民政府、街道办事处、园区管理机构应当在职责范围内做好生物医药产业发展的促进保障工作。

第五条 市经济信息化部门负责统筹本市生物医药产业发展,协调推进浦东新区生物医药产业创新高地建设。

市和浦东新区发展改革、科技、商务、卫生健康、药品监管、医疗保障、财政、规划资源、生态环境、人力资源社会保障、地方金融监管、绿化市容等部门以及海关等单位根据各自职责和本规定,负责浦东新区生物医药产业促进工作。

第六条 浦东新区人民政府设立浦东新区生物医药产业发展专家委员会。专家委员会负责对浦东新区生物医药产业发展、项目规划、重点布局等事项开展科学论证,提出意见建议。专家委员会的意见建议作为生物医药产业发展决策的重要参考。

第七条 市、浦东新区人民政府应当将促进人体细胞和基因产业发展纳入生物医药产业发展协调促进机制,在风险可控的前提下,支持符合条件的多元化投资主体开展人体细胞、基因技术研发和推进产业化进程。

市和浦东新区科技、卫生健康等部门应当强化对浦东新区生物医药企业开展人体细胞、基因技术开发和应用的监管,加强风险管控。

第八条 对于国家有关部门准许范围内的浦东新区生物医药企业,探索对其开展跨境研发所需的货物(含材料、耗材、试剂等)实施保税监管。

按照监管部门信息共享、风险可控的要求,浦东新区相关重点生物医药企业可以根据国家规定开展高附加值、高技术含量、符合环保要求的医疗器械保税维修业务;浦东新区特定区域内的相关企业可以根据国家规定开展出口高端医疗设备的返境维修。维修后的医疗器械,应当根据其来源复运至境外。

第九条 浦东新区具备药品商业化规模生产条件并且符合药品生产质量管理规范的生物医药企业,药物临床试验阶段申请药品生产许可的,在承诺临床样品的生产条件与申请上市许可阶段的生产条件一致的情况下,市药品监管部门可以核发《药品生产许可证》。

第十条 浦东新区药品上市许可持有人可以自行生产药品,也可以依法委托药品生产企业生产。经国家药品监管部门核准后,浦东新区药品上市许可持有人可以委托本市范围内一家以上符合条件的药品生产企业生产。市药品监管部门应当做好指导、服务,并配合国家药品监管部门开展相关审查工作。

血液制品、麻醉药品、精神药品、医疗用毒性药品、药品类易制毒化学品不得委托生产,但国家药品监管部门另有规定的除外。

第十一条 对国内尚无同品种产品上市的体外诊断试剂,浦东新区符合条件的医疗机构根据临床需要,可以自行研制,在执业医师指导下在本单位内使用。具体办法由市药品监管部门会同市卫生健康部门制定。

第十二条 市人民政府在国家授权范围内,可以批准浦东新区符合条件的医疗机构进口少量临床急需的药品和医疗器械。进口的药品和医疗器械应当在指定医疗机构用于特定医疗目的。

鼓励符合条件的生物医药企业对临床急需进口的少量药品和医疗器械开展临床真实世界数据应用研究,探索将临床真实世界数据用于药品和医疗器械注册,推动药品和医疗器械加快上市。

第十三条 本市按照国家有关授权,在相关区域内试点推动符合条件的浦东新区药品和医疗器械交易平台开展跨境电子商务零售进口部分药品和医疗器械业务。

市药品监管部门应当结合浦东新区生物医药产业发展的实际需求,在保证经营质量安全可控的前提下,优化药品批发经营许可实施,满足药品现代物流需求。

第十四条 本市根据浦东新区生物医药企业的研发需求,规划布局和建设进境非人灵长类等实验动物隔离检疫场。

浦东新区鼓励社会资本依法投资开展与生物医药研发相关的非人灵长类等实验动物及相关产品的保种、繁育、生产、供应等活动,保障生物医药研发使用需求。需要生产和使用非人灵长类等实验动物的,应当经浦东新区科技经济部门和野生动物保护主管部门批准,依法取得实验动物生产、使用许可证。

浦东新区卫生健康部门会同农业农村部门负责浦东新区新建、改建或者扩建与人体健康相关的动物生物安全二级实验室的备案。

第十五条 本市建立微生物、人体组织、生物制品、血液及其制品等生物医药特殊物品出入境联合监管机制。浦东新区人民政府应当会同有关部门对生物医药企业及其出入境特殊物品开展综合评估,对通过评估的企业及物品出具相应生物安全控制能力的证明。上海海关凭证明和企业提交的其他材料,简化通关手续。

本市建立生物医药研发用物品进口试点联合推进机制。浦东新区人民政府应当会同有关部门对企业及进口研发用物品进行认定。通过认定的企业及物品在办理通关手续时不需提交进口药品通关单。

浦东新区建立企业研发进口微量耗材管理服务平台,在进口许可、通关便利、允许分销等方面予以支持。

第十六条 本市在浦东新区设立人类遗传资源管理服务机构,开展人类遗传资源咨询、服务、培训、研究等工作,协助国家和本市人类遗传资源管理机构开展人类遗传资源的事中事后监管等工作。

第十七条 浦东新区行政区域内的药品检验检测机构经国家药品监管部门指定,可以开展创新药品的注册检验工作。市药品监管部门、浦东新区人民政府应当为药品检验检测机构的检验检测能力提升提供政策支持和保障。

浦东新区应当加强生物医药产品注册指导服务工作站建设。对符合产业发展方向的药品和医疗器械,注册指导服务工作站应当及时跟踪、对接注册进度,开展药品和医疗器械注册工作的前期指导服务,推动药品和医疗器械加快上市。

第十八条 本市支持国家药品监管局药品审评检查长三角分中心、医疗器械技术审评检查长三角分中心建设,协助配置职业化专业化的审评员、检查员,建立科学高效专业的审评检查工作机制。

市和浦东新区有关部门应当依托国家药品监管局药品审评检查长三角分中心、医疗器械技术审评检查长三角分中心,为生物医药企业提供高效便捷的指导和服务,根据相关规定推动创新药品和医疗器械纳入优先审评审批通道,加快推进创新药品和医疗器械注册上市。

第十九条 本市支持创新药品和医疗器械进入医疗机构使用。市和浦东新区有关部门对浦东新区医疗机构采购和使用的创新药品和医疗器械不纳入药品(耗材)收入所占比例、药品品种规格总数、采购比例限制等考核。

第二十条 本市支持高校、科研院所、医疗机构与浦东新区生物医药企业开展合作,通过共建实验室、研究院等方式推动建设创新协作产业生态圈。本市支持国家级和市级医药临床研究中心建设,探索浦东新区研究型医院试点建设,推进科技成果与临床研究对接,推动产学研医深度融合。

浦东新区科技经济、卫生健康部门应当开展创新药品和医疗器械研发项目评估工作,依托本市医院企业协同临床试验加速平台,促进临床试验需求对接,提升产医融合质量效率。

第二十一条 鼓励各类医疗卫生机构推进健康医疗数据采集、存储,加强应用支撑和运维技术保障。加快建设和完善以居民电子健康档案、电子病历、电子处方等为核心的基础数据库。

市和浦东新区卫生健康部门应当依据相关法律法规建立健康医疗数据共享与开放机制,制定健康医疗数据开放分类分级标准,推动健康医疗数据有序开放,为本市生物医药创新研发提供数据支撑。

第二十二条 本市支持在浦东新区建设高标准、集约化的生物样本库。

市卫生健康部门和浦东新区人民政府应当建立有效的生物样本研究应用与共享机制,支持企业牵头或者参与制定样本库建设管理标准。市和浦东新区卫生健康部门应当加强生物样本及其信息数据的存储与管理的指导,保障生物样本采集、存储、使用、共享等符合生物安全管理规范。

医疗卫生机构的生物样本,可以委托有相关资质的第三方机构集中存储和管理。

第二十三条 本市支持建设张江综合性国家科学中心,推进大科学设施规划建设,完善设施使用保护,严格设施周边管理,为生物医药产业发展提供基础性研究和保障。

第二十四条 对符合条件的新型生物医药研发机构,市和浦东新区有关部门应当在其管理模式、成果转化、体制机制改革等方面给予指导和支持。

浦东新区人民政府应当支持具备条件的生物医药企业开放创新中心建设。对符合条件的创新中心,在建设运营、人才奖励、知识产权保护等方面给予支持。

第二十五条 本市鼓励各类市场主体建设众创空间、孵化器、加速器等生物医药共享公共服务平台,创新服务模式,针对创新企业不同发展阶段提供完善的基础设施、针对性的运营管理和专业的研发服务,强化产业园区、创新研发企业、研发生产服务企业之间的协同联动。

第二十六条 本市推进生物医药制造业创新链、产业链、人才链深度融合。鼓励生物医药产业链核心企业牵头带动产业链供应链持续向高级化、现代化发展,打造一批拥有关键核心技术的生物医药领军企业。

第二十七条 本市建立浦东新区生物医药项目信息数据库并动态更新,创新研发成果有序转化的利益分享机制,实现本市生物医药创新研发与生产制造协同发展。

第二十八条 对符合生物医药产业发展导向的重点项目,市和浦东新区有关部门可以按照规定对土地用途、容积率、建筑高度等予以优化。

市和浦东新区规划资源部门应当深化产业用地"标准化"出让方式改革,增加混合产业用地供给。在符合产业功能导向和生物医药项目主导产业用途的前提下,对浦东新区生物医药产业用地试点允许受让人自主确定土地产业用途比例。

第二十九条 本市对符合规定的生物医药创新产品实行首购和订购制度。浦东新区健全优先使用生物医药创新产品的政府采购政策,加大生物医药创新产品政府采购力度,促进生物医药创新产品研发和示范应用。

第三十条 市地方金融监管部门、浦东新区人民政府应当创新生物医药产业金融服务模式,推动生物医药企业在科创板等资本市场上市;持续优化张江指数样本和权重,突出张江国家自主创新示范区生物医药等优势产业,引导资本市场支持张江生物医药产业发展。

市财政、地方金融监管部门应当加大对生物医药供应链金融的指导,重点支持金融机构围绕生物医药供应链核心企业开发适合产业发展需求的供应链金融产品,为生物医药产业链上下游中小企业融资提供服务。

本市发挥上海市中小微政策性融资担保基金作用,通过批次担保、联合担保、再担保等多种方式引导相关金融机构和融资担保机构,为浦东新区生物医药企业融资提供增信服务。

第三十一条 浦东新区生态环境部门可以会同科技经济部门按照生态保护红线、环境质量底线、资源利用上线和生态环境准入清单的生态环境分区管控要求,对抗体、疫苗、血液制品等生物制品领域建设项目,根据所在区域环境敏感程度、建设项目可能产生的环境影响和环境风险,制定细分行业的生态环境管理措施,实行差异化监管。

第三十二条 浦东新区生物医药研发机构、医疗机构可以将其依法取得的职务科技成果的知识产权或者知识产权的长期使用权给予成果完成人。

浦东新区组建生物医药专业职称评审委员会,对区域内非公领域生物医药产业专业技术人才开展职称评价;根据国家授权制定发布国际职业资格证书认可清单,研究国际职业资格与国内职称的衔接办法。

浦东新区生物医药研发机构、医疗机构的专业技术人员在其他企业、机构兼职或者利用与本人从事专业相关的科技创新成果在职创办企业的,相关权利义务由其所在单位规定,或者由其所在单位与专业技术人员约定。

第三十三条 本市贯彻落实国家生物安全战略,建立健全生物安全风险监测预警体系,健全完善生物安全科研攻关机制,推动本市生物安全技术及其产业化应用引领发展。

第三十四条 本规定自 2022 年 1 月 1 日起施行。

上海市浦东新区市场主体登记确认制若干规定

上海市人民代表大会常务委员会公告

(〔十五届〕第一百零八号)

《上海市浦东新区市场主体登记确认制若干规定》已由上海市第十五届人民代表大会常务委员会第三十九次会议于 2022 年 2 月 18 日通过,现予公布,自 2022 年 3 月 15 日起施行。

上海市人民代表大会常务委员会

2022 年 2 月 18 日

第一条 为了推进市场主体登记确认制,深化"放管服"改革,维护良好市场秩序和市场主体合法权益,优化营商环境,根据有关法律、行政法规的基本原则,结合浦东新区实际,制定本规定。

第二条 本规定适用于浦东新区的市场监督管理部门(以下称"登记机关")推进市场主体登记确认制改革及其相关的管理、服务活动。

本规定所称市场主体登记确认制,是指登记机关依据法定的权限和程序,对有限责任公司、非公司企业法人及其分支机构、个人独资企业、合伙企业及其分支机构(以下统称"市场主体")的主体资格和登记事项予以认定并公示其法律效力的登记制度。

第三条 实施市场主体登记确认制,应当遵循尊重意思自治、贯彻形式审查、全程公开透明、智慧便捷高效的要求,赋予市场主体更大的经营自主权,降低制度性交易成本。

申请人应当实名申请登记,并对其提交材料的真实性、合法性和有效性负责。登记机关对申请材料进行形式审查,对申请材料齐全、符合法定形式的予以确认并登记。

第四条 市场主体的设立登记实行行政确认。符合法律法规规定的设立条件的,由登记机关确认其主体资格,并分别登记为相应类型的市场主体,签发营业执照。取得营业执照的市场主体即可从事一般经营项目。

第五条 市场主体名称登记实行申报承诺制。申请人可以通过"一网通办"平台以自主申报、事先承诺的方式办理名称登记。

登记机关应当运用现代信息技术,对申请人申报的名称是否与他人相同或者近似等情形进行自动比对,实时导出比对结果,及时提示申请人可能存在的法律风险。

第六条 市场主体自主确定经营范围,并记载于章程(合伙协议)。

市场主体仅需将主营项目、许可项目以及涉及外商投资准入特别管理措施的项目申请登记。登记机关按照经营项目分类标准予以确认并登记。

市场主体超越登记的经营范围开展非许可类经营活动的,登记机关不予处罚;未经许可开展许可类经营活动的,由有关许可部门依法处理。

第七条 推进市场主体住所和经营场所分离改革。市场主体需要在住所以外开展经营活动的,可以备案多个符合条件的经营场所,也可以办理分支机构设立登记。

第八条 市场主体之间有控制关系、有共同投资方或者隶属于同一集团的,可以将同一地址作为住所登记。

符合住所托管要求的市场主体,可以将指定的场所登记为住所。

第九条 市场主体应当置备股东(合伙人、投资人)名册。股权(财产份额、出资额)转让的,应当书面通知市场主体。

市场主体应当及时变更名册并申请变更登记,免于向登记机关提交转让协议等材料。

第十条 推进市场主体备案事项改为自主公示。市场主体应当在设立时或者下列事项变动之日起二十个工作日内通过国家企业信用信息公示系统、"一网通办"平台向社会公示:

(一)董事、监事、高级管理人员;

(二)市场主体登记联络员;

（三）外商投资企业法律文件送达接受人。

市场主体公示前款规定的材料和事项应当合法、准确、完整。公示虚假信息的，应当将其违法失信行为记入市场主体信用档案，依法实施失信惩戒；损害他人合法权益的，依法承担法律责任。

第十一条 按照分级分类监管原则，结合市场主体信用和风险状况，开展针对市场主体自主公示事项和留存文件的"双随机、一公开"抽查，并实施差异化监管措施。

对市场主体的登记事项和自主公示信息，利害关系人提出异议或者经抽查发现异常的，登记机关应当及时进行核查。核查期间，登记机关可以对市场主体的相关信息作出标注。

第十二条 发挥律师事务所、会计师事务所、税务师事务所等专业服务机构和有关行业协会等的共治功能，推进市场主体托管机制创新。

托管服务机构应当按照登记机关要求建立托管服务工作台账，配合协助有关部门开展对市场主体的监督管理，督促市场主体履行相关义务。

市场主体可以根据约定以托管服务机构的住所申请住所登记。市场主体在住所以外活动的，应当向托管服务机构提供相关信息。

第十三条 登记机关应当建立覆盖市场主体全生命周期的登记服务体系，实现登记工作的标准公开、服务公开和结果公开。

登记机关应当优化登记流程，推行材料清单标准化、办理流程电子化、登记服务智能化，便利市场主体通过"一网通办"平台全程线上办理登记。除登记法定代表人（执行事务合伙人）外，登记机关不再收取股东会决议、董事会决议、任免职文件等材料。

第十四条 推进以电子营业执照为载体，归集各类电子许可证信息，实现电子证照"一照通用"和市场主体营业执照记载项目精简化。营业执照记载项目包括市场主体的名称、法定代表人（执行事务合伙人、负责人或经营者）姓名、住所（主要经营场所）、注册资本（出资额）、登记机关等。

第十五条 市场主体违反本规定，未及时公示有关材料和事项或者公示的信息违法、虚假、遗漏的，责令限期改正；拒不改正的，可以处一万元以上十万元以下的罚款，列入经营异常名录；情节严重的，列入严重违法企业名单，实施信用惩戒。

托管服务机构违反本规定的,责令限期改正;拒不改正的,处一万元以上十万元以下的罚款。

提交虚假材料或者采取其他欺诈手段取得市场主体登记的,依法撤销登记。

第十六条 本市有关司法机关和行政机关应当支持市场主体登记确认制改革,建立与其相适应的评价、考核制度。

登记机关及其工作人员在实施确认登记中依据本规定和相关制度尽责履职、未牟取私利,但因现有科学技术、监管手段限制未能及时发现问题的,不予追究执法过错责任。

第十七条 本规定自 2022 年 3 月 15 日起施行。

上海市浦东新区绿色金融发展若干规定

上海市人民代表大会常务委员会公告
（〔十五届〕第一百一十五号）

　　《上海市浦东新区绿色金融发展若干规定》已由上海市第十五届人民代表大会常务委员会第四十一次会议于 2022 年 6 月 22 日通过，现予公布，自 2022 年 7 月 1 日起施行。

上海市人民代表大会常务委员会

2022 年 6 月 22 日

　　第一条　为了提升浦东新区绿色金融服务水平，促进绿色金融和普惠金融、科创金融的融合发展，推进上海国际金融中心核心区建设，打造上海国际绿色金融枢纽，加快经济社会发展全面绿色转型，促进生态文明建设，根据有关法律、行政法规的基本原则，结合浦东新区实际，制定本规定。

　　第二条　本规定适用于浦东新区行政区域内开展绿色金融活动及相关促进保障工作。

　　本规定所称绿色金融，是指为支持改善生态环境、应对气候变化、资源节约高效利用等经济社会活动所提供的金融服务。

　　第三条　市人民政府应当加强对浦东新区绿色金融工作的领导，深化与国家金融管理、发展改革、生态环境、财政等部门协作，推动绿色金融改革创新，加强绿色转型风险管理，协调解决绿色金融发展中的重大问题。

　　浦东新区人民政府应当建立绿色金融发展工作协调机制，健全与国家金融管理部门在沪机构联系机制，将绿色低碳转型纳入国民经济和社会发展规划，推动气候投融资等绿色金融改革创新试点,统筹各项支持政策,提升重点产业绿色能级,促进经济社会绿色发展。

第四条 市地方金融监管部门应当加强与国家金融管理部门在沪机构的沟通协调,指导浦东新区绿色金融改革创新和依法开展绿色金融监督管理相关工作。

市发展改革、生态环境、财政、经济信息化、科技、住房城乡建设管理、交通、市场监管、知识产权等部门应当按照各自职责,完善配套政策,支持浦东新区开展绿色金融改革创新。

市国有资产监督管理部门应当强化市属国有金融机构绿色金融业绩考核管理,推动市属国有金融机构落实国家金融管理部门绿色金融活动监督管理要求。

浦东新区金融工作部门应当做好本行政区域的绿色金融发展促进和服务保障等工作。浦东新区发展改革、生态环境、财政、科技经济信息化、建设交通、国有资产监督管理、市场监管、知识产权等部门应当按照各自职责支持开展绿色金融改革创新。

第五条 市人民政府应当统筹建立绿色企业评价要求、评价标准和绿色项目认定条件、认定标准工作机制。市发展改革、经济信息化、科技、生态环境、住房城乡建设管理、交通、市场监管等部门根据国家规定,研究制定行业绿色企业评价要求、评价标准和绿色项目认定条件、认定标准。

市生态环境部门会同市发展改革等部门,根据绿色企业评价要求、评价标准和绿色项目认定条件、认定标准,统筹市级各行业主管部门建立绿色项目库,引入第三方机构评估论证或者组织专家开展科学论证,将绿色企业、绿色项目、绿色技术等入库,并实行动态调整。

浦东新区人民政府应当会同国家金融管理部门在沪机构、市地方金融监管部门等,实施绿色金融国家标准和行业标准,组织制定国家绿色金融标准浦东新区配套制度或者补充性绿色金融地方标准,统一浦东新区绿色金融产品和项目评估、认定和分类标准。

第六条 市人民政府应当支持国家金融管理部门在沪机构在浦东新区建立改革试验机制,促进绿色金融等领域创新监管互动,支持金融机构等市场主体在有效控制风险的基础上开展产品业务创新。

市人民政府应当鼓励国家金融管理部门在沪机构开展金融科技创新监管工

具实施工作,支持在浦东新区开展绿色金融活动的金融机构(以下统称浦东新区金融机构)利用金融科技手段,实现对绿色项目的识别、环境效益的测算。

第七条 市人民政府应当支持国家金融管理部门在沪机构通过完善绿色金融评价机制,引导浦东新区金融机构制定绿色金融发展规划,完善组织机制,建立绩效考核、激励约束和内部风险管理制度。

浦东新区人民政府及各部门在选择金融机构开展相关合作时,应当将其实施环境信息披露情况和绿色金融评价结果作为重要依据。

第八条 本市支持金融机构、金融基础设施机构、相关交易场所等为碳密集型、高环境风险的项目或者市场主体向低碳、零碳排放转型提供金融服务。

市人民政府应当支持国家金融管理部门在沪机构结合浦东新区产业实际和区域特征,制定补充性转型金融标准、分类和管理规则。

第九条 本市支持符合条件的境内外机构发起设立为改善生态环境、应对气候变化、资源节约高效利用等经济社会活动提供金融服务的银行、证券、保险、基金、信托等金融机构。

本市支持世界银行、亚洲开发银行、亚洲基础设施投资银行等为绿色项目提供投融资和技术服务,发挥新开发银行总部效应,推动绿色金融国际合作项目在浦东新区落地。

本市发挥中国(上海)自由贸易试验区、中国(上海)自由贸易试验区临港新片区跨境资金流动先行先试优势,为绿色企业提供更便利的跨境投融资服务。

第十条 本市鼓励金融机构响应国际国内生物多样性金融相关倡议,利用国际绿色金融合作框架,参与生物多样性金融示范项目。

浦东新区人民政府鼓励金融机构创新业务模式,加强区域协作,参与生物多样性金融示范项目。

第十一条 浦东新区人民政府应当按照国家部署,开展气候投融资试点,探索差异化的投融资模式,以市场手段强化各类资金有序投入,创新激励约束机制,完善资金安排联动机制,抑制高碳投资。

支持浦东新区金融机构创新气候投融资产品和业务。

第十二条 国家金融管理部门在沪机构鼓励银行业金融机构改革内部资金转移定价机制,探索通过有关结构性货币政策工具、监管评价、提高绿色信贷不良率容忍度等方式,支持开展绿色信贷业务。

浦东新区银行业金融机构应当优化、创新绿色信贷产品和服务,扩大信贷规模,提供信贷便利,降低信贷成本,将环境、社会和治理要求纳入管理流程和全面风险管理体系。

第十三条　本市支持上海票据交易所为绿色票据发展提供技术支持,参与制定绿色票据标准,探索形成包括票据融资、应收账款融资、保理融资等供应链融资的绿色标准。

鼓励浦东新区金融机构依托上海票据交易所发展绿色票据业务,发挥绿色票据再贴现业务的定向支持作用,向绿色产业链上下游企业提供优质的支付融资方案。

第十四条　浦东新区人民政府探索将符合条件的重大清洁低碳能源项目等纳入地方政府专项债券支持范围,支持区域绿色项目建设。

浦东新区人民政府应当建立绿色债券项目储备,支持金融机构、地方金融组织、企业发行碳中和债券、可持续发展挂钩债券等各类债券,降低发债成本。

纳入绿色债券项目储备范围内的企业发行债券的,浦东新区人民政府鼓励区内融资担保机构提供担保支持,市中小微企业政策性融资担保基金按照规定提供再担保支持。

鼓励符合条件的第三方机构开展绿色债券信用评级,揭示绿色债券信用风险。

第十五条　中国外汇交易中心、上海证券交易所、上海清算所、跨境银行间支付清算公司、中国证券登记结算公司上海分公司、中央国债登记结算公司上海总部等金融基础设施机构应当为绿色债券的发行、登记、托管、交易、清算、结算等提供便利服务。鼓励金融机构承销绿色公司债券、绿色企业债券、绿色债务融资工具、绿色资产支持证券等。

国家金融管理部门在沪机构支持中国外汇交易中心、上海证券交易所等金融基础设施机构组织绿色债券做市,为金融机构开展绿色债券做市业务提供系统便利和支持。

第十六条　本市支持上海保险交易所在浦东新区试点建立绿色保险产品登记、清算、结算服务平台。

登记注册在中国(上海)自由贸易试验区的保险公司分支机构,可以办理绿色再保险分入业务。

第十七条　浦东新区从事涉及重金属、危险废物、有毒有害物质等环境高风险企业,应当投保环境污染责任保险。浦东新区生态环境部门应当每年制定并公布应投保企业名录。

国家金融管理部门在沪机构建立环境污染责任保险产品和服务监管机制。上海保险交易所试点建立浦东新区环境污染责任保险信息管理平台。

第十八条　本市支持银行业金融机构加大对绿色融资租赁项目的资金支持。

支持登记注册在浦东新区的融资租赁公司探索开展绿色低碳相关技术专利等无形资产的融资租赁业务。

登记注册在浦东新区的融资租赁公司开展节能环保、清洁生产、清洁能源、生态环境、基础设施绿色升级以及绿色服务等领域融资租赁业务的,经国家金融管理部门授权,可以适当放宽租赁资产余额集中度与关联度的监管限制。

第十九条　本市支持浦东新区信托机构通过信托贷款、股权投资、债券投资、资产证券化、公益(慈善)信托等方式开展绿色信托业务。

以不动产设立信托的,可以向不动产登记机构申请记载为信托财产。中国信托登记公司可以在浦东新区试点信托财产登记,办理绿色信托产品登记、统计、流转等事项。

第二十条　本市鼓励浦东新区金融机构遵循负责任投资原则,将环境、社会和治理因素纳入投资决策,督促被投资方改善环境绩效,减少环境风险,开展环境信息披露。

有关部门应当在绿色投资主题基金的市场主体登记、基金跨境投资审批等方面提供便利。

第二十一条　本市支持私募股权基金、创业投资基金等加大对绿色企业、绿色项目、绿色技术等的投资。

本市区域性股权市场运营机构组织建立私募股权与创业投资份额转让平台,开展私募股权和创业投资份额的托管、转让、质押登记等业务。国家对公司股权出质登记另有规定的,从其规定。

第二十二条　本市推动清洁低碳能源、生态环保等领域符合条件的项目纳入全国基础设施领域不动产投资信托基金试点项目库,并开展试点。

本市支持国家绿色发展基金等在沪各类绿色股权投资基金,聚焦浦东新区环境保护、污染防治、能源资源节约利用、绿色建筑、绿色交通、绿色制造等领域开展绿色投资。

浦东新区人民政府应当依托政府引导基金或者产业投资基金,通过政府和社会共同出资的方式,支持绿色产业发展。政府出资产生的投资超额收益部分可以按照一定比例,让利给社会出资人。

第二十三条 市、浦东新区相关部门应当按照规定对绿色低碳技术的创新开发给予支持。鼓励浦东新区金融机构对绿色低碳技术成果转化和应用开展投贷联动业务。

第二十四条 市中小微企业政策性融资担保基金应当为开展绿色项目融资的中小微企业加大担保支持力度,提高绿色融资担保业务比重和担保额度,给予费率优惠。市人民政府相关部门应当完善资本金补充、风险补偿和绩效考核机制。

对于获得市中小微企业政策性融资担保基金担保的浦东新区中小微企业,浦东新区相关部门应当按照规定给予经费补助等支持。

第二十五条 本市支持金融机构开展环境权益担保融资、回购、拆借等业务,推动金融机构成为上海环境能源交易所的直接交易主体。

本市支持浦东新区金融基础设施机构和金融机构等依法合规开展天然气、电力、氢能等绿色相关衍生产品和业务,推动浦东新区金融基础设施机构和金融机构依法参与创设、交易碳衍生品等相关业务。

第二十六条 市场主体可以办理有关环境权益担保登记,并对登记内容的真实性、完整性和合法性负责。中国人民银行征信中心动产融资统一登记公示系统、上海环境能源交易所等机构不对担保登记内容进行实质审查。

设定担保的碳排放权价值发生较大幅度减少等情形的,担保权人可以按照法律规定或者合同约定,请求补足担保价值,压降借贷资金额度或者提前收回借贷资金并处置担保标的。

债务人未能按期履行债务或者发生约定实现担保权的情形,担保权人可以与担保人协议以碳排放权折价或者拍卖、变卖该碳排放权。通过上海环境能源交易所进行转让的,可以采取协议交易、单向竞价或者其他符合规定的方式。

第二十七条 浦东新区内生产经营活动涉及温室气体重点排放、曾发生过环境事故的企业,从浦东新区金融机构或者地方金融组织获得绿色金融服务的,应当向资金融出方提供相关环境信息。

第二十八条 从浦东新区金融机构或者地方金融组织获得绿色金融服务的区内企业,发生下列情形之一的,应当在五个工作日内将相关信息告知资金融出方:

(一)与环境保护相关的行政许可事项发生变更的;

(二)发生突发生态环境事件的;

(三)发生对社会公众及投资者有重大影响的生态环境损害赔偿等事件的;

(四)因生态环境违法行为受到行政处罚或者被追究刑事责任的;

(五)资金融出方要求提供的其他环境信息。

第二十九条 浦东新区银行业金融机构法人应当按照中国人民银行发布的《金融机构环境信息披露指南》等标准要求,发布年度环境信息报告。鼓励浦东新区银行业金融机构法人开展环境信息临时披露,并增加披露频次和范围。

鼓励浦东新区内除银行业金融机构法人之外的金融机构发布年度环境信息报告,开展环境压力测试等环境风险量化分析,并将分析结果纳入信息披露范围。

第三十条 浦东新区人民政府应当依托市大数据资源平台建立绿色金融数据服务专题库,探索金融数据与公共数据的交互融合,与智慧能源双碳云平台、产业绿贷综合性融资服务平台等建立数据对接机制,依法推进信息的归集、整合、查询、共享。

浦东新区人民政府支持各类市场主体使用绿色金融数据服务专题库,推动金融资源精准服务绿色项目库中的企业或者项目等。

第三十一条 浦东新区人民政府应当依托绿色金融数据服务专题库,与各类第三方机构开展数字化协作,探索建立企业碳账户和自然人(常住人口)碳账户,将企业碳排放表现信息和个人绿色低碳活动信息等纳入碳账户、形成碳积分。

鼓励浦东新区金融机构为碳积分高的企业和自然人提供优惠的金融产品或者服务。

加强浦东新区企业碳账户和自然人碳账户与全市碳普惠相关平台的衔接。

第三十二条 市人民政府应当将绿色金融发展纳入上海金融创新奖评选范围,按照规定评选和奖励。

浦东新区人民政府应当将绿色金融发展纳入财政政策体系予以专项支持，通过相关领域财政专项资金对下列机构加大支持力度：

（一）符合财政支持条件的金融机构、金融基础设施机构、地方金融组织、企业、第三方机构等；

（二）金融机构在区内新设符合财政支持条件的绿色金融事业部（业务中心）或者绿色金融分支机构。

第三十三条 浦东新区人民政府应当为吸引绿色金融高层次、紧缺急需和优秀青年人才提供便利支持。对绿色金融创新项目获得上海金融创新奖具有突出贡献的个人，浦东新区人民政府可以按照规定引进落户。

浦东新区人民政府应当为外籍绿色金融人才在居留、出入境、办理工作许可等方面提供便利支持。

浦东新区人民政府支持金融机构、高校、第三方机构等组织开展绿色金融相关专业技能培训。

第三十四条 本市各级人民法院、人民检察院应当充分发挥司法职能，为绿色金融创新发展提供司法保障。

支持人民法院、仲裁机构在审判、仲裁活动中尊重金融行业交易规则和习惯，发布绿色金融典型案例。支持上海金融法院探索金融市场案例测试机制，向金融市场提供规则指引，服务绿色金融创新。

第三十五条 本市支持提供绿色认证、环境咨询、资产评估、资信评级、数据服务、碳排放核算、环境信息披露报告核查等服务的第三方机构，依法开展专业化业务活动。

第三方机构应当勤勉尽责、恪尽职守，严格遵守数据安全和权益保护要求，对文件资料的真实性、准确性、完整性进行核查和验证。第三方机构制作、出具的文件有虚假记载、误导性陈述或者重大遗漏，给他人造成损失的，应当依法承担法律责任。

第三十六条 本规定所称环境权益，是指政府为解决外部性问题，对行为主体在自然资源和环境容量消耗数量方面设定许可、进行总量控制而产生的权益。

本规定所称碳排放权，是指分配给重点排放单位的规定时期内的碳排放额度。

第三十七条 本规定自 2022 年 7 月 1 日起施行。

上海市浦东新区推进市场准营
承诺即入制改革若干规定

上海市人民代表大会常务委员会公告

(〔十五届〕第一百一十六号)

《上海市浦东新区推进市场准营承诺即入制改革若干规定》已由上海市第十五届人民代表大会常务委员会第四十一次会议于 2022 年 6 月 22 日通过,现予公布,自 2022 年 8 月 1 日起施行。

上海市人民代表大会常务委员会

2022 年 6 月 22 日

第一条 为了创新政府服务管理方式,推进市场准营承诺即入制改革,优化营商环境,根据有关法律、行政法规的基本原则,结合浦东新区实际,制定本规定。

第二条 本规定适用于浦东新区推进市场准营承诺即入制改革的相关管理服务活动。

本规定所称的市场准营承诺即入制,是指通过一次性告知市场主体从事特定行业许可经营项目须具备的全部条件和标准,由市场主体书面承诺其已经符合要求并提交必要材料,即可取得行政许可的改革举措。

第三条 浦东新区推进市场准营承诺即入制改革,应当以市场主体需求为导向,统筹行政审批制度和商事制度改革,注重政府职能转变和改革系统集成,不断激发市场主体活力。

第四条 浦东新区人民政府应当加强组织协调,建立健全深化市场准营承诺即入制改革的统筹推进工作机制。

浦东新区审批制度改革部门负责牵头推进市场准营承诺即入制改革工作。

浦东新区行政审批局负责市场准营承诺即入手续的具体办理工作。

第五条 除涉及国家安全、社会稳定、生态环境安全、金融业审慎监管、重大公共利益的领域,浦东新区人民政府应当根据国家和本市改革部署,按照稳妥审慎、循序渐进、风险可控的要求,确定实行市场准营承诺即入制的行业及相应的事项,并向社会公布。

第六条 市场主体设立登记后,浦东新区行政审批局应当通过企业专属网页等途径推送通过承诺即入方式办理行业许可的线上链接和线下渠道。

市场主体选择承诺即入方式办理许可的,可以通过"一网通办"平台等在线办理,也可以线下办理。

在自然灾害、事故灾难、公共卫生和社会安全等突发事件应对处置期间,浦东新区行政审批局应当充分发挥"一网通办"平台作用,推进实现无接触服务、不见面办理。

第七条 浦东新区有关行政机关负责具体行业市场准营承诺即入制的推进以及相应市场主体的事中事后监管等工作。

对实行市场准营承诺即入制的行业,浦东新区有关行政机关应当按照场所、设备、人员、资金、管理制度等要素,对从事该行业经营活动涉及的法定许可条件进行标准化集成,对要求市场主体提交的材料整合精简,编制许可条件清单和材料清单,并向社会公开。

第八条 浦东新区行政审批局应当通过告知承诺书一次性告知市场主体从事特定行业经营活动涉及的行政许可事项、许可条件、法律法规依据以及所需材料目录、提交方式、提交期限等。

告知承诺书的告知内容应当全面、准确、易懂,可量化、可操作,不得模糊表述,不得含有兜底条款,不得在告知承诺书外另附许可审批条件。

第九条 市场主体按照承诺即入方式办理市场准营手续的,应当书面承诺其已经满足告知的条件、标准和技术等要求,并能够在约定的期限内提交相关材料。

第十条 浦东新区有关行政机关应当建立全流程指导和服务机制,通过线上线下多种渠道,为市场主体理解和履行承诺内容提供专业化、智能化的导航指引和咨询服务。

　　浦东新区行业牵头部门应当会同行政许可部门编制市场准营承诺即入制告知承诺书示范文本,并向社会公布。

　　对因承诺可以减省的材料,不再要求提供。对可以在行政许可后一定期限补交的材料,实行容缺办理、限期补交。

　　市场主体因突发事件影响超出提交材料期限的,按规定予以期限中止、顺延。

　　第十一条　市场主体从事许可经营项目应当符合许可条件和标准。市场主体向浦东新区行政审批局提交市场准营告知承诺书以及符合要求的有关材料后,即可取得行政许可。

　　第十二条　签署市场准营告知承诺书的市场主体及其承诺的内容由浦东新区行政机关向社会公开。

　　鼓励市场主体自行公开告知承诺书。

　　第十三条　市场主体告知承诺书的内容,构成行政机关实施事中事后监管的依据。

　　市场主体在告知承诺书约定的期限内未提交材料、提交的材料不符合要求的,浦东新区有关行政机关应当依法注销相关行政许可。

　　浦东新区有关行政机关应当按照分级分类监管原则,结合市场主体信用和风险状况,根据"双随机、一公开"的要求,在作出行政许可后两个月内对市场主体的承诺内容开展检查。

　　第十四条　浦东新区有关行业管理部门应当结合市场主体及其主要投资人等信用信息及行业管理实际,确定可以适用市场准营承诺即入方式的市场主体范围。依法列入严重违法失信企业名单的市场主体,不得适用市场准营承诺即入方式。

　　浦东新区社会信用管理部门应当加强市场主体公共信用信息的归集、共享等工作,有关行业管理部门应当建立健全市场主体信用记录,依法归集至公共信用信息服务平台。

　　第十五条　市大数据管理部门应当加强推进市场准营承诺即入制改革的信息化保障,开发有关功能模块和数据接口,推动与浦东新区市场准营承诺即入制申办系统对接。市级有关部门应当优化完善相关业务系统,建立数据交换机制,确保市场准营承诺即入制全程线上办理。

浦东新区大数据管理部门应当为市场准营承诺即入制平台日常运行提供技术支撑。

第十六条 市人民政府及其行政审批制度改革等有关部门应当积极争取国家有关部门对浦东新区市场准营承诺即入制改革的支持,加大赋权力度,加强对浦东新区推进市场准营承诺即入制改革的指导、协调,帮助解决改革中的问题,及时总结推广改革经验。

第十七条 市场主体以不正当手段取得许可的,浦东新区相关行政机关应当依法给予行政处罚;开展相应经营活动的,适用未经许可从事经营活动的法律、法规处理。

第十八条 本规定自 2022 年 8 月 1 日起施行。

上海市浦东新区化妆品产业创新发展若干规定

上海市人民代表大会常务委员会公告

(〔十五届〕第一百二十号)

《上海市浦东新区化妆品产业创新发展若干规定》已由上海市第十五届人民代表大会常务委员会第四十二次会议于 2022 年 7 月 21 日通过,现予公布,自 2022 年 8 月 1 日起施行。

上海市人民代表大会常务委员会

2022 年 7 月 21 日

第一条 为了促进浦东新区化妆品产业创新发展,培育化妆品领域新模式新业态,助力上海国际消费中心城市建设,根据有关法律、行政法规的基本原则,结合浦东新区实际,制定本规定。

第二条 市人民政府应当加强对化妆品产业发展工作的领导,深化与国家有关部门的协作,承接国家创新试点,统筹协调浦东新区与其他区域化妆品产业发展中的重大事项。

浦东新区人民政府应当加强对区域化妆品产业创新发展工作的领导,整合优化资源,综合协调化妆品产业创新发展中的重大问题。

第三条 市药品监督管理部门应当支持和指导浦东新区化妆品产业创新发展,开展化妆品监督管理工作。

市经济信息化部门负责推进化妆品产业规划布局和产业发展。

市和浦东新区发展改革、科技、商务、市场监督管理、知识产权、人力资源社会保障等部门以及上海海关,根据各自职责和本规定,负责化妆品产业发展、消费促进、贸易便利等相关工作。

第四条 本市建立浦东新区化妆品产业创新发展工作市、区两级会商机制。

市和浦东新区相关部门应当加强沟通协调，对浦东新区化妆品产业创新发展工作中跨部门、跨领域的事项共同协商研究。

第五条 市科技部门和浦东新区人民政府应当支持化妆品企业与高校、科研院所、医疗机构合作，促进产学研医深度融合，提升行业创新能力和新产品研发能力，推动化妆品领域科技成果转化。

市科技部门和浦东新区人民政府应当引导和支持化妆品企业加大研发投入，开展技术创新和专业人才培养，培育、发展高新技术企业，支持有条件的化妆品企业创建科技创新基地。

第六条 市和浦东新区鼓励化妆品生产企业数字化转型，推进化妆品领域工业互联网和消费互联网融合，构建生产全过程关键数据的实时采集与分析系统，提升质量安全风险管控能力。

第七条 市经济信息化、商务、药品监督管理等部门应当根据各自职责，推动化妆品企业加强品牌引领示范培育和建设。

浦东新区应当采取措施，推动建设化妆品品牌孵化基地，为品牌研发设计、宣传推广等提供服务。

第八条 市商务、经济信息化、药品监督管理等部门应当根据各自职责支持、培育化妆品消费领域新模式新业态。

市商务部门应当支持化妆品领域数字消费模式，建设化妆品智慧购物示范场景，培育化妆品经营电子商务标杆企业。

浦东新区应当采取措施，支持推进全球化妆品品牌集聚，鼓励和引导在综合商圈开展展示、推广、体验等活动，支持在免税店设立国产化妆品销售专区，助推国际消费中心城市建设。

第九条 本市鼓励化妆品企业提升匹配消费需求的能力，开展皮肤科学基础研究，探索小批量、多品种、高灵活度的生产模式，精准研发适合消费者个性化需求的化妆品。

精准研发的普通化妆品上市前，本市化妆品备案人应当根据产品特点进行安全评估和功效评价，按照国家规定提交备案资料。

第十条 本市化妆品备案人、境内责任人可以在浦东新区设立的经营场所，根据消费者的个性化需求,对其备案的普通化妆品(不含儿童化妆品、眼部护肤类化妆品、使用新原料的化妆品等)现场提供包装、分装服务,或者自行、委托本市化妆品生产企业生产。

现场提供包装、分装服务且涉及直接接触化妆品内容物的化妆品备案人、境内责任人应当对化妆品质量安全进行风险评估,并向浦东新区市场监督管理部门申请生产许可。符合条件的,核发化妆品生产许可证。化妆品备案人、境内责任人应当建立相应的化妆品生产质量管理体系,定期向浦东新区市场监督管理部门提交生产质量管理体系自查报告。

具体生产许可条件和管理要求由市药品监督管理部门制定。

第十一条 本市支持产业园区管理机构、第三方机构建立化妆品原料供应服务平台,为浦东新区化妆品注册人、备案人、受托生产企业提供原料供应和质量管理等服务。

提供化妆品原料供应服务的平台运营机构应当建立原料进货查验记录制度,加强原料的检验检测、贮存和运输管理,并做好原料采购、供应记录。

第十二条 本市支持相关企业依法开展进口化妆品的包装和贴标服务,促进贸易便利化。

在进口化妆品直接接触内容物的包装已完成标注标签并可追溯的情况下,境外化妆品注册人、备案人或者其境内责任人可以在浦东新区符合相关监管要求的区域内自行或者委托其他企业,在直接接触内容物的包装上标注中文名称和使用期限,并按照国家化妆品标签的相关规定进行包装和加贴中文标签,但不得接触或者暴露化妆品内容物。

第十三条 对于通过浦东新区进口用于注册或者备案检验的化妆品样品,以及用于企业研发、非试用或者非销售的展览展示化妆品,符合相关要求的,可以免予提供进口特殊化妆品注册证或者进口普通化妆品备案信息,并免予进口检验。

第十四条 中国国际进口博览会和本市其他化妆品专业会展的参展商,经过海关等部门批准,可以在会展结束后将原进口化妆品转为浦东新区行政区域内的海关特殊监管区域的保税货物,举办消费促进等推广活动,符合条件的可以按照跨境电商方式销售。

第十五条 本市鼓励化妆品相关行业协会、企业、科研院所等参与化妆品新原料、新技术和新业态等创新领域相关标准的制定。

浦东新区知识产权部门应当运用专利快速审查服务机制,根据国家相关规定,为企业申请涉及化妆品的相关技术专利提供预审服务。

第十六条 本市鼓励专业院校为化妆品产业培养专业人才,加大引进海内外化妆品安全评估等专业领域高端人才。

市和浦东新区有关部门应当支持第三方检验检测机构、专业研发生产服务平台等建设,支持化妆品相关行业协会加强产业链信息沟通与合作,建立中国特色植物资源化妆品研究开发体系。

市药品监督管理部门、浦东新区市场监督管理部门可以委托第三方专业机构开展化妆品质量安全风险评估。

第十七条 本市建立健全与化妆品产业创新发展相适应的包容审慎监管机制。

市药品监督管理部门应当与浦东新区相关部门、上海海关等建立化妆品风险信息交换机制,实现化妆品风险信息的共享、预警和及时处置。

浦东新区市场监督管理部门应当加强对浦东新区化妆品注册人、备案人、受托生产企业、境内责任人的日常监管,可以结合浦东新区实际和产业创新发展要求依法制定监管规范。

第十八条 违反本规定第十条从事现场包装、分装服务且涉及直接接触化妆品内容物活动的,由负责药品监督管理的部门没收违法所得、违法生产经营的化妆品和专门用于违法生产经营的原料、包装材料、工具、设备等物品;违法生产经营的化妆品货值金额不足一万元的,并处一万元以上五万元以下的罚款;货值金额一万元以上的,并处货值金额五倍以上二十倍以下罚款;情节严重的,责令停产停业,依法取消备案或者吊销化妆品许可证件,并对违法单位的法定代表人或者主要负责人、直接负责的主管人员和其他直接责任人员依法处理。

违反本规定的其他行为,有关法律、行政法规已有处罚规定的,从其规定。

第十九条 本规定自 2022 年 8 月 1 日起施行。

上海市浦东新区文物艺术品交易若干规定

上海市人民代表大会常务委员会公告

(〔十五届〕第一百二十五号)

《上海市浦东新区文物艺术品交易若干规定》已由上海市第十五届人民代表大会常务委员会第四十三次会议于 2022 年 8 月 27 日通过,现予公布,自 2022 年 10 月 1 日起施行。

上海市人民代表大会常务委员会

2022 年 8 月 27 日

第一条 为了规范与促进浦东新区文物艺术品交易,推动上海国际文物艺术品交易中心建设,提升城市软实力,根据有关法律、行政法规的基本原则,结合浦东新区实际,制定本规定。

第二条 本规定适用于在浦东新区开展的文物艺术品交易活动。

第三条 本市坚持守正创新、扩大开放、交流互鉴、科学监管的原则,推动文物艺术品市场高水平开放、高质量发展。

从事文物艺术品交易活动,应当遵守文物保护和艺术品经营有关法律、法规、规章的规定,不得交易国家禁止买卖的文物艺术品,不得将国家禁止出境的文物转让、出租、质押给外国人或外国组织。

第四条 市人民政府应当加强与国家有关部门的协作,建立健全本市促进文物艺术品市场发展的综合协调机制,统筹协调文物艺术品市场发展中的重大事项。

浦东新区人民政府应当建立促进文物艺术品市场发展的工作机制,制定配套政策,落实支持措施,依托区域制度基础、开放优势和资源条件,推动文物艺术品交易集聚化、规模化发展。

第五条 市文物行政管理部门负责统筹推进本市文物艺术品市场发展,依法实施相关监督管理工作。

浦东新区文物行政管理部门负责制定并实施本行政区域有关促进文物艺术品市场发展的制度、规划和标准,依法实施具体监督管理工作。

市和浦东新区文化旅游、商务、市场监管、经济信息化、公安、人力资源社会保障等部门以及海关、外汇管理部门按照各自职责,做好促进文物艺术品市场发展的相关服务保障与监督管理工作。

第六条 本市在浦东新区设立上海国际文物艺术品交易服务中心(以下简称服务中心),为文物拍卖经营活动和艺术品交易提供场所、设施、鉴定等服务。

服务中心依法取得文物拍卖许可证,接受市文物行政管理部门的监督管理,并依法承担相应的法律责任。

服务中心的管理办法由市文物行政管理部门另行制定。

第七条 具备相应的资金、人员、技术等条件的拍卖企业可以通过服务中心开展文物拍卖经营活动。

服务中心对拍卖企业实行名单制管理,配合相关行政管理部门对其进行监督管理。拟列入、移出的拍卖企业名单应当由服务中心报市文物行政管理部门审核同意。列入名单的拍卖企业通过服务中心以自己的名义开展文物拍卖经营活动。

通过服务中心开展文物拍卖经营活动的拍卖企业不得从事文物购销经营活动。服务中心不得允许文物商店通过其开展文物拍卖经营活动。

服务中心应当履行下列管理责任:

(一)制定相关交易规则及管理规范,明确开展文物拍卖经营活动和艺术品交易的条件、范围与要求,以及各方的权利义务、违反相关规定的处理措施等;

(二)配合相关行政管理部门做好监督管理工作,建立内控内审机制,发现交易国家禁止买卖的文物艺术品以及其他违法经营行为的,应当立即制止并向相关行政管理部门报告;

(三)对在提供服务中获悉的个人信息、商业秘密等,应当依照法律法规和协议约定予以保密;

（四）其他应当履行的管理责任。

第八条 通过服务中心开展文物拍卖经营活动的拍卖企业应当在拍卖文物前,将拟拍卖标的报经服务中心内部审核通过后,由服务中心将拟拍卖标的整场报市文物行政管理部门审核,不得瞒报、漏报、替换标的,或者以其他方式逃避文物拍卖标的审核。未经市文物行政管理部门审核同意的,不得对文物拍卖标的进行宣传、预展和拍卖。

服务中心的报审材料应当包含服务中心文物拍卖专业人员签署的标的征集鉴定意见。服务中心和拍卖企业应当对报审材料的真实性、准确性和完整性负责。

第九条 市文物行政管理部门受理文物拍卖标的审核申请后,应当按照国家有关文物拍卖标的审核规定,严格组织开展实物审核,于二十个工作日内办理审核批复文件,并同时报国务院文物行政管理部门备案。

下列物品不得作为文物拍卖标的:

（一）依照法律应当上交国家的出土（水）文物,以出土（水）文物名义进行宣传的标的;

（二）被盗窃、盗掘、走私的文物或者明确属于历史上被非法掠夺的中国文物;

（三）公安、海关、市场监管等执法部门和人民法院、人民检察院依法没收、追缴的文物,以及银行、冶炼厂、造纸厂、废旧物资回收单位拣选的文物;

（四）国有文物收藏单位及其他国家机关、部队和国有企业、事业单位等收藏、保管的文物,以及非国有博物馆馆藏文物;

（五）国有文物商店收存的珍贵文物;

（六）国有不可移动文物及其构件;

（七）涉嫌损害国家利益或者有可能产生不良社会影响的标的;

（八）其他法律法规规定不得流通的文物。

第十条 通过服务中心报审的文物拍卖活动结束后三十日内,服务中心应当将拍卖记录报市文物行政管理部门备案。市文物行政管理部门应当按照有关规定,将文物拍卖记录报国务院文物行政管理部门。

服务中心和拍卖企业应当对备案材料的真实性、准确性和完整性负责。

第十一条 文物临时进境,应当向海关申报,并报文物进出境审核机构审核、登记。除经海关和文物进出境审核机构批准外,临时进境文物在境内滞留时间不得超过六个月。

经国务院文物行政管理部门授权,中国(上海)自由贸易试验区保税区内的临时进境文物滞留时间满六个月,需要延长期限的,携运人应当在期限届满十个工作日前向国家文物进出境审核上海管理处书面申请延期复出境,每次延期不得超过六个月。滞留时间每累计满二年再次申请延期复出境的,携运人应当在期限届满十个工作日前向国家文物进出境审核上海管理处办理实物审核手续。

未按照规定申请延期复出境的临时进境文物,再次出境时,依照文物出境审核标准和程序进行审核。

第十二条 海关特殊监管区域内的企业可以按照国家和本市有关规定,在海关特殊监管区域外开展文物艺术品保税展示交易活动。

鼓励有条件的文物艺术品经营单位通过电子商务新业态、新模式,开展文物艺术品在线展示、交易、定制服务等活动。对依法开展的在线文物拍卖活动,市文物行政管理部门应当通过"一网通办"、告知承诺等方式简化拍卖标的审核流程,提高审核效率。

第十三条 本市加强文物鉴定等各类专业人才培养,支持文物经营单位的专业人员参加文物博物专业技术人员职称评定。本市社会文物行业协会应当定期举办文物鉴定专业技术培训,对考核合格的人员颁发合格证书。

申请文物商店设立许可或者文物拍卖许可证的,取得合格证书并达到相应专业技术能力的人员视同符合条件的文物博物专业技术人员。

文物鉴定专业技术人员培训、考核、惩戒的管理办法由市文物行政管理部门另行制定。

第十四条 浦东新区人民政府应当在文化领域专项资金中作出专门安排,用于促进文物艺术品市场发展。

浦东新区人民政府应当为符合相关条件的文物艺术品专业技术人员,落实有关支持和保障政策,提供便利服务。

浦东新区应当采取措施,鼓励各类金融机构为文物艺术品交易提供专项金融服务方案。

第十五条 市文物行政管理部门应当建立文物市场信用监管平台,并与本市公共信用信息服务平台对接。市和浦东新区文物行政管理部门应当根据文物经营单位的许可、备案、日常监督检查结果、违法行为查处以及企业公共信用综合评价等情况,确定其信用等级,并作为实施差别化分类监管的依据。对信用等级较高的,建立相应的激励机制;对信用等级较低的,加强监督检查力度,依法实施警示、惩戒。

市和浦东新区文化旅游、文物行政管理部门应当开展日常巡查、随机抽查和专项检查,并会同商务、市场监管、经济信息化、公安、海关、外汇管理等部门建立联合监管机制,强化工作协同和信息共享,加强文物艺术品市场事中事后监管,确保文物安全和文物艺术品市场健康规范有序发展。

第十六条 有下列情形之一的,由相关主管部门依法处理;构成犯罪的,依法追究刑事责任:

(一)交易国家禁止买卖的文物艺术品,或者将禁止出境的文物转让、出租、质押给外国人或外国组织的;

(二)文物商店从事文物拍卖经营活动,或者经营文物拍卖的拍卖企业从事文物购销经营活动的;

(三)未按照国家有关规定进行文物拍卖标的审核或者文物交易记录备案的;

(四)其他违反有关法律、法规规定的行为。

第十七条 服务中心未履行本规定第七条规定的相关管理责任,或者允许文物商店通过其开展文物拍卖经营活动的,由市文物行政管理部门责令改正,可以处一万元以上十万元以下的罚款;情节严重的,处十万元以上五十万元以下的罚款,责令停业整顿或者吊销文物拍卖许可证。

第十八条 本规定自 2022 年 10 月 1 日起施行。

上海市浦东新区推进住宅
小区治理创新若干规定

上海市人民代表大会常务委员会公告

(〔十五届〕第一百三十号)

《上海市浦东新区推进住宅小区治理创新若干规定》已由上海市第十五届人民代表大会常务委员会第四十四次会议于 2022 年 9 月 22 日通过,现予公布,自 2022 年 11 月 1 日起施行。

上海市人民代表大会常务委员会

2022 年 9 月 22 日

第一条 为了推进浦东新区住宅小区治理创新,提高治理能力和水平,营造安全有序、美丽和谐的高品质生活环境,根据有关法律、行政法规的基本原则,结合浦东新区实际,制定本规定。

第二条 浦东新区推进住宅小区治理创新应当贯彻"人民城市人民建,人民城市为人民"的重要理念,完善党组织统一领导、政府依法履职、各类组织积极协同、群众广泛参与,自治、法治、德治、共治相结合的治理体系。

浦东新区建立健全基层党组织领导,居民委员会、业主委员会、物业服务企业和业主等共同参与的住宅小区治理模式。

第三条 浦东新区人民政府应当加强对住宅小区治理工作的领导,建立依据常住人口配置公共服务资源的制度,建立健全协调机制,推动执法力量、专业力量、服务力量下沉基层,统筹赋权、减负、增能相关政策,及时研究决定住宅小区治理的重大事项。

浦东新区房屋管理、城管执法、规划资源、建设交通、民政、公安、应急管理、卫生健康、财政、人力资源社会保障等部门应当按照各自职责履行职能,对住宅小区治理进行分类指导、协同管理。

第四条 浦东新区街道办事处、镇人民政府负责本辖区内住宅小区治理和综合执法工作,强化区域资源统筹,协调区人民政府相关部门及其派出机构等共同做好相关服务管理工作。

街道办事处、镇人民政府应当建立健全常态化联系基层工作机制,定期走访社区群众,倾听群众意见建议,协调解决突出矛盾问题。

第五条 浦东新区应当根据居民人口规模、居住状况、公共服务资源配置等因素,合理设置居民委员会。居民委员会应当以服务居民为宗旨,组织开展居民自治,指导和监督业主委员会工作,依法协助相关部门做好公共服务、公共管理、公共安全等工作。

浦东新区人民政府和街道办事处、镇人民政府应当按照管辖居民户数为居民委员会配备社区工作者。对于老龄社区、老旧小区等存在特殊情况的居民委员会,应当适当增加社区工作者。政府开发的社区公共管理、公共卫生、应急服务等公益性岗位,应当优先为居民委员会配备。

居民委员会应当以居民小组或者楼组为基本单元加强住宅小区管理。社区工作者负责日常巡查走访、社情民意收集、安全隐患排查等工作。

第六条 住宅小区业主(物业使用人)应当遵守国家和本市住宅物业管理、房屋使用安全、房屋租赁、环境绿化、消防安全、卫生防疫等规定,履行自治公约和管理规约,依法配合社区治理和综合执法工作。

物业服务企业应当按照法律法规规定和物业服务合同约定履行职责。街道办事处、镇人民政府结合物业服务情况对辖区内住宅小区物业服务企业提出评价意见,纳入本市物业服务企业综合评价体系。

浦东新区人民政府相关部门、街道办事处、镇人民政府和居民委员会、物业服务企业等相关单位依法执行应急处置措施和其他管理措施时,业主(物业使用人)应当依法配合。

第七条 浦东新区应当加强居民自治能力建设,推进住宅小区建立基层党组织牵头,居民代表、业主委员会、物业服务企业以及相关企业事业单位共同参与的议事协商机制,对住宅小区的物业管理、房屋使用安全、房屋租赁、环境绿化、消防安全、卫生防疫等公共事务进行民主协商,形成自治公约、管理规约。

街道办事处、镇人民政府应当支持居民委员会以居民小组或者楼（组）为基本单元,引导居民通过建立互联网群组等线上或者线下方式有序开展邻里互助和协商自治。居民委员会应当加强与楼（组）长、互联网群组管理人的沟通联系,为楼组居民开展自我服务和协商自治提供指导、服务。

第八条　浦东新区街道办事处、镇人民政府应当指导居民委员会加强居民志愿服务队伍建设,将具备志愿服务条件、热心公益的各类人员吸纳进入社区居民志愿队伍,纳入社区统一调度和管理。有条件的居民委员会,可以建立公共卫生或者其他专业志愿服务队伍。

街道办事处、镇人民政府和居民委员会应当支持志愿服务队伍以楼组、片区或者住宅小区为单元开展互助性、服务性、公益性志愿服务活动,并根据所开展志愿服务活动的需要对志愿者进行相关培训,为志愿服务活动的开展提供必要场所和相应条件。

第九条　因业主委员会无法选举产生或者无法正常运作,可能引发公共安全事件、损害业主共同利益的,根据居民委员会的报告,住宅小区所在地街道办事处或者镇人民政府可以指定住宅小区所属居民委员会在一定期限内暂时代行业主委员会的相关职责,并在住宅小区内公告。

街道办事处或者镇人民政府应当就居民委员会暂时代行业主委员会相关职责的方案征询业主意愿,并由三分之二以上的业主参与征询,经参与征询的业主过半数同意。住宅小区管理规约另有约定的,从其约定。

居民委员会暂时代行业主委员会的,应当遵守业主委员会的工作规范,代行时限一般不超过一年。暂时代行业主委员会职责期间,街道办事处、镇人民政府应当尽快推动业主委员会组建或者改选。

第十条　浦东新区应当建立居民需求诉求响应机制。居民委员会应当及时了解居民实际需求和困难,并在区人民政府相关部门和街道办事处、镇人民政府的指导下,及时回应解决居民实际问题。

街道办事处、镇人民政府应当指导居民委员会及时排查独居高龄老人、困境儿童、孕产妇、重大疾病患者、残障人士以及困难群众等人员情况,动态编制人员和需求清单,开展精准关爱帮扶工作。

对于居民委员会反映的需要区人民政府相关部门协调解决的群众诉求,街道办事处、镇人民政府应当及时向该部门发起约请,被约请的部门应当明确专人负责沟通协调工作;对于涉及多个部门的综合性事项,区人民政府应当建立健全组团式服务协调机制,切实推动问题解决。

第十一条 浦东新区街道办事处、镇人民政府应当在住宅小区统筹设立联勤联动站(点),完善联勤联动机制,持续优化住宅小区内各类突发事件和违法行为的发现、应对、处置、反馈等工作流程,实现事件闭环高效处理。

浦东新区街道办事处、镇人民政府和承担住宅小区管理事务的区人民政府相关部门及其派出机构,应当充分利用住宅小区联勤联动站(点),实现多方联动、共建共治。

第十二条 浦东新区应急管理、房屋管理、卫生健康等部门应当指导街道办事处、镇人民政府建立住宅小区应急管理制度,完善应急转换机制,储备应急救援队伍,每年定期组织开展专业培训和应急演练,合理安排应急救援场地和基本生活保障物资,提高住宅小区突发事件处置和应急动员能力。

浦东新区街道办事处、镇人民政府应当将物业服务企业纳入应急处置工作体系,提供物资、资金等保障和支持,会同房屋管理、建设交通、应急管理、消防救援、卫生健康、绿化市容等部门指导物业服务企业建立平时和应急状态下的物业服务工作职责清单,定期组织物业服务工作人员开展专业培训和应急演练。

居民委员会在突发事件应急处置中难以及时召集居民会议并形成决议的,应当以多种方式听取居民意见,共同协商并实施临时性管理措施。紧急情况消除后,应当立即召开居民会议或者停止实施临时性管理措施。

第十三条 浦东新区人民政府应当建立老旧小区更新改造投入机制,制定更新改造分步推进计划,改善老旧小区居住条件和生活环境。

浦东新区应当建立老旧小区物业服务的财政扶持机制,明确资金补助条件和标准,加强老旧小区保安、保洁等物业服务。支持有条件的街镇探索区域化、连片化的物业服务模式,推动物业服务区域合并,整体提升老旧小区物业服务水平。

第十四条 浦东新区应当结合城市更新、区域功能提升等工作,按照政府主导、规划引领、尊重民意、市场运作的原则,统筹规划指标、土地供应等,制定计划加快实施城中村改造;加大对城中村公共安全、公共卫生、人居环境、违法建筑等的规范和整治力度。支持在城中村引入专业物业服务管理。

浦东新区应当加强对商业办公项目、厂房擅自改变房屋结构和规划用途等违法行为的整治。对在整治期间尚有居民实际居住的商业办公用房(以下称类住宅),应当纳入社区治理和居民委员会自治。

对类住宅、城中村的相关管理及执法,适用本规定关于住宅小区的相关规定。

第十五条 浦东新区街道办事处、镇人民政府、居民委员会应当建立住宅小区安全隐患排查机制,定期排查老旧房屋、楼道堆物、高空坠物、非机动车违规充电、违规群租等安全隐患。

浦东新区街道办事处、镇人民政府应当会同区人民政府相关部门建立住宅小区安全隐患联动整治机制,发现安全隐患的,应当及时督促整改,拒不整改或者整改不符合规定的,及时启动执法程序,必要时通过联合执法等方式开展整治。

第十六条 浦东新区人民政府应当按照"一支队伍管执法"的原则,决定将与住宅小区密切相关且基层能够有效承接的行政执法事项,交由街道办事处、镇人民政府行使,并定期组织评估。决定应当向社会公布。

街道办事处、镇人民政府所属综合行政执法机构以街道办事处、镇人民政府名义,具体承担本辖区内住宅小区的综合执法工作。

第十七条 住宅小区内有关单位和个人违法搭建建筑、损坏承重结构、破坏房屋建筑立面、违法改变房屋原始设计等危害房屋安全的,物业服务企业应当予以劝阻、制止,留存相关资料;劝阻、制止无效的,应当在二十四小时内通过城市网格化管理平台报告。

涉及违法搭建建(构)筑物或者违反房屋装饰装修相关规定行为的,物业服务企业应当按照管理规约限制相关施工人员、建筑材料进入住宅小区。

第十八条 浦东新区城管执法部门、街道办事处、镇人民政府(以下统称综合执法部门)接到物业服务企业报告或者投诉举报的,应当在二十四小时内到现场进行调查核实,法律、法规另有特定时限要求的除外。

查处住宅小区内的违法行为时,综合执法部门的执法人员可以依法进入违法现场调查取证;业主(物业使用人)、装饰装修施工人员应当配合。必要时,公安机关应当依法予以协助。

对居民委员会、物业服务企业等单位和个人提供的照片、视(音)频等相关资料,经查证属实的,可以作为行政执法案件证据材料。

第十九条　对正在实施的违法搭建建(构)筑物、损坏房屋承重结构、破坏房屋建筑立面、擅自改变房屋原始设计等侵害业主共同利益的行为,综合执法部门应当责令当事人暂停施工,并可以暂扣施工工具和材料。

当事人拒不停止施工的,综合执法部门可以书面通知市政公用服务单位在施工作业期间按照合同规定暂时停止施工现场的水电供应;暂时停止相关市政公用服务的,不得影响居民生活。违法行为得到有效制止后,应当及时书面通知市政公用服务单位恢复施工现场的水电供应。

第二十条　对不适用简易程序,但违法事实清楚,当事人自愿认错认罚、对法律适用没有异议且主动配合整改的行政执法案件,经当事人书面提出,综合执法部门可以简化流程快速办理。

综合执法部门应当依照法律规定采用直接送达、留置送达、邮寄送达和公告送达等方式送达法律文书。对于有关违法建(构)筑物的法律文书,采用直接送达方式无法送达的,综合执法部门可以邀请见证人到场,将相关法律文书在住宅小区公告栏和涉案建(构)筑物出入口等显著位置张贴公示,同时以电话、短信等方式将法律文书的主要内容通知当事人,张贴公示之日起十日视为送达。

第二十一条　综合执法部门依法作出要求当事人履行排除妨碍、恢复原状等义务的行政决定,当事人逾期不履行,经催告仍不履行,其后果已经或者将危害交通安全、公共安全、造成环境污染或者破坏自然资源的,综合执法部门可以代履行,或者委托没有利害关系的第三人代履行。

综合执法部门依法作出责令改正等行政决定后,符合申请强制执行条件的,可以向人民法院申请强制执行。人民法院依法裁定准予强制执行的,可以交由综合执法部门组织实施,并派员现场指导监督。

对于违法搭建建(构)筑物、损坏房屋承重结构、破坏房屋建筑立面、擅自改变房屋原始设计、违规群租等行为,综合执法部门可以持生效法律文件向不动产登记机构申请将有关事项记载于不动产登记簿。当事人完成整改的,综合执法部门应当及时向其出具证明文件;当事人申请抵押、转移登记的,应当提交证明文件。

第二十二条　浦东新区人民政府及其相关部门、街道办事处、镇人民政府应当依托城市运行"一网统管"平台,及时采集并动态更新实有人口、实有房屋等信息,并在"社区云"平台实现信息共享。

　　街道办事处、镇人民政府应当加快推动住宅小区数字治理应用场景建设,加强相关信息数据的分析研判和运用,提高服务水平和管理效率。

　　综合执法部门因执法活动所需,可以通过大数据平台直接共享使用其他部门已纳入共享需求清单的数据信息;未纳入共享需求清单的,可以通过大数据平台发出协助通知书,有关部门应当在收到协助通知书的五个工作日内告知。

　　第二十三条　浦东新区人民政府和街道办事处、镇人民政府应当加强住宅小区治理和综合执法相关工作所需人员、经费、技术、装备、场所等保障。

　　支持街道办事处、镇人民政府和居(村)民委员会开展无违建创建活动,并将创建结果纳入街镇年度绩效考核。

　　市城管执法部门应当会同浦东新区城管执法部门,加强对街道办事处、镇人民政府开展住宅小区综合执法工作的指导、监督,提升正规化、专业化、职业化水平。

　　第二十四条　浦东新区有住宅小区的村民委员会参照本规定关于居民委员会的要求执行。

　　第二十五条　本规定自 2022 年 11 月 1 日起施行。

上海市浦东新区优化揭榜挂帅机制
促进新型研发机构发展若干规定

上海市人民代表大会常务委员会公告
(〔十五届〕第一百三十五号)

《上海市浦东新区优化揭榜挂帅机制促进新型研发机构发展若干规定》已由上海市第十五届人民代表大会常务委员会第四十五次会议于 2022 年 10 月 28 日通过,现予公布,自 2022 年 12 月 1 日起施行。

上海市人民代表大会常务委员会

2022 年 10 月 28 日

第一条 为了深入实施创新驱动发展战略,优化揭榜挂帅机制,营造新型研发机构良好的发展环境,推动浦东新区建设国际科技创新中心核心区,根据有关法律、行政法规的基本原则,结合浦东新区实际,制定本规定。

第二条 在浦东新区通过优化揭榜挂帅机制吸引科技领军人才承接创新项目,培育发展新型研发机构以及相关的促进、管理和保障等活动,适用本规定。

本规定所称创新项目,包括科学研究、技术开发、技术攻关、成果转化、示范应用、产业化等项目。

第三条 市人民政府应当支持浦东新区率先推进科技体制机制创新,建立促进新型研发机构发展的统筹协调机制,支持浦东新区持续优化创新创业环境、提升科技创新公共服务水平。

市科技、经济信息化、发展改革、财政、国有资产监管、审计等部门根据自身职责和本规定,支持浦东新区开展创新项目揭榜挂帅和新型研发机构发展等工作。

市规划资源、人力资源社会保障、公安、民政、地方金融监管、税务等部门以及海关等单位按照各自职责和本规定,支持新型研发机构在浦东新区发展。

第四条 浦东新区人民政府应当统筹协调本行政区域创新项目揭榜挂帅和促进新型研发机构发展的重大事项,增强自主创新能力,搭建为揭榜挂帅活动提供服务的公共平台,吸引社会力量参与和科技人才集聚,营造有利于创新的生态环境。

浦东新区科技经济部门负责创新项目揭榜挂帅的具体推进工作和新型研发机构的促进发展工作,完善项目、基地、人才、资金一体化调度和配置机制,提高承担国家和本市重大战略任务的能力。

浦东新区其他相关部门应当按照各自职责和本规定,共同做好创新项目揭榜挂帅的推进和新型研发机构的促进发展工作。

第五条 在浦东新区设立非营利性、公益性的创新项目揭榜挂帅公共服务平台(以下简称服务平台),承担汇集发布创新项目信息、组织实施创新项目揭榜挂帅等事项,并提供相关的公共服务。

服务平台应当按照专业化、社会化的运作要求委托专门机构运营,与有关企业、机构、产业基金和创投基金等开展合作,接受区科技经济部门监督管理。

通过服务平台开展创新项目揭榜挂帅活动的规则由浦东新区人民政府制定。服务平台应当建立信息公开制度,明确服务内容和监督办法,并向社会公布。

第六条 服务平台应当选聘科技创新领域知名专家组成专家委员会,建立专家库。专家委员会负责对服务平台组织开展创新项目揭榜挂帅等活动提供决策咨询。专家库中的专家根据相关参与方的需求对创新项目的发布、申报、评鉴、揭榜等活动提供专业支持。专家委员会和专家库的名单向社会公布。

第七条 在服务平台上发布的创新项目应当面向全社会征集,聚焦重点领域突破、关键核心技术攻关和重大成果转化,具备策源性强、影响力大和带动面广等特点。

本市政府部门、国有企业、事业单位的创新项目可以在服务平台上公开发布,但依法需要保密的除外。支持其他企业和社会组织的创新项目在服务平台上公开发布。

在服务平台上发布创新项目的,应当列明完成项目需要的科研能力要求、项目考核和评审验收标准、经费拨付和管理等事项。

第八条 创新项目申报主体应当按照项目需求提交方案,说明项目组织形式、首席科学家或其他重要科技领衔人、团队组成等,证明科研能力等情况。

不得以国籍、年龄、资历、学历和工作经历、单位属性等作为国内外人才和团队在浦东新区参与创新项目揭榜挂帅的资格条件。

第九条 创新项目发布方应当对申报主体提交的方案和有关情况开展尽职调查和评鉴,确定一个申报主体作为揭榜方承接创新项目。

无法确定唯一主体的,可以采用赛马制方式择优选择多个申报主体承接创新项目、各自独立揭榜攻关,并按合同约定开展科研活动。

第十条 鼓励参与创新项目揭榜挂帅活动的企业、单位在浦东新区开展有关科技成果转化和应用,实现集聚发展。

浦东新区应当采取措施,引进和培育符合创新规律、提升创新效能、满足创新需求的新型研发机构,并实施依章程管理的组织体系和治理结构。支持新型研发机构在浦东新区参与创新项目揭榜挂帅活动。

第十一条 创新项目发布方和揭榜方可以依法约定科技成果的知识产权归属。创新项目科技成果转化和应用符合本市和浦东新区发展战略定位的,市、区相关科技创新基金等应当提供支持,并按程序纳入用地保障范围。浦东新区应当给予融资担保、财政补助等政策支持。

鼓励社会资本与浦东新区政府投资基金合作,对在浦东新区实施的科技成果转化、示范应用、产业化项目等进行投资。浦东新区政府投资基金的投资收益,可以用于激励奖补。

支持社会力量通过设立基金、捐赠、股权投资等方式,重点支持新型研发机构开展科学研究、技术开发和技术攻关等活动。

第十二条 支持揭榜挂帅的创新项目建立以结果为导向的经费拨付机制,项目完成并通过验收的,按照合同约定拨付剩余资金。

支持新型研发机构对使用财政科研经费的创新项目实行包干制和负面清单管理。负面清单由财政部门会同有关部门根据财政资金来源予以编制。在承诺遵守科研伦理道德和作风学风诚信要求、经费除负面清单列明的禁止支出项目外全部用于本项目研究工作相关支出的基础上,有权自主管理和使用项目经费。

使用社会资金的创新项目,由发布方和揭榜方在相关合同中约定经费使用方式。

第十三条 浦东新区对新型研发机构培养、引进的相关人才,提供居留和出入境、落户、安居、医疗保险、子女教育等服务保障。在浦东新区新型研发机构工作的紧缺急需人才,按照规定享受浦东新区提供的财政补贴。支持浦东新区的新型研发机构按规定与高等学校联合培养研究生。

符合条件的境外人员可以担任浦东新区新型研发机构法定代表人。

第十四条 使用财政资金出资购置、建设大型科学仪器设施的管理单位,应当按照规定为浦东新区新型研发机构提供共享服务。

鼓励浦东新区新型研发机构与境外研究开发机构合作开展技术研究,通过举办国际性学术会议、科技创新展会、科技创新大赛等方式进行国际科技合作交流。

浦东新区新型研发机构进口设备、材料的,按照规定享受关税和进口环节增值税减免政策。

第十五条 支持浦东新区新型研发机构实行任务为导向的绩效评价管理模式。对运用财政性资金设立的新型研发机构,可以实行综合预算管理;对其他新型研发机构,可以以研发和服务活动的公共性、稀缺性和引领性等评价结果,择优给予财政补助。

支持对浦东新区承担战略性任务的新型研发机构,建立以创新绩效为核心的中长期综合评价机制。

第十六条 浦东新区应当按照支持创新、权责一致、尽职免责、失职追责的原则,探索建立符合创新项目特点的容错机制,按照相关合同的约定开展监督。

第十七条 本规定有关用语的含义:

(一)揭榜挂帅,是指创新项目向社会公开发布,由科技领军人才作为项目负责人挂帅并组织团队提供解决方案,并以科研技术成果产出来兑现的非周期性科研资助机制。

(二)经费包干,是指由项目负责人按照规定或者约定,对项目资金自主管理使用的模式。

(三)赛马制,是指对创新项目在开展揭榜挂帅过程中实行择优选择、并行攻关、合同约定的组织管理方式。

第十八条 本规定自 2022 年 12 月 1 日起施行。

上海市浦东新区促进无驾驶人
智能网联汽车创新应用规定

上海市人民代表大会常务委员会公告

（〔十五届〕第一百四十一号）

《上海市浦东新区促进无驾驶人智能网联汽车创新应用规定》已由上海市第十五届人民代表大会常务委员会第四十六次会议于 2022 年 11 月 23 日通过，现予公布，自 2023 年 2 月 1 日起施行。

上海市人民代表大会常务委员会

2022 年 11 月 23 日

第一条 为了进一步规范和促进浦东新区无驾驶人智能网联汽车创新应用，推动产业高质量发展，保障道路交通安全，根据有关法律、行政法规的基本原则，结合浦东新区实际，制定本规定。

第二条 本规定适用于在浦东新区行政区域内划定的路段、区域开展无驾驶人智能网联汽车道路测试、示范应用、示范运营、商业化运营等创新应用活动以及相关监督管理工作。

本规定所称的无驾驶人智能网联汽车，是指车内不配备驾驶人和测试安全员的智能网联汽车。

第三条 浦东新区无驾驶人智能网联汽车创新应用活动应当坚持鼓励创新、包容审慎、循序渐进的原则，实行分级分类管理，按照从低风险场景到高风险场景、从简单类型到复杂类型的要求，确保安全有序、风险可控。

第四条 市人民政府应当建立完善促进智能网联汽车产业发展的工作协调机制和政策措施，优化创新应用环境。

市经济信息化、交通、公安等部门建立智能网联汽车测试与应用工作推进机制，协调推进全市智能网联汽车测试与应用工作，指导浦东新区智能网联汽车创新应用工作，并按照各自职责做好相关管理工作。

市发展改革部门负责协调智能网联汽车创新应用相关新型基础设施建设等工作。

浦东新区人民政府、中国(上海)自由贸易试验区临港新片区管理委员会(以下简称临港新片区管委会)应当建立促进智能网联汽车创新应用的工作机制，制定配套政策，落实支持措施，并按照各自职责具体负责辖区内的智能网联汽车创新应用管理工作。

市规划资源、市场监管、网信、通信管理等部门以及浦东新区科技经济、建设交通、公安、规划资源、大数据管理等部门按照各自职责，做好浦东新区智能网联汽车创新应用相关管理工作。

第五条 开展无驾驶人智能网联汽车道路测试、示范应用、示范运营的企业应当申请安全性自我声明的确认。无驾驶人智能网联汽车经安全性自我声明确认的，可以向公安机关交通管理部门申领车辆号牌；取得车辆号牌的，可以上道路行驶；经交通部门审核同意的，方可从事道路运输示范运营活动。

第六条 申请安全性自我声明确认的企业应当符合以下要求：

(一)具有独立法人资格；

(二)具备相关技术能力；

(三)具备符合道路测试、示范应用、示范运营等相应条件的车辆；

(四)配备远程监控系统和紧急接管人员，紧急接管人员应当具备无驾驶人智能网联汽车的操控能力和相应准驾车型的机动车驾驶证，经过专业知识、现场操作和应急处置培训；

(五)按照有关规定已经投保或者承诺投保机动车交通事故责任强制保险和一定金额的商业保险。

第七条 开展道路测试活动，申请安全性自我声明确认的车辆应当符合以下要求：

(一)具备最小风险运行模式，满足功能安全、信息安全等技术标准和要求，设计运行范围覆盖道路测试场景；

(二)配备处于无驾驶人状态的显示装置以及发生故障或者事故后的警示

装置,设置符合标准的夜间反光装置;

(三)按照有关规定经过有驾驶人智能网联汽车道路测试并达到规定里程或者时间,且未发生交通违法行为以及因车辆原因造成的安全事故,人工接管率符合规定值。

开展高风险道路测试的,应当经过规定里程或者时间的低风险道路测试,且未发生严重交通违法行为以及因车辆原因造成的安全事故,人工接管率符合规定值。

第八条 开展具有试点、试行效果的载人、载货示范应用活动,申请安全性自我声明确认的车辆应当经过规定里程或者时间的道路测试,且未发生交通违法行为以及因车辆原因造成的安全事故,人工接管率符合规定值。

第九条 开展载人、载货或者特定场景作业的示范运营活动,申请安全性自我声明确认的车辆应当符合以下要求:

(一)符合开展示范运营所需的技术性能、外廓尺寸、轴荷、质量、安全性能等标准或者规范;

(二)经过规定里程或者时间的示范应用,且未发生交通违法行为以及因车辆原因造成的安全事故,人工接管率符合规定值。

第十条 申请开展无驾驶人智能网联汽车道路测试、示范应用、示范运营安全性自我声明确认的,由市经济信息化、交通、公安等部门和浦东新区科技经济部门、临港新片区管委会按照各自职责,组织有关部门、第三方机构和专家,对相应阶段的安全性自我声明进行确认。

浦东新区科技经济部门、临港新片区管委会负责收取企业提交的安全性自我声明和相关证明材料,并将是否确认的决定书面告知企业。

涉及跨区域事项的,市经济信息化、交通、公安等部门应当加强对浦东新区科技经济、建设交通、公安等部门以及临港新片区管委会的业务指导和沟通协调。

第十一条 有关主管部门对安全性自我声明进行确认时,可以将企业在浦东新区以外地区的测试结果作为参考依据,简化相关测试流程和测试项目。

开展无驾驶人智能网联汽车道路测试、示范应用、示范运营达到规定里程或者时间,且未发生交通违法行为以及因车辆原因造成的安全事故,人工接管率符合规定值的,企业可以向浦东新区科技经济部门或者临港新片区管委会提出同一阶段同一型号车辆批量申请确认,并提交一致性技术参数、性能和安全检测报告。有关主管部门应当组织第三方机构进行一致性抽查,并根据抽查结果作出决定。

第十二条 企业取得安全性自我声明确认的,可以向市公安机关交通管理部门提交申领车辆号牌需要的有关材料,申领临时行驶车号牌和车辆识别标牌。

临时行驶车号牌有效期届满的,可以凭有效的安全性自我声明和其他相关材料,申领新的临时行驶车号牌。在临时行驶车号牌有效期内取得下一阶段安全性自我声明确认的,无需申领新的临时行驶车号牌。

第十三条 无驾驶人智能网联汽车经道路测试安全性自我声明确认并且取得临时行驶车号牌、车辆识别标牌的,可以上道路行驶从事测试活动,但不得搭载与测试活动无关的人员和用于配重以外的货物。

第十四条 无驾驶人智能网联汽车经示范应用安全性自我声明确认并且临时行驶车号牌在有效期内的,按照规定搭载相关人员或者货物,但不得超出车辆的额定乘员和核定载质量,不得搭载危险货物。搭载相关人员或者货物的,应当向服务对象明示可能存在的风险,采取必要的安全措施。

第十五条 开展无驾驶人智能网联汽车示范运营活动的企业,应当符合以下要求:

(一)具备相应的道路运输经营资质或者条件,或者与具备相应道路运输经营资质的企业合作;

(二)具备与经营业务相适应并经检测合格的车辆;

(三)提出相对固定的运营区域和运营时段;

(四)具有健全的安全管理制度。

企业凭经确认的示范运营安全性自我声明、有效期内的临时行驶车号牌、运营方案以及其他相关材料,向浦东新区建设交通部门或者临港新片区管委会申请办理相关车辆营运证件。

取得前款规定的车辆营运证件的,可以利用无驾驶人智能网联汽车从事示范运营活动,并可以收费。依法纳入政府定价范围的收费实行政府定价或者政府指导价,其他收费实行市场调节价。收费标准应当在运营方案中载明,面向不特定对象收费的,收费标准应当向社会公示。

第十六条 获得产品准入或者具备同等条件的产品认定的无驾驶人智能网联

联汽车,经公安机关交通管理部门登记,可以取得车辆号牌、行驶证等登记凭证。

利用符合前款要求的无驾驶人智能网联汽车从事商业化运营的企业,应当取得道路运输经营资质。车辆应当与经营业务相适应,并经检测合格,依法取得车辆营运证件。

商业化运营的收费管理,按照有关法律、法规的规定执行。

第十七条 浦东新区科技经济部门和临港新片区管委会应当加强对无驾驶人智能网联汽车运行的日常监督管理,并采取措施强化后台监管。

开展无驾驶人智能网联汽车道路测试、示范应用、示范运营的企业应当按照规定安装监控装置,将相关数据接入指定的数据平台,实时上传到市级数据平台,并定期向浦东新区科技经济部门或者临港新片区管委会提交创新应用情况报告。

第十八条 开展智能网联汽车创新应用的路段、区域由市交通部门会同市公安、经济信息化、通信管理等部门根据道路基础条件和实际需要划定并组织开展验收。验收通过后,应当向社会公布,并在该路段、区域及周边设置相应标识和安全提示。

前款所称的路段、区域,是指用于社会机动车辆通行的路段、区域。

支持在浦东新区逐步扩大智能网联汽车创新应用的路段、区域范围,支持特定区域全域开放,丰富测试与应用场景。

第十九条 浦东新区科技经济、建设交通部门和临港新片区管委会应当统筹规划、协调推动建设车路协同基础设施和车路协同云控平台,支持车路协同基础设施在安全可控的条件下与云控平台、路侧信号控制设施、智能网联汽车实现信息共享。

车路协同基础设施和车路协同云控平台应当实现数据交互加密、通信网络防护、实时安全监测,有效防范数据篡改、数据泄露和网络攻击等风险。

第二十条 本市根据国家有关主管部门的授权,支持开展智能网联汽车创新应用的企业在浦东新区特定区域开展高精度地图应用试点。市和浦东新区规划资源部门应当加强对高精度地图应用试点工作的指导和监督管理。

开展智能网联汽车创新应用的企业应当按照有关规定,严格保护高精度地图数据安全。

第二十一条 开展无驾驶人智能网联汽车道路测试、示范应用、示范运营的企业对智能网联汽车进行可能影响车辆功能、性能的软件升级（包括远程升级）或者硬件变更的，应当向浦东新区科技经济部门或者临港新片区管委会报告。

发生影响车辆安全性能的重大升级或者变更的，企业应当提交新的安全性自我声明进行再次确认。

第二十二条 无驾驶人智能网联汽车上道路行驶的，应当具有显著标识，按照要求放置、粘贴临时行驶车号牌和车辆识别标牌，遵守道路交通安全法律、法规的有关通行规定。

开展无驾驶人智能网联汽车载人示范应用、示范运营，应当在有关主管部门的指导下有序推进。

第二十三条 开展无驾驶人智能网联汽车创新应用的企业应当加强车辆远程动态监管。

在恶劣天气、道路施工、大型活动等情形下，企业应当根据相关管理部门要求及时调整运行计划。公安机关依法实施现场临时管制时，企业应当按照公安机关的指令，立即采取避让、暂停运行、终止运行等处置措施。

第二十四条 开展无驾驶人智能网联汽车创新应用的企业应当按照网络安全相关法律、法规和信息安全标准的强制性要求，建立网络安全管理制度，落实网络安全等级保护制度，采取技术措施和其他必要措施，提高网络安全保护水平，保障网络安全稳定运行。

第二十五条 开展无驾驶人智能网联汽车创新应用的企业应当按照数据安全相关法律、法规要求，建立健全全流程数据安全和个人信息保护管理制度，落实数据安全和个人信息保护责任。发生或者可能发生涉及国家安全、个人信息等数据泄露、损毁、丢失等情况的，有关企业应当立即采取补救措施，按照规定及时告知用户并向有关主管部门报告。

开展创新应用过程中收集和产生的重要数据，应当依法在境内存储；因业务需要，确需向境外提供的，应当按照国家有关规定进行安全评估。个人信息数据的出境安全管理，按照有关法律、行政法规的规定执行。

第二十六条 开展创新应用期间，无驾驶人智能网联汽车发生故障的，企业应当按照有关技术要求作出判断，采取相应措施确保车辆处于安全状态。

创新应用企业应当将相关故障信息传输至指定的监管平台，并保存至少一年。

第二十七条 开展创新应用期间,无驾驶人智能网联汽车发生交通事故的,企业应当立即暂停车辆运行、开启危险警示装置,报警并视情派员现场处置;事故发生后两小时内,应当将事故发生前至少九十秒的视频信息上传至指定的数据平台。

开展无驾驶人智能网联汽车创新应用的企业应当在有关主管部门全程参与下对事故过程进行技术分析并形成事故分析报告。相关事故过程信息和事故分析报告应当及时报送浦东新区公安机关交通管理部门,并保存至少一年。

第二十八条 无驾驶人智能网联汽车在开展创新应用期间发生交通违法行为的,由公安机关按照道路交通安全法律、法规对车辆所有人或者管理人进行处理。

第二十九条 无驾驶人智能网联汽车在开展创新应用期间发生交通事故的,由公安机关交通管理部门按照道路交通安全法律、法规进行交通事故责任认定。

无驾驶人智能网联汽车发生交通事故并造成损害,依法应由智能网联汽车一方承担责任的,由该无驾驶人智能网联汽车所属的企业先行赔偿,并可以依法向负有责任的自动驾驶系统开发者、汽车制造者、设备提供者等进行追偿。已经投保机动车交通事故责任强制保险、商业保险的,按照相关规定执行。

无驾驶人智能网联汽车以及车路协同云控平台采集的数据,经公安机关交通管理部门调查核实无误后,可以作为认定交通违法行为和认定交通事故责任的依据。

第三十条 利用无驾驶人智能网联汽车开展道路货物运输经营的,企业应当投保承运人责任保险;开展旅客运输服务的,应当投保车上人员责任保险。

鼓励相关行业组织、企业等联合设立风险基金。鼓励保险公司开发适应无驾驶人智能网联汽车特点的保险产品。

第三十一条 无驾驶人智能网联汽车道路测试、示范应用、示范运营期间有下列情形之一的,由浦东新区科技经济部门或者临港新片区管委会暂停有关企业的相关创新应用活动,责令其限期整改;完成整改后,方可恢复相关创新应用活动:

(一)无驾驶人智能网联汽车经过测试不符合要求的;

(二)开展创新应用的企业、车辆或者紧急接管人员等发生变化,不再符合规定要求的；

（三）未按照安全性自我声明载明的阶段、时段、路段等开展相关创新应用活动的；

（四）违反载人、载货有关规定的；

（五）未按照规定将相关数据上传至指定的数据平台的；

（六）发生软件升级、硬件变更，未按照规定报告的；

（七）车辆发生故障或者交通事故，未按照规定采取相应措施的；

（八）未按照规定传输和保存车辆故障、事故信息，或者未提交事故分析报告的；

（九）存在重大软件、硬件系统性缺陷的；

（十）发生网络安全或者数据安全事故的。

开展无驾驶人智能网联汽车道路测试、示范应用、示范运营的车辆有下列情形之一的，由浦东新区科技经济部门或者临港新片区管委会暂停该车辆或者同型号车辆的相关创新应用活动，责令其限期整改；完成整改后，方可恢复相关创新应用活动：

（一）未按照要求放置车辆识别标牌的；

（二）发生三次以上一般道路交通违法行为，或者发生不按照交通信号指示通行、违反标志标线指示、逆向行驶等严重道路交通违法行为的；

（三）发生道路交通事故并承担同等及以上责任的。

第三十二条　无驾驶人智能网联汽车道路测试、示范应用、示范运营期间有下列情形之一的，由浦东新区科技经济部门或者临港新片区管委会终止有关企业的相关创新应用活动，相关号牌、标牌和营运证件失效：

（一）暂停创新应用活动后，拒不整改或者经整改仍不符合要求的；

（二）提供虚假的安全性自我声明或者数据、信息、报告等材料的；

（三）对国家安全、公共安全造成危害，或者程序设计违反伦理要求、存在重大安全风险的。

开展无驾驶人智能网联汽车道路测试、示范应用、示范运营的车辆有下列情形之一的，由浦东新区科技经济部门或者临港新片区管委会终止该车辆或者同型号车辆的相关创新应用活动；情节严重的，终止有关企业的相关创新应用活动：

（一）发生三次以上不按照交通信号指示通行、违反标志标线指示、逆向行驶等严重道路交通违法行为的；

（二）发生造成人员伤亡的道路交通事故，并承担主要或者全部责任的。

安全性自我声明未经确认或者未取得临时行驶车号牌、相关车辆营运证件擅自开展相关活动的，由浦东新区科技经济部门或者临港新片区管委会责令立即终止相关活动，并由有关主管部门依法进行处理。

第三十三条 无人配送、无人清扫等无人驾驶装备上道路行驶，参照适用道路交通安全法律、法规有关非机动车的通行规定。无人驾驶装备道路测试、示范运营等具体管理规定，由浦东新区、临港新片区管委会在市有关主管部门的指导下制定。

第三十四条 本规定自 2023 年 2 月 1 日起施行。

上海市浦东新区固体废物
资源化再利用若干规定

上海市人民代表大会常务委员会公告

(〔十五届〕第一百四十四号)

《上海市浦东新区固体废物资源化再利用若干规定》已由上海市第十五届人民代表大会常务委员会第四十七次会议于 2022 年 12 月 21 日通过,现予公布,自 2023 年 2 月 1 日起施行。

上海市人民代表大会常务委员会

2022 年 12 月 21 日

第一条 为了推动浦东新区"无废城市"建设,加快形成与城市绿色发展相适应的固体废物处理模式,率先实现固体废物从源头分类到资源化再利用的全过程治理,全面提升资源化再利用的效率和水平,根据有关法律、行政法规的基本原则,结合浦东新区实际,制定本规定。

第二条 本规定适用于浦东新区行政区域内固体废物资源化再利用的相关活动。

第三条 浦东新区应当按照统筹规划、合理布局、政府引导、多元共治的原则,打造循环畅通、高效利用、生态友好、智慧创新的固体废物资源化再利用样板,在实现原生生活垃圾零填埋的基础上,率先实现固体废物近零填埋。

第四条 市人民政府应当加强固体废物资源化再利用工作的领导,深化与国家有关部门的协作,统筹协调浦东新区固体废物资源化再利用工作中的重大事项。

浦东新区人民政府应当加强本行政区域固体废物资源化再利用工作的领

导,建立分工明确、权责明晰、协同增效的综合管理体制机制,推进落实相关工作。

第五条 市发展改革、绿化市容、规划资源、生态环境、住房城乡建设管理、经济信息化、商务、农业农村、交通、财政等部门应当按照规定履行各自职责,完善政策措施,深化制度创新,支持和保障浦东新区固体废物资源化再利用工作。

浦东新区发展改革、绿化市容、规划资源、生态环境、建设交通、科技经济、商务、农业农村、财政等部门按照各自职责,做好相关工作。

第六条 浦东新区应当构建固体废物资源化再利用体系,建立健全固体废物资源化再利用制度,明确政府、企业、个人等各类主体的责任,推动实现生产、流通、消费、处理各环节的绿色低碳循环发展。

第七条 浦东新区人民政府应当组织开展固体废物资源化再利用处置能力调查评估,按照应用尽用、能用尽用的要求,编制固体废物资源化再利用专项规划,明确发展目标、指标体系、主要任务、重点领域、项目布局、保障措施等内容。

第八条 浦东新区人民政府应当建立健全以资源产出率、资源化再利用率为核心指标的固体废物资源化再利用指标体系,并与绿色发展指标体系、"无废城市"建设指标体系相衔接。

第九条 浦东新区应当采取措施,支持企业采用先进的生产工艺和设备,减少工业固体废物的产生量;提高工业固体废物综合利用效率,推行绿色设计,提高产品可拆解性、可回收性;结合产业实际情况,确定重点行业和重点领域,落实生产者责任延伸制度,建成废弃产品逆向回收体系。

浦东新区支持高端再制造、智能再制造产业发展。

第十条 浦东新区应当促进主要农业固体废物全量利用,推动农作物秸秆、蔬菜废弃物、绿林废弃物多元化利用,加强废弃农膜和农药包装废弃物回收利用,推进畜禽粪污资源化利用。

第十一条 浦东新区应当逐步实现建筑垃圾全面资源化再利用,装修垃圾、拆房垃圾、建筑废弃混凝土应当全量收集,进入资源化再利用设施进行处置;制成的资源化再利用产品按照有关规定实施强制使用制度。

浦东新区可以在本市建筑垃圾资源化再利用产品强制使用要求的基础上,进一步拓展使用范围,提高使用比例。

浦东新区应当在市政建设项目中推广使用符合要求的建筑垃圾资源化再利

用产品。

第十二条 浦东新区人民政府以及有关部门应当采取措施,畅通生活垃圾可回收物回收利用渠道,建立规范有序的回收利用链条,培育和支持主体企业集约化发展,鼓励标准化、规范化、连锁化经营。

浦东新区推广回收新技术、新模式,支持再生资源回收企业建立在线交易平台,实现线上交废与线下回收有机结合。

浦东新区应当探索湿垃圾资源化新工艺,拓展资源化利用方向,打通产品出路,提升利用价值。

第十三条 浦东新区应当加快固体废物资源化再利用体系建设,遵循环境友好的原则,按照规划和标准,设置可回收物交投服务点、中转站、集散场,建设生活垃圾、建筑垃圾、工业固体废物等资源化再利用设施,并将生活垃圾、建筑垃圾等固体废物分类收集设施纳入城市基础设施和公共设施范围。

第十四条 浦东新区应当鼓励和支持固体废物资源化再利用项目建设和企业稳定发展,在土地全生命周期管理中,更加注重环境效益和社会效益。

第十五条 按照本市和浦东新区固体废物资源化再利用发展需求,在浦东新区建设老港、黎明等固体废物资源化再利用园区。

老港园区应当建设成为固体废物综合处置战略保障基地、资源循环利用示范基地、环保科创科普先导基地、智慧绿色生态基地。

市和浦东新区人民政府可以指定特定主体负责固体废物资源化再利用园区的统一规划、统一开发建设、统一运营调度、统一管理服务。

浦东新区应当充分考虑固体废物资源化再利用园区的地理位置、目标定位及发展需求,规划配套园区周边的公共设施和道路交通设施。

第十六条 固体废物资源化再利用园区应当建立健全生态环保指标体系,运用先进的工艺设计、污染防治和低碳技术,减少污染物排放总量和碳排放总量。

鼓励固体废物资源化再利用园区通过整合、升级园区内的各类设施、资源、能源,逐步建立覆盖物质、能源、水等循环系统,实现资源能源利用效率的最大化。

探索老港、黎明等园区资源化再利用企业开展电力市场化交易模式创新。

第十七条 本市应当建立健全固体废物资源化再利用标准体系。市绿化市容、住房城乡建设管理、经济信息化、农业农村、交通等部门负责组织编制各自职责范围内固体废物资源化再利用相关标准和规范。

浦东新区应当建立固体废物资源化再利用产品使用制度。党政机关、事业单位应当优先使用资源化再利用产品。鼓励和引导单位和个人使用各类资源化再利用产品。

第十八条 浦东新区应当在规划产业用地中划出一定比例用地,专门用于发展固体废物资源化再利用产业。

资源化再利用园区新增的资源化再利用项目,其建设用地指标和耕地占补平衡指标由市级统筹安排。

对固体废物资源化再利用项目,可以采用"带方案"出让方式或者"带方案"租赁方式供地。工业用地出让起始价可以按照工业用地出让最低价标准执行。

第十九条 确需整体实施、整体建设的固体废物资源化再利用项目,在不突破国家出让规模底线要求和明确项目开竣工要求的前提下,鼓励创新优化土地供应方式。

第二十条 市规划资源部门应当加强老港园区国土资源利用计划统筹,在符合国土空间规划、落实国土空间用途管制总体要求的前提下,优先分配老港园区规划产业用地指标,保障固体废物资源化再利用项目实施。

老港园区内的储备土地由土地储备机构委托市人民政府指定的特定主体进行前期开发。前期开发的费用,应当列入土地收储成本。

第二十一条 浦东新区固体废物资源化再利用建设项目的环境影响评价,按照分类管理的规定,报浦东新区生态环境部门审批或者备案。

浦东新区生态环境部门可以对相同类型的固体废物资源化再利用建设项目环境影响评价,实施一次性受理和集中审批。

浦东新区固体废物资源化再利用园区已完成规划环境影响评价且有效落实规划环境影响评价有关措施的,建设项目环境影响评价手续可以按照规定予以简化。

第二十二条 浦东新区推进固体废物资源化再利用建设项目环境影响评价和排污许可"两证合一"办理,实现两项行政许可一套材料、一口受理、同步审批、一次办结。

市生态环境部门可以根据国家固定污染源排污许可分类管理名录,结合区域污染物减排和固体废物资源化再利用等实际情况,制定浦东新区排污许可管理细化名录,在浦东新区先行先试。

第二十三条 鼓励固体废物资源化再利用园区按照集约建设、共享治污的原则,探索由政府投资或者政府组织、多元投资,配套建设可供多个市场主体共享的污染治理设施或者集中工艺设施,实现污染物统一收集、集中治理、稳定达标排放。

第二十四条 浦东新区应当通过碳普惠、碳认证等制度,鼓励和支持固体废物资源化再利用企业充分发挥碳减排效益,推动企业实现减污降碳协同增效。

第二十五条 市和浦东新区人民政府应当加大固体废物资源化再利用的财政扶持力度,安排相关资金支持资源化再利用项目、园区基础设施及公共配套项目建设。

鼓励社会资本参与资源化再利用项目建设,积极引导金融机构通过绿色金融工具、不动产投资信托基金等,为符合条件的固体废物资源化再利用项目提供融资服务。

固体废物资源化再利用企业依法享受税收优惠政策。

第二十六条 浦东新区应当加大科技投入,加快固体废物资源化再利用新技术、新材料、新工艺、新设备的研发和推广。

老港园区应当推进固体废物环保科创中心建设,实现科技研发、中试验证、研制试制、展示交流等功能,形成自主的核心技术和能力体系。

第二十七条 浦东新区应当推进智慧化建设,拓展智慧化应用场景,运用大数据分析模型,通过数据采集、储存、应用、查询,实现固体废物资源化再利用全方位、全过程、全覆盖的智慧化管理。

浦东新区应当支持固体废物资源化再利用园区结合产业功能布局建设完善智慧化设施和系统,推进园区数字化转型,提升园区生产和运营管理效能。

第二十八条 浦东新区应当建立固体废物资源化再利用领域的信用管理机制,形成信用评价标准,依法对相关企业予以信用激励或惩戒。

第二十九条 本规定自 2023 年 2 月 1 日起施行。

附　录　三

深刻总结经济特区建设的宝贵经验

——习近平同志在庆祝海南建省办经济特区三十周年大会上讲话（摘要）

（2018 年 4 月 13 日）

今年是我国改革开放 40 周年，也是海南建省办经济特区 30 周年。今天，我们在这里隆重集会，庆祝海南建省办经济特区 30 周年，就是要充分肯定经济特区建设的历史功绩，深刻总结经济特区建设的宝贵经验，全面贯彻党的十九大精神和新时代中国特色社会主义思想，在新时代新起点上继续把全面深化改革推向前进，为实现"两个一百年"奋斗目标、实现中华民族伟大复兴的中国梦提供强大动力。

兴办经济特区，是我们党和国家为推进改革开放和社会主义现代化建设作出的重大决策。1978 年 12 月，党的十一届三中全会作出把党和国家工作中心转移到经济建设上来、实行改革开放的历史性决策，动员全党全国各族人民为社会主义现代化建设进行新的长征。这是新中国成立以来我们党和国家历史上具有深远意义的伟大转折。为了推进改革开放和社会主义现代化建设，党中央决定兴办深圳、珠海、汕头、厦门 4 个经济特区，实行特殊政策和灵活措施，发挥对全国改革开放和社会主义现代化建设的重要窗口和示范作用。

1984 年，邓小平同志在视察深圳、珠海、厦门经济特区后提出："我们还要开发海南岛，如果能把海南岛的经济迅速发展起来，那就是很大的胜利。"1987 年，邓小平同志会见外宾时说："我们正在搞一个更大的特区，这就是海南岛经济特区。海南岛和台湾的面积差不多"，"海南岛好好发展起来，是很了不起的"。根据党中央决策，1988 年 4 月，七届全国人大一次会议正式批准设立海南省，划定海南岛为经济特区。从此，海南这个祖国美丽的海岛获得了前所未有的发展机遇,进入了深化改革、扩大开放的历史新阶段。

30年来,在党中央坚强领导和全国大力支持下,海南经济特区坚持锐意改革,勇于突破传统经济体制束缚,经济社会发展取得了令人瞩目的成绩。1987年,海南地区生产总值仅有57.28亿元,地方财政收入不到3个亿。到2017年,海南地区生产总值达到4462.5亿元,人均地区生产总值7179美元,地方一般公共预算收入674亿元,地区生产总值、人均生产总值、地方财政收入分别增长21.8倍、14.3倍、226.8倍,现代服务业、热带农业、新型工业迅速成长,交通、电力、水利、通信等基础设施日趋完备。改革开放取得重要突破,在农垦体制改革、"多规合一"改革、省直管市县的行政管理体制改革、航权开放等方面走在全国前列。国际交流合作空前扩大,成功举办了18届博鳌亚洲论坛年会。在全国率先建设生态省,大气和水体质量保持领先水平。人民生活明显改善,教育、卫生、文化等社会事业加快发展,城乡面貌发生深刻变化。经过30年不懈努力,海南已从一个边陲海岛发展成为我国改革开放的重要窗口。

海南经济特区是我国经济特区的一个生动缩影,海南经济特区取得的成就是改革开放以来我国实现历史性变革、取得历史性成就的一个生动缩影。

40年来,深圳、珠海、汕头、厦门、海南5个经济特区不辱使命,在建设中国特色社会主义伟大历史进程中谱写了勇立潮头、开拓进取的壮丽篇章,在体制改革中发挥了"试验田"作用,在对外开放中发挥了重要"窗口"作用,为全国改革开放和社会主义现代化建设作出了重大贡献。

经济特区改革发展事业取得的成就,是党中央坚强领导、悉心指导的结果,是广大建设者开拓进取、奋勇拼搏的结果,是全国人民和四面八方倾力支持、广泛参与的结果。借此机会,我代表党中央、国务院、中央军委,向900多万海南人民,向经济特区广大建设者,向所有为经济特区建设作出贡献的同志们,致以热烈的祝贺和诚挚的问候!向各位来宾,向关心和支持经济特区建设的国内外各界人士,表示衷心的感谢!

海南等经济特区的成功实践,充分证明了党的十一届三中全会以来形成的党的基本理论、基本路线、基本方略是完全正确的,中国特色社会主义道路是实现社会主义现代化、创造人民美好生活的必由之路;充分证明了无论改什么、改到哪一步,都要坚持党的领导,确保党把方向、谋大局、定政策,确保党始终总揽全局、协调各方;充分证明了改革开放是决定当代中国命运的关键抉择,是当代中国发展进步的活力之源,是党和人民事业大踏步赶上时代的重要法宝,是坚持和发展中国特色社会主义、实现中华民族伟大复兴的必由之路;充分证明了党中央关于兴办经济特区的战略决策是完全正确的,在决胜全面建成小康社会、夺取新时代中国特色社会主义伟大胜利的征程上,经济特区不仅要继续办下去,而且要办得更好、办出水平;充分证明了人民是改革的主体,要坚持一切为了人民、一切依靠人民,发挥好广大人民群众的积极性、主动性、创造性,使广大人民群众成为推动改革开放的强大力量。

经过长期努力特别是改革开放40年来不懈奋斗,中国特色社会主义进入了新时代。党的十九大描绘了决胜全面建成小康社会、夺取新时代中国特色社会主义伟大胜利的宏伟蓝图,进一步指明了党和国家事业前进方向。我们要胜利实现既定战略目标,就要坚定不移坚持中国特色社会主义道路,坚定不移走改革开放这条正确之路、强国之路、富民之路。

新形势、新任务、新挑战,赋予经济特区新的历史使命,经济特区要不忘初心、牢记使命,在伟大斗争、伟大工程、伟大事业、伟大梦想中寻找新的方位,把握好新的战略定位。

——经济特区要成为改革开放的重要窗口。经济特区是我国最早对外开放的地区,是对外经济交流最活跃的地区,也是最能代表改革开放形象的地区。经济特区要继续发挥好改革开放的重要窗口作用,坚持打开国门搞建设,坚持引进来和走出去并重,同各国扩大双向贸易和投资往来,共建开放型世界经济。要大幅度放宽市场准入,扩大服务业特别是金融业对外开放,创造更有吸引力的投资环境。要加强国际人文交流,促进民心相通、文化相融。

——经济特区要成为改革开放的试验平台。创办经济特区是我国改革开放的重要方法论,是经过实践检验推进改革开放行之有效的办法。先行先试是经济特区的一项重要职责,目的是探索改革开放的实现路径和实现形式,为全国改革开放探路开路。只有敢于走别人没有走过的路,才能收获别样的风景。经济特区要勇于扛起历史责任,适应国内外形势新变化,按照国家发展新要求,顺应人民新期待,发扬敢闯敢试、敢为人先、埋头苦干的特区精神,始终站在改革开放最前沿,在各方面体制机制改革方面先行先试、大胆探索,为全国提供更多可复制可推广的经验。

——经济特区要成为改革开放的开拓者。经济特区的成功实践为中国特色社会主义理论形成和发展提供了丰富素材和鲜活经验。新形势下,坚持和发展中国特色社会主义仍然有许多重大课题需要探索实践,有许多新的领域需要开拓创新。当前,改革在很多领域突入了"无人区",经济特区要坚持摸着石头过河,逢山开路,遇水架桥,在实践中求真知,在探索中找规律,不断形成新经验、深化新认识、贡献新方案。

——经济特区要成为改革开放的实干家。空谈误国,实干兴邦。只有真抓才能攻坚克难,只有实干才能梦想成真。经济特区要坚定舍我其谁的信念、勇当尖兵的决心,保持爬坡过坎的压力感、奋勇向前的使命感、干事创业的责任感,积极培育崇尚实干的环境,务实求变、务实求新、务实求进,为实干者撑腰,为干事者鼓劲,以昂扬的精神状态推动改革不停顿、开放不止步。

(文献来源:《人民日报》2018 年 4 月 14 日,第 2 版)

习近平在上海考察时强调坚定改革开放再出发
信心和决心加快提升城市能级和核心竞争力

（2018 年 11 月 8 日）

本报上海 11 月 7 日电 中共中央总书记、国家主席、中央军委主席习近平近日在上海考察时强调，坚持以新时代中国特色社会主义思想为指导，坚决贯彻落实党中央决策部署，坚定改革开放再出发的信心和决心，坚持稳中求进工作总基调，全面贯彻新发展理念，坚持以供给侧结构性改革为主线，加快建设现代化经济体系，打好三大攻坚战，加快提升城市能级和核心竞争力，更好为全国改革发展大局服务。

11 月 6 日至 7 日，习近平在出席首届中国国际进口博览会开幕式和相关活动后，在中共中央政治局委员、上海市委书记李强和市长应勇陪同下，深入上海的企业、社区、城市运行综合管理中心、高新科技园区，就贯彻落实党的十九大精神和当前经济形势、推进科技创新、加强城市管理和社区治理进行调研。

位于陆家嘴的上海中心大厦建筑总高度 632 米，是已建成的中国第一、世界第二高楼，是上海的一座标志性建筑。2007 年，习近平在上海工作期间，十分重视上海中心大厦建设，多次到陆家嘴地区实地调研，亲自研究陆家嘴地区规划，亲自审定上海中心大厦设计方案，推动相关工作，要求把上海中心大厦建设成为绿色、智慧、人文的国际一流精品工程。大厦 22 层的陆家嘴金融城党建服务中心，是陆家嘴金融贸易区综合党委建立的楼宇党建阵地。6 日上午，习近平来到这里，详细了解中心开展党建工作等情况。在党建服务中心的空中花园研讨交流区，3 家企业党支部正在联合开展"我与金融城共成长"主题党日活动，习近平来到他们中间，同他们亲切交谈。习近平充分肯定上海从陆家嘴金融城产业集聚、企业汇聚、人才广聚的实际出发，创新党建工作思路和模式，为楼宇内各种所有制企业的基层党组织和党员提供学习指导、管理服务、活动平台的做法。习近平指出,党建工作的难点在基层,亮点也在基层。随着经济成分和就业方式越来越多样化,在新经济组织、新社会组织就业的党员越来越多,要做好其中的党员教育管理工作,引导他们积极发挥作用。基层党建既要发扬优良传统,又要与时俱进,不断适应新形势,拓宽基层党建的领域,做到党员工作生活在哪里、党组织就覆盖到哪里,让党员无论在哪里都能找到组织找到家。希望上海在加强基层党建工作上继续探索、走在前头。我们在有党员的各类企业里建立党组织,目的是为企业的党员提供管理和服务,团结凝聚员工遵纪守法,遵守企业规章制度,发挥党员先锋模范作用。这也有利于企业加强管理,有利于推动企业健康发展。

随后,习近平来到 119 层观光厅,俯瞰上海城市风貌。东方明珠、环球金融中心、金茂大厦、杨浦大桥、世博园区……一处处经典建筑铺展成一幅壮美长卷。大厅内,一幅幅照片今昔对比,生动展示上海百年沧桑巨变。习近平不时驻足观看,同大家交流,回顾上海城市发展历程。他表示,改革开放以来,中国发生了翻天覆地的变化,上海就是一个生动例证。上海是我国最大的经济中心城市和长三角地区合作交流的龙头,要不断提高城市核心竞争力和国际竞争力。要发扬"海纳百川、追求卓越、开明睿智、大气谦和"的上海城市精神,立足上海实际,借鉴世界大城市发展经验,着力打造社会主义现代化国际大都市。

上海虹口区人口密度大。为满足居民社区生活各方面需求,虹口区设置了 35 个市民驿站,努力打造"15 分钟社区生活服务圈"。习近平走进虹口区市民驿站嘉兴路街道第一分站,逐一察看综合服务窗口、托老所、党建工作站等。托老所内,几位老年居民正在制作手工艺品,总书记亲切向他们问好,老人们激动地握着总书记的手,向总书记讲述自己的幸福晚年。习近平指出,我国已经进入老龄社会,让老年人老有所养、生活幸福、健康长寿是我们的共同愿望。党中央高度重视养老服务工作,要把政策落实到位,惠及更多老年人。市民驿站里,来自居委会、企业的几位年轻人正在交流社区推广垃圾分类的做法。习近平十分感兴趣,仔细询问有关情况。一位年轻人介绍说公益活动已经成为新时尚。习近平强调,垃圾分类工作就是新时尚!垃圾综合处理需要全民参与,上海要把这项工作抓紧抓实办好。习近平叮嘱他们,城市治理的"最后一公里"就在社区。社区是党委和政府联系群众、服务群众的神经末梢,要及时感知社区居民的操心事、烦心事、揪心事,一件一件加以解决。老百姓心里有杆秤。我们把老百姓放在心中,老百姓才会把我们放在心中。加强社区治理,既要发挥基层党组织的领导作用,也要发挥居民自治功能,把社区居民积极性、主动性调动起来,做到人人参与、人人负责、人人奉献、人人共享。临别时,闻讯赶来的居民簇拥在总书记身边,争相同总书记握手。

6日下午,习近平来到浦东新区城市运行综合管理中心,通过大屏幕了解上海城市精细化管理和国际贸易单一窗口运营情况。习近平强调,城市治理是国家治理体系和治理能力现代化的重要内容。一流城市要有一流治理,要注重在科学化、精细化、智能化上下功夫。既要善于运用现代科技手段实现智能化,又要通过绣花般的细心、耐心、巧心提高精细化水平,绣出城市的品质品牌。上海要继续探索,走出一条中国特色超大城市管理新路子,不断提高城市管理水平。

习近平一直关心洋山港建设和发展,在这里还视频连线洋山港四期自动化码头,听取码头建设和运营情况介绍。他指出,经济强国必定是海洋强国、航运强国。洋山港建成和运营,为上海加快国际航运中心和自由贸易试验区建设、扩大对外开放创造了更好条件。要有勇创世界一流的志气和勇气,要做就做最好的,努力创造更多世界第一。他希望上海把洋山港建设好、管理好、发展好,加强软环境建设,不断提高港口运营管理能力、综合服务能力,在我国全面扩大开放、共建"一带一路"中发挥更大作用。

张江科学城作为上海科创中心核心区和国家级科技高地,集聚了一批大科学设施、科学平台和一流创新型院所。在展示厅,习近平听取科学城发展历程及规划建设情况介绍,参观了大科学设施、集成电路、航空航天、生物医药等展区。习近平同在场的科技工作者亲切交谈,他强调,科学技术从来没有像今天这样深刻影响着国家前途命运,从来没有像今天这样深刻影响着人民生活福祉。在实现中华民族伟大复兴的关键时刻,要增强科技创新的紧迫感和使命感,把科技创新摆到更加重要位置,踢好"临门一脚",让科技创新在实施创新驱动发展战略、加快新旧动能转换中发挥重大作用。要认真落实党中央关于科技创新的战略部署和政策措施,加强基础研究和应用基础研究,提升原始创新能力,注重发挥企业主体作用,加强知识产权保护,尊重创新人才,释放创新活力,培育壮大新兴产业和创新型企业,加快科技成果转化,提升创新体系整体效能。要以全球视野、国际标准推进张江综合性国家科学中心建设,集聚建设国际先进水平的实验室、科研院所、研发机构、研究型大学,加快建立世界一流的重大科技基础设施集群。

7日下午,习近平听取了上海市委和市政府工作汇报,对上海各方面工作给予肯定。他希望上海继续当好全国改革开放排头兵、创新发展先行者,勇于挑最重的担子、啃最难啃的骨头,发挥开路先锋、示范引领、突破攻坚的作用,为全国改革发展作出更大贡献。

习近平强调,中华民族伟大复兴绝不是轻轻松松、敲锣打鼓就能实现的,必须进行具有许多新的历史特点的伟大斗争。我们仍然处在大有可为的历史机遇期,前景十分光明,挑战也十分严峻。现在,我国发展外部环境发生明显变化,我国经济已由高速增长阶段转向高质量发展阶段,发展不平衡不充分问题和各种周期性、结构性、体制性因素交织叠加在一起,加大了工作难度。但是,只要我们保持战略定力,集中精力办好自己的事情,我们认准的目标就一定能实现。

习近平强调,上海在党和国家工作全局中具有十分重要的地位,做好上海工作要有大局意识、全局观念,在服务全国中发展上海。习近平对上海提出了5个方面的工作要求。

一是更好为全国改革发展大局服务。要把增设上海自由贸易试验区新片区、在上海证券交易所设立科创板并试点注册制、实施长江三角洲区域一体化发展国家战略这3项新的重大任务完成好,坚持推动高质量发展的要求,构筑新时代上海发展的战略优势。要按照国家统一规划、统一部署,全力服务"一带一路"建设、长江经济带发展等国家战略。要在推动长三角更高质量一体化发展中进一步发挥龙头带动作用,把长三角一体化发展的文章做好,使之成为我国发展强劲活跃的增长极。

二是推动经济高质量发展。要主动推动质量变革、效率变革、动力变革,在提高城市经济密度、提高投入产出效率上下功夫,在提升配置全球资源能力上下功夫,在增强创新策源能力上下功夫,加快建设现代化经济体系。要瞄准世界科技前沿,加强科技创新前瞻布局,聚焦关键领域,集合精锐力量,尽早取得重大突破,使创新成为高质量发展的强大动能。要把高质量发展着力点放在实体经济上,加快建设实体经济、科技创新、现代金融、人力资源协同发展的产业体系,全面提升上海在全球城市体系中的影响力和竞争力。

三是推动改革开放向纵深发展。要进一步解放思想,准确识变、科学应变、主动求变,坚决破除条条框框、思维定势的束缚,深入推进重要领域和关键环节改革,加强系统集成,继续抓好国资国企、民营经济、商事制度、社会信用、人才发展、城市管理、民生保障等改革举措的完善和落实，放大改革综合效应。要深化资本市场改革，吸引培育本土更多科创企业发展壮大。要瞄准最高标准、最高水平，优化政务服务，打造国际一流营商环境。要在更深层次、更宽领域、以更大力度推进全方位高水平开放，为长远发展夯实基础。要带头贯彻鼓励、支持、引导民营企业发展的政策举措，为民营企业发展创造良好制度环境。

四是深化社会治理创新。要提高社会治理社会化、法治化、智能化、专业化水平，更加注重在细微处下功夫、见成效。要坚持以人民为中心的发展思想，坚持共建共治共享，坚持重心下移、力量下沉，着力解决好人民群众关心的就业、教育、医疗、养老等突出问题，不断提高基本公共服务水平和质量，让群众有更多获得感、幸福感、安全感。

五是提高党的建设质量和水平。要认真贯彻新时代党的建设总要求，坚持党要管党、全面从严治党，全面推进党的政治建设、思想建设、组织建设、作风建设、纪律建设。要坚持严字当头、全面从严、一严到底，严格落实管党治党责任。要贯彻新时代党的组织路线，坚持把政治标准作为第一标准，建设忠诚干净担当的高素质干部队伍，确保干部队伍政治上信得过、靠得住、能放心。要加强对新时代中国特色社会主义思想的学习，不断提高思想觉悟和理论水平，坚定理想信念，不断增强"四个意识"、坚定"四个自信"，补足精神之钙，把稳思想之舵。要加快培养各领域各方面的专业人才，引导干部自觉更新知识、提高本领，经风雨、见世面、壮筋骨、长才干。要广开进贤之路，广泛集聚各方面优秀人才。要加强党的基层组织建设，把资源、服务、管理下沉基层、做实基层，把每个基层党组织建设成为坚强战斗堡垒。要高度重视意识形态工作，弘扬社会主义核心价值观，弘扬正能量。

考察期间，习近平在上海亲切接见驻沪部队副师职以上领导干部和团级单位主官，代表党中央和中央军委向驻沪部队全体官兵致以诚挚问候。张又侠陪同接见。

丁薛祥、刘鹤、何立峰和中央有关部门负责同志陪同考察。

（文献来源：《人民日报》2018年11月8日，第1版）

在庆祝改革开放 40 周年大会上的讲话

（2018 年 12 月 18 日）
习近平

同志们，朋友们：

1978 年 12 月 18 日，在中华民族历史上，在中国共产党历史上，在中华人民共和国历史上，都必将是载入史册的重要日子。这一天，我们党召开十一届三中全会，实现新中国成立以来党的历史上具有深远意义的伟大转折，开启了改革开放和社会主义现代化的伟大征程。

今天，我们在这里隆重集会，回顾改革开放 40 年的光辉历程，总结改革开放的伟大成就和宝贵经验，动员全党全国各族人民在新时代继续把改革开放推向前进，为实现"两个一百年"奋斗目标、实现中华民族伟大复兴的中国梦不懈奋斗。

同志们、朋友们！

党的十一届三中全会是在党和国家面临何去何从的重大历史关头召开的。当时，世界经济快速发展，科技进步日新月异，而"文化大革命"十年内乱导致我国经济濒临崩溃的边缘，人民温饱都成问题，国家建设百业待兴。党内外强烈要求纠正"文化大革命"的错误，使党和国家从危难中重新奋起。邓小平同志指出："如果现在再不实行改革，我们的现代化事业和社会主义事业就会被葬送。"

在邓小平同志领导下和老一辈革命家支持下，党的十一届三中全会冲破长期"左"的错误的严重束缚，批评"两个凡是"的错误方针，充分肯定必须完整、准确地掌握毛泽东思想的科学体系，高度评价关于真理标准问题的讨论，果断结束"以阶级斗争为纲"，重新确立马克思主义的思想路线、政治路线、组织路线。从此，我国改革开放拉开了大幕。

我们党作出实行改革开放的历史性决策,是基于对党和国家前途命运的深刻把握,是基于对社会主义革命和建设实践的深刻总结,是基于对时代潮流的深刻洞察,是基于对人民群众期盼和需要的深刻体悟。邓小平同志指出:"贫穷不是社会主义","我们要赶上时代,这是改革要达到的目的"。

历史发展有其规律,但人在其中不是完全消极被动的。只要把握住历史发展大势,抓住历史变革时机,奋发有为,锐意进取,人类社会就能更好前进。

改革开放是我们党的一次伟大觉醒,正是这个伟大觉醒孕育了我们党从理论到实践的伟大创造。改革开放是中国人民和中华民族发展史上一次伟大革命,正是这个伟大革命推动了中国特色社会主义事业的伟大飞跃!

同志们、朋友们!

建立中国共产党、成立中华人民共和国、推进改革开放和中国特色社会主义事业,是五四运动以来我国发生的三大历史性事件,是近代以来实现中华民族伟大复兴的三大里程碑。

以毛泽东同志为主要代表的中国共产党人,把马克思列宁主义基本原理同中国革命具体实践结合起来,创立了毛泽东思想,团结带领全党全国各族人民,经过长期浴血奋斗,完成了新民主主义革命,建立了中华人民共和国,确立了社会主义基本制度,成功实现了中国历史上最深刻最伟大的社会变革,为当代中国一切发展进步奠定了根本政治前提和制度基础。在探索过程中,虽然经历了严重曲折,但党在社会主义革命和建设中取得的独创性理论成果和巨大成就,为在新的历史时期开创中国特色社会主义提供了宝贵经验、理论准备、物质基础。

党的十一届三中全会以后,以邓小平同志为主要代表的中国共产党人,团结带领全党全国各族人民,深刻总结我国社会主义建设正反两方面经验,借鉴世界社会主义历史经验,创立了邓小平理论,作出把党和国家工作中心转移到经济建设上来、实行改革开放的历史性决策,深刻揭示社会主义本质,确立社会主义初级阶段基本路线,明确提出走自己的路、建设中国特色社会主义,科学回答了建设中国特色社会主义的一系列基本问题,制定了到 21 世纪中叶分三步走、基本实现社会主义现代化的发展战略,成功开创了中国特色社会主义。

党的十三届四中全会以后,以江泽民同志为主要代表的中国共产党人,团结带领全党全国各族人民,坚持党的基本理论、基本路线,加深了对什么是社会主义、怎样建设社会主义和建设什么样的党、怎样建设党的认识,积累了治党治国新的宝贵经验,形成了"三个代表"重要思想。在国内外形势十分复杂、世界社会主义出现严重曲折的严峻考验面前,捍卫了中国特色社会主义,确立了社会主义市场经济体制的改革目标和基本框架,确立了社会主义初级阶段的基本经济制度和分配制度,开创全面改革开放新局面,推进党的建设新的伟大工程,成功把中国特色社会主义推向 21 世纪。

党的十六大以后,以胡锦涛同志为主要代表的中国共产党人,团结带领全党全国各族人民,坚持以邓小平理论和"三个代表"重要思想为指导,根据新的发展要求,深刻认识和回答了新形势下实现什么样的发展、怎样发展等重大问题,形成了科学发展观,抓住重要战略机遇期,在全面建设小康社会进程中推进实践创新、理论创新、制度创新,强调坚持以人为本、全面协调可持续发展,形成中国特色社会主义事业总体布局,着力保障和改善民生,促进社会公平正义,推动建设和谐世界,推进党的执政能力建设和先进性建设,成功在新的历史起点上坚持和发展了中国特色社会主义。

党的十八大以来,党中央团结带领全党全国各族人民,全面审视国际国内新的形势,通过总结实践、展望未来,深刻回答了新时代坚持和发展什么样的中国特色社会主义、怎样坚持和发展中国特色社会主义这个重大时代课题,形成了新时代中国特色社会主义思想,坚持统筹推进"五位一体"总体布局、协调推进"四个全面"战略布局,坚持稳中求进工作总基调,对党和国家各方面工作提出一系列新理念新思想新战略,推动党和国家事业发生历史性变革、取得历史性成就,中国特色社会主义进入了新时代。我们以巨大的政治勇气和智慧,提出全面深化改革总目标是完善和发展中国特色社会主义制度、推进国家治理体系和治理能力现代化,着力增强改革系统性、整体性、协同性,着力抓好重大制度创新,着力提升人民群众获得感、幸福感、安全感,推出 1600 多项改革方案,啃下了不少硬骨头,闯过了不少急流险滩,改革呈现全面发力、多点突破、蹄疾步稳、纵深推进的局面。

艰难困苦,玉汝于成。40 年来,我们解放思想、实事求是,大胆地试、勇敢地改,干出了一片新天地。从实行家庭联产承包、乡镇企业异军突起、取消农业税牧业税和特产税到农村承包地"三权"分置、打赢脱贫攻坚战、实施乡村振兴战略,从兴办深圳等经济特区、沿海沿边沿江沿线和内陆中心城市对外开放到加入世界贸易组织、共建"一带一路"、设立自由贸易试验区、谋划中国特色自由贸易港、成功举办首届中国国际进口博览会，从"引进来"到"走出去"，从搞好国营大中小企业、发展个体私营经济到深化国资国企改革、发展混合所有制经济，从单一公有制到公有制为主体、多种所有制经济共同发展和坚持"两个毫不动摇"，从传统的计划经济体制到前无古人的社会主义市场经济体制再到使市场在资源配置中起决定性作用和更好发挥政府作用，从以经济体制改革为主到全面深化经济、政治、文化、社会、生态文明体制和党的建设制度改革，党和国家机构改革、行政管理体制改革、依法治国体制改革、司法体制改革、外事体制改革、社会治理体制改革、生态环境督察体制改革、国家安全体制改革、国防和军队改革、党的领导和党的建设制度改革、纪检监察制度改革等一系列重大改革扎实推进，各项便民、惠民、利民举措持续实施，使改革开放成为当代中国最显著的特征、最壮丽的气象。

同志们、朋友们！

改革开放 40 年来，从开启新时期到跨入新世纪，从站上新起点到进入新时代，40 年风雨同舟，40 年披荆斩棘，40 年砥砺奋进，我们党引领人民绘就了一幅波澜壮阔、气势恢宏的历史画卷，谱写了一曲感天动地、气壮山河的奋斗赞歌。

——40 年来，我们始终坚持解放思想、实事求是、与时俱进、求真务实，坚持马克思主义指导地位不动摇，坚持科学社会主义基本原则不动摇，勇敢推进理论创新、实践创新、制度创新、文化创新以及各方面创新，不断赋予中国特色社会主义以鲜明的实践特色、理论特色、民族特色、时代特色，形成了中国特色社会主义道路、理论、制度、文化，以不可辩驳的事实彰显了科学社会主义的鲜活生命力，社会主义的伟大旗帜始终在中国大地上高高飘扬！

——40 年来，我们始终坚持以经济建设为中心，不断解放和发展社会生产力，我国国内生产总值由 3679 亿元增长到 2017 年的 82.7 万亿元，年均实际增长 9.5%，远高于同期世界经济 2.9% 左右的年均增速。我国国内生产总值占世界生产总值的比重由改革开放之初的 1.8% 上升到 15.2%，多年来对世界经济增长贡献率超过 30%。我国货物进出口总额从 206 亿美元增长到超过 4 万亿美元，累计使用外商直接投资超过 2 万亿美元，对外投资总额达到 1.9 万亿美元。我国主要农产品产量跃居世界前列，建立了全世界最完整的现代工业体系，科技创新和重大工程捷报频传。我国基础设施建设成就显著，信息畅通，公路成网，铁路密布，高坝矗立，西气东输，南水北调，高铁飞驰，巨轮远航，飞机翱翔，天堑变通途。现在,我国是世界第二大经济体、制造业第一大国、货物贸易第一大国、商品消费第二大国、外资流入第二大国,我国外汇储备连续多年位居世界第一,中国人民在富起来、强起来的征程上迈出了决定性的步伐!

——40 年来,我们始终坚持中国特色社会主义政治发展道路,不断深化政治体制改革,发展社会主义民主政治,党和国家领导体制日益完善,全面依法治国深入推进,中国特色社会主义法律体系日益健全,人民当家作主的制度保障和法治保障更加有力,人权事业全面发展,爱国统一战线更加巩固,人民依法享有和行使民主权利的内容更加丰富、渠道更加便捷、形式更加多样,掌握着自己命运的中国人民焕发出前所未有的积极性、主动性、创造性,在改革开放和社会主义现代化建设中展现出气吞山河的强大力量!

——40 年来,我们始终坚持发展社会主义先进文化,加强社会主义精神文明建设,培育和践行社会主义核心价值观,传承和弘扬中华优秀传统文化,坚持以科学理论引路指向,以正确舆论凝心聚力,以先进文化塑造灵魂,以优秀作品鼓舞斗志,爱国主义、集体主义、社会主义精神广为弘扬,时代楷模、英雄模范不断涌现,文化艺术日益繁荣,网信事业快速发展,全民族理想信念和文化自信不断增强,国家文化软实力和中华文化影响力大幅提升。改革开放铸就的伟大改革开放精神,极大丰富了民族精神内涵,成为当代中国人民最鲜明的精神标识!

——40 年来,我们始终坚持在发展中保障和改善民生,全面推进幼有所育、学有所教、劳有所得、病有所医、老有所养、住有所居、弱有所扶,不断改善人民生活、增进人民福祉。全国居民人均可支配收入由 171 元增加到 2.6 万元,中等收入群体持续扩大。我国贫困人口累计减少 7.4 亿人,贫困发生率下降 94.4 个百分点,谱写了人类反贫困史上的辉煌篇章。教育事业全面发展,九年义务教育巩固率达 93.8%。我国建成了包括养老、医疗、低保、住房在内的世界最大的社会保障体系,基本养老保险覆盖超过 9 亿人,医疗保险覆盖超过 13 亿人。常住人口城镇化率达到 58.52%,上升 40.6 个百分点。居民预期寿命由 1981 年的67.8 岁提高到 2017 年的 76.7 岁。我国社会大局保持长期稳定,成为世界上最有安全感的国家之一。粮票、布票、肉票、鱼票、油票、豆腐票、副食本、工业券等百姓生活曾经离不开的票证已经进入了历史博物馆,忍饥挨饿、缺吃少穿、生活困顿这些几千年来困扰我国人民的问题总体上一去不复返了!

——40 年来,我们始终坚持保护环境和节约资源,坚持推进生态文明建设,生态文明制度体系加快形成,主体功能区制度逐步健全,节能减排取得重大进展,重大生态保护和修复工程进展顺利,生态环境治理明显加强,积极参与和引导应对气候变化国际合作,中国人民生于斯、长于斯的家园更加美丽宜人!

——40 年来,我们始终坚持党对军队的绝对领导,不断推进国防和军队现代化,推进人民军队实现革命性重塑,武器装备取得历史性突破,治军方式发生根本性转变,革命化现代化正规化水平显著提高,人民军队维护国家主权、安全、发展利益的能力显著增强,成为保卫人民幸福生活、保卫祖国和世界和平牢不可破的强大力量!

——40 年来,我们始终坚持推进祖国和平统一大业,实施"一国两制"基本方针,相继恢复对香港、澳门行使主权,洗雪了中华民族百年屈辱。我们坚持一个中国原则和"九二共识",加强两岸经济文化交流合作,推动两岸关系和平发展,坚决反对和遏制"台独"分裂势力,牢牢掌握两岸关系发展主导权和主动权。海内外全体中华儿女的民族认同感、文化认同感大大增强,同心共筑中国梦的意志更加坚强!

——40 年来,我们始终坚持独立自主的和平外交政策,始终不渝走和平发展道路、奉行互利共赢的开放战略,坚定维护国际关系基本准则,维护国际公平正义。我们实现由封闭半封闭到全方位开放的历史转变,积极参与经济全球化进程,为推动人类共同发展作出了应有贡献。我们积极推动建设开放型世界经济、构建人类命运共同体,促进全球治理体系变革,旗帜鲜明反对霸权主义和强权政治,为世界和平与发展不断贡献中国智慧、中国方案、中国力量。我国日益走近世界舞台中央,成为国际社会公认的世界和平的建设者、全球发展的贡献者、国际秩序的维护者!

——40 年来,我们始终坚持加强和改善党的领导,积极应对在长期执政和改革开放条件下党面临的各种风险考验,持续推进党的建设新的伟大工程,保持党的先进性和纯洁性,保持党同人民群众的血肉联系。我们积极探索共产党执政规律、社会主义建设规律、人类社会发展规律,不断开辟马克思主义中国化新境界。我们坚持党要管党、从严治党,净化党内政治生态,持之以恒正风肃纪,大力整治形式主义、官僚主义、享乐主义和奢靡之风,以零容忍态度严厉惩治腐败,反腐败斗争取得压倒性胜利。我们党在革命性锻造中坚定走在时代前列,始终是中国人民和中华民族的主心骨!

40年春风化雨、春华秋实,改革开放极大改变了中国的面貌、中华民族的面貌、中国人民的面貌、中国共产党的面貌。中华民族迎来了从站起来、富起来到强起来的伟大飞跃! 中国特色社会主义迎来了从创立、发展到完善的伟大飞跃! 中国人民迎来了从温饱不足到小康富裕的伟大飞跃! 中华民族正以崭新姿态屹立于世界的东方!

40年来取得的成就不是天上掉下来的,更不是别人恩赐施舍的,而是全党全国各族人民用勤劳、智慧、勇气干出来的! 我们用几十年时间走完了发达国家几百年走过的工业化历程。在中国人民手中,不可能成为了可能。我们为创造了人间奇迹的中国人民感到无比自豪、无比骄傲!

在这里,我代表党中央,向各条战线为改革开放和社会主义现代化建设贡献了智慧和力量的广大工人、农民、知识分子、干部、解放军指战员、武警部队官兵、公安干警,向各民主党派和无党派人士、各人民团体和各界爱国人士,致以崇高的敬意! 向为祖国改革开放和现代化建设作出积极努力的香港特别行政区同胞、澳门特别行政区同胞、台湾同胞和海外侨胞,致以诚挚的问候! 向一切关心和支持中国改革开放和现代化建设的外国朋友和世界各国人民,表示衷心的感谢!

同志们、朋友们!

40年的实践充分证明,党的十一届三中全会以来我们党团结带领全国各族人民开辟的中国特色社会主义道路、理论、制度、文化是完全正确的,形成的党的基本理论、基本路线、基本方略是完全正确的。

40年的实践充分证明,中国发展为广大发展中国家走向现代化提供了成功经验、展现了光明前景,是促进世界和平与发展的强大力量,是中华民族对人类文明进步作出的重大贡献。

40年的实践充分证明,改革开放是党和人民大踏步赶上时代的重要法宝,是坚持和发展中国特色社会主义的必由之路,是决定当代中国命运的关键一招,也是决定实现"两个一百年"奋斗目标、实现中华民族伟大复兴的关键一招。

只有顺应历史潮流,积极应变,主动求变,才能与时代同行。"行之力则知愈进,知之深则行愈达。"改革开放40年积累的宝贵经验是党和人民弥足珍贵的精神财富,对新时代坚持和发展中国特色社会主义有着极为重要的指导意义,必须倍加珍惜、长期坚持,在实践中不断丰富和发展。

第一，必须坚持党对一切工作的领导，不断加强和改善党的领导。改革开放 40 年的实践启示我们：中国共产党领导是中国特色社会主义最本质的特征，是中国特色社会主义制度的最大优势。党政军民学，东西南北中，党是领导一切的。正是因为始终坚持党的集中统一领导，我们才能实现伟大历史转折、开启改革开放新时期和中华民族伟大复兴新征程，才能成功应对一系列重大风险挑战、克服无数艰难险阻，才能有力应变局、平风波、战洪水、防非典、抗地震、化危机，才能既不走封闭僵化的老路也不走改旗易帜的邪路，而是坚定不移走中国特色社会主义道路。坚持党的领导，必须不断改善党的领导，让党的领导更加适应实践、时代、人民的要求。在坚持党的领导这个决定党和国家前途命运的重大原则问题上，全党全国必须保持高度的思想自觉、政治自觉、行动自觉，丝毫不能动摇。

前进道路上，我们必须增强"四个意识"、坚定"四个自信"，坚决维护党中央权威和集中统一领导，把党的领导贯彻和体现到改革发展稳定、内政外交国防、治党治国治军等各个领域。改革开放每一步都不是轻而易举的，未来必定会面临这样那样的风险挑战，甚至会遇到难以想象的惊涛骇浪。我们党要总揽全局、协调各方，坚持科学执政、民主执政、依法执政，完善党的领导方式和执政方式，提高党的执政能力和领导水平，不断提高党把方向、谋大局、定政策、促改革的能力和定力，确保改革开放这艘航船沿着正确航向破浪前行。

第二，必须坚持以人民为中心，不断实现人民对美好生活的向往。改革开放 40 年的实践启示我们：为中国人民谋幸福，为中华民族谋复兴，是中国共产党人的初心和使命，也是改革开放的初心和使命。我们党来自人民、扎根人民、造福人民，全心全意为人民服务是党的根本宗旨，必须以最广大人民根本利益为我们一切工作的根本出发点和落脚点，坚持把人民拥护不拥护、赞成不赞成、高兴不高兴作为制定政策的依据，顺应民心、尊重民意、关注民情、致力民生，既通过提出并贯彻正确的理论和路线方针政策带领人民前进，又从人民实践创造和发展要求中获得前进动力，让人民共享改革开放成果，激励人民更加自觉地投身改革开放和社会主义现代化建设事业。

前进道路上，我们必须始终把人民对美好生活的向往作为我们的奋斗目标，践行党的根本宗旨，贯彻党的群众路线，尊重人民主体地位，尊重人民群众在实践活动中所表达的意愿、所创造的经验、所拥有的权利、所发挥的作用，充分激发蕴藏在人民群众中的创造伟力。我们要健全民主制度、拓宽民主渠道、丰富民主形式、完善法治保障,确保人民依法享有广泛充分、真实具体、有效管用的民主权利。我们要着力解决人民群众所需所急所盼,让人民共享经济、政治、文化、社会、生态等各方面发展成果,有更多、更直接、更实在的获得感、幸福感、安全感,不断促进人的全面发展、全体人民共同富裕。

第三,必须坚持马克思主义指导地位,不断推进实践基础上的理论创新。改革开放 40 年的实践启示我们:创新是改革开放的生命。实践发展永无止境,解放思想永无止境。恩格斯说:"一切社会变迁和政治变革的终极原因,不应当到人们的头脑中,到人们对永恒的真理和正义的日益增进的认识中去寻找,而应当到生产方式和交换方式的变更中去寻找"。我们坚持理论联系实际,及时回答时代之问、人民之问,廓清困扰和束缚实践发展的思想迷雾,不断推进马克思主义中国化时代化大众化,不断开辟马克思主义发展新境界。

前进道路上,我们必须坚持以马克思列宁主义、毛泽东思想、邓小平理论、"三个代表"重要思想、科学发展观、新时代中国特色社会主义思想为指导,坚持解放思想和实事求是有机统一。发展 21 世纪马克思主义、当代中国马克思主义,是当代中国共产党人责无旁贷的历史责任。我们要强化问题意识、时代意识、战略意识,用深邃的历史眼光、宽广的国际视野把握事物发展的本质和内在联系,紧密跟踪亿万人民的创造性实践,借鉴吸收人类一切优秀文明成果,不断回答时代和实践给我们提出的新的重大课题,让当代中国马克思主义放射出更加灿烂的真理光芒。

第四,必须坚持走中国特色社会主义道路,不断坚持和发展中国特色社会主义。改革开放 40 年的实践启示我们:方向决定前途,道路决定命运。我们要把命运掌握在自己手中,就要有志不改、道不变的坚定。改革开放 40 年来,我们党全部理论和实践的主题是坚持和发展中国特色社会主义。在中国这样一个有着5000 多年文明史、13 亿多人口的大国推进改革发展,没有可以奉为金科玉律的教科书,也没有可以对中国人民颐指气使的教师爷。鲁迅先生说过:"什么是路?就是从没路的地方践踏出来的,从只有荆棘的地方开辟出来的。"中国特色社会主义道路是当代中国大踏步赶上时代、引领时代发展的康庄大道,必须毫不动摇走下去。

前进道路上,我们必须坚持以新时代中国特色社会主义思想和党的十九大精神为指导,增强"四个自信",牢牢把握改革开放的前进方向。改什么、怎么改必须以是否符合完善和发展中国特色社会主义制度、推进国家治理体系和治理能力现代化的总目标为根本尺度,该改的、能改的我们坚决改,不该改的、不能改的坚决不改。我们要坚持党的基本路线,把以经济建设为中心同坚持四项基本原则、坚持改革开放这两个基本点统一于新时代中国特色社会主义伟大实践,长期坚持,决不动摇。

第五,必须坚持完善和发展中国特色社会主义制度,不断发挥和增强我国制度优势。改革开放 40 年的实践启示我们:制度是关系党和国家事业发展的根本性、全局性、稳定性、长期性问题。我们抓住完善和发展中国特色社会主义制度这个关键,为解放和发展社会生产力、解放和增强社会活力、永葆党和国家生机活力提供了有力保证,为保持社会大局稳定、保证人民安居乐业、保障国家安全提供了有力保证,为放手让一切劳动、知识、技术、管理、资本等要素的活力竞相迸发,让一切创造社会财富的源泉充分涌流不断建立了充满活力的体制机制。

前进道路上,我们必须毫不动摇巩固和发展公有制经济,毫不动摇鼓励、支持、引导非公有制经济发展,充分发挥市场在资源配置中的决定性作用,更好发挥政府作用,激发各类市场主体活力。我们要坚持党的领导、人民当家作主、依法治国有机统一,坚持和完善人民代表大会制度、中国共产党领导的多党合作和政治协商制度、民族区域自治制度、基层群众自治制度,全面推进依法治国,巩固和发展最广泛的爱国统一战线,发展社会主义协商民主,用制度体系保证人民当家作主。我们要加强文化领域制度建设,举旗帜、聚民心、育新人、兴文化、展形象,积极培育和践行社会主义核心价值观,推动中华优秀传统文化创造性转化、创新性发展,传承革命文化、发展先进文化,努力创造光耀时代、光耀世界的中华文化。我们要加强社会治理制度建设,不断促进社会公平正义,保持社会安定有序。我们要加强生态文明制度建设,实行最严格的生态环境保护制度。我们要坚决破除一切妨碍发展的体制机制障碍和利益固化藩篱,加快形成系统完备、科学规范、运行有效的制度体系,推动中国特色社会主义制度更加成熟更加定型。

第六,必须坚持以发展为第一要务,不断增强我国综合国力。改革开放 40 年的实践启示我们:解放和发展社会生产力,增强社会主义国家的综合国力,是社会主义的本质要求和根本任务。只有牢牢抓住经济建设这个中心,毫不动摇坚持发展是硬道理、发展应该是科学发展和高质量发展的战略思想,推动经济社会持续健康发展,才能全面增强我国经济实力、科技实力、国防实力、综合国力,才能为坚持和发展中国特色社会主义、实现中华民族伟大复兴奠定雄厚物质基础。

前进道路上,我们必须围绕解决好人民日益增长的美好生活需要和不平衡不充分的发展之间的矛盾这个社会主要矛盾,坚决贯彻创新、协调、绿色、开放、共享的发展理念,统筹推进"五位一体"总体布局、协调推进"四个全面"战略布局,推动高质量发展,推动新型工业化、信息化、城镇化、农业现代化同步发展,加快建设现代化经济体系,努力实现更高质量、更有效率、更加公平、更可持续的发展。我们要坚持以供给侧结构性改革为主线,积极转变发展方式、优化经济结构、转换增长动力,积极扩大内需,实施区域协调发展战略,实施乡村振兴战略,坚决打好防范化解重大风险、精准脱贫、污染防治的攻坚战。我们要坚持创新是第一动力、人才是第一资源的理念,实施创新驱动发展战略,完善国家创新体系,加快关键核心技术自主创新,为经济社会发展打造新引擎。我们要加强生态文明建设,牢固树立绿水青山就是金山银山的理念,形成绿色发展方式和生活方式,把我们伟大祖国建设得更加美丽,让人民生活在天更蓝、山更绿、水更清的优美环境之中。

第七,必须坚持扩大开放,不断推动共建人类命运共同体。改革开放 40 年的实践启示我们:开放带来进步,封闭必然落后。中国的发展离不开世界,世界的繁荣也需要中国。我们统筹国内国际两个大局,坚持对外开放的基本国策,实行积极主动的开放政策,形成全方位、多层次、宽领域的全面开放新格局,为我国创造了良好国际环境、开拓了广阔发展空间。

前进道路上,我们必须高举和平、发展、合作、共赢的旗帜,恪守维护世界和平、促进共同发展的外交政策宗旨,推动建设相互尊重、公平正义、合作共赢的新型国际关系。我们要尊重各国人民自主选择发展道路的权利,维护国际公平正义,倡导国际关系民主化,反对把自己的意志强加于人,反对干涉别国内政,反对以强凌弱。我们要发挥负责任大国作用,支持广大发展中国家发展,积极参与全球治理体系改革和建设,共同为建设持久和平、普遍安全、共同繁荣、开放包容、清洁美丽的世界而奋斗。我们要支持开放、透明、包容、非歧视性的多边贸易体制,促进贸易投资自由化便利化,推动经济全球化朝着更加开放、包容、普惠、平衡、共赢的方向发展。我们要以共建"一带一路"为重点,同各方一道打造国际合作新平台,为世界共同发展增添新动力。中国决不会以牺牲别国利益为代价来发展自己,也决不放弃自己的正当权益。中国奉行防御性的国防政策,中国发展不对任何国家构成威胁。中国无论发展到什么程度都永远不称霸。

第八,必须坚持全面从严治党,不断提高党的创造力、凝聚力、战斗力。改革开放 40 年的实践启示我们:打铁必须自身硬。办好中国的事情,关键在党,关键在坚持党要管党、全面从严治党。我们党只有在领导改革开放和社会主义现代化建设伟大社会革命的同时,坚定不移推进党的伟大自我革命,敢于清除一切侵蚀党的健康肌体的病毒,使党不断自我净化、自我完善、自我革新、自我提高,不断增强党的政治领导力、思想引领力、群众组织力、社会号召力,才能确保党始终保持同人民群众的血肉联系。

前进道路上,我们必须按照新时代党的建设总要求,以政治建设为统领,不断推进党的建设新的伟大工程,不断增强全党团结统一和创造活力,不断增强全党执政本领,把党建设得更加坚强、更加有力。我们要坚持用时代发展要求审视自己,以强烈忧患意识警醒自己,以改革创新精神加强和完善自己,在应对风险挑战中锻炼提高,在解决党内存在的突出矛盾和问题中净化纯洁,不断提高管党治党水平。我们要坚持德才兼备、以德为先、任人唯贤,着力培养忠诚干净担当的高素质干部队伍和宏大的人才队伍。我们要以反腐败永远在路上的坚韧和执着,深化标本兼治,坚决清除一切腐败分子,保证干部清正、政府清廉、政治清明,为继续推进改革开放营造海晏河清的政治生态。

第九,必须坚持辩证唯物主义和历史唯物主义世界观和方法论,正确处理改革发展稳定关系。改革开放 40 年的实践启示我们:我国是一个大国,决不能在根本性问题上出现颠覆性错误。我们坚持加强党的领导和尊重人民首创精神相结合,坚持"摸着石头过河"和顶层设计相结合,坚持问题导向和目标导向相统一,坚持试点先行和全面推进相促进,既鼓励大胆试、大胆闯,又坚持实事求是、善作善成,确保了改革开放行稳致远。

前进道路上,我们要增强战略思维、辩证思维、创新思维、法治思维、底线思维,加强宏观思考和顶层设计,坚持问题导向,聚焦我国发展面临的突出矛盾和问题深入调查研究,鼓励基层大胆探索,坚持改革决策和立法决策相衔接,不断提高改革决策的科学性。我们要拿出抓铁有痕、踏石留印的韧劲,以钉钉子精神抓好落实,确保各项重大改革举措落到实处。我们既要敢为天下先、敢闯敢试,又要积极稳妥、蹄疾步稳，把改革发展稳定统一起来，坚持方向不变、道路不偏、力度不减，推动新时代改革开放走得更稳、走得更远。

同志们、朋友们！

坚持富国和强军相统一，建设同我国国际地位相称、同国家安全和发展利益相适应的巩固国防和强大军队，是我国社会主义现代化建设的战略任务。我们要全面贯彻新时代党的强军思想，坚持党对军队的绝对领导，把握世界新军事革命发展大势，坚持走中国特色强军之路，全面深化国防和军队改革，推进政治建军、改革强军、科技兴军、依法治军，建设一支听党指挥、能打胜仗、作风优良的人民军队，努力建设世界一流军队，为维护国家主权、安全、发展利益，为维护世界和平稳定，为实现中华民族伟大复兴提供坚强后盾。

"一国两制"伟大构想具有强大生命力。我们要全面准确贯彻"一国两制"、"港人治港"、"澳人治澳"、高度自治的方针，严格按照宪法和基本法办事，完善与基本法实施相关的制度和机制，保持香港、澳门长期繁荣稳定，支持和推动香港、澳门更好融入国家发展大局，让香港、澳门同胞同祖国人民共担民族复兴的历史责任、共享祖国繁荣富强的伟大荣光。

实现祖国完全统一，是全体中华儿女共同心愿，是中华民族根本利益所在。我们要坚持一个中国原则和"九二共识"，巩固和发展两岸关系和平发展的基础，深化两岸经济文化交流合作，造福两岸同胞。我们有坚定的政治决心和强大能力维护国家主权和领土完整，祖国的神圣领土一寸都不能分裂出去！

同志们、朋友们！

中国人民具有伟大梦想精神，中华民族充满变革和开放精神。几千年前，中华民族的先民们就秉持"周虽旧邦，其命维新"的精神，开启了缔造中华文明的伟大实践。自古以来，中国大地上发生了无数变法变革图强运动，留下了"治世不一道，便国不法古"等豪迈宣言。自古以来，中华民族就以"天下大同"、"协和万邦"的宽广胸怀，自信而又大度地开展同域外民族交往和文化交流，曾经谱写了万里驼铃万里波的浩浩丝路长歌，也曾经创造了万国衣冠会长安的盛唐气象。正是这种"天行健，君子以自强不息"、"地势坤，君子以厚德载物"的变革和开放精神，使中华文明成为人类历史上唯一一个绵延5000多年至今未曾中断的灿烂文明。以数千年大历史观之，变革和开放总体上是中国的历史常态。中华民族以改革开放的姿态继续走向未来，有着深远的历史渊源、深厚的文化根基。

我们这么大一个国家,就应该有雄心壮志。毛泽东同志说:"夺取全国胜利,这只是万里长征走完了第一步。如果这一步也值得骄傲,那是比较渺小的,更值得骄傲的还在后头。在过了几十年之后来看中国人民民主革命的胜利,就会使人们感觉那好像只是一出长剧的一个短小的序幕。剧是必须从序幕开始的,但序幕还不是高潮。""我们不但善于破坏一个旧世界,我们还将善于建设一个新世界。"

改革开放之初,虽然我们国家大、人口多、底子薄,面对着重重困难和挑战,但我们对未来充满信心,设计了用 70 多年、分三步走基本实现社会主义现代化的宏伟蓝图,没有非凡的胆略、坚定的自信是作不出这样宏远的构想和决策的。

40 年来,我们咬定青山不放松,风雨无阻朝着这个伟大目标前进。党的十九大对我国发展提出了更高的奋斗目标,形成了从全面建成小康社会到基本实现现代化、再到全面建成社会主义现代化强国的战略安排,发出了实现中华民族伟大复兴中国梦的最强音。

古人说:"事者,生于虑,成于务,失于傲。"伟大梦想不是等得来、喊得来的,而是拼出来、干出来的。我们现在所处的,是一个船到中流浪更急、人到半山路更陡的时候,是一个愈进愈难、愈进愈险而又不进则退、非进不可的时候。改革开放已走过千山万水,但仍需跋山涉水,摆在全党全国各族人民面前的使命更光荣、任务更艰巨、挑战更严峻、工作更伟大。在这个千帆竞发、百舸争流的时代,我们绝不能有半点骄傲自满、故步自封,也绝不能有丝毫犹豫不决、徘徊彷徨,必须统揽伟大斗争、伟大工程、伟大事业、伟大梦想,勇立潮头、奋勇搏击。

信仰、信念、信心,任何时候都至关重要。小到一个人、一个集体,大到一个政党、一个民族、一个国家,只要有信仰、信念、信心,就会愈挫愈奋、愈战愈勇,否则就会不战自败、不打自垮。无论过去、现在还是将来,对马克思主义的信仰,对中国特色社会主义的信念,对实现中华民族伟大复兴中国梦的信心,都是指引和支撑中国人民站起来、富起来、强起来的强大精神力量。

同志们、朋友们!

四十载惊涛拍岸,九万里风鹏正举。江河之所以能冲开绝壁夺隘而出,是因其积聚了千里奔涌、万壑归流的洪荒伟力。在近代以来漫长的历史进程中,中国人民经历了太多太多的磨难,付出了太多太多的牺牲,进行了太多太多的拼搏。现在,中国人民和中华民族在历史进程中积累的强大能量已经充分爆发出来了,为实现中华民族伟大复兴提供了势不可挡的磅礴力量。

建成社会主义现代化强国,实现中华民族伟大复兴,是一场接力跑,我们要一棒接着一棒跑下去,每一代人都要为下一代人跑出一个好成绩。

全党全国各族人民要更加紧密地团结在党中央周围,高举中国特色社会主义伟大旗帜,不忘初心,牢记使命,将改革开放进行到底,不断实现人民对美好生活的向往,在新时代创造中华民族新的更大奇迹! 创造让世界刮目相看的新的更大奇迹!

(文献来源:《人民日报》2018 年 12 月 19 日,第 2 版)

在浦东开发开放 30 周年庆祝大会上的讲话

（2020 年 11 月 12 日）

习近平

女士们，先生们，同志们：

30 年前，国际形势风云变幻，国内改革风起云涌，党中央全面研判国际国内大势，统筹把握改革发展大局，作出了开发开放上海浦东的重大决策，掀开了我国改革开放向纵深推进的崭新篇章。

今天，我们在这里隆重集会，庆祝浦东开发开放 30 周年，就是要回顾历史、展望未来，支持浦东在全面建设社会主义现代化国家新征程中锐意进取，推进更深层次改革、更高水平开放，为实现全面建设社会主义现代化国家的奋斗目标、实现中华民族伟大复兴的中国梦作出新的更大的贡献！

首先，我代表党中央、国务院和中央军委，向上海广大干部群众，致以热烈的祝贺和诚挚的问候！向所有关心、支持、参与浦东开发开放的港澳台同胞、海外侨胞和各国人士，表示衷心的感谢！

女士们、先生们、同志们！

党中央对浦东开发开放高度重视、寄予厚望。邓小平同志亲自倡导，指出"开发浦东，这个影响就大了，不只是浦东的问题，是关系上海发展的问题，是利用上海这个基地发展长江三角洲和长江流域的问题"，要求"抓紧浦东开发，不要动摇，一直到建成"。

党的十四大强调，以上海浦东开发开放为龙头，进一步开放长江沿岸城市，尽快把上海建成国际经济、金融、贸易中心之一，带动长江三角洲和整个长江流域地区经济的新飞跃。党的十五大、十六大、十七大都要求浦东在扩大开放、自主创新等方面走在前列。

进入新时代,党的十八大、十九大继续对浦东开发开放提出明确要求,党中央把首个自由贸易试验区、首批综合性国家科学中心等一系列国家战略任务放在浦东,推动浦东开发开放不断展现新气象。

30年来,浦东创造性贯彻落实党中央决策部署,取得了举世瞩目的成就。经济实现跨越式发展,生产总值从1990年的60亿元跃升到2019年的1.27万亿元,财政总收入从开发开放初期的11亿元增加到2019年的逾4000亿元,浦东以全国1/8000的面积创造了全国1/80的国内生产总值、1/15的货物进出口总额。改革开放走在全国前列,诞生了第一个金融贸易区、第一个保税区、第一个自由贸易试验区及临港新片区、第一家外商独资贸易公司等一系列"全国第一"。核心竞争力大幅度增强,基本形成以现代服务业为主体、战略性新兴产业为引领、先进制造业为支撑的现代产业体系,承载了上海国际经济中心、金融中心、贸易中心、航运中心、科技创新中心建设的重要功能。人民生活水平整体性跃升,2019年城乡居民人均可支配收入达到71647元,人均预期寿命从1993年的76.10岁提高到84.46岁,城镇人均住房建筑面积从1993年的15平方米提高到42平方米。

30年披荆斩棘,30载雨雪风霜。经过30年发展,浦东已经从过去以农业为主的区域,变成了一座功能集聚、要素齐全、设施先进的现代化新城,可谓是沧桑巨变。浦东开发开放30年取得的显著成就,为中国特色社会主义制度优势提供了最鲜活的现实明证,为改革开放和社会主义现代化建设提供了最生动的实践写照!

实践充分证明,党的十一届三中全会以来形成的党的基本理论、基本路线、基本方略是完全正确的;改革开放是坚持和发展中国特色社会主义、实现中华民族伟大复兴的必由之路;改革发展必须坚持以人民为中心,把人民对美好生活的向往作为我们的奋斗目标,依靠人民创造历史伟业!

女士们、先生们、同志们!

从现在起到本世纪中叶,是我国全面建成社会主义现代化强国的30年。当前,世界正经历百年未有之大变局,新冠肺炎疫情全球大流行使这个大变局加速演变,单边主义、保护主义上升,国际格局深刻调整,不稳定不确定因素明显增多,今后一个时期我们将面对更为复杂多变的外部环境。越是面对挑战,我们越是要遵循历史前进逻辑、顺应时代发展潮流、呼应人民群众期待,在更加开放的条件下实现更高质量的发展。

新征程上,我们要把浦东新的历史方位和使命,放在中华民族伟大复兴战略全局、世界百年未有之大变局这两个大局中加以谋划,放在构建以国内大循环为主体、国内国际双循环相互促进的新发展格局中予以考量和谋划,准确识变、科学应变、主动求变,在危机中育先机、于变局中开新局。

党中央正在研究制定《关于支持浦东新区高水平改革开放、打造社会主义现代化建设引领区的意见》,将赋予浦东新区改革开放新的重大任务。浦东要抓住机遇、乘势而上,全面贯彻党的十九大和十九届二中、三中、四中、五中全会精神,科学把握新发展阶段,坚决贯彻新发展理念,服务构建新发展格局,坚持稳中求进工作总基调,勇于挑最重的担子、啃最硬的骨头,努力成为更高水平改革开放的开路先锋、全面建设社会主义现代化国家的排头兵、彰显"四个自信"的实践范例,更好向世界展示中国理念、中国精神、中国道路。

第一,全力做强创新引擎,打造自主创新新高地。科学技术从来没有像今天这样深刻影响着国家前途命运,从来没有像今天这样深刻影响着人民幸福安康。我国经济社会发展比过去任何时候都更加需要科学技术解决方案,更加需要增强创新这个第一动力。要面向世界科技前沿、面向经济主战场、面向国家重大需求、面向人民生命健康,加强基础研究和应用基础研究,打好关键核心技术攻坚战,加速科技成果向现实生产力转化,提升产业链水平,为确保全国产业链供应链稳定多作新贡献。

浦东要在基础科技领域作出大的创新,在关键核心技术领域取得大的突破,更好发挥科技创新策源功能。要优化创新创业生态环境,疏通基础研究、应用研究和产业化双向链接的快车道。要聚焦关键领域发展创新型产业,加快在集成电路、生物医药、人工智能等领域打造世界级产业集群。要深化科技创新体制改革,发挥企业在技术创新中的主体作用,同长三角地区产业集群加强分工协作,突破一批核心部件、推出一批高端产品、形成一批中国标准。要积极参与、牵头组织国际大科学计划和大科学工程,开展全球科技协同创新。

第二,加强改革系统集成,激活高质量发展新动力。改革开放是当代中国最显著的特征。党的十八届三中全会以来,我们聚焦深层次体制机制障碍,推出一系列重大改革,打通理顺许多堵点难点,很多领域实现了历史性变革、系统性重塑、整体性重构。随着我国迈入新发展阶段,要聚焦基础性和具有重大牵引作用的改革举措,在政策取向上相互配合、在实施过程中相互促进、在改革成效上相得益彰,推动各方面制度更加成熟更加定型。

浦东要在改革系统集成协同高效上率先试、出经验。要探索开展综合性改革试点,统筹推进重要领域和关键环节改革,从事物发展的全过程、产业发展的全链条、企业发展的全生命周期出发来谋划设计改革,加强重大制度创新充分联动和衔接配套,放大改革综合效应,打造市场化、法治化、国际化的一流营商环境。

第三,深入推进高水平制度型开放,增创国际合作和竞争新优势。对外开放是我国的基本国策,任何时候都不能动摇。当今时代,任何关起门来搞建设的想法,任何拒人于千里之外的做法,任何搞唯我独尊、赢者通吃的企图,都是逆历史潮流而动的!当前,经济全球化遇到一些回头浪,但世界决不会退回到相互封闭、彼此分割的状态,开放合作仍然是历史潮流,互利共赢依然是人心所向。要敞开大门欢迎各国分享中国发展机遇,积极参与全球经济治理。凡是愿意同我们合作的国家、地区和企业,我们都要积极开展合作。

浦东要着力推动规则、规制、管理、标准等制度型开放,提供高水平制度供给、高质量产品供给、高效率资金供给,更好参与国际合作和竞争。要更好发挥中国(上海)自由贸易试验区临港新片区作用,对标最高标准、最高水平,实行更大程度的压力测试,在若干重点领域率先实现突破。要加快同长三角共建辐射全球的航运枢纽,提升整体竞争力和影响力。要率先实行更加开放更加便利的人才引进政策,积极引进高层次人才、拔尖人才和团队特别是青年才俊。

第四,增强全球资源配置能力,服务构建新发展格局。我说过,中国经济是一片大海,我还要说世界经济也是一片大海。世界大海大洋都是相通的,任何人企图人为阻碍世界大海大洋相通,都只能是一种不自量力的幻想!加快构建新发展格局,要更好统筹国内国际两个市场两种资源,增强资源配置能力,提高对资金、信息、技术、人才、货物等要素配置的全球性影响力。

浦东要努力成为国内大循环的中心节点和国内国际双循环的战略链接,在长三角一体化发展中更好发挥龙头辐射作用。要完善金融市场体系、产品体系、机构体系、基础设施体系,支持浦东发展人民币离岸交易、跨境贸易结算和海外融资服务,建设国际金融资产交易平台,提升重要大宗商品的价格影响力,更好服务和引领实体经济发展。要发展更高能级的总部经济,统筹发展在岸业务和离岸业务,成为全球产业链供应链价值链的重要枢纽。

第五,提高城市治理现代化水平,开创人民城市建设新局面。人民城市人民建、人民城市为人民。城市是人集中生活的地方,城市建设必须把让人民宜居安居放在首位,把最好的资源留给人民。要坚持广大人民群众在城市建设和发展中的主体地位,探索具有中国特色、体现时代特征、彰显我国社会主义制度优势的超大城市发展之路。要提高城市治理水平,推动治理手段、治理模式、治理理念创新,加快建设智慧城市,率先构建经济治理、社会治理、城市治理统筹推进和有机衔接的治理体系。

推进城市治理,根本目的是提升人民群众获得感、幸福感、安全感。要着力解决人民群众最关心最直接最现实的利益问题,不断提高公共服务均衡化、优质化水平。要构建和谐优美生态环境,把城市建设成为人与人、人与自然和谐共生的美丽家园。要把全生命周期管理理念贯穿城市规划、建设、管理全过程各环节,把健全公共卫生应急管理体系作为提升治理能力的重要一环,着力完善重大疫情防控体制机制,毫不放松抓好常态化疫情防控,全方位全周期保障人民健康。

中央和国家有关部门要站在全局高度、聚焦国家战略,会同上海市做好顶层设计,积极研究制定支持浦东高水平改革开放的具体举措,共同推动各项政策落地见效。

女士们、先生们、同志们!

明年是中国共产党成立 100 周年。上海是中国共产党诞生地。要传承红色基因、践行初心使命,不断提升党的建设质量和水平,确保改革开放正确方向。广大党员、干部要勇于担当、敢为先锋,奋力创造新时代新奇迹。

女士们、先生们、同志们!

"装点此关山,今朝更好看。"上海是一座光荣的城市,是一个不断见证奇迹的地方。浦东开发开放 30 年的历程,走的是一条解放思想、深化改革之路,是一条面向世界、扩大开放之路,是一条打破常规、创新突破之路。展望未来,我们完全有理由相信,在新时代中国发展的壮阔征程上,上海一定能创造出令世界刮目相看的新奇迹,一定能展现出建设社会主义现代化国家的新气象!

(文献来源:《人民日报》2020 年 11 月 13 日,第 2 版)

牢记习近平总书记对上海浦东的谆谆嘱托
奋力打造社会主义现代化建设引领区

（2020年12月）
中国上海市委

在"两个一百年"历史交汇点上，习近平总书记出席浦东开发开放30周年庆祝大会并发表重要讲话，对浦东高水平改革开放作出全面部署，赋予上海新的历史使命，这是上海发展进程中具有里程碑意义的大事。习近平总书记的重要讲话，为我们推进更深层次改革、更高水平开放指明了前进方向，提供了根本遵循和行动指南。上海广大干部群众将以更加饱满的激情、更加昂扬的斗志、更加坚定的决心，坚定推动浦东改革开放再出发，奋力创造令世界刮目相看的新奇迹，全面展现建设社会主义现代化国家的新气象。

一、深刻领会习近平总书记关于推动浦东高水平改革开放的战略意图

浦东因改革开放而生，因改革开放而兴，因改革开放而强。30年前，面对国际环境的风云变幻，面对全球产业结构和分工面临重大调整，面对国际社会对社会主义中国改革开放何去何从的疑虑，党中央全面研判国际国内大势，统筹把握改革发展大局，作出开发开放上海浦东的重大决策，向世界宣示了中国坚定不移推进改革开放的信心和决心，掀开了我国改革开放向纵深推进的崭新篇章。30年来，浦东创造性贯彻落实党中央决策部署，生产总值从1990年的60亿元增长到2019年的1.27万亿元，城乡居民人均可支配收入达到71647元，人均预期寿命从1993年的76.10岁提高到84.46岁，城镇人均住房建筑面积从1993年的15平方米提高到42平方米，不仅从过去以农业为主的区域，变成了一座功能集

聚、要素齐全、设施先进的现代化新城,而且探索形成了一批可复制、可推广的制度经验。习近平总书记强调指出,浦东开发开放 30 年取得的显著成就,为中国特色社会主义制度优势提供了最鲜活的现实明证,为改革开放和社会主义现代化建设提供了最生动的实践写照!

今天,我国进入新发展阶段的历史关头,即将开启全面建设社会主义现代化国家的新征程。世界正经历百年未有之大变局,新冠肺炎疫情全球大流行使这个大变局加速演变,国际经济、科技、文化、安全、政治等格局都在发生深刻调整。面对更为复杂多变的外部环境,习近平总书记高瞻远瞩、审时度势,提出推动浦东高水平改革开放、打造社会主义现代化建设引领区,要求把浦东新的历史方位和使命,放在中华民族伟大复兴战略全局、世界百年未有之大变局这两个大局中加以谋划,放在构建以国内大循环为主体、国内国际双循环相互促进的新发展格局中予以考量和谋划。

大型客机是航空制造的"高端产品",因其技术集成要求高、生产工艺十分复杂等因素,历来是检验一个国家航空制造业综合实力和水平的"试金石"。从 2007 年正式立项,到 2010 年展出样机,再到 2015 年总装下线,2017 年完成首飞,C919 大型客机一路走来,见证了我国航空工业自主创新的奋进历程,成为中国制造转型升级、迈向中高端的生动缩影。

我们一定要从战略和全局的高度,深刻把握习近平总书记和党中央落子布局的重大战略意图,深刻把握浦东高水平改革开放的历史使命,深刻把握上海在新时代新征程中的特殊责任。要深刻认识推进浦东高水平改革开放是应对外部环境复杂变化的先手棋。当前,经济全球化遭遇逆风和回头浪,单边主义、保护主义上升,世界经济低迷,世界进入动荡变革期,我们将面对更多逆风逆水的外部环境。推动浦东高水平改革开放,是党中央进一步向全世界郑重宣示我国坚定扩大开放的决心和信心,是准确识变、科学应变、主动求变的重大举措,是通过深入推进高水平制度型开放,加快构建开放型经济新体制,积极主动参与引领全球经济治理变革。要深刻认识推进浦东高水平改革开放就是构建新发展格局的战略布局。习近平总书记强调,新发展格局决不是封闭的国内循环,而是开放的国内国际双循环,要求浦东要努力成为国内大循环的中心节点和国内国际双循环的战略链接。浦东开发开放以来,一直是我国对内对外开放两个扇面的重要枢纽。在全国构建新发展格局中,我们要充分利用开放枢纽门户地位,打造吸附全球要素资源的引力场、融入全球产业链的桥头堡、参与全球经济治理的试验田,对内成为"走出去"的最好跳板、对外成为"引进来"的前沿阵地,助力我国经济循环更加畅通。要深刻认识推进浦东高水平改革开放是发挥上海龙头带动作用的重大举措。习近平总书记的重要讲话,既是对浦东高水平改革开放的领航指向,也是对新时代上海发展新的战略擘画。习近平总书记多次要求,上海要进一步发挥龙头带动作用,使长三角地区实现更高质量一体化发展,更好引领长江经济带发展,更好服务国家发展大局。我们要打好浦东高水平改革开放这张"王牌",统筹做好对外开放和对内开放两篇大文章,持续深入落实"三大任务、一大平台",着力强化"四大功能"、全面深化"五个中心"建设,全面服务带动长三角一体化发展、长江经济带发展和全国发展,更好代表国家参与国际合作和竞争。

二、牢牢把握习近平总书记赋予浦东的光荣历史使命

习近平总书记曾深刻指出,浦东发展的意义在于窗口作用、示范意义,在于敢闯敢试、先行先试,在于排头兵的作用。进入新时代,习近平总书记立足新形势下全国改革开放大局,进一步赋予浦东打造社会主义现代化建设引领区的重大战略使命,要求浦东科学把握新发展阶段,坚决贯彻新发展理念,服务构建新发展格局,勇于挑最重的担子、啃最硬的骨头,努力成为更高水平改革开放的开路先锋、全面建设社会主义现代化国家的排头兵、彰显"四个自信"的实践范例。面向未来,我们要按照习近平总书记明确的定位要求,紧紧围绕打造社会主义现代化建设引领区的战略目标,牢牢把握"三个成为"的根本指引,肩负起上海作为中国共产党诞生地和全国改革开放前沿窗口的光荣使命。

成为更高水平改革开放的开路先锋,就是要在更深层次改革、更高水平开放上攻坚突破。这和当年浦东开发开放的使命是一脉相承的,我们扩大开放、融入全球的要求没有变,但面对的外部环境和改革开放的内涵发生了深刻变化。习近平总书记要求我们着力推动规则、规制、管理、标准等制度型开放,提供高水平制度供给、高质量产品供给、高效率资金供给。我们必须在探索具有较强国际市场竞争力的开放政策和制度上逢山开路、遇水架桥,为全国高水平改革开放闯出一条新路,提供更多可复制、可推广的经验。

成为全面建设社会主义现代化国家的排头兵,就是要在推动高质量发展、创

造高品质生活、实现高效能治理上走在最前列。进入新发展阶段,是中华民族伟大复兴历史进程中的大跨越,有许多新的实践课题,需要率先探索。浦东开发开放前 30 年的实践是在我国实现第一个百年奋斗目标的历史进程中展开的,浦东后 30 年的发展正好切合了实现我国第二个百年奋斗目标的历史进程。踏上新征程,我们要以排头兵的姿态和先行者的担当,加快建设具有世界影响力的社会主义现代化国际大都市,努力成为社会主义现代化国家建设的重要窗口和城市标杆,为建设社会主义现代化国家提供坚强有力支撑。

成为彰显"四个自信"的实践范例,就是要更好向世界展示中国理念、中国精神、中国道路。浦东过去 30 年的辉煌成就,充分折射出中国方案在通往现代化道路上所具有的价值。未来上海和浦东的窗口意义,就是要在以习近平同志为核心的党中央坚强领导下,奋力创造新的发展奇迹,进一步增强道路自信、理论自信、制度自信、文化自信,向世界展示中国特色社会主义的强大生命力,让世界看到中国特色社会主义道路的光明前景。

三、把习近平总书记的谆谆嘱托转化为全市上下在新的征程上创造新奇迹、展现新气象的生动实践

习近平总书记对浦东高水平改革开放作出全面部署,为新时代上海发展明确了战略重点、指出了根本路径。2020 年 11 月 25 日,上海召开十一届市委十次全会,对深入学习贯彻习近平总书记重要讲话精神作出全面部署,专门作出《中共上海市委关于深入学习贯彻习近平总书记在浦东开发开放 30 周年庆祝大会上重要讲话精神的决定》,强调要把学习贯彻习近平总书记重要讲话精神转化为勇于担当、敢为先锋的务实行动,坚定不移吃改革饭、走开放路、打创新牌,奋力创造新时代上海发展新奇迹,为实现中华民族伟大复兴的中国梦作出新的更大贡献。

坚定不移走解放思想、深化改革之路。习近平总书记强调,改革开放是当代中国最显著的特征。随着我国迈入新发展阶段,要聚焦基础性和具有重大牵引作用的改革举措,在政策取向上相互配合、在实施过程中相互促进、在改革成效上相得益彰,推动各方面制度更加成熟更加定型。我们坚决贯彻习近平总书记要求,聚焦"激活高质量发展新动力"的要求,全面加强改革系统集成。统筹推进

重要领域和关键环节改革,加强重大制度创新充分联动和衔接配套,放大改革综合效应。积极探索开展综合性改革试点,从事物发展的全过程、产业发展的全链条、企业发展的全生命周期出发来谋划设计改革,全面开展"一业一证"改革试点,率先建立行业综合许可和综合监管制度。深化经济体制改革,加快要素市场化改革,在市场准入、投资建设、要素流动、产业创新等领域争取改革先行先试,全面激发各类市场主体活力。打造国际一流营商环境,深化行政审批制度改革,健全以公平为原则的产权保护制度,把上海建设成为贸易投资最便利、行政效率最高、服务管理最规范、法治体系最完善的城市之一。

坚定不移走面向世界、扩大开放之路。习近平总书记强调,对外开放是我国的基本国策,任何时候都不能动摇。当前,经济全球化遇到一些回头浪,但世界决不会退回到相互封闭、彼此分割的状态,开放合作仍然是历史潮流,互利共赢依然是人心所向。要敞开大门欢迎各国分享中国发展机遇,积极参与全球经济治理。我们坚决贯彻习近平总书记要求,聚焦"增创国际合作和竞争新优势",深入推进高水平制度型开放。加快打造高水平开放型经济,更好发挥上海自贸试验区特别是临港新片区"试验田"作用,对标国际最高标准、最高水平,实行更大程度的压力测试,在若干重点领域率先实现突破。全面落实外资准入前国民待遇加负面清单管理,在国际仲裁、国际商事纠纷解决机制等方面加大探索力度,助力国家引领推动全球经济治理体系变革。同时,聚焦"服务构建新发展格局",持续增强全球资源配置能力。加快建设全球资产管理中心、金融科技中心、国际金融资产交易平台,发展更高能级的总部经济,统筹发展在岸业务和离岸业务,努力成为全球产业链供应链价值链的重要枢纽,提高对资金、信息、技术、人才、货物等要素配置的全球性影响力。服务推动长三角一体化和"一带一路"发展,加快同长三角共建辐射全球的航运枢纽,做大做强长三角资本市场服务基地,建立完善跨省域产业合作等机制,搭建支持"一带一路"沿线国家产品和企业进入中国的服务平台,打造全球数据汇聚流转枢纽平台,构建更多联通国际市场和国内市场的高能级服务平台和战略通道。

在上海浦东张江科学城,有一个标志性建筑——"鹦鹉螺",它就是上海光源。上海光源是中国大陆第一台中能第三代同步辐射光源,在投入使用的 10 多年时间里,催生了物理、材料、能源与催化、生命与健康等诸多领域多项国际顶级科研成果。

　　坚定不移走打破常规、创新突破之路。习近平总书记强调,我国经济社会发展比过去任何时候都更加需要科学技术解决方案,更加需要增强创新这个第一动力。要面向世界科技前沿、面向经济主战场、面向国家重大需求、面向人民生命健康,加强基础研究和应用基础研究,打好关键核心技术攻坚战。我们坚决贯彻习近平总书记要求,聚焦"打造自主创新新高地",全力做强创新引擎。全力落实国家战略科技力量布局,进一步提高张江综合性国家科学中心的集中度和显示度,加紧布局一批大科学设施和国家科技创新基地,实施一批具有前瞻性、战略性的国家重大科技项目,牵头和参与一批国际大科学计划和大科学工程,在基础科技领域作出大的创新,努力实现更多"从 0 到 1"的突破。加快提升产业链水平,深入推进以现代服务业为主体、战略性新兴产业为引领、先进制造业为支撑的现代产业体系建设,加快在集成电路、生物医药、人工智能等领域打造世界级产业集群,在新能源汽车、大飞机、新材料等领域打造一批硬核产业集群,努力掌握产业链核心环节、占据价值链高端地位,打好产业基础高级化、产业链现代化的攻坚战。同时,聚焦"开创人民城市建设新局面",加快提高城市治理现代化水平。深入贯彻"人民城市人民建、人民城市为人民"重要理念,把让人民宜居安居放在首位,把最好的资源留给人民,把全生命周期管理理念贯穿城市规划、建设、管理全过程各环节,全面推动城市治理手段、治理模式、治理理念创新,持续推进政务服务"一网通办"、城市运行"一网统管",深入探索具有中国特色、体现时代特征、彰显社会主义制度优势的超大城市发展之路。着力解决人民群众最关心最直接最现实的利益问题,不断提高公共服务均衡化、优质化水平,把城市建设成为人与人、人与自然和谐共生的美丽家园,不断提升人民群众的获得感、幸福感、安全感。

　　我们将更加紧密地团结在以习近平同志为核心的党中央周围,以习近平新时代中国特色社会主义思想为指导,勇立潮头,敢闯敢试,善作善成,全力打造社会主义现代化建设引领区,为实现全面建设社会主义现代化国家的奋斗目标、实现中华民族伟大复兴的中国梦不懈奋斗。

(文献来源:《求是》2020 年第 23 期)

中共中央、国务院关于支持浦东新区高水平改革 开放打造社会主义现代化建设引领区的意见

（2021 年 4 月 23 日）

上海在党和国家工作全局中具有十分重要的地位,浦东开发开放掀开了我国改革开放向纵深推进的崭新篇章。党的十八大以来,在以习近平同志为核心的党中央坚强领导下,浦东取得了举世瞩目的发展成就,为中国特色社会主义制度优势提供了最鲜活的现实明证,为改革开放和社会主义现代化建设提供了最生动的实践写照。在全面建设社会主义现代化国家新征程上,为支持浦东新区高水平改革开放、打造社会主义现代化建设引领区,引领带动上海"五个中心"建设,更好服务全国大局和带动长三角一体化发展战略实施,现提出如下意见。

一、总体要求

（一）指导思想。以习近平新时代中国特色社会主义思想为指导,深入贯彻党的十九大和十九届二中、三中、四中、五中全会精神,坚持稳中求进工作总基调,科学把握新发展阶段,坚定不移贯彻新发展理念,服务和融入新发展格局,支持浦东勇于挑最重的担子、啃最硬的骨头,努力成为更高水平改革开放的开路先锋、全面建设社会主义现代化国家的排头兵、彰显"四个自信"的实践范例,更好向世界展示中国理念、中国精神、中国道路。

（二）战略定位。推动浦东高水平改革开放,为更好利用国内国际两个市场两种资源提供重要通道,构建国内大循环的中心节点和国内国际双循环的战略链接,在长三角一体化发展中更好发挥龙头辐射作用,打造全面建设社会主义现代化国家窗口。

——更高水平改革开放的开路先锋。坚持系统观念,加强改革举措的有机衔接和融会贯通,推动各项改革向更加完善的制度靠拢。从要素开放向制度开放全面拓展,率先建立与国际通行规则相互衔接的开放型经济新体制。在浦东全域打造特殊经济功能区,加大开放型经济的风险压力测试。

——自主创新发展的时代标杆。充分发挥新型举国体制的制度优势和超大规模市场优势,找准政府和市场在推动科技创新、提升产业链水平中的着力点,建设国际科技创新中心核心区,增强自主创新能力,强化高端产业引领功能,带动全国产业链升级,提升全球影响力。

——全球资源配置的功能高地。以服务共建“一带一路”为切入点和突破口,积极配置全球资金、信息、技术、人才等要素资源,打造上海国际金融中心、贸易中心、航运中心核心区,强化服务实体经济能力,率先构建高标准国际化经贸规则体系,打造我国深度融入全球经济发展和治理的功能高地。

——扩大国内需求的典范引领。着力创造高品质产品和服务供给,不断提升专业化、品牌化、国际化水平,培育消费新模式新业态,引领带动国内消费升级需求,打造面向全球市场的新品首发地、引领消费潮流的风向标,建设国际消费中心。

——现代城市治理的示范样板。构建系统完备、科学规范、运行有效的城市治理体系,提升治理科学化、精细化、智能化水平,提高应对重大突发事件能力,完善民生发展格局,延续城市特色文化,打造宜居宜业的城市治理样板。

(三)发展目标。到 2035 年,浦东现代化经济体系全面构建,现代化城区全面建成,现代化治理全面实现,城市发展能级和国际竞争力跃居世界前列。到 2050 年,浦东建设成为在全球具有强大吸引力、创造力、竞争力、影响力的城市重要承载区,城市治理能力和治理成效的全球典范,社会主义现代化强国的璀璨明珠。

二、全力做强创新引擎,打造自主创新新高地

面向世界科技前沿、面向经济主战场、面向国家重大需求、面向人民生命健康,加强基础研究和应用基础研究,打好关键核心技术攻坚战,加速科技成果向现实生产力转化,提升产业链水平,为确保全国产业链供应链稳定多作新贡献。

（四）加快关键技术研发。加快建设张江综合性国家科学中心，聚焦集成电路、生命科学、人工智能等领域，加快推进国家实验室建设，布局和建设一批国家工程研究中心、国家技术创新中心、国家临床医学研究中心等国家科技创新基地。推动超大规模开放算力、智能汽车研发应用创新平台落户。研究对用于临床研究的药品免征进口环节税。允许有条件的医疗机构按照相关要求开展自行研制体外诊断试剂试点。建立企业研发进口微量耗材管理服务平台，在进口许可、通关便利、允许分销等方面研究予以支持。允许浦东认定的研发机构享受进口自用设备免征进口环节税、采购国产设备自用的给予退税政策。积极参与、牵头组织国际大科学计划和大科学工程，开展全球科技协同创新。

（五）打造世界级创新产业集群。在总结中国（上海）自由贸易试验区临港新片区实施经验基础上，研究在浦东特定区域对符合条件的从事集成电路、人工智能、生物医药、民用航空等关键领域核心环节生产研发的企业，自设立之日起5年内减按15%的税率征收企业所得税。在浦东特定区域开展公司型创业投资企业所得税优惠政策试点，在试点期内，对符合条件的公司型创业投资企业按照企业年末个人股东持股比例免征企业所得税，鼓励长期投资，个人股东从该企业取得的股息红利按照规定缴纳个人所得税。同长三角地区产业集群加强分工协作，突破一批核心部件、推出一批高端产品、形成一批中国标准。发展更高能级的总部经济，统筹发展在岸业务和离岸业务，成为全球产业链供应链价值链的重要枢纽。依托长三角产业集群优势，建立一批科技成果转化中试孵化基地。

（六）深化科技创新体制改革。优化创新创业生态环境，疏通基础研究、应用研究和产业化双向链接的快车道。探索中央财政资金、地方资金、社会资本共同参与的重大科技基础设施建设和运行投入机制。支持新型研发机构实施依章程管理、综合预算管理和绩效评价为基础的管理模式。支持高校和科研院所建立专业化技术转移机构。建立高水平的知识产权保护制度，实施更大力度的知识产权侵权惩罚性赔偿制度。支持浦东设立科创板拟上市企业知识产权服务站。允许将科研工艺设备设计费纳入项目总投资，项目建设单位自行承担相关设计工作支出可列支设计费。国家在浦东设立的研发机构可研究适用上海科技体制机制创新相关规定。

三、加强改革系统集成,激活高质量发展新动力

聚焦基础性和具有重大牵引作用的改革举措,探索开展综合性改革试点,从事物发展全过程、产业发展全链条、企业发展全生命周期出发谋划设计改革,加强重大制度创新充分联动和衔接配套,推动各方面制度更加完善。

(七)创新政府服务管理方式。加强各部门各领域协同放权、放管衔接、联动服务。探索试点商事登记确认制和市场准营承诺即入制,制定浦东放宽市场准入特别措施清单,深化"一业一证"改革,率先建立行业综合许可和综合监管制度。深化行政体制改革,按程序赋予浦东在统筹使用各类编制资源方面更大自主权。提高专业化精细化管理水平,实行与经济发展水平相适应的薪酬制度。

(八)强化竞争政策基础地位。全面落实外商投资准入前国民待遇加负面清单管理制度。积极稳妥推进具备条件的国有企业混合所有制改革和整合重组。健全以公平为原则的产权保护制度,全面依法平等保护民营经济产权,全面依法平等保护外商投资合法权益,加强反不正当竞争执法,加强企业商业秘密保护。

(九)健全要素市场一体化运行机制。结合国土空间规划编制,优化建设用地结构和布局。在国土空间规划编制完成后,探索按规划期实施的总量管控模式。支持推动在建设用地地上、地表和地下分别设立使用权,探索按照海域的水面、水体、海床、底土分别设立使用权。深化产业用地"标准化"出让方式改革,增加混合产业用地供给,探索不同产业用地类型合理转换。实施以能耗强度为核心、能源消费总量保持适度弹性的用能控制制度。建设国际数据港和数据交易所,推进数据权属界定、开放共享、交易流通、监督管理等标准制定和系统建设。

四、深入推进高水平制度型开放,增创国际合作和竞争新优势

着力推动规则、规制、管理、标准等制度型开放,提供高水平制度供给、高质量产品供给、高效率资金供给,更好参与国际合作和竞争。

(十)推进中国(上海)自由贸易试验区及临港新片区先行先试。更好发挥

中国(上海)自由贸易试验区及临港新片区"试验田"作用,对标最高标准、最高水平,实行更大程度的压力测试,在若干重点领域率先实现突破,相关成果具备条件后率先在浦东全域推广实施。在浦东开展制度型开放试点,为全国推进制度型开放探索经验。推进海关特殊监管区域建设,支持洋山特殊综合保税区政策在浦东具备条件的海关特殊监管区域的特定区域适用。优化海关特殊监管区域电子账册管理。围绕战略性新兴产业领域并根据企业实际需要,在中国(上海)自由贸易试验区临港新片区探索创新监管安排,具备条件的可享受洋山特殊综合保税区的通关便利化相关政策。加强商事争端等领域与国际通行规则接轨。允许境外服务提供商在满足境内监管要求条件下,以跨境交付或自然人移动的方式提供更多跨境专业服务。支持浦东商业银行机构对诚信合规企业自主优化离岸转手买卖业务审核流程。在浦东具备条件的区域,研究探索适应境外投资和离岸业务发展的税收政策。在风险可控的前提下,研究探索支持浦东企业服务出口的增值税政策。在监管部门信息共享、风险可控的前提下,推动海关特殊监管区域外的重点企业开展高附加值、高技术含量、符合环保要求"两头在外"的保税维修业务。吸引更多国际经济组织和企业总部在中国(上海)自由贸易试验区落户。在不导致税基侵蚀和利润转移的前提下,探索试点自由贸易账户的税收安排。在洋山特殊综合保税区指定区域探索设立为区内生产经营活动配套服务且不涉及免税、保税、退税货物和物品的消费服务设施,设立保税展示交易平台。

(十一)加快共建辐射全球的航运枢纽。加快同长三角共建辐射全球的航运枢纽,提升整体竞争力和影响力。强化上海港、浦东国际机场与长三角港口群、机场群一体化发展,加强江海陆空铁紧密衔接,探索创新一体化管理体制机制。在洋山港试点实施与国际惯例接轨的船舶登记管理制度。研究在对等条件下,允许洋山港登记的国际航行船舶开展以洋山港为国际中转港的外贸集装箱沿海捎带业务。推动浦东国际机场与相关国家和地区扩大航权安排,进一步放宽空域管制,扩大空域资源供给。

(十二)建立全球高端人才引进"直通车"制度。率先在浦东实行更加开放更加便利的人才引进政策。进一步研究在浦东投资工作的相关高端人才审核权限下放政策,为引进的"高精尖缺"海外人才提供入出境和停居留便利。逐步放开专业领域境外人才从业限制,对其在浦东完全市场化竞争行业领域从业视同享受国民待遇,建立国际职业资格证书认可清单制度。支持浦东在中国国际进口博览会期间试行更大力度的人员出入境等配套政策,并推动常态化、制度化。

五、增强全球资源配置能力,服务构建新发展格局

完善金融市场体系、产品体系、机构体系、基础设施体系,支持浦东发展人民币离岸交易、跨境贸易结算和海外融资服务,建设国际金融资产交易平台,提升重要大宗商品的价格影响力,更好服务和引领实体经济发展。

(十三)进一步加大金融开放力度。支持浦东率先探索资本项目可兑换的实施路径。在浦东支持银行在符合"反洗钱、反恐怖融资、反逃税"和贸易真实性审核的要求下,便利诚信合规企业的跨境资金收付。创新面向国际的人民币金融产品,扩大境外人民币境内投资金融产品范围,促进人民币资金跨境双向流动。研究探索在中国外汇交易中心等开展人民币外汇期货交易试点。推动金融期货市场与股票、债券、外汇、保险等市场合作,共同开发适应投资者需求的金融市场产品和工具。构建与上海国际金融中心相匹配的离岸金融体系,支持浦东在风险可控前提下,发展人民币离岸交易。

(十四)建设海内外重要投融资平台。支持在浦东设立国际金融资产交易平台,试点允许合格境外机构投资者使用人民币参与科创板股票发行交易。支持在浦东开展简化外债登记改革试点。完善外债管理制度,拓展跨境融资空间。推进在沪债券市场基础设施互联互通。加快推进包括银行间与交易所债券市场在内的中国债券市场统一对外开放,进一步便利合格境外机构投资者参与中国债券市场。

(十五)完善金融基础设施和制度。研究在全证券市场稳步实施以信息披露为核心的注册制,在科创板引入做市商制度。发挥上海保险交易所积极作用,打造国际一流再保险中心。支持上海期货交易所探索建立场内全国性大宗商品仓单注册登记中心,开展期货保税仓单业务,并给予或落实配套的跨境金融和税收政策。建设国家级大型场内贵金属储备仓库。建设国际油气交易和定价中心,支持上海石油天然气交易中心推出更多交易品种。构建贸易金融区块链标准体系,开展法定数字货币试点。在总结评估相关试点经验基础上,适时研究在

浦东依法依规开设私募股权和创业投资股权份额转让平台,推动私募股权和创业投资股权份额二级交易市场发展。支持在浦东设立国家级金融科技研究机构、金融市场学院。支持建设覆盖全金融市场的交易报告库。

六、提高城市治理现代化水平,开创人民城市建设新局面

推动治理手段、治理模式、治理理念创新,加快建设智慧城市,率先构建经济治理、社会治理、城市治理统筹推进和有机衔接的治理体系,把城市建设成为人与人、人与自然和谐共生的美丽家园。

(十六)创新完善城市治理体系。把全生命周期管理理念贯穿城市规划、建设、管理全过程各环节,深入推进城市运行"一网统管"。支持浦东探索与经济社会发展需要相适应的人口管理机制。推动社会治理和资源向基层下沉,强化街道、社区治理服务功能,打通联系服务群众"最后一公里"。

(十七)打造时代特色城市风貌。加强对建筑形体、色彩、体量、高度和空间环境等方面的指导约束。实施旧工业区改造工程,建设文化创意和休闲消费场所。与老城区联动,统筹推进浦东城市有机更新,加快老旧小区改造,加强历史建筑、文物保护,打造富有中国特色的建筑群,推进与现代化都市有机融合。加强地下空间统筹规划利用,推进海绵城市和综合管廊建设,提升城市气候韧性。

(十八)构建和谐优美生态环境。实行最严格的生态环境保护制度,健全源头预防、过程控制、损害赔偿、责任追究的生态环境保护体系。优化企业生态信息采集和评价标准,构建生态信用体系。深化生态环境保护综合行政执法改革,健全生态环境公益诉讼制度。评估调整黄浦江沿岸和海洋生态保护红线。严格落实垃圾分类和资源化再利用制度。推动绿色低碳出行,发展以网络化轨道交通为主体的公共交通体系。

(十九)提升居民生活品质。与长三角地区统筹布局优质教育、医疗、养老、文化等公共服务资源,增加高质量和国际化教育、医疗等优质资源供给,不断提高公共服务均衡化、优质化水平。建立依据常住人口配置公共服务资源的制度。开展城市居住社区建设补短板行动,改善弄堂环境,加大停车场和充电设施、街心公园等基本服务设施和公共活动空间配套建设力度。弘扬红色文化,发扬海

派文化、江南文化,做大做强文创产业。

七、提高供给质量,依托强大国内市场优势促进内需提质扩容

加快建设上海国际消费中心城市,培育打响上海服务、上海制造、上海购物、上海文化、上海旅游品牌,以高质量供给适应、引领、创造新需求。

(二十)增加高品质商品和服务供给。发挥浦东先进制造和贸易航运枢纽优势,推动消费平台和流通中心建设。研究探索放宽电信服务、医疗健康等服务消费市场外资准入限制,促进服务供给体系升级。建立完善养老托幼、家政服务、文化旅游等服务性消费标准体系。进一步深化实施境外旅客离境"即买即退"措施。支持在中国国际进口博览会期间举办上海消费促进系列活动。

(二十一)培育绿色健康消费新模式。充实丰富在线医疗、在线文体等线上消费业态,推动线上线下融合消费双向提速。推进终端非接触式智能设施建设和资源共享。建立快速有效的消费者投诉处理机制,对消费新业态实行包容审慎监管。

八、树牢风险防范意识,统筹发展和安全

坚持底线思维,建立完善与更大力度改革开放相匹配的风险防控体系,做到防风险与促发展同步部署、同步推进、同步落实,守住不发生系统性风险底线。

(二十二)健全金融风险防控机制。完善现代金融监管体系,建立健全风险监测和评估框架,探索与国际金融体系相适应的包容审慎监管模式。在现行监管框架下,依法开展金融创新试点活动。建立健全跨境资金流动监测预警、宏观审慎评估和协调联动体系。完善企业、政府、第三方专业机构信息共享平台,加大离岸贸易真实性审核力度。

(二十三)完善公共卫生应急管理体系。加大公共卫生应急专用设施建设投入,加强疾病预防控制、监测预警、突发疫情管控、应急物资保障、重大疾病救治、防控救治科研的体系和能力建设。与长三角地区统筹共建公共卫生应急管理体系,健全联防联控、群防群控机制。完善应对重大疫情医疗互助机制,建立

长三角地区专家库,建设远程医疗、互联网诊疗平台,推进负压病房等医疗资源共享共用。

(二十四)防范化解安全生产等领域重大风险。建立城市 5G 安全智慧大脑,健全港口和机场安全、大面积停电、自然灾害等预警机制,强化海上危险化学品运输安全风险防范和应急处置。加强重大风险应急救援专业化队伍建设,提升重大突发事件应对水平。加强网络和信息安全管理制度建设。

九、加强组织实施

(二十五)坚持和加强党的全面领导。坚持和加强党对浦东高水平改革开放各领域各方面各环节的领导,提高党把方向、谋大局、定政策、促改革的能力和定力。坚持以党的政治建设为统领,坚持思想建党和制度治党紧密结合,加强党风廉政建设,以一流党建引领浦东发展。以提升组织力为重点,突出政治功能,加强基层党组织建设,引导基层党组织和广大党员在推动浦东高水平改革开放中发挥战斗堡垒作用和先锋模范作用。完善落实精准考核、奖惩分明的激励约束机制,把"三个区分开来"的要求具体化,建立健全干部担当作为的激励和保护机制,大力营造敢担当、勇负责、善创新的良好氛围。

(二十六)强化法治保障。建立完善与支持浦东大胆试、大胆闯、自主改相适应的法治保障体系。比照经济特区法规,授权上海市人民代表大会及其常务委员会立足浦东改革创新实践需要,遵循宪法规定以及法律和行政法规基本原则,制定法规,可以对法律、行政法规、部门规章等作变通规定,在浦东实施。对暂无法律法规或明确规定的领域,支持浦东先行制定相关管理措施,按程序报备实施,探索形成的好经验好做法适时以法规规章等形式固化下来。本意见提出的各项改革措施,凡涉及调整适用现行法律和行政法规的,按法定程序办理。

(二十七)完善实施机制。建立中央统筹、市负总责、浦东抓落实的工作机制。在推动长三角一体化发展领导小组领导下,国家发展改革委统筹协调各方面做好重大规划、重大政策、重大工程研究制定和推进实施工作。中央和国家机关有关部门要按照能放尽放原则赋予浦东更大改革发展权,上海市要加强对浦东的指导服务,浦东新区要进一步强化主体责任,细化落实各项重点任务,在政策举措落地实施中加强统筹衔接,形成政策合力。重大事项及时向党中央、国务院请示报告。

(文献来源:《人民日报》2021年7月16日,第1版)

全国人民代表大会常务委员会关于授权
上海市人民代表大会及其常务委员会
制定浦东新区法规的决定

（2021 年 6 月 10 日第十三届全国人民代表
大会常务委员会第二十九次会议通过）

　　第十三届全国人民代表大会常务委员会第二十九次会议审议了国务院关于提请审议《关于授权上海市人民代表大会及其常务委员会制定浦东新区法规的决定（草案）》的议案。为建立完善与支持浦东大胆试、大胆闯、自主改相适应的法治保障体系，推动浦东新区高水平改革开放，打造社会主义现代化建设引领区，第十三届全国人民代表大会常务委员会第二十九次会议决定：

　　一、授权上海市人民代表大会及其常务委员会根据浦东改革创新实践需要，遵循宪法规定以及法律和行政法规基本原则，制定浦东新区法规，在浦东新区实施。

　　二、根据本决定制定的浦东新区法规，应当依照《中华人民共和国立法法》的有关规定分别报全国人民代表大会常务委员会和国务院备案。浦东新区法规报送备案时，应当说明对法律、行政法规、部门规章作出变通规定的情况。

　　三、本决定自公布之日起施行。

　　（文献来源：《中华人民共和国全国人民代表大会常务委员会公报》2021 年第五号）

上海市人民代表大会常务委员会关于加强浦东新区高水平改革开放法治保障制定浦东新区法规的决定

上海市人民代表大会常务委员会公告

（第 72 号）

《上海市人民代表大会常务委员会关于加强浦东新区高水平改革开放法治保障制定浦东新区法规的决定》已由上海市第十五届人民代表大会常务委员会第三十二次会议于 2021 年 6 月 23 日通过，现予公布，自 2021 年 6 月 23 日起施行。

上海市人民代表大会常务委员会

2021 年 6 月 23 日

为了深入贯彻落实党中央、国务院关于支持浦东新区高水平改革开放、打造社会主义现代化建设引领区的决策部署，建立完善与支持浦东大胆试、大胆闯、自主改相适应的法治保障体系，依法保障浦东努力成为更高水平改革开放的开路先锋、全面建设社会主义现代化国家的排头兵、彰显"四个自信"的实践范例，结合本市实际，特作如下决定：

一、市人民代表大会常务委员会立足浦东改革创新实践需要，根据《全国人民代表大会常务委员会关于授权上海市人民代表大会及其常务委员会制定浦东新区法规的决定》，遵循宪法规定以及法律和行政法规基本原则，制定浦东新区法规，可以对法律、行政法规、部门规章作出变通规定，在浦东新区实施。

二、市人民代表大会常务委员会应当建立与制定浦东新区法规相适应的立项、起草、审议等工作规程和制度安排，会同浦东新区人民代表大会常务委员会开展立法需求征集、重要制度论证等工作。浦东新区人民代表大会常务委员会应当建立参与起草、制定浦东新区法规的工作机制。

浦东新区法规应当分别报全国人民代表大会常务委员会和国务院备案，并说明对法律、行政法规、部门规章作出变通规定的情况。

三、对暂无法律、法规或者明确规定的领域，支持浦东新区人民代表大会及其常务委员会和浦东新区人民政府先行制定相关管理措施，并按程序报备实施。

浦东新区人民代表大会常务委员会、浦东新区人民政府应当建立健全管理措施的执行评估机制，及时提出管理措施转化为法规的建议。

市人民代表大会常务委员会应当建立常态化工作机制，及时将管理措施探索形成的经验做法以法规形式固化。

四、市和浦东新区各有关部门应当贯彻落实本决定和《上海市人民代表大会常务委员会关于促进和保障浦东新区综合配套改革试点工作的决定》《上海市人民代表大会常务委员会关于促进和保障浦东新区改革开放再出发实现新时代高质量发展的决定》，加强统筹衔接，着力推进制度型开放，放大改革综合效应，形成浦东新区高水平改革开放法治保障的整体合力。

五、本决定自 2021 年 6 月 23 日起施行。

（文献来源：《上海市人民代表大会常务委员会公报》2021 年第五号）

上海市人民代表大会常务委员会关于促进和保障浦东新区改革开放再出发实现新时代高质量发展的决定

上海市人民代表大会常务委员会公告

（第 22 号）

《上海市人民代表大会常务委员会关于促进和保障浦东新区改革开放再出发实现新时代高质量发展的决定》已由上海市第十五届人民代表大会常务委员会第十三次会议于 2019 年 7 月 25 日通过，现予公布，自 2019 年 7 月 26 日起施行。

上海市人民代表大会常务委员会

2019 年 7 月 25 日

浦东开发开放是党中央、国务院在我国改革开放和现代化建设关键时期作出的一项重大战略决策。为了继续高举浦东开发开放旗帜，依法促进和保障浦东新区改革开放再出发，发挥上海地方立法试验田作用，实现新时代高质量发展，特作如下决定：

一、市人民代表大会常务委员会围绕浦东新区改革开放再出发的实际需求，制定、修改相关地方性法规或者在有关地方性法规中作出规定，促进和保障浦东新区更好发挥排头兵和试验田的作用。

市人民代表大会常务委员会可以决定在一定期限在浦东新区暂时调整或者暂时停止适用本市地方性法规的部分规定。

本市地方性法规的规定，凡与国家推进浦东新区改革开放有关法律、行政法规以及国务院有关决定不一致的，自动作相应调整。

二、在坚持国家法制统一原则的前提下,根据本市地方性法规的基本原则,市人民政府可以聚焦深化改革、扩大开放、创新发展、产业升级和城市功能等重点领域,制定相关规章、规范性文件在浦东新区先行先试,报市人民代表大会常务委员会备案。

本市地方性法规规定由市人民政府及其有关行政管理部门行使的经济领域行政管理职权,市人民政府可以按照权责一致的原则决定由浦东新区人民政府及其有关行政管理部门依法行使,但确需由市级行政机关统一协调管理的事项除外。

三、在坚持国家法制统一原则的前提下,根据本市地方性法规的基本原则,浦东新区人民代表大会常务委员会、浦东新区人民政府可以聚焦深化改革、扩大开放、创新发展、产业升级和城市功能等重点领域作出相关决定、决议或者制定相关规范性文件在浦东新区先行先试,报市人民代表大会常务委员会备案;浦东新区人民代表大会常务委员会可以围绕自贸试验区和科创中心建设等重点工作,依法决定在一定期限在浦东新区暂时调整或者暂时停止适用本市地方性法规的部分规定,报市人民代表大会常务委员会备案。

四、市人民代表大会常务委员会有关工作机构应当就促进和保障浦东新区改革开放再出发,实现新时代高质量发展的法治保障需求,与全国人民代表大会常务委员会有关工作机构、浦东新区人民代表大会及其常务委员会有关工作机构,建立沟通联系机制。

五、市人民代表大会常务委员会通过听取专项工作报告、开展执法检查等方式,加强对本决定实施情况的监督。

六、本市各级国家机关应当依法支持和保障浦东新区改革开放再出发,实现新时代高质量发展的改革举措的有效实施。

七、本决定自 2019 年 7 月 26 日起施行。

(文献来源:《上海市人民代表大会常务委员会公报》2019 年第五号)

上海市人民代表大会常务委员会关于促进和保障浦东新区综合配套改革试点工作的决定

（2007年4月26日上海市第十二届人民
代表大会常务委员会第三十五次会议通过）

为了促进和保障浦东新区综合配套改革试点工作,充分发挥浦东新区在加快推进"四个率先"中的示范带动作用、在加快建设"四个中心"中的核心功能作用,按照科学发展观的要求和国务院关于浦东新区进行综合配套改革试点的部署,结合上海实际,特作如下决定:

一、浦东新区综合配套改革试点,应当切实贯彻国务院的要求,着力转变政府职能、转变经济运行方式、改变二元经济与社会结构,把改革和发展有机结合起来,把解决本地实际问题与攻克面上共性难题结合起来,把实现重点突破与整体创新结合起来,把经济体制改革与其他方面改革结合起来,积极探索,推进制度创新,率先建立起完善的社会主义市场经济体制。

二、在坚持国家法制统一原则和本市地方性法规基本原则的前提下,市人民政府和浦东新区人民政府可以就浦东新区综合配套改革制定相关文件在浦东新区先行先试,并报市人民代表大会常务委员会备案;浦东新区人民代表大会及其常务委员会可以就推进浦东新区综合配套改革试点工作作出相关决议、决定,并报市人民代表大会常务委员会备案。

三、市人民代表大会常务委员会根据实际情况,适时制定相关地方性法规,进一步支持和保障浦东新区进行综合配套改革试点。

本市各级国家机关应当依法支持和保障浦东新区综合配套改革和创新措施的有效实施。

本决定自公布之日起施行。

（文献来源:《上海市人民代表大会常务委员会公报》2007年第三号）

上海市人民政府关于加强浦东新区
高水平改革开放法治保障的决定

沪府发〔2021〕16 号

（2021 年 7 月 30 日）

各区人民政府，市政府各委、办、局：

为深入贯彻落实党中央、国务院关于支持浦东新区高水平改革开放、打造社会主义现代化建设引领区的决策部署，建立完善与支持浦东大胆试、大胆闯、自主改相适应的法治保障体系，努力使浦东成为更高水平改革开放的开路先锋、全面建设社会主义现代化国家的排头兵、彰显"四个自信"的实践范例，现就加强浦东新区高水平改革开放法治保障作如下决定：

一、市政府围绕浦东新区高水平改革开放、打造社会主义现代化建设引领区的实际需求，根据法律、法规和《上海市人民代表大会常务委员会关于加强浦东新区高水平改革开放法治保障制定浦东新区法规的决定》等的规定，依法及时提请市人大及其常委会制定浦东新区法规，在浦东新区实施。

二、市政府根据实际情况，制定、修改相关市政府规章或者在有关市政府规章中作出特别规定，促进和保障浦东新区在更高水平改革开放中更好发挥开路先锋和排头兵的作用。

三、市政府可以决定一定期限内在浦东新区暂时调整或者暂时停止适用市政府规章的部分规定，浦东新区政府可以就所涉及的事项制定行政规范性文件，在浦东新区实施。对实践证明可行的，应当修改完善有关市政府规章；对实践证明不宜调整的，恢复施行有关市政府规章的规定。

四、市政府可以决定一定期限内在浦东新区暂时调整或者暂时停止适用市政府规范性文件的部分规定，或者经市政府同意后，由浦东新区政府制定行政规范性文件,明确在浦东新区暂时调整或者暂时停止适用市政府规范性文件的部分规定。

五、由市政府办公厅、市司法局牵头,会同浦东新区政府和市政府相关部门建立暂时调整或暂时停止适用市政府规章和规范性文件的常态化工作机制。

六、对暂无法律、法规或者明确规定的领域,市政府支持浦东新区政府先行制定相关管理措施,并按照程序报备实施。

浦东新区政府应当建立健全管理措施的执行评估机制,依法提出将管理措施转化为市政府规章的建议。

市政府有关部门会同浦东新区政府建立常态化工作机制,及时按照程序将管理措施探索形成的经验做法以市政府规章形式固化。

七、市政府有关部门应当就促进和保障浦东新区高水平改革开放、打造社会主义现代化建设引领区的法治保障需求,与浦东新区政府加强统筹衔接,形成整体合力。

本决定自 2021 年 8 月 1 日起施行。

（文献来源:《上海市人民政府公报》2021 年第十九期）

上海市浦东新区人民代表大会常务委员会关于打造社会主义现代化建设引领区加强浦东新区高水平改革开放法治保障的决定

(2021 年 7 月 29 日上海市浦东新区第六届
人民代表大会常务委员会第四十二次会议通过)

为了贯彻落实中共中央、国务院《关于支持浦东新区高水平改革开放打造社会主义现代化建设引领区的意见》,建立完善与浦东大胆试、大胆闯、自主改相适应的法治保障体系,依法履行先行先试主体责任,根据全国人民代表大会常务委员会《关于授权上海市人民代表大会及其常务委员会制定浦东新区法规的决定》和上海市人民代表大会常务委员会《关于加强浦东新区高水平改革开放法治保障制定浦东新区法规的决定》,结合本区实际,特作如下决定:

一、区人民代表大会常务委员会立足浦东改革创新实践需要,参与起草、制定可以依法对法律、行政法规、部门规章作出变通规定的浦东新区法规。

二、区人民代表大会常务委员会应当建立与参与起草、制定浦东新区法规相适应的工作机制和工作流程,会同区人民政府协同市人民代表大会常务委员会开展立法需求征集、重要制度论证等工作。区人民政府应当建立配合区人民代表大会常务委员会参与起草、制定浦东新区法规的工作机制和工作流程。

区人民代表大会常务委员会会同区人民政府起草的浦东新区法规草案,经区人民代表大会常务委员会主任会议决定,送市人民代表大会常务委员会。

三、区人民代表大会常务委员会、区人民政府立足浦东改革创新实践需要,对暂无法律、法规或明确规定的领域,先行制定相关管理措施,并按程序报备,在浦东新区实施。

四、区人民代表大会常务委员会、区人民政府应当建立与制定管理措施相适应的立项、起草、提案、审议、报备、执行评估等工作机制和工作流程,有序开展法治需求征集、重要制度论证、草案研究起草、立法转化建议等工作。

区人民代表大会常务委员会应当配合市人民代表大会常务委员会建立将管理措施以法规形式快速固化的常态化工作机制。区人民政府应当配合市人民政府建立将管理措施以规章形式快速固化的常态化工作机制。

区人民代表大会常务委员会、区人民政府应当定期评估管理措施执行情况,及时提出管理措施转化为法规或规章的建议。

五、区人民代表大会常务委员会、区人民政府应当进一步深入贯彻落实上海市人民代表大会常务委员会《关于促进和保障浦东新区综合配套改革试点工作的决定》和《关于促进和保障浦东新区改革开放再出发实现新时代高质量发展的决定》。区人民代表大会常务委员会在坚持国家法制统一原则和本市地方性法规基本原则的前提下,聚焦深化改革、扩大开放、创新发展、产业升级和城市功能等重点领域作出相关决定、决议在浦东新区先行先试,围绕重点工作依法决定在一定期限在浦东新区暂时调整或者暂时停止适用本市地方性法规的部分规定,并报市人民代表大会常务委员会备案。

六、区人民代表大会各专门委员会、区人民代表大会常务委员会各机构、区人民政府各部门以及区内其他各有关单位、机构和部门应当加强统筹衔接,着力推进制度型开放,放大改革综合效应,形成浦东新区高水平改革开放法治保障的整体合力。

区各级人大代表和区人民代表大会常务委员会各非驻会委员工作室、代表工作小组、人大代表之家、人大代表联络站、人大代表联系点、基层立法联系点等应当充分发挥密切联系群众优势和相关领域专业优势,积极参与法治保障工作,践行全过程人民民主,为推进浦东新区高水平改革开放凝聚共识、汇聚力量。

七、区人民代表大会常务委员会应当与市人民代表大会法制委员会、常务委员会法制工作委员会建立完善常态化沟通联系机制,定期研究讨论浦东新区相关法治保障工作。

区人民代表大会常务委员会应当与区人民政府建立完善常态化沟通联系机制,定期研究讨论本区法治保障工作。

八、区人民代表大会常务委员会通过开展执法检查、听取专项工作报告等方式,加强对浦东新区法规、相关管理措施以及本决定实施情况的监督。

九、本决定自 2021 年 7 月 29 日起施行。

（文献来源:《上海市浦东新区人民代表大会常务委员会公报》2021 年第四十二号）

最高人民法院关于人民法院支持和保障浦东新区高水平改革开放打造社会主义现代化建设引领区的意见

（法发〔2022〕1 号）

（2022 年 1 月 10 日）

为深入贯彻党的十九大和十九届历次全会精神，全面落实中共中央、国务院印发的《关于支持浦东新区高水平改革开放打造社会主义现代化建设引领区的意见》，充分发挥审判职能作用，为浦东新区高水平改革开放、打造社会主义现代化建设引领区提供有力司法服务和保障，结合人民法院工作实际，制定本意见。

一、提高政治站位，切实增强支持和保障浦东新区打造社会主义现代化建设引领区的责任感和使命感

1. 深刻认识浦东新区打造社会主义现代化建设引领区的重大意义。支持浦东新区高水平改革开放、打造社会主义现代化建设引领区是党中央、国务院着眼于构建以国内大循环为主体、国内国际双循环相互促进的新发展格局作出的重大战略部署，是更好地向世界展示中国理念、中国精神、中国道路的重要举措。人民法院要准确把握国内国际形势，切实增强责任感和使命感，充分发挥审判职能作用，推动审判体系和审判能力现代化，提高司法效能，支持和保障上海"五个中心"建设，更好服务全国大局和带动长三角一体化发展战略实施，支持浦东新区高水平改革开放、打造社会主义现代化建设引领区。

2. 始终坚持支持和保障浦东新区打造社会主义现代化建设引领区的基本原则。

——坚持党的领导。以习近平新时代中国特色社会主义思想为指导,坚持党对人民法院工作的绝对领导,深入学习贯彻习近平法治思想,充分发挥制度优势,把司法为民、公正司法的要求贯穿人民法院工作全过程。

——坚持法治引领。坚持中国特色社会主义法治道路,建立完善与支持浦东大胆试、大胆闯、自主改相适应的司法保障体系。

——坚持改革创新。完善审判机制和司法服务保障措施,为支持浦东建设国际科技创新中心核心区、国际金融中心核心区、国际贸易中心核心区、国际航运中心核心区、国际消费中心提供有力司法支撑。

——坚持需求导向。精准把握浦东新区打造社会主义现代化建设引领区的司法需求,为浦东建设成为在全球具有强大吸引力、创造力、竞争力、影响力的城市重要承载区提供有力司法服务和保障。

二、加大知识产权司法保护力度,支持和保障国际科技创新中心核心区建设

3. 健全证据保全和审查机制。聚焦浦东在集成电路、生命科学、人工智能、民用航空等技术领域的创新研发,切实加强涉相关产业的知识产权诉讼指引,充分发挥证据保全机制的作用,引导当事人有效举证。准确把握证据规则和证明标准,有效减轻权利人举证负担,加大对举证妨碍行为的司法惩戒力度。探索与公证机关建立数据对接机制。健全技术调查官制度,增强技术事实认定的准确性。加强人民法院知识产权司法保障科技创新研究(上海)基地建设,研究解决技术创新中的知识产权保护前沿问题,助力浦东加快关键技术研发,依托长三角产业集群优势,强化高端产业引领功能。

4. 完善侵权损害赔偿机制。聚焦浦东深化科技创新体制改革,优化创新创业生态环境,准确运用知识产权侵权赔偿计算方法,努力使侵权损害赔偿与知识产权市场价值相适应,合理确定并细化损害赔偿和惩罚性赔偿计算方式,依法实施知识产权侵权惩罚性赔偿制度,降低维权成本、提高侵权代价,建立更高水平的知识产权保护制度,助力浦东做强创新引擎,提升产业链水平。

5. 健全知识产权裁判机制。聚焦浦东打造世界级创新产业集群,发展更高能级总部经济,积极支持以知识产权作价出资入股,依法妥善审理相关股权纠纷案件。深化上海法院知识产权"三合一"审理机制,完善知识产权刑事案件证据

认定和量刑规则,加大知识产权刑事犯罪打击力度。依托上海知识产权法院、浦东新区人民法院,建设科技法庭,探索在线化解新模式。深度参与世界知识产权组织框架下的全球知识产权治理,与世界知识产权组织仲裁与调解上海中心建立涉外知识产权案件诉调对接工作机制,助力浦东成为全球产业链供应链价值链的重要枢纽,推动自主创新新高地建设。

三、创新金融审判机制,支持和保障国际金融中心核心区建设

6. 健全涉外金融审判机制。聚焦浦东发展人民币离岸交易、跨境贸易结算和海外融资服务,完善涉外金融案件管辖机制,依法对发生在我国境外的金融活动扰乱境内市场秩序、损害境内个人或者机构合法权益的证券、期货等金融纠纷实施集中管辖。依法管辖经金融监管机构批准的碳交易市场相关金融衍生品交易、离岸人民币交易、国际金融资产交易等新型业务引发的金融民商事案件。尊重当事人选择纠纷解决方式和适用法律的权利,合理认定管辖依据,依法行使涉外金融纠纷司法管辖权,助力浦东进一步加大金融开放力度,更好服务和引领实体经济发展。

7. 完善国际金融规则衔接机制。聚焦浦东建设国际金融资产交易平台,在涉跨境金融纠纷案件中正确适用国际条约,合理采纳国际市场交易规则、清算规则、自律规则和惯例。发布典型案例,建立系统化案例数据库,发挥金融审判典型案例对金融市场规则的示范引领作用。健全完善与科创板及注册制相适应的专业化审判机制,公正高效化解涉科创板矛盾纠纷,助力浦东建设海内外重要投融资平台。

8. 打造金融审判创新试验区。聚焦浦东完善金融基础设施和制度,加强中国法院金融审判国际交流(上海)基地建设,积极运用支持诉讼机制、示范判决机制、代表人诉讼机制妥善化解涉外金融纠纷案件。创新上海金融法院专业化金融审判机制,积极稳妥探索金融市场案例测试机制,依法保障各项金融创新举措的实施。建立健全与各类纠纷解决机构的合作机制,探索聘请国际金融法律专家,提供专业咨询意见,参与国际金融纠纷化解。开展法定数字货币试点过程中相关法律问题研究,支持构建贸易金融区块链标准体系。

9. 健全金融风险防控机制。聚焦浦东完善现代金融监管体系、建立健全风

险监测和评估框架的需要,依法审理好各类扰乱、破坏金融市场秩序刑事案件,以及因金融创新试点引发的涉信息披露、虚假陈述等金融类民商事纠纷案件,研究形成裁判指引规则,兼顾鼓励创新、风险防范和金融消费者及中小投资者权益保护。进一步加强与金融监管机构、行业协会的互动协作,深入推进金融业纠纷多元化解机制建设。推动建立健全跨境资金流动监测预警、宏观审慎评估和协调联动体系,营造良好信用环境和营商环境,助力浦东提升区内金融创新竞争能力,促进上海经济金融健康良性发展。

四、提升涉外司法效能,支持和保障国际贸易中心核心区建设

10. 完善涉外商事审判机制。完善涉外商事案件管辖机制,依法对跨境投资贸易、离岸交易等行使司法管辖权。支持浦东新区加强国际商事审判组织建设,创新国际商事审判运行机制。全面实施外商投资法及其配套法规的规定以及相关司法解释,落实外商投资准入前国民待遇加负面清单管理制度。探索简易涉外商事案件快速审理机制。根据相关法律不断完善域外送达、证据远程认证、调查取证、在线庭审等机制,探索跨境在线审判程序,提升涉外商事案件办理效率,积极推动建立与国际通行规则相衔接的制度和规则体系,更好发挥中国(上海)自由贸易试验区及临港新片区"试验田"作用,助力浦东营造有利于外商投资和保护的法治环境,增强中外投资者信心。

11. 创新国际商事纠纷多元化解决机制。充分尊重当事人对纠纷解决方式的选择权,加强与国际商事调解机构、仲裁机构的协作,健全诉讼与调解、仲裁有机衔接的"一站式"国际商事纠纷多元化解决机制。支持境外知名国际商事仲裁机构在浦东新区设立业务机构,就国际商事争议开展仲裁业务,依法支持和保障仲裁案件当事人的财产保全、证据保全、行为保全等临时措施的申请和执行,助力浦东打造具有国际影响力和吸引力的国际商事纠纷解决中心。

12. 健全国际商事纠纷法律查明与适用机制。建立健全域外法律查明机制,支持法院建立域外法查明平台,完善多边、双边域外法查明合作机制,引入域外法查明专家作为专家证人参与诉讼制度,提升国际商事审判法律适用水平。加强对国际法的研究和运用,推动我国法域外适用的法律体系建设,统筹推进国内法治与涉外法治。通过公正高效的司法裁判,助力创新和丰富国际商事交易

规则。

五、发挥海事审判职能，支持和保障国际航运中心核心区建设

13. 完善现代海运司法服务体系。强化上海港、浦东国际机场与长三角港口群、机场群一体化发展，通过审理多式联运合同纠纷案件，合理审查分配各区段责任，促进江海陆空铁一体化管理体制机制创新。聚焦浦东建设国际航运中心核心区规划，提升国际海空枢纽能级，助力整合放大长三角航运资源要素，加快同长三角共建辐射全球的航运枢纽。

14. 加大海事司法前沿问题研究力度。加强对外国及港澳地区国际集装箱班轮公司利用其全资或控股拥有的非五星旗国际航行船舶外贸集装箱沿海捎带业务相关法律问题的研究，为在大连港、天津港、青岛港与上海港洋山港区之间，以上海港洋山港区为国际中转港的外贸集装箱沿海捎带业务试点提供司法保障。发挥最高人民法院国际海事司法上海基地的研究作用，加强对航运金融、国际船舶运输、国际船舶登记管理、国际航运经济等航运业务创新发展过程中法律适用问题研究，妥善处理涉外海事案件司法管辖权争议、平行诉讼等问题，推动建设具有较高国际影响力的国际海事司法中心。

15. 提升海事审判信息化建设水平。支持上海海事法院建设智慧海事法院（上海）实践基地，依托现代人工智能和大数据平台，探索建立符合海事审判司法规律、高度信息化的海事审判执行工作机制，助力打造智慧海事法院的"样板间"。

六、提高消费者权益保护水平，支持和保障国际消费中心建设

16. 公正审理消费者权益保护案件。充分发挥消费纠纷审判职能作用，严厉制裁违法、失信经营者，促进经营者树立工匠精神、提升质量意识，实现由"重量"到"重质"的转变，助力浦东增加高品质产品和服务供给，切实满足消费提质升级需求。提升消费维权司法保障的专业化和国际化水平，依托全方位、广覆盖、强实效的消费维权司法保障体系，促进快速有效的消费纠纷处理机制建设，依法保护好消费者合法权益，助力营造上海国际大都市、国际消费城市的良好消

费环境。

17. 依法保护跨境消费合法权益。正确认识跨境消费中跨境保税区模式、境外企业入驻国内电商平台模式、向境外经营者购买模式、境外个人代购模式等不同模式特点,正确认定当事人之间的法律关系,准确适用法律化解跨境消费纠纷。依托智慧法院建设,运用人民法院在线诉讼平台、在线调解平台,为跨境消费当事人提供"线上线下"融合的全方位司法服务。鼓励和支持跨境电商发挥平台主体作用,建立和完善消费争议和解、调解和先行赔付制度,提升跨境消费纠纷解决效率,助力浦东积极发展免税经济,帮助境内外消费者便利维权、放心消费。

18. 完善互联网平台治理规则。聚焦浦东建设国际数据港和数据交易所,加强互联网案件审判,支持上海互联网司法研究中心建设,积极开展司法裁判规则研究,推动形成切实可行的互联网平台治理规则,完善互联网平台责任体系,依法保护网络购物合法权益,促进互联网行业规范发展。依法严惩电信诈骗、网络违法和犯罪行为,加强对网络"灰黑产"的整治和规范。加强司法前瞻性研究,稳妥应对无人零售、直播电商、定制化消费等新业态、新模式下的新问题,助力浦东新消费领域发展,增强新消费对全产业链的引领和带动作用。

七、加强统筹协调,建立完善系统完备的法治保障体系

19. 强化理论保障。最高人民法院要加强对浦东新区打造社会主义现代化建设引领区的司法需求和突出问题的前瞻性调研,强化总体指导,监督任务落实,总结经验做法,完善政策机制。上海市高级人民法院要抓好支持和保障浦东新区高水平改革开放、打造社会主义现代化建设引领区的措施落实;要加强与有关部门的沟通联络,统筹协调推进长三角区域协作,不断总结疑难复杂和新类型案件的裁判规则,及时发布各审判领域白皮书和典型案例,提升司法裁判的国际影响力和公信力。

20. 强化信息化保障。加强智慧法院建设。推动司法大数据和行政管理大数据的互联互通,加快完善全流程网上办案和在线诉讼服务体系融合,提升司法大数据预警预测功能,加强网络和信息安全管理制度建设,协同防范化解重大风险,助力浦东打造现代城市治理的示范样板,促进"一网统管"智慧城市建设。

21. 强化法治队伍保障。建立健全法治人才培养、引进和交流机制,加大贸易、投资、航运、金融、知识产权等领域法治人才培养力度。强化法官教育培训工作,全面提升法官专业化审判水平,建设一支政治过硬、业务精良、具有国际视野的高素质审判队伍。健全法官参加对外交流和涉外培训的保障机制,鼓励支持法官参与和推动相关领域国际规则制定,培养具有国际视野的法治人才队伍。

(文献来源:中华人民共和国最高人民法院网,https://www.court.gov.cn/fabu/xiangqing/342461.html)

上海市高级人民法院关于支持和保障
浦东新区高水平改革开放打造社会
主义现代化建设引领区的实施方案

（2022 年 3 月 9 日）

为深入学习贯彻习近平新时代中国特色社会主义思想，全面贯彻落实习近平总书记在浦东开发开放 30 周年庆祝大会上的重要讲话精神，中共中央、国务院《关于支持浦东新区高水平改革开放打造社会主义现代化建设引领区的意见》，根据全国人大、市委、最高人民法院、市人大、市政府相关决定和要求精神，充分发挥审判职能作用，为支持浦东新区高水平改革开放、打造社会主义现代化建设引领区（以下简称浦东引领区建设）提供有力司法服务和保障，结合上海法院工作实际，制定本方案。

一、总体要求

1. 充分认识司法服务保障浦东引领区建设的重要意义和肩负的重要使命。在全面建设社会主义现代化国家新征程上，支持浦东新区高水平改革开放、打造社会主义现代化建设引领区是党中央、国务院着眼于构建以国内大循环为主体、国内国际双循环相互促进的新发展格局作出的重大战略部署，是更好地向世界展示中国理念、中国精神、中国道路的重要举措。全市法院要切实提高政治站位，始终坚持以习近平新时代中国特色社会主义思想为指导，坚持以习近平法治思想为引领，牢固树立政治机关意识，从全局和战略高度深刻认识司法服务保障浦东引领区建设的重要意义；要切实增强责任感和使命感，举全市法院之力，充分发挥司法职能，推动审判体系和审判能力现代化，公正高效审理浦东引领区建

设中的各类案件,依法平等保护中外当事人的合法权益,全力支持浦东新区改革
开放创新的实践探索,努力为浦东引领区建设、打造全面建设社会主义现代化国
家窗口提供更加有力的司法服务和保障。

2. 准确把握司法服务保障浦东引领区建设的基本原则。坚持党的领导,坚
持正确的政治方向,坚持党对上海法院服务保障浦东引领区建设工作的绝对领
导,坚决服从服务国家战略和工作大局。坚持法治引领,对于上海市人民代表大
会及其常委会立足浦东改革创新实践需要,在遵循宪法规定以及法律和行政法
规基本原则前提下制定的浦东新区法规,以及浦东新区人民代表大会及其常务
委员会和浦东新区人民政府制定并按程序报备实施的相关试点管理措施,依法
予以支持,着力推动规则、规制、管理、标准等制度型开放,推动建立完善与浦东
大胆试、大胆闯、自主改相适应的司法保障体系。坚持改革创新,聚焦浦东引领
区创新发展中出现的新情况、新问题、新需求,加强前瞻性研究,深化司法体制改
革,探索司法服务保障措施创新、审判机制方法创新,在深化制度创新中形成更
多敢为人先的自主性改革探路。坚持需求导向。精准把握浦东引领区建设的司
法需求,找准司法服务保障结合点和着力点,推动浦东到 2035 年现代化经济体
系全面构建,现代化城区全面建成,现代化治理全面实现,城市发展能级和国际
竞争力跃居世界前列;到 2050 年建设成为在全球具有强大吸引力、创造力、竞争
力、影响力的城市重要承载区,城市治理能力和治理成效的全球典范,社会主义
现代化强国的璀璨明珠。

二、主要举措

3. 健全完善与浦东引领区建设相适应的集约高效的现代化诉讼服务体系。
全面推动诉讼服务模式转型升级,切实提升人民群众和法官的体验度。进一步
优化线上诉讼服务,拓展线上 12368 诉讼服务平台、律师服务平台功能,完善接
电、事项办理等质量管控和定期回访机制,加强与市"一网通办""一网统管"对
接,努力让群众在线上享受到与现场办理一样便捷高效的诉讼服务。进一步发
挥好立案系统"智能审查"功能,突出制度刚性约束,对立案审查期限、诉前调解
期限进行自动管控,并将处理过程及时反馈当事人,减少内部评价和外部评价之
间的"温差"。进一步升级诉讼服务中心,加强多功能、集成式、一站式诉讼服务

中心建设,提升网上诉讼服务覆盖度和使用率,为群众提供"一次通办、一号通办、一网通办"诉讼服务。

4. 创新优化与浦东引领区建设相适应的多元化纠纷解决机制。深化一站式多元解纷机制建设,提升人民群众司法获得感和满意度。进一步优化"上海法院一站式多元解纷平台"功能,探索引入行业协会、专业性调解组织入驻平台,深化对诉前调解工作的指导力度,扩大调解案件范围,推动案件类型全覆盖,提高调解成功率。加快推进一站式调解平台进街道、进社区、进网格,推动矛盾纠纷源头化解。坚持将非诉纠纷解决机制挺在前面,加强与司法局等部门协调配合,健全完善开放共享、多元共治的诉讼前端纠纷解决机制,充分发挥司法的引领、推动和保障作用,促进从源头上减少诉讼增量。充分尊重当事人对纠纷解决方式的选择权,加大与国际商事调解机构、仲裁机构的协作力度,健全调解、仲裁、诉讼有机衔接的涉外商事纠纷"一站式"纠纷解决平台,充分发挥纠纷汇集、分导功能,促进纠纷实质性解决。积极支持境外知名仲裁及商事争议解决机构在浦东新区设立业务机构,就国际贸易、投资等领域民商事争议开展仲裁业务,支持浦东打造一流国际商事纠纷解决中心。

5. 建立完善与浦东引领区建设相匹配的风险防控体系。牢固树立风险防范意识,依法保障防风险与促发展同步推进落实。依法打击破坏浦东引领区建设的各类刑事犯罪,依法公正审理网络犯罪、电信诈骗等涉众型刑事案件,常态化开展扫黑除恶斗争,依法妥善审理涉疫情防控案件和涉安全生产案件,提升重大突发事件应对水平,保障人民群众生命安全和身体健康。依法从严惩治金融领域具有涉外因素的洗钱、非法集资、贷款诈骗、信用卡诈骗、票据诈骗、上市公司财务造假、内幕交易、操纵证券、期货市场等犯罪,依法加大罚金刑等经济制裁力度,维护金融市场秩序。进一步完善金融民商事审判与刑事审判沟通联络机制,增强打击金融违法犯罪活动的工作合力。深入推进城市运行"一网统管",推动司法大数据和行政管理大数据的互联互通,提升司法大数据预警预测功能,加强网络和信息安全管理制度建设,协同防范化解重大风险,确保司法服务精准到位,为浦东引领区建设营造良好的社会治安环境。

6. 服务保障浦东引领区营造国际一流营商环境。支持浦东激活高质量发展新动力,充分发挥人民法院在解决国际商事纠纷方面的基础性优势。健全完善与浦东引领区建设要求相适应的国际商事审判体制机制。对接上海自贸区及临港新片区投资贸易自由化制度体系建设的特殊需求,加强国际商事审判组织建设,创新国际商事审判运行机制。完善涉外商事案件归口集中办理机制,依法对与上海自贸区及临港新片区相关的跨境交易、离岸交易等国际商事交易行使司法管辖权。探索简易涉外民商事案件快速审理机制,探索跨境在线审判程序,提升涉外民商事案件办理效率。准确实施外商投资法及其司法解释,助力浦东积极营造有利于外商投资和保护的法治环境。建立完善与浦东引领区建设要求相适应的国际商事纠纷法律适用机制。加强对国际法的研究和运用,正确适用国际条约、国际公约和多边协定,准确适用国际商事惯例和交易习惯,探索建立国际商事审判案例指导制度,积极推动建立与国际通行规则相衔接的制度体系,推动建设我国法域外适用的法律体系,努力形成合理的裁判规则,稳定市场预期,保障交易自由和安全,增强中外投资者信心,促进浦东对全球市场的吸引力和资源配置能力提升。建立完善促进全球高端人才引进司法服务保障机制。依法妥善审理涉及"高精尖缺"海外人才的劳动争议和劳务纠纷、外商投资类股权纠纷等民商事案件,加强跨境用工司法保护,健全"调、裁、审"三庭合一的劳动争议一站式解决机制,推动完善劳动争议解决体系,加强促进劳动力和人才社会性流动、企事业单位人才流动、人才跨所有制流动等法律问题研究,助力浦东积极配置全球人才、技术等要素资源。健全完善产权司法保护制度。准确把握并严格执行产权司法保护政策,全面依法平等保护中外各类企业的合法权益。加强反不正当竞争法等相关法律适用,切实保护企业商业秘密,助力浦东激发各类市场主体活力,使企业家安心经营、放心投资、专心创业。

7. 加强破产审判打造更加符合高质量发展需要的市场化法治化企业破产制度。认真抓好《上海市浦东新区完善市场法治化企业破产制度若干规定》实施,切实承担好先行先试任务,为上海和国家破产法治完善探索积累可复制可推广经验。探索完善新型破产审判规则体系。准确把握《上海市浦东新区完善市场法治化企业破产制度若干规定》的立法要义,推动新规全面准确实施,探索完善符合高质量发展需要的破产审判规则体系。大力推进支持企业庭外重组、预重整的有效机制,完善破产案件繁简分流、简易程序快速审理等破产审判机制,提高破产案件办理的质量和效率。充分运用在线查控破产财产、"先处置后解封"、在建工程容缺登记等创新制度,加快破解制约破产审判质效的瓶颈问题,努力打造办理破产的"浦东模式"。探索完善规范高效的配套保障体系。加快推进浦东新区破产工作府院协调机制优化完善,配合相关政府部门建立健全破产信息归集、共享和公示系统,推动建立有别于正常经营企业的重整企业信用修复机制,健全管理人职业规范、履职评价、投诉处理等行业监管制度。加快打造高水平专业化破产审判机构。立足在企业破产领域"大胆闯、大胆试"的全新定位,进一步配齐配强浦东法院破产审判庭人员力量,加快推进破产审判专业化建设,建设一支政治素质高、专业能力强、综合素质优、具有国际视野和实战能力的复合型审判队伍,为破产审判工作科学发展提供不竭动力。

8. 服务保障浦东引领区建立国际高水平的知识产权保护制度。加大知识产权司法保护力度,推动浦东自主创新新高地建设。构建完善有利于侵权事实查明的证据审查机制,切实加强涉关键技术领域产业的知识产权诉讼指引,完善证据保全程序与机制,准确把握证据标准,积极运用各种取证手段,正确运用提供证据责任转移规则;建立技术调查官制度,健全完善技术人员参与事实查明机制,增强技术事实认定的准确性,切实保障知识产权权利人的合法权益。构建完善有利于知识产权价值实现的损害赔偿机制,准确运用知识产权侵权赔偿计算方法,努力使侵权损害赔偿与知识产权市场价值相适应。对标高标准国际经贸规则,更大力度实施知识产权侵权惩罚性赔偿制度,发挥损害赔偿补偿和惩罚的双重功能,降低维权成本、提高侵权代价。构建完善有利于纠纷及时有效解决的案件裁判机制。积极支持以知识产权作价出资入股,依法妥善审理相关股权纠纷案件。深化知识产权"三合一"审理机制,加强知识产权民事、行政、刑事交叉案件法律适用疑难问题研究,正确适用知识产权刑事案件证据认定和量刑规则,加大知识产权刑事犯罪案件打击力度。充分运用互联网新技术,积极探索知识产权纠纷在线化解新模式,建设符合国际高水平知识产权审判要求的科技法庭,促进纠纷依法、公正、便捷、高效化解。加强知识产权审判信息化建设,支持相关知识产权侵权案件司法数据接入浦东新区、自贸区信息一体化平台,进一步提升司法数据在知识产权大保护格局中的能级。加大知识产权国际司法交流力度。依托中国法院知识产权司法保护国际交流(上海)基地和最高人民法院知识产权司法保障科技创新研究(上海)基地,积极参与世界知识产权组织框架下的全球知识产权治理,与世界知识产权组织仲裁与调解上海中心建立涉外知识产权案件诉调对接工作机制,在当事人与国际调解组织间建立良好沟通渠道,建立更高水平的知识产权保护制度,助力浦东建设具有全球竞争力的科创中心核心承载区。

9. 服务保障浦东引领区建设国际航运中心核心功能区。积极营造良好的航运法治环境,推动辐射全球的航运枢纽建设。着力加强海事海商审判工作,精心审理涉海(空)港枢纽、邮轮枢纽港和水路、公路、铁路集疏运体系建设纠纷案件,促进江海陆空铁一体化管理体制机制创新。依法审理好航运仓储、物流、加工、贸易、会展等相关合同纠纷,推动航运产业链拓展整合。依法妥善审理对于符合试点开放条件的外贸集装箱沿海捎带业务、国际航线扩展安排等所涉及的运输合同纠纷,完善现代海运司法服务体系,加快同长三角共建辐射全球的航运枢纽。科学构建海事海商专业化审判机制。依托上海海事法院洋山深水港派出法庭(自由贸易试验区法庭),加强航运金融合议庭、海洋环境保护合议庭等专业化审判组织建设。在海(空)港枢纽集聚地所在地法院,积极探索完善新型航运审判团队建设,全面提升涉航运案件审判质效。加强智慧海事法院(上海)实践基地建设,提升海事审判信息化建设水平,积极打造智慧海事法院的"样板间"。着力提升上海航运司法国际影响力,依托最高人民法院国际海事司法上海基地,与全球主要航运中心相关机构开展多渠道、宽领域的深度合作交流,积极打造上海航运司法品牌。妥善处理我国法院与外国法院间的司法管辖权争议、平行诉讼等问题,推广适用海事争议管辖示范条款,推动建设具有较高国际影响力的国际海事司法。

10. 服务保障浦东引领区进一步扩大金融开放力度。充分发挥金融审判职能,为推动浦东建设上海国际金融中心核心区提供优质的司法保障。全面加强涉外金融审判工作。妥善审理涉跨境证券及金融衍生品案件、涉跨境投融资案件、涉跨境资管产品案件、信用证和独立保函纠纷案件、涉跨境支付结算案件、涉跨境保险案件等新型业务引发的金融民商事案件。不断完善域外送达、证据远程认证、调查取证等机制,提升金融纠纷解决的便捷性。建立健全涉外金融案件审判体制机制,积极发挥上海法院金融审判专项组织体系优势,加强浦东新区、自贸区临港新片区金融专门审判机构和组织建设,积极运用支持诉讼机制、示范判决机制、代表人诉讼机制、证券公益诉讼机制等新型诉讼机制妥善化解涉外金融纠纷案件。积极探索金融市场案例测试机制,支持金融高水平创新开放。完善涉外金融案件管辖机制,依法行使涉外金融纠纷司法管辖权。健全完善与科创板及注册制相适应的专业化审判机制。积极推动建立与国际金融规则相衔接的制度体系。在涉跨境金融纠纷案件中正确适用国际条约,合理采纳国际市场交易规则、清算规则、自律规则和惯例。积极发挥金融案例示范功能,探索建立国际金融审判案例指导机制,向国内外发布典型案例并形成系统化的案例数据库,引导金融市场主体建立合理预期,促进国际市场对我国金融法律制度和金融司法体系的了解和信任。围绕构建贸易金融区块链标准体系和法定数字货币试点过程中相关法律问题开展研究。防范化解跨境金融风险。高度关注境外金融市场对国内金融市场的传导效应,强化金融风险的源头治理,筑牢境内外金融风险隔离墙。进一步加强与金融监管部门、行业协会的互动协作,支持金融监管部门开展"监管沙盒"等监管模式创新,推动建立健全跨境资金流动监测预警、宏观审慎评估和协调联动体系。支持在沪金融基础设施建立健全跨境金融风险防范机制,维护跨境人民币结算系统等交易、结算系统安全,助力浦东进一步加大金融开放力度,更好服务和保障实体经济发展。

11. 依法保障浦东引领区政府服务管理方式创新。支持浦东加快推进政府职能转变,建立更加高效的政府职责体系。完善司法与行政良性互动机制,加强对浦东探索试点商事登记确认制、市场准营承诺即入制、制定放宽市场准入特别措施清单、深化"一业一证"改革、建立行业综合许可和综合监管制度等多项改革可能引发行政诉讼的司法应对,支持、保障"放管服"等相关改革有序推进,助力提高政府法治化、科学化、专业化、精细化管理水平。妥善处理相关行政争议,依法保障各类市场主体合法权益,切实增强市场活力。健全完善行政案件集中管辖机制,充分发挥市、区两级行政争议多元调处机制作用,完善行政争议实质性解决配套机制,从源头上化解矛盾纠纷,促进行政争议实质性解决。强化生态环境司法保护,支持浦东实行最严格的生态环境保护制度,优化完善环境资源审判体制机制,坚持"三合一"审判,加大对相关环境资源违法行为民事、行政和刑事责任的联合规制,促进生态环境一体保护和修复。

12. 服务保障浦东引领区建设国际消费中心。依法保护消费者合法权益,建立和完善现代消费维权司法保障体系,支持浦东加快建设国际消费中心,以高质量供给适应、引领、创造新需求。高水平保护消费者健康权益,营造在浦东放心购物的良好氛围。依法保障食药品安全,保护健康消费权益。运用法治手段维护消费者用餐用药安全,对于生产不符合食品安全标准的食品或者销售明知是不符合食品安全标准的食品,消费者主张惩罚性赔偿的,依法予以保护,促进安全可靠的食品药品市场的建立。生产经营企业存在大肆夸大宣传产品功效、以普通食品冒充保健品等经营欺诈行为的,消费者主张惩罚性赔偿的,依法予以保护。公正审理消费民事公益诉讼案件,依法维护消费领域公共利益。依法保护跨境消费合法权益,正确认识跨境消费中跨境保税区模式、境外企业入驻国内电商平台模式、向境外经营者购买模式、境外个人代购模式等不同模式特点,正确区分不同类型案件的请求权基础,正确认定当事人之间的法律关系,正确选择所应适用的法律以及相应的责任构成要件,依法公正处理好跨境消费纠纷案件。鼓励和支持跨境电商发挥平台主体作用,建立和完善消费争议和解、调解和先行赔付制度,提升跨境消费纠纷解决效率,营造高水准、高评价的消费法治环境,助力浦东实现"买全球、卖全球"。加强对消费新业态、新模式下新问题的前瞻性研究。准确把握消费领域的新趋势,关注智慧零售、跨界零售、无人零售、绿色零售等新业态、新模式的发展趋势,关注全渠道平台商、集成服务商、供应链服务商、定制化服务商等商业形态的转型升级新模式。关注以互联网文学、影视、动漫、游戏、音乐等细分领域为代表的互联网内容产业蓬勃发展,通过正确界定相应合同性质和法律关系,推进互联网文化消费市场的规范化。针对新型消费模式或领域下的新情况新问题,做好专题研究、前瞻应对,助力浦东新消费对全产业链的引领和带动作用。

13. 加强互联网司法审判推进城市数字化转型。支持浦东建设国际数据港和数据交易所,打造数字化示范区。加强互联网案件审判,准确实施个人信息保护相关法律及司法政策,全面规范个人信息处理行为,强化网络信息和数据安全保障,保障数据要素市场平稳快速发展。依法严惩网络违法和犯罪行为,加强对网络"灰黑产"的整治和规范。推进上海互联网司法研究中心建设,积极开展司法裁判规则研究,形成切实可行的互联网平台治理规则,完善互联网平台责任体系,依法保护网络购物合法权益,促进互联网行业规范发展,助推浦东构建"互联网+"商业生态体系。推动智慧法院建设促进司法智能化发展。统筹推进电子卷宗随案同步生成、在线庭审、庭审记录方式改革、电子档案单套制改革、电子送达、智能辅助办案系统运用等重点任务,加快完善全流程网上办案和在线诉讼服务体系融合,缓解人案矛盾、提升审判质效、方便群众诉讼。

14. 加强浦东引领区执行工作综合治理、源头治理机制建设。健全财产查控机制,支持浦东构建房产、证券、存款等主要财产的全覆盖网络查控模式;加强与公安、交通运输、市场监督、金融监管等部门以及长三角地区法院之间的执行协作,提高执行联动深度广度。推动浦东在执行团队、执行事务外包等方面的改革探索,建立健全仲裁、公证、审计等专业机构和人员深度参与执行工作机制。综合运用各种强制执行措施,确保有财产可供执行案件在法定期限内得到及时依法执行。依法支持和保障仲裁案件当事人的财产保全、证据保全、行为保全等临时措施的申请和执行。探索建立上市公司股票、债券等金融资产符合资产特点和监管规则的执行机制,提高财产处置的专业化水平。推动失信被执行人信用修复工作,推行失信惩戒宽限期制度,既充分兑现胜诉当事人的合法权益,又提升市场主体的创业信心。

三、组织保障

15. 加强组织指导,压实工作责任。举全市法院之力,重点依托浦东新区人民法院、静安区人民法院、上海铁路运输法院、市第一中级人民法院、市第二中级人民法院、市第三中级人民法院(知识产权法院)、上海海事法院、上海金融法院,做好服务保障工作,适时制定相关落实方案和实施细则。各中级法院、各相关基层法院要切实增强责任感和使命感,担负主体职责,细化相关工作方案,把各项工作任务落到实处。市高院相关职能部门要结合工作实际,根据重点任务分解表(见附件)(略——编者按)的要求,明确职责分工,加强条线指导,扎实推进各项工作。市高院将各项工作落实情况纳入党组重点工作督查范围,定期进行督促检查,及时向市委、最高人民法院及相关行政部门报告服务保障浦东引领区建设情况,确保工作取得实效。

16. 加强调研指导,强化制度保障。加强浦东引领区建设过程中司法需求和突出问题的前瞻性调研,总结经验做法,向最高人民法院提出制定、修订或废止相关司法解释和政策文件的意见建议。对于可以通过制定浦东新区法规、管理措施解决的问题,及时提出立法建议。加强与有关部门的沟通联络,推进长三角区域协作,统筹协调司法服务保障引领区建设工作。不断总结疑难复杂和新类型案件的裁判规则,及时发布涉引领区建设的商事、知识产权、海事、金融、环境资源、劳动争议等领域专业化审判工作报告、审判白皮书和典型案例,加大司法改革创新举措和典型案事例宣传,提升司法裁判的国际影响力和公信力。

17. 加强司法人才培养，促进对外交流合作。建立健全与浦东引领区建设相适应的司法人才培养、引进和交流机制，加大国际贸易、投资、航运、金融、税务、知识产权、信息数据等领域高层次审判人才培养力度。鼓励支持参与和推动相关领域国际规则制定，始终站在国际法理论和实践发展前沿，培养具有国际视野的涉外审判队伍。加强与在沪高等院校和科研机构的合作交流，适时开展专题研讨活动。完善域外法查明和适用机制，探索引入外国法查明专家作为专家证人参与诉讼制度，推动建立引入国际知名第三方鉴定机构参加诉讼机制，提升涉外民商事案件法律适用水平。吸纳全国法院审判业务专家和人才充实引领区法官培训师资力量，健全法官参加对外交流和涉外培训的保障机制，努力建设一支政治过硬、业务精良、具有国际视野的高素质审判队伍。

18. 深化司法体制改革，推动先行先试。进一步完善司法审判的人财物保障机制，在坚持人财物市级统管的同时，在信息化建设、社会化购买服务等专项工作方面积极探索区级财政辅助保障机制，提升司法保障力度。进一步完善干部配备、职务等级等配套机制，加强引领区法官员额统筹配置和动态调整，支持对特别优秀或工作特殊需要的一线办案法官实行特别的选升政策。进一步完善案件管辖机制，通过集中管辖和专业化审判，提升审判质效和裁判规则的示范、引领作用，有力提升司法公信力。

（文献来源：微信公众号"上海高院"，2022年3月9日，https://mp.weixin.qq.com/s/HO2hENCjWWnZwt-VW9ZoEw）

上海市高级人民法院关于支持和保障浦东新区高水平改革开放打造社会主义现代化建设引领区的实施细则

（2022 年 4 月 3 日）

为全面落实中共中央、国务院《关于支持浦东新区高水平改革开放打造社会主义现代化建设引领区的意见》，推动《上海市高级人民法院关于支持和保障浦东新区高水平改革开放打造社会主义现代化建设引领区的实施方案》各项举措落到实处，取得实效，为支持浦东新区高水平改革开放、打造社会主义现代化建设引领区（以下简称"浦东引领区建设"）提供更加有力的司法服务和保障，上海市高级人民法院在认真调研、全面梳理有关司法需求的基础上，结合上海法院工作实际，制定本实施细则。

一、加强机制保障，支持浦东新区立法探索实践

1. 坚持法治引领，推动建立系统完备的法治保障体系。对于上海市人民代表大会及其常委会立足浦东改革创新实践需要制定的浦东新区法规，以及浦东新区人民代表大会及其常务委员会和浦东新区人民政府在暂无法律法规或者明确规定的领域先行制定的管理措施，依法予以支持。浦东新区法规可以被司法裁判引用，作为判决和说理的依据。着力推动规则、规制、管理、标准等制度型开放，推动建立完善与浦东大胆试、大胆闯、自主改相适应的司法保障体系。加强浦东引领区建设过程中司法需求和突出问题的前瞻性调研，总结经验做法，适时向最高人民法院提出制定、修订或废止相关司法解释和政策文件的意见建议。对于可以通过制定浦东新区法规、管理措施解决的问题，结合司法实践，及时提出立法建议,并在立法全过程中提供必要的协助,强化支撑浦东高水平改革开放的法治保障。

2. 加强调研指导,强化信息化保障。在推动浦东新区法规、管理措施落实中,不断总结疑难复杂和新类型案件的裁判规则,加强前瞻性研究,及时发布涉引领区建设的知识产权、商事、金融、海事、行政等领域专业化审判工作报告、审判白皮书和典型案例,以及涉浦东新区法规和管理措施实施的司法白皮书和相关案例,加大司法改革创新举措和典型案事例的法治宣传,提升司法裁判的影响力和公信力。加强智慧法院建设,推动司法大数据和行政管理大数据的互联互通,提升司法大数据预警预测功能,协同防范化解重大风险,助力浦东打造现代化城市治理的示范样板,促进"一网统管"智慧城市建设。

二、加大知识产权司法保护力度,支持和保障国际科技创新中心核心区建设

3. 加大对重点领域、关键环节创新型知识产权的保护力度。聚焦浦东在集成电路、生物医药、人工智能、生命科学、民用航空、高端装备、新能源及智能网联汽车产业等领域的创新研发,健全证据保全和审查机制,切实加强涉关键技术领域产业的知识产权诉讼指引。准确把握证据规则和证明标准,运用法院调查令、证据出示令等制度,有效减轻权利人举证负担,同时,加大对举证妨碍行为的司法惩戒力度。探索将专利实施调查结果作为故意侵权判定的依据,结合在案证据全面审查、综合评估被诉侵权方主观过错及其过错程度。健全技术调查官制度,增强技术事实认定的准确性。优化损害赔偿计算方法与裁量规则,合理确定知识产权侵权赔偿基数,依法实施更大力度的知识产权侵权惩罚性赔偿制度,降低维权成本、提高侵权代价,助力浦东加快关键技术研发,强化高端产业引领功能。

4. 健全知识产权裁判机制,实现更高水平的知识产权保护。聚焦浦东深化科技创新体制改革,优化创新创业生态环境,依法落实《上海市浦东新区建立高水平知识产权保护制度若干规定》《上海市浦东新区优化揭榜挂帅机制促进新型研发机构创新发展若干规定》,深化上海法院知识产权"三合一"审判机制,加强知识产权民事、行政、刑事交叉案件法律适用疑难问题研究。充分运用互联网新技术,积极探索知识产权纠纷在线化解新模式,探索科创板拟上市企业知识产权

诉讼的快速处理工作机制,调研推动外观设计、驰名商标认定等纠纷案件管辖问题,促进纠纷依法、公正、便捷、高效化解。加强商业秘密保护的法治宣传和类案研究,加强对商业秘密权利人和相关主体合法权益的保护。加强人民法院知识产权司法保护国际交流(上海)基地、人民法院知识产权司法保障科技创新研究(上海)基地建设,促进国际司法交流,研究解决技术创新中的知识产权保护前沿问题,助力浦东打造世界级创新产业集群,推动自主创新新高地建设。

三、发挥商事和破产审判职能,支持和保障国际贸易中心核心区建设

5. 提升涉外司法效能,完善涉外商事审判机制。建立健全与浦东引领区建设要求相适应的国际商事审判体制机制。对接上海自贸区及临港新片区投资贸易自由化制度和规则体系特殊需求,推进上海国际商事法院设立,加强国际商事审判组织建设,完善涉外商事案件归口集中办理机制,探索简易涉外民商事案件快速审理机制,探索跨境在线审判程序,提升涉外民商事案件审理效率。健全国际商事纠纷法律查明与适用机制,完善多边、双边域外法查明合作机制,提升国际商事审判法律适用水平。准确实施外商投资法及相关司法解释,积极推动建立与国际通行规则相衔接的制度和规则体系,助力浦东营造有利于外商投资和保护的法治环境,增强中外投资者信心。

6. 依法维护好市场主体合法权益,深入推进商事制度改革。依法落实《上海市浦东新区市场主体登记确认制若干规定》《上海市浦东新区推进市场准营承诺即入制改革若干规定》,支持保障浦东探索试点商事登记确认制、市场准营承诺即入制、制定放宽市场准入特别措施清单、深化实施"一业一证"改革、建立行业综合许可和综合监管制度等多项改革有序推进。完善涉商事制度改革产生的法律纠纷解决机制,依法妥善解决相关法律争议,充分发挥司法裁判的规范引导功能,助力浦东发挥全方位、高水平扩大开放试验田作用。

7. 完善新型破产审判规则体系,健全市场主体退出机制。加强企业破产府院联动机制建设,建立健全规范高效的破产管理人履职保障机制,依法落实《浦东新区关于构建企业破产工作府院协调机制的实施方案(试行)》,配合相关政府部门建立健全破产信息归集、共享和公示系统,推动建立有别于正常经营企业的重整企业信用修复机制。依法落实《上海市浦东新区完善市场化法治化企业破

产制度若干规定》,探索完善符合高质量发展需要的破产审判规则体系,大力推
进支持企业庭外重组、预重整的有效机制,细化企业强制清算转破产清算的程序
衔接,完善破产案件繁简分流、简易程序快速审理等审判机制,提高破产案件办
理质效。开展个人破产制度研究。加快打造高水平专业化破产审判机构,加快
推进破产审判专业化建设,切实承担好先行先试任务,为上海和国家破产法治完
善探索积累可复制可推广的经验。

四、创新金融审判机制,支持和保障国际金融中心核心区建设

8. 打造金融审判创新试验区,支持保障进一步扩大金融开放力度。依法落
实《上海市浦东新区绿色金融发展若干规定》,保障各项金融创新举措的实施,支
持上海金融法院积极稳妥探索金融市场案例测试机制,创新专业化金融审判机
制。健全完善与科创板及注册制相适应的专业化金融审判机制,公正高效化解
涉科创板金融纠纷。聚焦浦东发展人民币离岸交易、跨境贸易结算和海外融资
服务,健全涉外金融审判机制,妥善审理涉跨境证券及金融衍生品、涉跨境投融
资、涉跨境资管产品、信用证和独立保函、涉跨境支付结算、涉跨境保险等新型业
务引发的金融案件。加强中国法院金融审判国际交流(上海)基地建设,积极运
用支持诉讼机制、示范判决机制、代表人诉讼机制等妥善化解涉外金融纠纷案
件。完善涉外金融案件管辖机制,依法行使涉外金融纠纷司法管辖权,助力浦东
进一步加大金融开放力度,更好服务和保障实体经济发展。

9. 加强金融法律制度保障,健全金融风险防控机制。高度关注境外金融市
场对国内金融市场的传导效应,支持在沪金融基础设施建立健全跨境金融风险
防范机制,维护人民币跨境支付系统等交易、清算、结算系统安全,强化金融风险
的源头治理,筑牢境内外金融风险隔离墙。进一步加强与金融监管部门、行业协
会的互动协作,建立健全防范化解金融风险协同机制,支持金融监管部门开展
"监管沙盒"等监管模式创新,推动建立健全跨境资金流动监测预警、宏观审慎评
估和协调联动体系,助力浦东提升区内金融创新竞争能力,促进上海经济金融健
康良性发展。

五、优化多元化纠纷解决机制，推动矛盾纠纷源头化解

10. 加强与司法行政部门等协调配合，健全完善开放共享、多元共治的诉讼前端纠纷解决机制。坚持将非诉纠纷解决机制挺在前面，充分发挥司法引领、推动和保障作用。进一步深化与世界知识产权组织的合作，支持世界知识产权组织仲裁与调解上海中心建立完善涉外知识产权纠纷多元解决机制建设。依法落实《浦东新区促进商事调解若干规定》，建立健全商事调解与商事诉讼的对接协作机制，解决调解程序与诉讼程序、时效合理衔接问题，畅通诉调对接、调解协议司法确认等衔接渠道，提升商事调解执行效力。加大与国际商事调解机构、仲裁机构的协作力度，健全调解、仲裁、诉讼有机衔接的涉外商事纠纷"一站式"纠纷解决平台。支持境外知名国际商事仲裁机构在浦东新区设立业务机构，就国际商事争议开展仲裁业务，依法支持和保障仲裁案件当事人的财产保全、证据保全、行为保全等临时措施的申请和执行，助力浦东打造成为上海国际法律服务中心、国际争议解决中心和面向全球的亚太仲裁中心的核心承载区。

（文献来源：微信公众号"上海高院"，2023 年 4 月 3 日，https：//mp. weixin. qq. com/s/4sQU6sIoJkIB3phQQZj7bw）

上海市浦东新区人民法院关于服务保障浦东新区高水平改革开放打造社会主义现代化建设引领区的实施办法

（2022 年 3 月 9 日）

为深入贯彻落实习近平总书记在浦东开发开放 30 周年庆祝大会上的重要讲话精神，全面落实《中共中央国务院关于支持浦东新区高水平改革开放打造社会主义现代化建设引领区的意见》《最高人民法院关于人民法院支持和保障浦东新区高水平改革开放打造社会主义现代化建设引领区的意见》《上海市高级人民法院关于支持和保障浦东新区高水平改革开放打造社会主义现代化建设引领区的实施方案》以及《浦东新区推进高水平改革开放打造社会主义现代化建设引领区实施方案》，充分发挥司法服务保障职能作用，全力护航浦东新区推进高水平改革开放、打造社会主义现代化建设引领区，结合上海市浦东新区人民法院工作实际，制定本实施办法。

一、工作要求

支持浦东新区高水平改革开放、打造社会主义现代化建设引领区是党中央、国务院着眼于构建以国内大循环为主体、国内国际双循环相互促进的新发展格局作出的重大战略部署，是更好地向世界展示中国理念、中国精神、中国道路的重要举措。浦东法院将进一步提高政治站位，始终坚持以习近平新时代中国特色社会主义思想为指导，深入学习贯彻习近平法治思想，狠抓执法办案第一要务，努力"让人民群众在每一个司法案件中感受到公平正义"，努力"让人民群众切实感受到公平正义就在身边"。聚焦浦东引领区建设关键领域和重点任务,全面加强审判能力现代化建设,以高度的责任感和使命感做好司法服务保障工作,努力促进浦东建设成为国内外创新创业的优选地、民商事诉讼的优选地、要素集聚的优选地和宜居宜业的优选地。

1. 坚持党的领导,正确把握司法服务保障浦东引领区建设的政治方向。以习近平新时代中国特色社会主义思想为指导,坚持党对法院服务保障浦东引领区建设工作的绝对领导,坚决服从服务国家战略和工作大局,充分发挥制度优势,把司法为民、公正司法贯穿法院工作的全过程、各方面。

2. 坚持法治引领,助力完善具有浦东引领区建设特色的法治保障体系。紧扣浦东引领区改革创新需要,及时梳理立法需求,推动在重点领域、关键环节、核心产业上率先制定浦东新区法规。准确把握浦东新区法规的立法精神,积极开展浦东新区法规的司法适用,努力营造科学立法、严格执法、公正司法、全民守法的良好法治环境。

3. 坚持目标导向,推动建设市场化法治化国际化营商环境。坚持严格公正司法,精心审理好涉外商事、金融、知识产权、破产等体现浦东高水平改革开放的各类案件,依法保护营商主体合法权益。精准对接浦东引领区建设的司法需求,明确目标任务、创新工作举措、强化跟踪问效,努力营造更加稳定、公平透明、可预期的市场化法治化国际化营商环境。

4. 坚持问题导向,创新完善适应浦东引领区建设需求的司法机制。聚焦浦东引领区建设中的新情况新问题新需求,加强前瞻性研究,找准服务保障的结合点、着力点,提升司法服务保障浦东引领区建设的精准性、有效性。全面落实司法体制综合配套改革要求,创新完善工作机制,推动建立与浦东大胆试、大胆闯、自主改相适应的司法服务保障体系。

二、主要举措

(一) 全面实施更高水平知识产权司法保护,服务保障国际科技创新中心核心区建设

5. 准确把握证据规则与证明标准,有效减轻权利人举证负担。积极回应浦东引领区在"四新经济"发展过程中的知识产权保护需求,加强知识产权诉讼指

引和证据规则的制定和运用,探索制定刑事案件证据规格与量刑规范意见。依
法积极运用证据保全措施,及时有效固定证据。准确理解与把握证据规则与证
明标准,合理分配举证责任。正确运用举证责任转移规则,有效减轻权利人举证
负担。加强诉讼诚信建设,积极适用举证妨碍规则,加大对拒不提交证据、提交
虚假证据、隐匿毁损证据等举证妨碍行为的惩戒力度。

6. 实施更大力度的惩罚性赔偿,显著提高侵权人违法成本。准确适用知识
产权侵权损害赔偿计算方法,探索完善不同计算方法的适用场景与适用规则,依
法合理确定损害赔偿数额。积极探索惩罚性赔偿基数计算的路径方法,认真落
实《上海市浦东新区建立高水平知识产权保护制度若干规定》,积极探索针对情
节特别严重故意侵权行为适用更大力度惩罚性赔偿的裁判规则,充分发挥惩罚
性赔偿遏制侵权、强化保护、激励创新的功能作用。

7. 探索创新知识产权审判机制,促进纠纷公正高效化解。完善知识产权民
事、行政、刑事案件"三合一"审判机制,发挥专业化审判优势和集中审判的规模
化效益。积极构建专家陪审、专家鉴定、专家咨询、专家辅助、专家调解"五位一
体"的知识产权审判专家支持机制。贯彻落实上海高院与世界知识产权组织仲
裁与调解中心签署的合作备忘录,积极参与世界知识产权组织框架下的全球知
识产权治理。加强新业态新领域知识产权司法保护机制创新,推进文创领域、互
联网平台的知识产权治理,探索强化人工智能和数据领域的知识产权司法保护。

(二)全面加强金融司法保护,服务保障国际金融中心核心区建设

8. 发挥浦东金融要素市场优势,打造金融纠纷解决高地。针对浦东金融要
素市场集聚、金融市场活跃的特点,健全完善与国际金融中心核心区建设相适应
的专业化审判机制。支持金融基础设施功能发挥,依法保护合规场内交易行为,
规制有法律资质要求的违规违法场外交易活动。对上海期交所期货保税仓单业
务、大型场内贵金属储备仓、私募股权和创业投资股权份额二级市场、贸易金融
区块链等新的金融交易模式和金融市场工具,积极开展前瞻性研究,妥善解决涉
金融创新纠纷。

9. 完善金融审判工作机制,提升群体性纠纷解决能力。积极探索完善金融
示范判决机制,提升示范案件识别能力,简化平行案件审理流程,公正高效审理
各类群体性金融纠纷。加大支付令在金融纠纷案件中的适用力度,针对债权债

务关系明确的金融纠纷,引导金融机构依法申请支付令,快速处理类型化金融纠纷案件。发布典型案例,建立体系完备的案例库,发挥典型案例对金融市场的示范引领作用。

10. 推进金融纠纷联动共治,防范化解金融风险。加强与金融监管部门、行业协会、金融机构的协作,及时通报金融审判动态,实现数据共享,协同防范化解区域性、行业性金融风险。对金融创新试点引发的民商事纠纷案件,兼顾鼓励创新、金融消费者权益保护和防范风险,助力金融改革创新稳步推进。对以金融创新为名掩盖金融风险、规避金融监管、进行制度套利的金融违规违法行为,依法予以否定性评价,降低市场风险影响。

(三) 大力推进涉外商事审判,服务保障国际贸易中心核心区建设

11. 对接国际通行规则,提升涉外商事案件法律适用水平。依法积极适用国际公约、国际商事惯例审理涉外商事案件,妥善处理国际商事平行诉讼和区际法律冲突案件。加强与域外法查明机构、涉外仲裁调解机构、高等院校等的交流合作,努力形成更加专业、便捷、高效的域外法查明机制。加大对跨境投资贸易、离案交易、数字贸易、服务贸易等新类型案件的审理力度,认真落实我国外商投资法关于准入前国民待遇加负面清单制度,推动建立与国际贸易通行规则相衔接的制度体系。

12. 积极行使司法管辖权,打造国际商事审判高地。准确把握涉外商事案件协议管辖中的实际联系要素、涉外因素的认定标准,依法积极行使司法管辖权。充分尊重当事人意思自治,积极探索在离岸商事纠纷案件中尊重当事人对管辖权的约定。加强与国际商事调解机构、仲裁机构协作,依托涉外商事纠纷"诉讼、调解、仲裁"一站式工作室,妥善审理涉外、涉外商投资企业商事案件。积极探索涉外商事法律专家参与的专业化审判机制,努力提升涉外商事专业化审判水平。

13. 完善域外送达和协助调查取证方式,平等保护中外当事人合法权益。依法运用邮寄送达、公约送达、外交送达、公告送达等司法文书域外送达方式,在当事人自愿的前提下积极尝试涉外商事案件域外电子送达。依法办理国际司法协助调查取证案件,制定国际司法协助调查取证工作指引,提升司法协助调查取证的规范性、有效性。

（四）有效保护消费者合法权益，服务保障浦东国际消费中心建设

14. 加大消费者健康权益保护力度，营造安全放心的消费环境。依法严惩食品药品领域的违法犯罪行为。对虚假宣传产品功效、以普通食品冒充保健品、生产不符合食品安全标准的食品、销售明知不符合食品安全标准的食品等违法行为加大惩罚性赔偿适用力度，依法保障食品药品安全，牢牢守住人民群众舌尖上的安全底线。

15. 完善跨境消费纠纷解决机制，推动制定网络购物平台治理规则。结合跨境消费中的保税区模式、境外企业入驻国内电商平台模式、向境外经营者购买模式、境外个人代购模式等不同消费模式的特点，准确认定当事人之间的法律关系，正确选择所应适用的法律解决跨境电商消费纠纷，降低消费者维权成本。推动形成公平合理、切实可行的互联网平台治理规则，稳妥应对新业态新模式下的新问题，依法保护网络购物消费者的合法权益。

16. 创新消费者权益保护审判机制，促进消费纠纷公正高效化解。打通消费维权快速通道，完善消费维权社会共治机制，探索吸纳消保委人员、市场监管部门人员、律师进入消费者权益保护案件司法调解队伍，探索由专家型法官主审、专家陪审员参审、专家咨询员提供专业意见的消费者权益保护审判机制。加强新类型消费模式调研，精准对接消费业态升级的司法需求，探索建立消费者权益保护案件专业调处中心，努力以公正、高效、便利的司法服务促进浦东国际消费中心建设。

（五）充分发挥刑事审判职能作用，服务保障平安浦东建设

17. 依法惩治各类刑事犯罪，维护社会稳定和市场秩序。牢固树立总体国家安全观，常态化开展扫黑除恶斗争，依法惩处影响社会稳定和人民安居乐业的刑事犯罪，依法严惩人民群众反映强烈的电信网络诈骗、非法集资等涉民生犯罪，维护社会安定和保障人民安宁。依法惩处破坏市场经济秩序、侵犯企业和企业家权益的经济金融犯罪，保障市场经济健康运行。

18. 坚持刑事打击与产权保护并重，服务经济社会发展。坚持罪刑法定，严格区分正当融资与非法集资、合同纠纷与合同诈骗等的界限，对企业家在生产、经营、融资活动中的创新创业行为依法予以支持保护，坚决防止以刑事手段干预

民事经济纠纷。依法慎用强制措施及查封、扣押、冻结措施,严格区分违法所得和合法财产、个人财产和企业法人财产,依法妥善处置涉案财产,保障正常生产经营活动。

19. 延伸刑事审判职能,推进社会综合治理。贯彻刑事一体化理念,构建犯罪预防、刑事审判、刑罚执行全维度、多层次工作机制。对办理刑事案件中发现的制度和监管漏洞,积极制发司法建议,推动有关部门建章立制、整改落实。对危害食品药品安全、非法集资、破坏环境资源等违法犯罪,加强行政执法与刑事司法衔接,形成多方共治。

(六) 积极拓展行政审判职能,助推浦东法治政府建设

20. 强化司法支撑作用,保障浦东城市治理现代化建设。聚焦城市治理、旧区改造、重大工程项目等重点领域,支持保障浦东新区打造宜居宜业的城市治理样板。健全完善旧改征收司法执行新机制、征收(拆迁)非诉执行常态沟通机制、快速审查机制,为推进引领区城市治理现代化提供司法保障。

21. 发挥属地法院优势,持续推进行政争议就地实质性化解。探索完善与行政案件集中交叉管辖体制相适应的行政争议化解机制,充分发挥属地法院在行政争议化解方面的区位优势,进一步提升行政争议属地化解工作成效。完善行政争议实质性解决配套机制,推进行政争议在线化解,促进全程化解与源头化解相结合,努力实现行政争议实质性解决。

22. 完善司法行政良性互动机制,助推浦东引领区法治政府建设。加强与浦东行政机关的沟通协调,针对非现场执法、市场主体登记确认制、退出承诺制、非许可类经营活动自主确定等新型服务管理方式在实践中可能遇到的问题、困难开展前瞻性研究,采用学习研讨、执法培训、案例剖析等多种形式积极提供司法意见,助力提升依法行政能力,推进行政机关规范执法、科学执法、文明执法。

(七) 建立健全破产审判机制,助力优化营商环境

23. 完善快速审查机制,推动市场主体有序退出。健全破产案件繁简分流机制,探索适用简易破产程序和简易重整程序,建立简捷、高效的快速审理机制,提升破产审判效率。畅通破产管理人"一站式"查询破产企业财产渠道,优化破产财产快速查控、解封、变价机制及建设工程、车辆等特殊财产处置机制,提升破产财产处置效能。

24. 健全企业再生机制,挽救困境企业重返市场。强化临近破产企业董事、高管的特别管理义务,加强重整企业识别,依法通过重整保护期、无正当理由未申报债权失权等制度创新挽救困境企业。推动建立预重整制度,强化预重整与重整程序衔接,提升企业重整效果。健全重整企业信用修复机制,激发市场主体活力,实现企业再生。

25. 落实完善府院协调机制,统筹推进破产工作。健全由区政府和区法院共同牵头、多部门参与的企业破产府院协调机制,协同解决破产企业财产处置、重整企业投资人招募等问题,统筹推进破产处置涉及的破产费用保障、职工安置、税收政策、企业注销等工作。健全破产信息共享公示机制,实现对市场主体破产信用信息多渠道归集、多平台公开,有效降低市场交易风险,稳定市场预期。探索建立反破产欺诈机制,协同打击逃废债等违法行为,引导市场主体诚信经营。

(八) 全面加强执行工作,依法保障胜诉权益

26. 加强点对点协作查控模式,确保执行措施及时准确。进一步完善证券登记结算机构、互联网金融机构、互联网支付机构的协助执行工作机制,实现对股权、网络资金、金融产品等各类财产查控的信息化、网络化、自动化,提升查控措施的及时性和准确性。积极与公安机关建立完善执行协作联动机制,协助查找被执行人下落、协助查扣被执行人车辆、协助办理限制出境。规范财产查控流程,积极协助办理委托执行案件,努力建立规范高效的执行工作机制。

27. 依法充分运用强制措施,提升执行规范化水平。探索执行案件分段化、模块化办理模式。完善执行案件繁简分流机制,综合运用各种执行措施,充分适用罚款、拘留等司法惩戒措施,对拒不执行生效判决、裁定的失信被执行人依法追究刑事责任。推动完善"执转破"工作机制,进一步提升执行质效。规范查封、保全措施的运用,尽量采取"活封"措施,防止超标的查封,最大程度降低对企业正常经营活动的不利影响。

28. 完善失信惩戒与修复机制,服务保障信用体系建设。完善失信联合惩戒机制,多渠道公示失信信息,制裁打击失信行为,引导市场主体防范失信风险、培养信用意识。规范适用失信惩戒制度,严格依法进行失信惩戒。畅通被执行人信用修复途径,严格审查履行行为,及时屏蔽失信信息。强化善意文明执行理

念,探索推行失信惩戒宽限期制度,制定和完善宽限期间适用标准,激励市场主体主动履行义务,营造自动履行、配合执行的良好法治环境。

(九) 全力提升诉讼服务能级,更好满足人民群众法治需求

29. 加强两个"一站式"建设,体现诉讼服务温度。深入落实最高人民法院两个"一站式"建设要求,推进"一站式"诉讼服务中心提升服务能级。努力为当事人提供更加优质的多元解纷引导、诉讼流程引导、判后答疑、法律咨询等便民服务;为老弱病残等行动不便的当事人提供上门服务、开启绿色通道,提升当事人诉讼服务体验感。进一步提高线上"12368"诉讼服务平台答疑、事项办理等处置能力。

30. 加强智慧法院建设,提升诉讼服务速度。深化互联网诉讼服务平台及应用程序运用,引导当事人通过"上海移动微法院"等移动应用程序在线参与诉讼。持续推进跨域立案、跨境立案服务,提高线上线下立案办理效率。深化全流程网上办案工作机制,优化全流程网上办案系统,拓宽全流程网上办案的范围。

31. 聚焦引领区建设法治需求,增强诉讼服务精度。强化立案工作专业化建设,探索组建专项立案办案团队,实现知识产权、金融、涉外商事、消费纠纷立案受理高效化、规范化。依托法院平台与律师服务平台的互联互通,完善律师平台网上诉讼服务,提供网上立案、阅卷、缴费等诉讼便利,精准服务律师群体。加快上诉、鉴定、诉前保全等材料审查、办理、移交,深化电子卷宗"单套制"改革,提升"单套制"系统应用流畅度。

(十) 全面深化多元解纷机制建设,推动矛盾纠纷源头治理

32. 强化多元解纷网络建设,创新发展新时代"枫桥经验"。积极构建以院本部诉调对接中心、派出法庭诉调对接分中心、街镇诉调对接工作站为基础的"三级"诉调对接网格,与法院各审判业务庭一同形成"四层"纠纷化解平台,促进纠纷诉前有效分流、化解。积极与区司法局协同推进"浦东新区纠纷化解一体化服务中心"建设,促进矛盾纠纷快速化解。

33. 创新涉外案件多元纠纷解决机制,积极参与涉外法治建设。发挥涉外商事纠纷"诉讼、调解、仲裁"一站式解决工作室功能作用,深化与国际商事争议解决机构、仲裁机构、商事调解组织的协作,优化涉外商事纠纷解纷流程的构建。积极探索创新涉外知识产权纠纷案件多元化解机制,优化与世界知识产权组织仲裁与调解上海中心等机构建立的诉调对接工作机制,促进涉外知识产权纠纷依法规范高效化解。

34. 延伸审判职能作用,联动加强基层诉源治理。加强派出法庭与基层调解组织的工作对接,进一步下沉司法资源,积极开展司法服务进乡村、进社区工作,推动纠纷就地化解、源头化解。建立人大代表、政协委员、村居贤达人士等参与纠纷源头治理以及化解涉法涉诉信访矛盾的工作机制。推动丰富基层普法形式,通过法院公众开放日等活动加大法治宣传力度。积极运用新媒体技术开展形式多样的法治宣传教育活动。通过发布典型案例、审判白皮书、司法建议等形式,充分发挥司法裁判价值引领作用,积极回应社会关切。

三、组织保障

35. 加强组织领导,统筹有序推进。成立浦东法院司法服务保障浦东引领区建设领导小组,统筹推进各项服务保障工作。自觉将法院各项重点工作融入浦东新区发展大局,凝聚服务共识;主动与浦东新区各职能部门有效对接,形成保障合力。全面落实各项司法服务保障举措,切实完善工作机制、提升保障能力、提高审判质效、增强司法公信。

36. 坚持固本强基,加强队伍建设。对标服务保障浦东引领区建设的职责使命,努力满足浦东引领区建设对法院队伍建设的新要求,着力在国际贸易、知识产权、金融、消费类案件审判领域培养一批既熟悉国内法律,又熟悉国际条约、国际惯例,具备国际视野的高素质、专业化、复合型审判人才,努力打造一支忠诚、干净、担当、胜任浦东引领区建设要求的法院铁军。

37. 强化审判调研,形成工作合力。围绕建立完善与浦东大胆试、大胆闯、自主改相适应的法治保障体系要求,深入开展调查研究,不断增强司法服务保障的前瞻性、精准性、有效性。积极与相关职能部门建立健全工作机制,协同推进浦东引领区建设。积极听取社会各界的意见建议,不断优化工作方式方法,确保各项司法服务保障举措及时落地见效。

(文献来源:微信公众号"上海高院",2022 年 3 月 9 日,https://mp. weixin. qq. com/s/H5cY-4WsdeMCoYOrJheMPQ)

主要参考文献

一、中文著作类

中共中央马克思恩格斯列宁斯大林著作编译局编译:《马克思恩格斯选集》(第 4 册),人民出版社 2012 年版。

中共中央文献编辑委员会编:《邓小平文选(第三卷)》,人民出版社 1993 年版。

中共中央文献研究室编:《习近平关于全面依法治国论述摘编》,中央文献出版社 2015 年版。

彭真:《论新时期的社会主义民主与法制建设》,中央文献出版社 1989 年版。

张春生主编:《中华人民共和国立法法释义》,法律出版社 2000 年版。

全国人大常委会法制工作委员会国家法室编著:《中华人民共和国立法法释义》,法律出版社 2015 年版。

乔晓阳主编:《〈中华人民共和国立法法〉导读与释义》,中国民主法制出版社 2015 年版。

周旺生:《立法学(第二版)》,法律出版社 2009 年版。

张文显:《二十世纪西方法哲学思潮研究》,法律出版社 1996 年版。

黄茂荣:《法学方法与现代民法》,中国政法大学出版社 2001 年版。

邓世豹:《授权立法的法理思考》,中国人民公安大学出版社 2002 年版。

丁伟:《自贸试验区法治创新与实践探索——以上海自由贸易试验区的实践为视角》,上海人民出版社 2021 年版。

阚珂:《人民代表大会那些事》,法律出版社 2017 年版。

全国人大常委会法制工作委员会:《中国特色社会主义法律体系学习读本》,新华出版社 2011 年版。

王名扬:《法国行政法》,中国政法大学出版社 1988 年版。

苏力:《法治及其本土资源》,中国政法大学出版社 1996 年版。

许宗力:《法与国家权力》(增订二版),月旦出版股份有限公司 1993 年版。

中国政法大学中德法学院主编:《立法权限的划分——中德比较》,中国政法大学出版社 2015 年版。

杨登峰:《法律冲突与适用规则》,法律出版社 2017 年版。

杨天才译注:《周易》,中华书局 2016 年版。

曾仕强:《中国式思维》,北京联合出版公司 2017 年版。

《韩非子》校注组编写、周勋初修订:《韩非子校注(修订本)》,凤凰出版集团、凤凰出版社 2009 年版。

张翔:《基本权利的规范建构》,高等教育出版社 2008 年版。

喻中:《论授权规则——以"可以"一词为视角》,山东人民出版社 2008 年版。
张根大:《法律效力论》,法律出版社 1999 年版。
姚魏:《特别行政区对外交往权研究》,法律出版社 2016 年版。
郑毅:《设区的市级地方立法权的改革与实施》,法律出版社 2020 年版。

二、译著类

[德]伯恩·魏德士:《法理学》,丁晓春、吴越译,法律出版社 2013 年版。
[美]博登海默:《法理学:法律哲学与法律方法》,邓正来译,中国政法大学出版社 1999 年版。
[美]布雷恩·Z.塔玛纳哈:《论法治——历史、政治和理论》,李桂林译,武汉大学出版社 2020 年版。
[德]茨威格特、科茨:《比较法总论》,潘汉典译,法律出版社 2003 年版。
[德]菲利普·黑克:《利益法学》,傅广宇译,商务印书馆 2016 年版。
[英]哈特:《法律的概念》(第三版),许家馨、李冠宜译,法律出版社 2018 年版。
[德]哈特穆特·毛雷尔:《行政法学总论》,高家伟译,法律出版社 2000 年版。
[奥]汉斯·凯尔森:《纯粹法理论》,张书友译,中国法制出版社 2008 年版。
[奥]汉斯·凯尔森:《纯粹法学说》(第二版),雷磊译,法律出版社 2021 年版。
[德]卡尔·恩吉斯:《法律思维导论》,郑永流译,法律出版社 2004 年版。
[奥]凯尔森:《法与国家的一般理论》,沈宗灵译,商务印书馆 2013 年版。
[法]卢梭:《社会契约论》,何兆武译,商务印书馆 2003 年版。
[美]罗尔斯:《正义论》,何怀宏等译,中国社会科学出版社 2001 年版。
[德]马克思·韦伯:《经济与社会》,阎克文译,上海人民出版社 2010 年版。
[美]迈克尔·D·贝勒斯:《法律的原则——一个规范的分析》,张文显等译,中国大百科全书出版社 1995 年版。
[英]梅因:《古代法》,沈景一译,商务印书馆 1959 年版。
[德]普珀:《法学思维小学堂——法律人的 6 堂思维训练课》,北京大学出版社 2011 年版。
[日]盐野宏:《行政法》,杨建顺译,法律出版社 1999 年版。

三、期刊论文类

习近平:《加强党对全面依法治国的领导》,载《求是》2019 年第 4 期。
习近平:《坚定不移走中国特色社会主义法治道路为全面建设社会主义现代化国家提供有力法治保障》,载《求是》2021 年第 5 期。
习近平:《在省部级主要领导干部学习贯彻党的十八届四中全会精神全面推进依法治国专题研讨班上的讲话》,载《党建》2015 年第 3 期。
习近平:《在中央人大工作会议上的讲话》,载《中国人大》2021 年第 23 期。
栗战书:《在中央人大工作会议上的总结讲话》,载《中国人大》2021 年第 23 期。
蒋卓庆:《全面践行全过程人民民主创新基层立法联系点建设——在学习贯彻习近平同志关于全过程人民民主重要论述推进基层立法联系点工作座谈会上的讲话(7 月 26 日)》,载《上海人大》2021 年第 8 期。
沈国明:《"法制先行"与浦东开发开放》,载《上海交通大学学报(哲学社会科学版)》2020 年第 3 期。
沈国明:《"重大改革于法有据":习近平法治思想的重要论断》,载《学术月刊》2021 年第 7 期。

丁伟:《我国特定经济区域变通适用国际私法规范的前瞻思考》,载《政治与法律》2022 年第
  9 期。

丁伟:《论三类特殊涉外合同之债准据法制度的转型发展》,载《国际商务》2017 年第 2 期。

姚魏:《论浦东新区法规的性质、位阶与权限》,载《政治与法律》2022 年第 9 期。

姚建龙、俞海涛:《论浦东新区法规:以变通权为中心》,载《华东政法大学学报》2023 年第 3 期。

王春业:《论我国立法被授权主体的扩容——以授权上海制定浦东新区法规为例》,载《政治与
  法律》2022 年第 9 期。

王春业:《将清单式批量立法授权引入粤港澳大湾区法治建设》,载《法学杂志》2021 年第 7 期。

王春业:《论我国"特定区域"法治先行》,载《中国法学》2020 年第 3 期。

封丽霞:《地方"先行先试"的法治困境》,载葛洪义主编:《法律方法与法律思维》,法律出版社
  2010 年版。

封丽霞:《地方立法的形式主义困境与出路》,载《地方立法研究》2021 年第 6 期。

陈伯礼:《授权立法的位阶探讨》,载《现代法学》1999 年第 6 期。

陈金钊:《〈民法典〉阐释的"体系"依据及其限度》,载《上海师范大学学报(哲学社会科学版)》
  2021 年第 2 期。

陈金钊:《法律如何调整变化的社会——对"持法达变"思维模式的诠释》,载《清华法学》2018
  年第 6 期。

陈先达:《论马克思主义基本原理及其当代价值》,载《马克思主义研究》2009 年第 3 期。

崔文俊:《论经济特区法规的位阶》,载《学术交流》2019 年第 6 期。

方新军:《内在体系外显与民法典体系融贯性的实现》,载《中外法学》2017 年第 3 期。

公丕祥:《推进和拓展中国式法治现代化》,载《法制与社会发展》2022 年第 5 期。

顾建亚:《法律位阶划分标准探新》,载《浙江大学学报(人文社会科学版)》2006 年第 6 期。

关保英:《科学立法科学性之解读》,载《社会科学》2007 年第 3 期。

何家华、高頔:《经济特区立法变通权的变通之道——以深圳市变通类立法为样本的分析》,载
  《河南师范大学学报(哲学社会科学版)》2019 年第 2 期。

胡仁智:《改革与制:中国传统"变法"观念与实践的历史考量》,载《法制与社会发展》2017 年
  第 3 期。

胡玉鸿:《试论法律位阶划分的标准——兼及行政法规与地方性法规之间的位阶问题》,载《中
  国法学》2004 年第 3 期。

黄金平:《浦东开发开放:从地方战略到国家战略的升级》,载《炎黄春秋》2018 年第 11 期。

黄金荣:《大湾区建设背景下经济特区立法变通权的行使》,载《法律适用》2019 年第 21 期。

姬超、袁易明:《从经济特区到先行示范区:中国发展道路的"特区"范式》,载《江西社会科学》
  2020 年第 1 期。

季卫东:《法律程序的意义——对中国法制建设的另一种思考》,载《中国社会科学》1993 年第
  1 期。

雷磊:《融贯性与法律体系的构建——兼论中国当代法律体系的融贯性》,载《法学家》2012 年
  第 2 期。

雷磊:《适于法治的法律体系模式》,载《法学研究》2015 年第 5 期。

李步云:《实行依法治国,建设社会主义法治国家》,载《中国法学》1996 年第 2 期。

李德旺、叶必丰:《地方变通立法的法律界限与冲突解决》,载《社会科学》2022 年第 3 期。

李德旺:《基于暂停法律适用的立法授权研究》,载《现代法学》2021 年第 4 期。

李洪雷：《在新的历史条件下用好经济特区立法权》，载《人民论坛·学术前沿》2018年第13期。

李林：《关于经济特区授权立法的几个问题》，载《海南人大》2004年第2期。

李适时：《充分发挥立法在国家治理现代化中的引领和推动作用》，载《求是》2014年第6期。

梁三利：《新〈律师法〉与〈刑事诉讼法〉的立法性冲突及化解路径》，载《南京师大学报（社会科学版）》2009年第4期。

梁鹰：《备案审查视角下地方立法"放水"问题探讨》，载《地方立法研究》2021年第6期。

林珊珊：《改革背景下立法的安定性问题研究》，载《行政管理改革》2021年第1期。

林彦：《经济特区立法再审视》，载《中国法律评论》2019年第5期。

刘风景：《立法目的条款之法理基础及表述技术》，载《法商研究》2013年第3期。

刘剑文：《论领域法学：一种立足新兴交叉领域的法学研究范式》，载《政法论丛》2016年第5期。

刘松山：《违宪审查热的冷思考》，载《法学》2004年第1期。

刘作翔：《论重大改革于法有据：改革与法治的良性互动——以相关数据和案例为切入点》，载《东方法学》2018年第1期。

莫纪宏：《依宪立法原则与合宪性审查》，载《中国社会科学》2020年第11期。

聂辛东：《国家监察委员会的监察法规制定权限：三步确界与修法方略》，载《政治与法律》2020年第1期。

庞凌：《关于经济特区授权立法变通权规定的思考》，载《学习与探索》2015年第1期。

秦前红、刘怡达：《"有关法律问题的决定"：功能、性质与制度化》，载《广东社会科学》2017年第6期。

盛晓明：《地方性知识的构造》，载《哲学研究》2000年第12期。

史建三、吴天昊：《地方立法质量、现状问题与对策——以上海市人大立法为例》，载《法学》2009年第6期。

宋方青：《拓展立法空间：经济特区授权立法若干关系思考》，载《当代法学》2004年第6期。

宋方青：《突破与规制：中国立法变通权探讨》，载《厦门大学学报（哲学社会科学版）》2004年第1期。

任海涛：《教育法典总则编的体系构造》，载《东方法学》2021年第6期。

宋鹏举、俞俊峰：《论法规规章备案审查制度的完善》，载《人民论坛》2011年第6期。

孙宪忠：《我国民法立法的体系化与科学化问题》，载《清华法学》2012年第6期。

陶一桃：《从经济特区谈中国道路的实质与内涵》，载《社会科学战线》2018年第6期。

田成有：《地方立法必须向"精细化"转型》，载《人大研究》2020年第11期。

屠凯：《司法判决中的经济特区法规与法制统一》，载《当代法学》2017年第2期。

汪全胜、于兆波：《论立法变通权》，载《浙江省政法管理干部学院学报》2000年第4期。

王成义：《深圳经济特区立法权：历史、学理和实践》，载《地方立法研究》2019年第1期。

王贵松：《论法律的法规创造力原则》，载《中国法学》2017年第1期。

王建学：《改革型地方立法变通机制的反思与重构》，载《法学研究》2022年第2期。

王建学：《国家纵向治理现代化中的立法变通授权》，载《地方立法研究》2023年第2期。

王建学：《海南自贸港法规的规范属性、基本功能和制度发展——以〈宪法〉和〈立法法〉为分析视角》，载《经贸法律评论》2021年第4期。

王建学：《授权地方改革试点决定应遵循比例原则》，载《法学》2017年第5期。

王锴：《法律位阶判断标准的反思与运用》，载《中国法学》2022 年第 2 期。

王利明：《民法典的时代特征和编纂步骤》，载《清华法学》2014 年第 6 期。

王树荫：《全面深化改革进程中如何凝聚改革共识》，载《马克思主义研究》2014 年第 6 期。

吴恩玉：《上下位法间的效力优先与适用优先——兼论自治法规、经济特区法规和较大市法规的位阶与适用》，载《法律科学》2010 年第 6 期。

吴南生：《经济特区的创立》，载《广东党史》1998 年第 6 期。

吴鹏：《经济特区授权立法制度应被废除》，载《云南大学学报(法学版)》2007 年第 1 期。

向立力：《人大讨论、决定重大事项权的规范化》，载《法学》2006 年第 1 期。

肖明：《"先行先试"应符合法治原则——从某些行政区域的"促进改革条例说起"》，载《法学》2009 年第 11 期。

肖明新：《经济特区法规制度的法治理论意义》，载《深圳社会科学》2020 年第 5 期。

谢春红：《建设中国特色社会主义先行示范区的多重意蕴》，载《岭南学刊》2020 年第 1 期。

谢鸿飞：《民法典的外部体系效益及其扩张》，载《环球法律评论》2018 年第 2 期。

辛向阳：《"具体问题具体分析"的科学内涵及现实价值》，载《福建师范大学学报(哲学社会科学版)》2020 年第 6 期。

徐合平：《民族自治地方立法变通权解析》，载《中南民族大学学报(人文社会科学版)》2015 年第 5 期。

邹平学、冯泽华：《中国特色社会主义先行示范区深圳法治建设的内在逻辑及立法进路》，载《深圳大学学报(人文社会科学版)》2020 年第 4 期。

徐建：《浦东新区打造社会主义现代化建设引领区的全新内涵和推进路径》，载《科学发展》2022 年第 1 期。

徐爽：《变通立法的"变"与"通"——基于 74 件民族自治地方变通立法文件的实证分析》，载《政法论坛》2021 年第 4 期。

徐现祥、陈小飞：《经济特区：中国渐进改革开放的起点》，载《世界经济文汇》2008 年第 1 期。

许凯：《论"社会主义现代化建设引领区"的司法保障》，载《上海对外经贸大学学报》2022 年第 2 期。

杨国庆：《纪念浦东开发开放 20 周年理论研讨会综述》，载《上海行政学院学报》2010 年第 4 期。

杨洪涛、刘亮：《浦东新区开发开放政策及竞争优势演变分析》，载《华东经济管理》2012 年第 9 期。

杨忠文、杨兆岩：《法的效力等级辨析》，载《求是学刊》2003 年第 6 期。

俞四海：《相对集中行政许可权模式革新与立法进路——以浦东新区"一业一证"改革为例》，载《东方法学》2022 年第 5 期。

袁勇：《法的违反情形与抵触情形之界分》，载《法制与社会发展》2017 年第 3 期。

曾大鹏：《融资租赁法制创新的体系化思考》，载《法学》2014 年第 9 期。

张殿军、王静：《我国民族区域自治地方变通立法实证分析》，载《创新》2010 年第 6 期，第 91 页。

张浩：《中国特色社会主义先行示范区的鲜明特色》，载《人民论坛》2020 年 1 月上。

张稷锋：《国家级新区配套法律规范体系建构的进路梳理及启示——以浦东新区为例》，载《行政与法》2013 年第 7 期。

郑少华：《中国(上海)自贸试验区新片区立法保障论》，载《东方法学》2020 年第 3 期。

周尚君：《中国立法体制的组织生成与制度逻辑》，载《学术月刊》2020 年第 11 期。

周少华：《适应性：变动社会中的法律命题》，载《法制与社会发展》2010 年第 6 期。

周叶中、周鸿雁：《我国经济特区立法变通权的规范审视》，载《荆楚法学》2022 年第 3 期。

周轶昆：《浦东新区开发开放的优势、问题与对策》，载《重庆工商大学学报（西部论坛）》2008 年第 1 期。

张维炜：《地方立法开启高质量发展新征程》，载《中国人大》2021 年第 23 期。

林圻、李秋悦：《浦东新区法规：法规家族新成员》，载《上海人大》2021 年第 7 期。

刘天韵、王晓晨：《依法高水平保护知识产权规范城市管理非现场执法——新通过的浦东新区两部法规解读》，载《上海人大》2021 年第 11 期。

王晓晨、刘天韵：《凸显"小快灵"便利"全周期"首批浦东新区法规破解"进退难"》，载《上海人大》2021 年第 10 期。

四、报纸、网站类

习近平：《在庆祝改革开放 40 周年大会上的讲话》，载《人民日报》2018 年 12 月 19 日，第 2 版。

习近平：《在庆祝海南建省办经济特区 30 周年大会上的讲话》，载《人民日报》2018 年 4 月 14 日，第 2 版。

《将全面深化改革进行到底——关于新时代坚持和发展中国特色社会主义的根本动力》，载《人民日报》2019 年 7 月 31 日。

习近平：《坚持实事求是的思想路线》，载《学习时报》2012 年 5 月 28 日，第 1 版。

习近平：《在深圳经济特区建立 40 周年庆祝大会上的讲话》，载《人民日报》2020 年 10 月 15 日，第 2 版。

习近平：《在浦东开发开放三十周年大会上的讲话》，载《人民日报》2020 年 11 月 13 日，第 2 版。

全国人大常委会法制工作委员会：《发展全过程人民民主加强和改进新时代立法工作》，载《人民日报》2021 年 10 月 26 日，第 9 版。

赵建永：《穷则变变则通通则久》，载《光明日报》2016 年 9 月 5 日，第 10 版。

阚珂：《深圳"一市两法"困扰的终结》，载《检察日报》2014 年 9 月 29 日，第 5 版。

孔令泉：《中国（上海）自贸区临港新片区法治保障研讨会在沪举办》，载《民主与法制时报》2019 年 8 月 22 日，第 2 版。

徐建：《〈立法法〉应赋予特区法规更高的位阶》，载《法制日报》2015 年 3 月 18 日，第 4 版。

梁超：《宜粗不宜细的立法原则应修改》，载《学习时报》2012 年 1 月 9 日，第 5 版。

宋宁华：《浦东如何对标国际求突破？——访华东政法大学自贸区法律研究院常务副院长贺小勇》，载《新民晚报》2021 年 7 月 20 日，第 4 版。

黄尖尖：《专访王战：浦东"引领区"建设，将开启我国"3.0 版改革"新篇章》，载上观新闻网，https://web.shobserver.com/staticsg/res/html/web/newsDetail.html?id=387463。

乔晓阳：《党的十八大以来立法工作新突破》，载人民网，http://theory.people.com.cn/n1/2017/0601/c40531-29310888.html。

王海燕：《实验室"一猴难求"，患者"望药兴叹"，看这部浦东新区法规如何破题》，载上观新闻网，https://www.shobserver.com/staticsg/res/html/web/newsDetai-l.html?id=437022&sid=67。

珠海市人大常委会法工委：《在新形势下继续发展完善经济特区授权立法》，载中国人大网，

http：//www. npc. gov. cn/zgrdw/npc/lfzt/rlyw/2016-09/18/content_1997674. htm。

全国人大常委会法制工作委员会宪法室：《贯彻习近平法治思想　丰富创新立法形式　加强浦
　　东新区高水平改革开放的法治保障》，载微信公众号"全国人大"2021 年 8 月 4 日，https：//
　　baijiahao. baidu. com/s? id = 1707152710553803130&. wfr = spider&.for = pc。

罗培新：《浦东新区法规，如何守正创新，持法达变——兼与深圳特区立法实践相比较》，载微信
　　公众号"中国法律评论"2021 年 6 月 25 日，https：//mp. weixin. qq. com/s/wOq7Hrbisds3i-
　　8ii4dryg。

周汉民：《用好浦东立法权，助推上海国际金融中心高质量发展》，载微信公众号"上海证券报"
　　2021 年 11 月 27 日，https：//mp. weixin. qq. com/s/3f4t_d7oQ3yZQeSOc1yYzg。

姚丽萍：《2021 年，上海地方立法"新"在哪里?》，载微信公众号"上海人大"2022 年 1 月 17 日，
　　https：//mp. weixin. qq. com/s/iNjUYDe4VS4qxIVBoi6vvQ。

冯静：《〈上海市浦东新区完善市场化法治化企业破产制度若干规定〉重点条文解读》，载微信公
　　众号"上海浦东法院"2021 年 12 月 22 日，https：//mp. weixin. qq. com/s/IV6NtrThFBfvJ
　　Rzu2BBnJQ。

傅莲芳、张少东：《〈上海市浦东新区完善市场化法治化企业破产制度若干规定〉简析》，载微信
　　公众号"锦天城律师事务所"2021 年 12 月 15 日，https：//mp. weixin. qq. com/s/mqPLT5X
　　wAXTO81dHcAECsA。

图书在版编目(CIP)数据

浦东新区法规研究/姚建龙主编. —上海：上海三联书店，
2023.8
（上海社会科学院法学研究所学术精品文库）
ISBN 978 - 7 - 5426 - 8199 - 7

Ⅰ.①浦⋯　Ⅱ.①姚⋯　Ⅲ.①地方法规－研究－浦东新
区　Ⅳ.①D927.513.04

中国国家版本馆 CIP 数据核字(2023)第 149709 号

浦东新区法规研究

主　　编 / 姚建龙
副 主 编 / 俞海涛

责任编辑 / 郑秀艳
装帧设计 / 一本好书
监　　制 / 姚　军
责任校对 / 王凌霄

出版发行 / 上海三联书店
　　　　　(200030)中国上海市漕溪北路 331 号 A 座 6 楼
邮　　箱 / sdxsanlian@sina.com
邮购电话 / 021 - 22895540
印　　刷 / 上海惠敦印务科技有限公司

版　　次 / 2023 年 8 月第 1 版
印　　次 / 2023 年 8 月第 1 次印刷
开　　本 / 710 mm × 1000 mm　1/16
字　　数 / 480 千字
印　　张 / 31.5
书　　号 / ISBN 978 - 7 - 5426 - 8199 - 7/D·596
定　　价 / 128.00 元

敬启读者,如发现本书有印装质量问题,请与印刷厂联系 021 - 63779028